사회의 스포츠

니클라스 루만의
체계이론에 기초한 연구들

Karl-Heinrich Bette: *Systemtheorie und Sport*
ⓒ 1998, Suhrkamp, Berlin, Germany.
All rights reserved.

Korean Translation Copyright ⓒ 2015 by Theorie Publishing
This Korean edition is published by arrangement with Suhrkamp Verlag through Bestun Agency, Korea.

이 책의 한국어판 저작권은 베스툰 에이전시를 통한 저작권자와의 독점 계약으로 이론 출판사에 있습니다. 신저작권법에 의해 한국 내에서 보호를 받는 저작물이므로 무단 전재와 복제를 금합니다.

사회의 스포츠

니클라스 루만의 체계이론에 기초한 연구들

Systemtheorie und Sport
Studien auf der Grundlage
der N. Luhmanns Systemtheorie

Karl-Heinrich Bette

칼-하인리히 베테
송형석 · 이 철 옮김

이론출판
THEORIE

사회의 스포츠
니클라스 루만의
체계이론에 기초한 연구들

인 쇄　2016년 8월 31일
발 행　2016년 8월 31일

저 자　칼-하인리히 베테
번 역　송형석 · 이 철

펴낸곳　이론출판사(yeol6204@gmail.com)
펴낸이　현숙열
주 소　서울 송파구 송파대로 37길 110, suite B-102
전 화　070-7522-2700
출판등록　323-2014-000062(2014. 07. 07)

ISBN　979-11-955289-4-3 93690
가 격　36,000원

CONTENTS

역자 서문 · 11
서문 · 16

I 이론적 배경

제 1장
최근의 사회학적 체계이론 · 25

1. 관련 문제로서 조직된 복잡성 · 31
2. 키-포인트와 출처의 계보들 · 35
3. '체계-환경 이론'으로서 체계이론 · 42
   3.1 코드화와 프로그램화 · 48
   3.2 폐쇄성을 통한 개방성 · 53
   3.3 평범한 체계와 평범하지 않은 체계 · 54

4. 인식론 · 57
5. 인간상 · 62
6. 신체와 소통 · 71
7. 성과의 파노라마 · 75
참고문헌 · 85

제 2장
체계이론적 추상화의 기능과 결과들 · 90

참고문헌 · 101

제 3장
경험과 이론 - 체계이론적 고찰 · 102

1. 계량화의 결과들 · 103
2. 수학화의 잠재적 기능들 · 113
3. 은폐 · 117
참고문헌 · 124

II 스포츠와 신체

제 4장
숭배대상 신체 · 129

1. 인간과 사회 · 132
2. 신체의 역설 · 137
3. 신체의 흔적들 · 144
4. 관찰된 스포츠신체 · 149
5. 신체, 스포츠, 그리고 젊음 · 152
6. 여러 맥락영역에 걸친 신체 · 163

참고문헌 · 170

제 5장
스포츠와 개인화 · 173

1. 개인화와 사회의 분화 · 176
2. 신체, 스포츠, 그리고 개인화 · 184
3. 스포츠 유목민과 느슨해진 구속들 · 195
4. 개인성의 역설들 · 198
5. "지위재"로서 유일무이성 · 205
6. 다양성의 동일성으로서 스포츠: 전망 · 208

참고문헌 · 217

제 6장
아스팔트 문화:
도시 공간의 스포츠화와 축제화에 대하여 · 222

1. 신체와 공간의 증발 · 226
2. 신체와 공간의 재점령 · 229
3. 체험의 체험 · 235
4. 새로운 축제 문화 · 238
5. 상상된 상호작용 공간으로서 거리 · 241
6. 배제된 것의 포함 · 245

참고문헌 · 251

제 7장
고도 성과 스포츠에서 도핑:
일탈의 사회학적 연구 · 254

1. 일탈 집단과 네트워크 · 259
2. 중화기술들 · 265

참고문헌 · 279

III 관찰과 자문

제 8장
관찰자의 관찰:
체육학의 새로운 인식론 탐색 · 283

1. 재회 · 288
2. 탈역설화 · 295
3. 관찰자를 관찰함 · 297
4. 자기상대화 · 310
5. 소박한 전제에 반하여 · 312
참고문헌 · 316

제 9장
과학의 스포츠 자문:
가능성, 한계, 전제 · 319

1. 자문 개념 · 322
2. 자문에서 특수한 전제들:
   체육학에 제기된 비판적이며 근본적인 의문들 · 333
3. 결론: 맥락 조종 · 345
참고문헌 · 349

출 처 · 352

일러두기

- 번역 원본으로는 *Systemtheorie und Sport*, Frankfurt, Suhrkamp, 1999를 사용하였다.
- 원문에서 이탤릭체로 강조된 부분은 진한 활자로 강조했다.
- 그 밖에 옮긴이가 덧붙인 말은 [ ]에 넣었다.

역자 서문

이 책은 독일의 저명한 체육학자인 칼-하인리히 베테가 니클라스 루만의 사회학적 체계이론을 활용하여 현대 스포츠와 관련 문제들을 연구한 논문들을 모아 엮은 것이다. 베테는 신체, 개인성, 길거리 스포츠, 도핑 현상 및 체육학의 인식론과 스포츠 자문에 관한 체계이론적 분석을 실행하였다. 기존의 스포츠철학이나 스포츠사회학에서는 연구대상인 스포츠를 연구자로부터 분리시킬 뿐만 아니라, 그 주변의 사회 환경의 맥락으로부터 고립시켜 다루는 경향이 있다. 이러한 접근 방법은 문제를 단순화시키기는 하지만, 복잡한 현실을 파악하는 데에는 불충분하다. 반면 이 책은 스포츠가 환경의 맥락에서부터 생성되는 과정을 관찰하여, 스포츠의 역동적인 변화를 정밀하게 포착할 뿐만 아니라 개선을 위한 정확한 개입 지점을 보여줄 수 있다.

베테는 이러한 관점에서 평생동안 수행한 연구의 정수들을 'Systemtheorie und Sport', 즉 『체계이론과 스포츠』라는 저서에 결산하였다. 하지만 역자들은 이 책의 제목을 『사회의 스포츠』로 번역하여, 『사회의 경제』, 『사회의 정치』, 『사회의 과학』, 『사회의 법』 등으로 실행된 루만 사회이론 프로젝트의 일원으로 이 책을 격상시키고자 한다. 이 제목들은 근대사회가 작동하는 소통의 맥락이 경제소통, 정치소통, 과학소통, 법소통 등으로 다원화되었다는 루만의 분석을 압축적으로 표현한다. 하지만 루만은 근대 스포츠 현상에 대해서는 이러한 분석을 수행하지 않았다. 그렇지만 자기 이론의 보편성을 주장하는 루만은 특수한 스포츠 소통, 즉 승/패 소통이 분화하여 근대 사회의 대중적인 현상으로 등장했다는 테제에 반대하지는 않을 것이다. 또한 이 책은 특히 신체 사회학에 관한 독자적인 체계이론적 연구를 통해 사회적 체계 이론에 중요한 기여를 하고 있다. 탈인본주의적·구성주의적 관점을 통해 인간과 사회를 세심하게 다루는 루만은 『사회의 예술』, 『사회의 과학』 및 『사회의 교육체계』에서 인간의 정신에 대한 분석을 보여주었던 반면, 인간의 신체에 대해서는 『열정으로서의 사랑』에서 사랑 소통의 주제에 제한하여 분석했을 뿐이기 때문이다. 이 점에서 본다면 이 책은 근대사회의 인간의 신체에 대한 포괄적인 체계이론적 분석의 공백을 메워주고 있는 것이다.

  새로운 체계이론은 작동주의라는 혁신적인 관점을 취한다. 즉 생명 작동, 생각 작동, 소통 작동을 통해 제각기 자신을 (재)생산하는 유기체, 의식체계, 사회적 체계에 의해, 그 체계들의 세계가 유지된다. 이 관점에서는 아주 자연스럽게, 저 밖에 실재하는 스포츠 또는 전통철학의 언어로 표현하면 스포츠의 본질이나 구조가 관건이 되지 않는다. 이 책은 "스포츠란 무엇인가?" 또는 "스포츠의 본질은 무엇인가?"라는 무엇-질문Was-Frage에서 출발하지 않는다. 이 책은 어떻게 어떤 것이 유지되는가Wie-Frage를 질문한다. 이 질문을 정식화하면, "작동하는 스포츠는 어떻게 소통되는가?" 또는 "스포츠는 어떻게 관찰되는가?"이다. 이 관점에서 보면 근대사회는 다양한 기능체계들이 각자의 특수한 소통과 세계를 관찰하는 양상으로 나타난다. 이러한 기능체계들의 분화가 진행되면서, 스포츠체계의 승/패 소통을 과학의 진리/허위 매체를 통해 관찰하는 스포츠과학이 과학체계 내에서 분화된다. 루만은 바로 이러한 위상학에 근거하여, 스포츠체계와 스포츠과학 체계에 대해 상호의존적이지만 독자적인 역할을 주문한다. 바로 여기에 체계이론적 분석의 묘미와 정책 친근성이 있다. 자세히 말하면 스포츠체계는 승/패 코드에만 집착하여 작동하며, 그 결과 그 밖의 요인들에 대해서는 무관심하다. 루만에 따르면, 스포츠체계의 성찰이론인 체육학이 이러한 사태에 대비할 의무를 가진다. 체육학은 스포츠체계의 작동을 사회적, 시간적, 사회적 차원에서 관찰하여 각 차원에서 합리성을 유지하도록 관찰할 임무가 있다. 스포츠는 자신과 사회, 즉 체육인과 관객 사이의 사회적 합리성, 스포츠 자신의 역량을 증대시킬 수 있는 사실적 합리성, 그리고 체계 존속의 안정성을 도모하는 시간적 합리성을 보전하여야 자신의 건강성을 유지할 수 있고, 여기서 체육학의 도움을 받아야 한다.

스포츠체계의 승/패 관점에서의 소통과, 바로 이 소통에 대한 진리/허위 관점에서의 체육학 체계의 작동은 모두 사회가 자기를 관찰하고 기술한 결과이다. 한 마디로 사회의 자기관계성의 산물이다. 이러한 자기관계성은 역설에 직면할 수밖에 없다. 자기가 자기를 기술하기 위해서는, 자기가 자기로부터 분리되어서 자신을 관찰할 수 있어야 한다. 이때 관찰된 자기는 자기이면서 동시에 자기가 아니다. 이 자기에는 관찰하는 자기가 포함되어 있지 않기 때문이다. 이러한 역설적 상황은 자기와 관계하는 모든 관찰자가 필연적으로 직면하게 되는 피할 수 없는 운명이다. 루만에게 있어 역설은 ― 논리적인 의미가 아니라 ― 실제적인 관찰 불가능성의 문제인데, 루만은 이러한 관찰 불가능성의 역설 문제를 시간 차원에서 해결한다.

베테는 이 책에서 다양한 차원에서 펼쳐지는 역설의 문제와 씨름하고 있다. 신체성의 역설, 개인성의 역설, 시간성의 역설, (체육)과학적 자기관찰의 역설 등이 이 책에서 다루는 역설들이다. 베테에 따르면 현대사회의 기능적 분화 과정은 일차적으로 신체배제 과정으로 나타난다. 그러나 가속화된 신체배제 과정은 이 구별의 다른 면인 신체중시 과정의 추구로 귀결된다. 저자는 4장 '신체숭배'에서 이와 같이 신체배제와 신체중시라는 상반되는 두 경향의 동시성 문제를 다룬다. 한편 현대화 과정에서 관찰되고 있는 강력한 사회화 과정은 개인들로 하여금 유일무이성을 열정적으로 추구하도록 부추겼고, 유일무이성을 획득하기 위한 개인들의 노력은 역설적으로 사회화 과정으로 귀결된다는 것이 개인성의 역설이다. 이것이 5장 '스포츠와 개인화'에서 다루고 있는 핵심 내용이다. 도시공간에서 빠름을 추구하는 경향은 느림을 추구하는 경향을 낳았고, 느림을 추구하는 경향은 빠름을 추구하는 경향으로 귀결된다는 것이 시간성의 역설이다. 6장 '아스팔트문화'에서 이 내용이 집중적으로 다루어지고 있다. 나머지 장에서는 체육학의 자기관찰 내용을 주요 주제로 다루고 있다. 체육학은 스포츠를 관찰하고, 스포츠는 체육학을 관찰한다. 스포츠를 관찰하는 체육학은 자신이 관찰한 스포츠에서 스포츠에 의해 관찰된 자신을 만나게 되고, 문제로서 인식된 관찰 결과가 자신에서 비롯된 것인지 아니면 스포츠로 인한 것인지 결정하지 못하게 된다. 체육학은 이 계기를 통해 자기관계성의 역설에 빠지게 된다. 저자는 이러한 상황에서 체육학이 어떻게 역설적 상황에서 벗어날 수 있는지 설명한다.

    자기관계적으로 작동하는 현대사회에서 역설은 예외가 아니라 일상이다. 우리는 도처에서 역설을 목격할 수 있다. 그리고 루만이 볼 때 역설은 해소될 수 있는 것이 아니다. 그것은 유예되거나 전개될 수 있을 뿐이다. 역설의 전개는 맹점의 비가시화를 통해 이루어진다. 즉, 구별의 다른 면이나 구별 자체가 비가시화되고, 구별의 한 면만이 지시되면서 역설이 펼쳐지는데, 이것을 탈역설화로 표현한다. 이 책은 한 마디로 스포츠 관련 역설들에 관한 보고서이다.

    이 책은 스포츠와 신체 활동에 관심이 많은 체육학자들의 인식 지평뿐만 아니라 루만의 체계이론에 관심이 많은 타 분야 학자들의 인식지평도 넓힐 수 있다. 체육학자들은 이 책에서 지금까지 접하지 못했던 스포츠, 신체, 도핑 등의 주제들에 대한 새로운 접근 방식을 만나게 될 것이다. 한편 루만의 체계이론에 관심이 있는 학자들은 이 책을 통해 고도로 추상적인 루만의 체계이론이 스포츠와 관련된 구체적인 상황에 어떻게 응용될 수 있는지 학습할 수 있게 될 것이다. 또한 이 책은 난해한 루만의 사상을, 그 요체를 보전하면서 알기 쉽게 풀어낸다는 점에서, 루만 사상을 스포츠 연구에 적용하는 하나의 좋은 본보기를 보여주고 있다.

  이 책의 번역은 2012년 송형석의 제안을 이철이 받아들여 시작되었다. 사회학자 이철이 저자 서문과 체계이론적 논의를 다루는 1장에서 3장까지 그리고 체계이론적 신체 사회학이라고 할 수 있는 4장까지 번역하였다. 체육학자 송형석은 스포츠 현상에 대한 체계이론적 분석에 해당되는 5장에서 9장까지를 번역하였다. 다의적인 단어들에 대해서는 송형석이 원저자인 베테에게 직접 문의하였고, 문체를 일치시키기 위한 세 차례의 교차 교정 작업을 하였다. 역자들은 이 과정에서 직접 교열한 이론출판 현숙열 대표에 감사한다. 이 역서의 모든 표현과 역어 선택에 관해서는 역자들이 공동으로 책임을 진다.

2016년 4월 17일
송형석, 이철

서문

새로운 사회학적 체계이론은 꽤 오래전부터 사회과학과 정신과학에서 인기를 얻고 있는 소수의 폭발적인 패러다임 가운데 하나이다. 이 이론은 차별화된 도구들을 사용하여 상이한 맥락의 사회적 현상들을 관찰하고 기술함으로써 분석 방향을 제시하고 개괄할 수 있도록 해준다. 다른 이론들이 세계의 문제를 아직 결정론적 관점에서 자본의 힘에 환원시키거나 계급철폐 담론에 희망을 걸 때, 체계이론은 복잡성을 고려하는 분석을 옹호한다. 이 이론은 의도적으로 단순화시키는 도덕화를 포기하고, 그 대신 성찰적 관찰에 의지하여 이질적인 다≴중심사회에서 일어나는 일들을 규명해낸다. 유물론이 스스로의 한계를 드러내고 심리 분석도 특별한 성과를 내지 못하는 상황에서 체계이론은 위협적일 정도로 막강한 영향력을 발휘하고 있으며, 경쟁 상대가 없을 정도로 풍성한 결실을 거두고 있다. 현재 이 이론은 진지하게 수용될만한 유일한 메타서사로 간주될 수 있다. 독일어권에서 이미 수십 명의 학자들이 이 이론에 기초하는 전문 연구를 진행하고 있음을 고려할 때 이론 지형도에 나타난 지금까지의 성과는 충분한 이목을 끌 만하다. 점점 더 많은 개별 행위자들과 조합 행위자들은 조종 능력과 성찰 능력을 향상시키기 위해 의도적으로 체계이론적 지식에 관심을 기울인다.

체계이론은 사회적 체계의 구축과 기능 방식에 관해 요긴한 지식을 제공하고, 그럼으로써 연구자와 과학 외부 결정권자가 자체 작업을 위해 유익한 가설을 정식화할 수 있도록 만들어준다. 이 이론은 특히 세계를 새롭고 다르게 보는 법을 가르치며, 현대사회의 맥락에서 서로 상충되며 상호 교란시키는 체계들의 자체 논리에 주목한다. 이 이론은 자기관계성, '체계/환경-관계', 구조적 연동, 상호의존, 창발적 현상 등에 특별히 민감하기 때문에, 분화로 인해 갈수록 전망하기 어려워지는 사회를 이해하고 추追체험할 수 있도록 해준다. 이러한 사정은 현대적 주체에게 새로운 가능성들과 한계를 부여하는데, 체계이론은 사회 개념을 급진적으로 탈脫주체화함으로써 이러한 사정을 이론적으로 고려한다. 이 이론은 행위자의 이면에서 영향력을 행사하는 구조적인 동학을 진지하게 고려함으로써, 이전의 어떤 이론도 이루어내지 못한 구舊 유럽적 사고의 덫에서 빠져나올 수 있게 하였다.

바늘구멍처럼 좁은 관문을 거쳐 대학에 교수 자리를 얻은 체계이론가는 학생들이 꾸준히 갈망해온 지적 욕구를 대학에서 충족시켜줄 수 있다. 대부분의 대학생들은 대학 강의를 상당 기간 수강한 후에도 사고의 방향을 잡아주는 프레임을 찾아 헤매며 이 모색 과정에서 갈수록 더 큰 절망을 느낀다. 학생들은 대학의 수업 내용과 교과 외 활동에서의 생활 경험을 새롭고 설득력 있는 연관 관계에서 사고할 수 있도록 도와주는 프레임을 모색하는 것이다.

스포츠는 체계이론의 성찰 작업이 시작되었을 때에는 체계이론의 분석적 관심을 끌지 못하던 사회 영역이었다. 하지만 지난 수 년 동안 체계이론은 지금까지 무관심했던 스포츠 현상을 집중적으로 조명하였다. 체계이론가는 엄청난 규모로 성장하여 사회적 의미를 개괄할 수 없게 된 스포츠를 단순히 땀

흘리기 수단으로 간주할 것이 아니라, 이론적으로 주제화할 수 있어야 한다. 그렇지 않으면 그는 자신의 부지不知를 자인하는 셈이다. 오늘날 개인 지향적이며 신체 지향적인 이러한 세속성의 분야를 무시하고서는 현대사회를 완전하게 이해할 수 없다. 이 점은 너무나 분명하다. 우리는 많은 사람들이 스포츠에 열광하는 것을 예의 주시하거나, 경기장이나 텔레비전 앞에서 긴장을 즐기는 관중을 관찰하거나, 스포츠 영웅들을 추앙하거나, 피트니스를 지향하는 생활방식을 위해 스포츠가 널리 활용되는 경향에 대해 숙고하면서, 추상화, 신체로부터 거리두기, 사회의 현대화 과정에서 야기된 개인들로부터 멀어짐에 관해 많은 것을 배우게 된다. 스포츠 내에서 그리고 스포츠를 둘러싸고 생겨나는 상호작용과 조직의 층위에 존재하는 다양한 사교 형식들을 관찰하는 사람은 현재 이 시점에서 오늘날 교제를 가능하게 해주는 상황들이 점점 줄어들고 있을 뿐만 아니라 공동체가 사라지고 있다는 점을 깨닫게 될 것이다. 따라서 시민종교로까지 격상된 "새로운" 의미기관으로서 스포츠에 대한 폭넓은 요구는 스포츠 자체와 스포츠의 특수성을 환기시킬 뿐만 아니라, 이로부터 기능적 분화 과정을 거치면서 인간들이 감내해야만 했던 억압과 상실을 직시하게 한다. 그러므로 스포츠는 현대사회에 적합한 모형이면서 대립 모형이기도 하다. 오늘날 스포츠의 다양한 형태를 바라보는 관찰자는 스포츠가 경제, 정치, 종교, 과학, 법, 교육, 대중매체와 얽혀있는 것을 본다.

이는 결국 스포츠의 의미가 상업화, 정치화, 교육화, 법제화, 과학화, 매체화되고 있음을 뜻한다. 따라서 사회의 의미영역에서 화폐의 영향력에 관해 연구하거나, 응용 지향적인 과학의 결과를 분석하거나, 행위자의 관심들이 서로 얽혀있는 상황에 관해 보다 일반적으로 숙고하려는 사람은, 스포츠가 바로 이 모든 연관들에 대한 압축된 형식의 관찰을 가능하게 하는 사회 영역임을 알게 될 것이다. 이상의 간략한 언급을 통해 스포츠 분석이 단지 체육학에 대해서뿐만 아니라 체계이론에 대해서도 의미를 가질 수 있는 이유가 분명해졌다.

나는 이 책에 실린 모든 논문을 새로운 사회학적 체계이론의 맥락에서 작성하였다. 몇 편의 논문은 책의 출간을 위해 새로 작성했으며, 다른 논문은 최근 몇 년 동안 다양한 계기에서 집필된 것이다. 나는 자칫 따분하게 할 중복을 피하고 새로운 지식과 이론 발전을 적절히 반영하기 위해, 이미 출판된 모든 논문들을 대폭 개정·보완했다. 이 과정에서 새로운 장이 삽입되었으며, 몇 개의 장은 삭제되었다. 나는 그렇게 함으로써 1980년대 초반에 시작하여, 이후 몇 년 동안 『신체의 흔적』(1989)과 『도전으로서의 이론』(1992)에서 저술 형식으로 추적해 온 전통을 계속 이어나가고자 한다. 이와 같은 지속적인 노력은 체계이론적 패러다임을 체육학적 패러다임으로 활용하겠다는 목표와, 신체 및 스포츠 특수적인 지식의 보충을 통해 체계이론을 보다 풍성하게 만들어준다는 두 가지 목표를 추구한다.

1장에서는 작업의 이론적 기초를 세울 것이다. 아직 새로운 사회학적 체계이론의 사상재思想財를 모르는 사람이나 체계이론이 무엇을 의미하고, 어떤 관찰 관점과 인식이론적 입장을 제공해주며, 신체, 인간, 스포츠의 분석에 어떻게 활용될 수 있는지 처음 접하는 사람은 1장에서 시작할 수 있을 것이다. 이어서 선별된 스포츠 특수적 문제제기에 대한 보다 포괄적인 답변들이 다루어질 것이다.

2장은 "체계이론적 추상화의 기능과 결과"라는 제목 하에 교수와 학생 모두에게 해당되는 중요한 주제를 다룰 것이다. 과학적 텍스트와 씨름하는 일은 독자가 이론적 추상화와 이론 언어의 필연성을 이해하고자 노력하지 않으면 결국 실패할 수밖에 없다. 이론가들이 왜 일상 언어와 거리를 두어야 하는지, 왜 추상적인 사고 유형을 만들어내고 그럼으로써 어떤 결과를 예상할 수 있는지를 독자들이 이해할 수 있다면, 그들은 까다로운 이론 구성을 이해하기 위해 시간적·인지적 자원을 기꺼이 투입할 것이며, 우리는 독자들이 그런 노력을 하기를 희망한다. 3장에서는 이론 및 방법 논쟁에서 이미 알려진 논의와 관련하여, 스포츠 연구에서 이론이 독자적으로 형성되어야 한다는 점과, 이론과 경험의 관계에서 나타나는 기능적 대립을 생산적으로 활용해야 한다는 점을 언급할 것이다. 이러한 언급은 연구자들이 양적인 것의 마술지팡이로 사회적 현상을 숫자로 변환시킬 때 만들어지는 몇몇 효과들을 논쟁적으로 다룰 것이다. 그밖에도 이론과 방법론을 갖춘 양적 및 질적 시도를 통해 세계의 면모를 들춰낼 수 있다는 널리 확산된 타당성 주장을 이 논의에서 문제시해야 할 것이다. 체계이론적이며 구성주의적인 교육을 받은 모든 독자는 그러한 종류의 폭로의 환상 뒤에는 인식론적 지뢰, 즉 과학적 신뢰성의 의미에서 환기되어야 할 인식론적 지뢰가 숨어 있다는 것을 안다.

체계이론에 관한 이러한 사전 논의 후에, 이 책은 스포츠 특수 주제들과 신체 특수 주제들을 체계이론적으로 재구성하고 설명하는 작업을 두번 째 목표로 삼을 것이다. 4장에서는 숭배 대상으로서 신체를 분석할 것이다. 이 분석은 스포츠, 젊음, 피트니스를 지향하는 사회분위기에서 나타나는 신체 "숭배" 현상을 출발점으로 삼아 실행될 것이다. 5장에서는 현재의 사회학적 개인화 논쟁에 숨어 있는 하나의 사각死角지대에 주목할 것이다. 새롭게 등장한 유행스포츠 종목, 스포츠 공급자, 스포츠 지향의 결과, 1980년대부터 스포츠 풍경의 복수화가 관찰될 수 있었고, 이것이 성찰의 계기가 되었다. 지금까지 전혀 고려되지 못했던, 스포츠와 개인화의 연관성이 해명되어야 할 것이며, 아울러 지금까지의 사회학에서의 논의를 정밀하게 하고 보완하는 데에 사용되어야 할 것이다. 신체와 신체를 둘러싼 사회적 영역들은 지금까지 인정되어온 세계 해석이 타당성을 상실했다는 점과 관련해, 자아 실현과 개인적 삶의 형성을 위해 중요한 도피 지점이 된 것으로 보인다. 이 장에서는 또한, 인간이 스포츠라는 매체를 이용하여 개인화에 대한 열망과 유일무이성에의 열망을 표현하고자 시도할 때 어떤 어려움과 역설의 덫이 만들어지는가의 문제도 마찬가지로 규명하고자 시도할 것이다.

6장은 특히 지난 수 년 동안 대도시에서 관찰될 수 있었던 스포츠 활동들에 주목할 것이다. 조깅하는 사람, 산악자전거 애호가, 인라인 스케이트를 즐기는 사람이나 비치볼 선수를 한 번 자세히 살펴본 사람들은 아마 한 번쯤은, 운동하는 신체들이 도시의 열린 공간에서 그새 어떻게 이렇게 집중적으로 나타나게 되었을까라는 의문을 가졌을 것이다. 6장에서는 이에 대한 답변을 제시할 것이다. 그곳에서는 사회의 현대화 과정에서 신체와 공간이 증발한다는 점과 공공 공간을 다시 정복하기 위한 다양한 시도들에 관해 어떤 설명을 할 것이다. 그밖에도 스포츠도 함께 참여하는, 도시의 새로운 축제문화에 관해서도 살펴보게 될 것이다. 이 장에서는 특히 왜 스포츠가 수동적인 관찰을 위해서 뿐만 아니라 직접적인 활동에도 중요한가라는 질문에 대해서도 답변을 제시할 것이다. 상호작용의 체계 층위와 사회의 체계 층위가 갈수록 뚜렷하게 분리되는 곳에서, 스포츠의 사회적 상호작용 관념은 하나의 사회문화적 기회를 얻게 되는데, 그것은 그 관념이 분리의 조화와 보상을 만들어낼 것을 약속하기 때문이다.

7장은 현대의 약물남용 문제를 다룰 것인데, 이것은 최소한 벤 존슨과 카트린 크라베를 둘러싼 스캔들이 터진 이래 스포츠를 폄하하는 이야기의 지속적인 구성요소가 되어온 문제 영역이다. 우리는 신체 깊숙이 숨겨진 이 일탈의 특수 형식을 이론적으로 어떻게 평가할 것인가라는 문제를 간략하게 기술한 후, 일탈 집단과 일탈 네트워크와 중화기술Neutralisationstechinken에 주목할 것이다. 중화기술은 일탈자와 약물남용 동조자가 스포츠의 승/패 코드를 파괴적으로 위반하는 것을 정당화하고, 그렇게 함으로써 약물남용을 갈수록 더 많이 저지르도록 부추긴다.

이 책은 여덟 번째로 관찰과 자문이라는 주제를 다룰 것이다. 우리는 여기서 연구의 관점을 바꾸어서, 선택된 구별들의 도움으로 스포츠를 분석해 정보를 획득하고 스포츠 조직에서의 결정 과정에서 변화를 이끌어낼 과학분과들에 주목하게 될 것이다. 8장은 "관찰자를 관찰함"이라는 제목의 범위에서 새로운 사회학적 체계이론의 인식론적 기본 입장을 스포츠 사회학적 물음에 응용하고 지금까지의 관점과 접근 방식을 재규정하려고 시도할 것이다. 9장은 조직된 스포츠를 과학적으로 조언하기 위해 두 가지 자기준거적 사회적 체계 사이의 연관성을 어떻게 생각해야 할 것인가라는 문제를, 스포츠와 과학의 관계에서 보여줄 것이다. 이 분석은 구체적인 문제 영역을 작업할 때 드러나는 체계이론적 개념의 효용성을 분명하게 보여줄 것이다.

    모든 논문은 동일한 교수법적 각본에 따른다. 먼저 해당 주제를 소개하는 서론이 문제제기 형식으로 제시된 후, 제기된 물음에 대한 답변들이 체계이론적 공리들과 관련된 가운데 논리적으로 질서정연하게 구축되고 납득될 만한 단계로 제시될 것이다. 독자들은 그렇게 인도를 받으면서 텍스트를 헤쳐 나가게 될 것이다. 한편 모든 장은 그자체로 닫혀 있으며, 하나의 독자적인 단위로 수용될 수 있다. 따라서 독자들은 이 책을 반드시 앞에서부터 순차적으로 읽어나갈 필요가 없으며 "이곳저곳 살펴보며" 독서해나갈 수도 있다.

하이델베르크, 1998년 10월

Karl-Heinrich Bette

I

이론적 배경

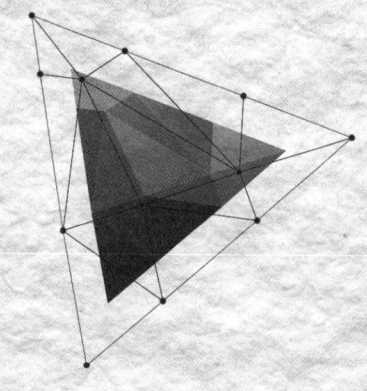

제1장 최근의 사회학적 체계이론

제2장 체계이론적 추상화의 기능과 결과들

제3장 경험과 이론 - 체계이론적 고찰

제1장 | 최근의 사회학적 체계이론

　개별 행위자의 경험 관리는 반복을 거쳐 익숙해진 행동들을 통해 각인되는데, 이 행동들은 사회제도의 틀 속에서 습관화되고 탈개인화된 과업 처리의 본보기를 보여준다. 이렇게 정해진 틀은 끊임없이 진행되는 자기관찰과 타자관찰 없이도, 행위를 가능하게 한다. 일상 의식은 왜 어떤 일은 하고 다른 일은 하지 않는가라는 물음에 보통 단순하게 대답해버린다. 그러한 대답에 사용되는 인과 관계는 이미 사전에 명백하게 전제되어 있으며, 시행착오적 지식을 통해 보장된다. 개인은 그런 방식으로 불확실성과 무리한 요구로부터 스스로를 보호한다. 사람들은 재미있기에 스포츠에 참여하고, 항상 그래왔기에 사랑을 나누며, 생활을 꾸려나가는데 필요하다고 생각하기에 노동을 한다.

　행위를 이끄는 틀과 배후에서 영향력을 행사하는 사전 규정은 사회 제도라는 무대 뒤편에 숨어 있다. 비록 사전 규정이 혼란스럽게 감지되긴 하지만,

그러한 규정은 고유한 주체의 중요성을 훼손하지 않고 배경으로만 머물러 있을 뿐이다. 행위 배경에 관해 너무 많이 생각하는 사람, 가령 생각 자체를 생각하기 시작하는 사람과 고민을 단호하게 매듭짓지 못하는 사람은 끊임없는 성찰의 쳇바퀴에 갇힐 위험에 처한다. 그런 사람은 자신의 행위 능력을 무력화시키거나 현실과 유리된 괴짜로 치부되면서 타자의 거부감을 유발할 것이다. 성찰과 회의는 중요한 결정을 결단해야 하는 상황에서 그렇게 바람직한 것이 아니다.

일상이론은 불투명성, 주관적으로 연루되어 있음, 행위 압력의 조건 하에서 생겨났다. 일상이론은 현실과 정상성을 구성하는 사고 양식에 영향을 미치며, 그런 의미에서 공동의 세계 해석에 상당한 노력을 기울이며, 복잡성과 우연성을 감소시키기 때문에 신뢰를 만들어낸다고 할 수 있다. 일상이론은 높은 해석의 밀도를 통해 시간을 절약하며, 기대의 확실성을 만들어내고, 사회적인 것에 속도를 불어넣는다. 일상행위는 자신의 기능 방식을 가능하도록 만드는 전제를 무시하기 때문에, 기능할 수 있다. 성찰의 포기, 억압, 복잡성 차단이 개인적 생존 기술의 중요한 구성요소인 셈이다.

일상의식은 기대가 좌절된 상황에서만, 오랫동안 수용되고 통용되어온 설명의 본보기들이 불확실하게 안정화된 시안試案이며, 그래서 원칙적으로는 다르게도 나타날 수 있음을 깨닫게 된다. 일상이론은 극히 제한적인 주목의 지평만을 견지하고 있을 뿐이다. 개인이나 조직은 위기나 패배 또는 실패를 경험하고 나서야 비로소 그동안 견지해온 자기기술記述과 세계관에 의문을 품게 되며, 새로운 가외 여건을 포함시킴으로써 그것을 확장시킨다. 그렇지 않을 경우 성공적인 것으로 체험된 해결책은 계속 유지되고 계승된다.

직접적인 교류 및 행위 영역으로부터 벗어나서 세계와 자신의 존재를 이해하고 설명하려는 시도는 새로운 것이 아니다. 이러한 시도를 위해 상이한 관점들과 견해들은 사회문화적인 진화의 과정에서 형성되었다. 마법과 신화는 과학적인 세계 해명의 선행 버전이라고 할 수 있다. 마법과 신화는 이미 구술적인 설명의 범위 안에서 이해를 가능하게 하는 지식을 만들고 퍼뜨리는 도구가 되었다. 18세기 이후 근대 과학이 형성되기 시작하면서 이러한 설명 모형과 서술 모형은 탈주술화되었으며, 이러한 요청에 따라 보다 합리적이며 보다 복잡한 고유의 설명 모형으로 교체되었다.

과학은 사회 재생산의 특별한 측면에 전문화된 독립적인 소통 및 행위 영역으로 형성되었다. 과학은 상호주관적인 진리 생산에 있어서 우선권을 주장할 수 있는 기능체계를 근대의 틀 안에서 대표하게 되었다. 과학은 줄곧 고유한 전제와 논리에 의지하여 철저하게 합리화되었고, 상응하는 행위 선호와 금기 규칙을 수립하였으며, 보편적이며 사회적인 고려와 배려로부터 벗어날 수 있게 되었다.

과학은 이론과 방법에 의지하여 자신을 통제하고, 무엇이 과학적인 진리로서 수용되거나 허위로서 기각되어야 하는지에 대해, 무한한 내재적 소통 과정에서 자기준거적으로 결정한다. 과학은 정반대로 외부에 대해서는 철저하게 무관심을 표명함으로써, 공共진화의 의미에서 다른 사회적 영역의 복잡성을 증가시키고 사회의 다른 부분체계들을 위한 성과를 만들어낼 수 있다. 과학의 진리 기준은 이제 근대 이전 시기에 일반적이었거나(예: 갈릴레이 대 교회 교의) 전체주의 사회에서 관찰될 수 있는 것처럼 그렇게 과학 외적 기준들과 연결되어 있지 않다. 과학은 이를 통해 — 예컨대 종교적이거나 정치적인 해석 규정을 감안하지 않은 채 — 원칙적으로 모든 것을 주제화할 수 있는 자유를 누리게 되었다. 과학은 그런 방식으로 스포츠 교육학의 형태로 스포츠 안에서와 스포츠를 통해 교육과 도야에 관해 성찰할 수 있으며, 스포츠 사회학으로서 외부 기대에 자신의 인식 생산을 맞출 필요 없이 클럽과 협회를 관찰할 수 있다. 까다로운 진리는 과학에서만 생산될 수 있으며, 사회의 다른 어떤 곳에서도 만들어지지 못한다(Luhmann 1981a: 116; 1990). 근대 과학의 결과에 맞서 저항하는 사회운동도 결국 과학적 지식에 의지해서만 이러한 저항을 시도할 수 있다. 그렇게 하지 않았다면 사회운동은 반향을 만들어내고 변화 과정을 촉발시킬 기회를 갖지 못했을 것이다.

이전의 동질적인 생활 영역이 사회의 분화 과정으로 인해 해체되었고, 그래서 야기된 결과들은 사회 자체에 대한 비판의 일차적 계기가 되었다. 자기검열 형식들이 생겨났고 제도화된 해석 기관과 자체의 변형을 분석적으로 동반한 의미론이 발전하였다. 상이한 지향과 상승의 관심이 조화를 이루는 가운데 과학은 이 자기관련성과 내부결정성의 결과를 분석적으로 보여주기 위해 특별한 성과를 마련하였다.

이 작업에서 주로 사회과학 분과 과학들이 과학 안에서 사회와 그 부분체계들을 관찰하고 기술하는 일에 전문화될 수 있었다. 분과 과학들은 사회의 자기검열을 위한 "경계 기관"으로 기능한다. 분과 과학들은 관찰하며 자신의 관찰 결과를 기술記述로 농축시킨다. 이러한 맥락에서 근대성, 후기산업사회, 후기자본주의, 가치변동, 후기근대 등에 관한 토론은 과거, 현재, 미래 사회의 진단을 작성하는 영향력 있는 시도로 평가될 수 있다. 사회 내부에 있는 사회의 이 단순한 모형들은 내적 투명성을 증대시키고, 그 고유한 정체성 Identität을 표시하는 것을 도와주어야 한다. 그것들은 사회가 자신의 복잡성에 접근하려 시도하고, 진행을 적절하게 설명하고, 이해하고자 노력하는 반응과도 같다. 왜냐하면 특수한 상황의 논리와 그 작동 규칙과 동학을 이해한 사람만이 지향할 수 있는 지식을 만들어내고, 결정들을 통해 현재에 영향을 미쳐서 장차 발생할 현재들을 자신의 이념형에 근접시키겠다는 희망을 가질 수 있기 때문이다.

일상 지식의 특수한 기능 방식, 즉 개인적인 생활 영위에서 직접적인 지향을 제공하는 방식을 배경으로 보면, 사회과학적 분석의 과제는 일상의 자명성을 의문시하고, 이론적 개념들을 도구로 자명성을 새롭게 해명하는 일이라고 할 수 있다. 세계는 실천가들이 알고 있는 것과 같은 것만이 아니기 때문에, 사회과학자들은 생활세계적인 이해 차원 바깥의 숨겨진 메커니즘을 드러내고자 시도한다. 왜냐하면 표층의 구조와 표면적인 것의 이면에 감추인 복잡한 사회적 현상들은 보통 자명하지 않기 때문이다. 그것들은 오히려 사회과학적 분석을 통해 해석되고 언어화되어야만 한다. 이를 위해 습관적인 행동들, 즉 지금까지 한 번도 의문시된 적이 없었던 관례들과 인과 관계에 대한 믿음들이 깨져야 한다. 사회과학자의 기능은 이 점과 관련하여 일반적인 의미에서 외적 관찰자, 즉 다른 사람들이 작동의 조건으로 인해 볼 수 없었던 것을 자기 자신과 자신의 사회적 환경에서 보고자 시도하는 관찰자의 기능을 수행한다고 볼 수 있다.

이러한 종류의 계몽을 위해 거리두기와 행위부담 면제는 이어지는 심층 분석을 가능하게 만들어주는 중요한 조건이다. 너무 깊이 연루되어 있고 행위와 행동 연구를 위해 열성적으로 몰두하는 사람은 그 분야의 직접적인 행위 필연성에 빠져 대상을 제대로 보지 못할 수 있다. 어떤 상황을 바꾸거나 영향을 미치고자 의도하는 사람은 그 상황을 사전에 냉정한 시선으로 분석하는 작업에 성공적이어야 한다.

사회 현상을 조명하면 은폐되었던 연관성과 잠재된 것들이 드러나게 될 것이며, 이 과정에서 조롱거리가 된 사람들은 사회과학자들을 비판적으로 생각하게 될 가능성이 높다. 공식적인 상황정의조차 기능적인 구성물이라는 점을 폭로하고 미셸 세레스(M. Serres 1989)가 말하는 기식자寄食者로서 소음을 만들거나 침묵 자체를 언어화하는 사람은 놀라게 할 뿐만 아니라, 가끔씩 정체가 드러난 사람들의 분노와 제재를 유발하기도 한다. 어떤 한 편이 누리는 계몽의 즐거움은 대개 다른 편에서는 방어와 회피 의지를 만들어낼 것이기 때문이다. 과학이라는 것이 이론에 의지해 세계를 관찰하는 것이라면, 그것은 결국 어울리지 않는 관점, 즉 관찰되는 개인과 기관의 체험과 어긋나는 관점을 만들어내는 것이다. 그렇게 함으로써 과학은 독특한 방식으로 낯섦의 관점을 육성한다(Stichweh 1991). 과학적 인식이 사각지대, 금기, 구조적으로 쟁점화되지 않은 사항 등을 언급하고 캐물을 때, 과학은 그렇게 교란시키며 확실성을 의심하게 하고 지나친 요구를 하는 것이다. 과학적 계몽이 지나친 요구를 하는 이유는, 그것이 참가자들과 직접 행위하도록 요청받은 자들이 도저히 선택할 수 없는 행위의 자유도를 가정하기 때문이다.[1]

과학적 이론들은 현실 분석을 위한 관찰도구로서 기능한다. 각 이론들은 현실을, 비유적으로 말하면 서로 다른 렌즈들, 차광 장치, 빛의 강도를 통해 인지함으로써 구별한다. 이론들은 세계를 각기 고유한 관점과 선호에 따라 정돈하며, 문제로 이해하는 것과 소홀히 다루어야할 것을 스스로 규정한다. 당연한 말이지만 이론은 자신의 선별적 관점으로 인해 그 관찰 방식의 전제조건이 허용하는 것만을 보게 된다. 모든 과학철학은 이런 점에서 특화된 가능성과 한계를 지닌다.

과학의 이론과 방법을 적용하는 기술의 핵심은 해당 문제제기에 적합한 "렌즈"를 발견하고 투입하는 일이다. 왜냐하면 — 다시 비유적으로 말하면 — 망원 렌즈를 가지고 가까운 지역에서 광각을 잡으려는 노력은 무의미한 일이기 때문이다. 이와 비슷하게 사회의 거시세계 현상을 분석하려는 사람은 미시사회학적 현상을 위해 개발된 도구를 가지고 작업해서는 안 되며, 그 반대 경우도 마찬가지이다. 여기서는 이론과 방법론의 복잡성이 적절한가라는 문제가 모토가 된다.

이하의 논의에서는 최근의 사회학적 체계이론이 지닌 분석 능력을 중점적으로 살펴볼 것이다. 이렇게 연구 범위를 제한하는 중요한 이유는 과거의 모형들과 현존하는 다른 이론들을 논의에서 배제할 수 있기 때문이다. 다시 말

---

[1] 사회학적 계몽의 경우에 있어서는 루만(Luhmann 1970)을 볼 것.

해 우리는 여기서 루드비히 폰 베르탈랑피의 일반 체계이론이나 사이버네틱스의 여러 유형, 또는 기계이론이나 계획이론, 탤컷 파슨스의 구조기능주의적 체계이론이나 버클리와 밀러의 체계기능 이론을 다루지 않을 것이다. 이 이론들이 발전시킨 많은 것은 이미 낡았으며 더 이상 다루지 않아도 된다. 시급하게 해결해야 할 과제는 그보다는 최근의 사회학적 체계이론이 어떤 특수한 관점과 도구를 이용해 사회적 현실을 관찰하는가의 물음을 해명하는 일이다.

이 물음에 대한 답변은 이어지는 장들에서 제시될 것이다. 먼저 일상이론의 기능과 작업 방식을 언급하고 과학이라는 사회적 체계와 과학적 이론의 의미에 관해 일반적인 내용 몇 가지를 진술할 것이다. 다음으로 1절에서는 새로운 체계이론의 핵심 관련 변수인 조직된 복잡성의 문제를 다룰 것이며, 2절에서는 체계이론의 키포인트와 이론적 계보를 스케치할 것이다. 3절에서는 현실에 대한 '체계/환경-이론적인' 접근을 주제화할 것이며, 4절에서는 그 이론의 인식론을 분석할 것이다. 5절에서는 체계이론적 인간상을, 6절에서는 신체와 소통의 관계를 다룰 것이며, 마지막으로 7절에서는 체계이론의 포괄적인 성과 파노라마를 살펴볼 것이다.

1. 관련 문제로서 조직된 복잡성

최근의 사회학적 체계이론이 일차적으로 관계하는 문제는 **조직된 복잡성**이다. 이 문제에서는 무엇이 관건인가? 전통적인 자연과학적 접근 방법은 고전물리학에서 장려되었던 것처럼 **가변성이 적은 단순한 법칙성**을 다루었다.

소위 "두 가지 변수의 문제"가 전면에 등장했다. 즉 변수 A는 주로 변수 B에 좌우되며, 그 외의 요인들은 그렇게 유의미한 영향을 미치지 못하는 것으로 간주되었다. "두 가지 변인으로 이루어진 이 문제는 구조가 단순했으며, 이 단순성은 이론과 실험이 오직 두 가지 요인만을 다루는데 필요하고 한 요인에서의 변화가 다른 요인에서의 변화를 유발시킨다는 데서 나타난 결과이다"(Weaver 1978: 39).[2] 분석적 힘을 가진 수학은 이로부터 설명력을 가지며 예측을 가능하게 하는 법칙들을 도출해 낼 수 있게 되었다. 전통적인 자연과학적 연구(예컨대 열역학)는 "두 변인의 문제를 성공적으로 다루어냄으로써 중요한 인식과 기술적 성과를 이룩하였고, 엄격한 자체 법칙으로 무장하고 자연의 법칙을 탐구하는 합리적인 과학상을 형성하고 확산시켰다.

그러나 최근에는 물리학에서뿐만 아니라 의학과 생물학의 특정 영역에서 분석되고 있듯이, **복잡하면서도 조직되지 않은 체계 내의 엄청나게 많은 변수들**이 방금 말한 모형의 반대 극을 나타낸다. "두 변수 모형"에 근거해 설정된 이론은 여기서는 더 이상 도움이 되지 않는다. 이런 종류의 복잡성을 극복하기 위해서는 확률이론 모형이나 세련된 통계학적 방법이 필수적으로 요청된다. 조직되지 않은 복잡성의 문제는 사회과학 분야에서도 나타난다. 예컨대 인구이동이나 보험제도에서의 사망 사례 또는 선거 분석에서 이와 같은 문제가 나타난다. 바로 유권자 조사는 조직되지 않은 복잡성의 문제를 연구자들이 극복하고자 시도할 때 사용하는 양적 방법이 인위적인 도구세트에 의존하고 있다는 점을 분명하게 보여준다. 이 도구세트는 서로 상호작용하지도 않고 서로 의존하지도 않는 사건들을 단순화시키는 작업에 활용된다. 선거분석도 실제 모든 유권자가 홀로, 즉 철저하게 개인화된 단자單子로서 투표대상을 결정하며, 유권자들이 상호의존적이지 않다는 가정에서 출발한다. 통계적 방법은 오직 이러한 토대에서만 기능할 수 있다.

사람들이 살아가는 실제적 사회 상황은 이 두 가지 극단 사이에 "다수의 변

---

[2] 빌케(Willke 1983)도 참고할 것.

인들이 모두 상호 밀접하게 관계를 맺고 있는"(Weaver 1978: 44) 중간 영역이 있음을 보여주고 있다. 여기서는 조직된 복잡 체계 내지는 **조직된 복잡성의 문제**가 관건이다. 이 영역에서는 요소들이 선별적 관계를 서로 간에 맺고 있으며, 많든 적든 서로가 서로에게 의존하고 있다. 조직된 복잡성의 상황을 다루기에 적합한 수학적 도구는 없다. 교육학과 사회학은 특히 이 점에 유념할 필요가 있다. 통상의 양적 방법으로는 이 엄청나게 중요한 영역을 제대로 다룰 수 없다. 적절한 수학적 방법들은 이제부터라도 개발되어야만 한다.

전혀 다른 생활세계에 있는 행위자들은 비록 조목조목은 아니지만 모두가 서로 연관관계에 있기 때문에 분리되어 고찰되어서는 안 된다. 스포츠나 교육 또는 그 밖의 다수의 기능 영역에서 진행되는 사회적 과정들은 조직되지 않은 복잡성의 문제를 해결하는 과정에서 생성된 과학 방법을 통해 탐구되어서는 안 된다.

바로 스포츠가 고도로 조직화되었으며 임의로 변이될 수 없는 복잡성을 지닌 사회적 체계이다. 이론적 감지 장치가 어떤 대상 영역을 분석하기 위해 그 영역의 복잡성에 맞춰져야 한다면, 이론과 "현실"의 관계에서 "필수적 다양성requisite variety"(Ashby 1956)이 근사한 정도라도 도달되어야만 한다. 스포츠처럼 의미에 따라 조종된 복잡한 사회적 연관은 그것의 가치, 프로그램, 역할, 조직의 차원에서 분화와 얽힘의 영향을 갈수록 더 많이 받으며, 독립성과 상호의존성에 갈수록 더 많이 의존하고, 그 결과 내부와 외부를 일치시키라는 요구를 갈수록 더 빈번하게 받는다. 스포츠 같은 사회적 연관은 모순, 역설, 리스크를 생산하며, 그로 인해 그 자체가 갈수록 명백하게 문제가 된다. 그러한 사회적 연관에서는, 일련의 조망 가능한 변수들을 지닐 뿐만 아니라 고전적 인과관계에 부합하지 않으며 서로 역동적 관계를 맺고 있는 여러 요소들도 지니고 있는 관찰자를 만나게 된다. 이러한 상황에서 적절한 방법의 목록들이 강력하게 요구될 것이라는 점은 너무나 자명하다.

조직된 복잡성의 관념은 입력과 출력, 원인과 결과, 목적과 수단과 같은 전통적인 비대칭 관계를 뒤집어 놓는다. 조직된 복잡성의 영역에서 복잡성이 그렇게 낮은 모형에 기초하여 과학적 분석을 수행할 경우에는 곧바로 문제에 직면하게 될 것이다. 강한 연결망에 얽힌 체계들에서는, 독립성과 상호의존성이 동시에 작용하는 경우에는 창발적인 현상들이 나타나게 된다.

'원인-결과 진행'의 전통적 인과론적 사고는 지금까지 과학에 큰 성과를 가져다준 것은 틀림없지만, 바로 이러한 현상에 직면하여 필연적으로 한계에 봉착할 수밖에 없다. 그러한 사고는 연속성의 관념에 근거하기 때문이다. 결과는 반드시 원인에 따른 것이어야만 하며 그 역의 경우는 성립하지 않는다고 생각한다. 그렇게 인공적인 방식으로 파악하는 것은 세계의 존재론적 질서에 대해 어떤 것을 알려준다기보다 관찰자의 관찰 도식에 관해 더 많은 것을 알려주고 있다. 그래서 그러한 방식으로는 오직 순차적으로 이어지고 관찰될 수 있는 현상들만 분석할 수 있을 뿐이다.[3]

특히 동시성과 동시에 돌발적으로 발생하며 예기치 못한 결과를 불러일으키지만 인과적으로 서로 연결되지 않은 요인들을 설명할 때 어려움을 겪을 수 있다. 사회적 사실이 창발한다는 사상은 이 동시성 사상을 고려하고자 노력한다.[4] 누적되는 효과를 불러일으키는 동시성 현상은 스포츠 영역에서도 나타난다. 예컨대 예방과 치료를 목적으로 하는 스포츠 의학, 훈련 최적화를 목적으로 하는 트레이닝 이론, 생체역학, 심리조절 스포츠 심리학 등은 육상선수들이 점점 더 세밀하게 부담을 감당하며, 결과적으로 경기 능력을 조금씩 향상시킬 수 있도록 도와준다. 이렇게 개별 학자들은 최선의 의도로 스포

---

[3] 최종적인 (효과는 원인에 선행한다) 인과성과 순환적인(a 다음에 b, 그 다음에 c, 그 다음에 a) 인과성에 대해서는 세겔(Segel 1988: 87이하)을 볼 것.

[4] 개별 체계요소들의 속성들이나 그것들의 합계가 중요한 것이 아니다. 요소들끼리의 연결이 중요하다. 창발은 체계의 선별 잠재의 결과이다.

츠 연구를 추진하지만, 가끔씩은 이 모든 의도가 조합된 결과 투입된 노력이 정반대 결과를 야기 시키는 경우도 있을 수 있다.

이미 언급했듯이, 조직된 복잡성 현상에 근거해 응용지향적인 체육학 연구의 평가를 위해 중요한 인식을 이끌어낼 수 있다. 즉 이 연구는 스포츠 행위의 위험을 줄일 뿐만 아니라 같은 방식으로 높이기도 한다. 위험부담의 상승이 있다는 것은 반드시 즉시 그리고 기대할 수 있는 연관성에서만 나타나지 않는다. 어떤 육상선수는 체육학의 성공적인 "처방"을 받고 몇 년이 지난 후에야 과학적으로 개입했던 것이 헛되지 않았음을 느낄 수 있게 되며, 이때 심리적, 신체적, 사회적 차원과 같은 다양한 차원에서 그렇게 될 수 있다. 가끔씩은 단편적 관점만을 고려해 내린 결정이나 지고한 도덕적 원칙을 참작한 결정은 **장기적인 관점**에서는 의외의 효과들과 기대와 상반되는 효과들을 만들어낸다.[5]

스포츠와 다양한 스포츠 모형의 조직된 복잡성과, 기능적으로 분화된 사회를 배경으로 생물학적 체계, 사회적 체계, 심리적 체계가 동시 발생하는 것을 조사하려는 사람은 지금까지의 보기가 암시하는 것처럼, 자기관계성, 동시성(Peat 1987), 창발, 반생산성, 비선형성 그리고 회귀성Rekursivität을 고려해야 한다. 최근의 사회학적 체계이론의 도구는 이렇게 복잡한 상황을 분석적으로 파악하기 위해 개발되었다.

2. 키-포인트와 출처의 계보들

최근의 사회학적 체계이론은 자기준거적 체계의 이론으로 구상되었다. 이

---

[5] 시뮬레이션 보기에 관해서는 되르너(Dörner 1989)를 볼 것.

이론은 1970년대 말부터 학제적 토론 과정에서 발전하기 시작했다. 그것의 뿌리는 사회과학과 정신과학에서 유래한 것이 아니다. 그것은 물리학, 생물학, 신경생리학, 사이버네틱스, 기계이론과 소통이론 및 진화이론에서 핵심적 아이디어를 빌려왔다. 자기준거적 체계 이론의 중심에는 체계 요소의 자기조직과 순환적 자기재생산이라는 관념이 있다. 자기생산 이론의 창시자인 마투라나(Maturana 1982: 158)는 이 점을 다음과 같이 표현하였다.

> "자기생산적 조직은 구성요소들의 생산의 관계망을 통해 하나의 단위로서 정의된다.
> 1. 그 구성요소들은 자신들을 생산하는 바로 그 관계망에 회귀적으로 함께 작용하며, 그 관계망이 그 구성요소들을 생산한다.
> 2. 그 구성요소들은 구성요소들이 위치한 공간에서 생산 관계망을 하나의 단위로 실현시킨다."

자기관계적인 태도를 취하는 복잡한 체계들은 자기구성 요소들에 힘입어 자기구성 요소들을 생산한다(회귀성 개념). 그 체계는 끊임없는 회귀 과정에서 언제나 오직 자기 자신과 관계를 맺기 때문에, 그 내적 제어구조의 차원에서 필연적으로 닫혀 있다. 그 체계들은 오랫동안 체계이론에서 가정되었던 것처럼 원칙적으로 그렇게 개방되어 있지 않다는 것이다. 체계들의 핵심 영역은 오히려 환경의 영향을 받지 않은 채 남아 있다(작동적 폐쇄성 관념). 사회적 체계들은 오직 자신이 규정한 특수한 조건 하에서만 환경 접촉을 허용할 수 있다.

모든 사회적 소통 연관은 기초적 사건의 재생산이 지속될 수 있도록 만드는 기제를 발전시켜야만 한다.[6] 하나의 사건은 발생한 후 이어지는 사건이

---

[6] 요소 개념들의 시간화에 관해서는 루만(Luhmann 1984: 28-29)과 또한 빌케(Willke 1989: 30이하)를 볼 것.

새롭게 재생산되지 않을 경우 사라지기 때문이다. 즉 체계는 후속 작동이 더 이상 일어나지 않으면 정지 상태에 이르게 되고 존재하기를 멈춘다. 예컨대 지불이 더 이상 발생하지 않는 경제는 존재하기를 멈춘다. 현대의 성과 스포츠 역시 훈련 모임과 대회가 계속해서 재생산되지 않는다면 금방 사라질 것이다. 소통은 시간적이며, 사안적이며, 사회적인 행동 기대를 일반화하며, 상응하는 행위 양상을 촉발하고, 회귀적인 관계망 속에서 이러한 양상을 지속시킨다. 따라서 체계의 안정성은 그 기초적 사건들의 불안정성에 기반하고 있다고 말할 수 있다.[7] 이렇게 비개연성이 개연성으로 전환되기 위해서는 일종의 차별 작업이 전제되어야만 한다. 사회적 체계는 그 작동을 실행함에 있어서 수많은 사건 가운데 자신의 소통 영역에 적합한 사건들을 차별적으로 선택해야 한다. 이것은 무엇이 체계에 속하는지, 경계가 어디에 있는지, 그리고 환경에 해당하는 것이 무엇인지를 체계가 결정해야 한다는 것을 뜻한다. 이 모든 것은 내적 과정에 근거하여 이루어지는 것이지, 외적 계기들을 선형적으로 계승함으로써 이루어지는 것이 아니다.

이 이론의 결정적 동력원이라고 할 수 있는 니클라스 루만(Luhmann 1984)은 원래 생명체계들을 위해 정식화된 자기생산이론을 심리적 체계, 그리고 특히 사회적 체계에까지 확장해 적용하고자 시도했다. 이러한 시도는 대단히 흥미롭고 중요한 발전으로 이어졌다. 사회적 체계들의 분석, 특히 근대사회와 그 기능 영역들의 기술은 개방성 개념에서 작동적 폐쇄성 및 기초적 순환성의 이론으로 그 패러다임이 바뀌면서 새로운 토대를 갖추게 되었다.

자기준거적 체계의 이론에는 주로 다음의 세 가지 이론요소가 함께 혼합되어 있다. 첫째는 하인츠 폰 푀르스터(Foerster 1985; 1993)라는 이름과 연결되는 이른바 이차 사이버네틱스 second order cybernetics이고, 둘째는 그레고리 베이

---

[7] 작동적으로 폐쇄적인 체계들이 실행할 수 없는 것은 그것의 시작과 끝을 관찰하는 것이다. 이것은 다른 체계들에게만 가능한 일이다.

트슨(Bateson 1988)의 작업에 기초한 최근의 정보이론이며, 셋째는 조지 스펜서 브라운(Spencer-Brown 1969)의 논리 개념이다.

2차 사이버네틱스는 다른 관찰하는 체계들을 관찰하는, 관찰체계들의 이론이다(Segal 1988). 이 이차 사이버네틱스의 중요한 구성요소는 맹점의 은유이다. 맹점의 은유는 관찰자가 스스로 볼 수 없는 것을 보지 못한다는 것을 말해준다. 그리고 이 은유는 계속해서, 관찰자는 자신이 볼 수 없는 것을 보지 못한다는 것을 스스로 볼 수 없다고 전제한다. 이러한 관찰자의 맹점은, 그 관찰자를 관찰할 때 비로소 볼 수 있게 된다. 하지만 이 말을 통해 관찰자의 관찰자 자신은 맹점 없이 관찰할 수 있다는 주장을 하고자 하는 것은 아니다. 사정은 오히려 그 정반대이다. 아무 생각 없이 그저 사용되는 맹점 없이, 즉 사각 지점blind spot 없이 관찰은 불가능하다. 오직 구별의 지시를 통해서만 정보를 획득할 수 있기 때문이다. 자신의 차이 도식은 자연스러운 것으로 전제할 수 있어야만 하며, 다른 관찰자의 차이 도식은 인위적이며 우연적인 것으로 전제되어야 한다.

따라서 2차 사이버네틱스의 기본 사상은 관찰된 체계 안에서 관찰자가 나타난다는 생각이다. 관찰된 체계와 관찰자 양자 사이의 전통적인 분리는 지양된다. 이러한 수정을 통해 관찰하는 체계의 이론은 해당 관찰자나 자문가나 간섭하고자 하는 사람으로 하여금 사전에 부과된 인식의 가능성과 한계에 더욱 민감해지도록 만들어준다. 여기서는 특정한 것을 보지 못할 뿐만 아니라 자신이 볼 수 없다는 점조차 보지 못하는 관찰자의 맹목성에 주목해야 한다.

2차 사이버네틱스는 관찰 진술들을 상대화하며, 그 진술들을 원래 그것인 것, 즉 필연적으로 특정한 맹점이 부과된 구별들에 의존할 수밖에 없는 관찰자들의 진술이라는 점을 일깨워준다. 2차 사이버네틱스는 그렇게 함으로써 자신을 상대화하고, 현실 탐구에 있어서 자신만이 특권을 부여받았거나 유일하게 옳은 이론이라고 간주하지 않게 된다. 물론 그 이론은 보지 못하는 것을 볼 수 없음을 볼 수 있다는 전제에서 출발한다. 그렇지 않으면 그것은 이론으로서 불필요하게 될 것이다.

그레고리 베이트슨의 정보이론의 영향은 이 지점에서 매우 분명하다.[8] 그 이론은 정보를 처리하고 세계를 이해하기 위해 필연적으로 차이를 형성해야만 한다는, 예컨대 주체/객체, 형상/토대, 부분/전체, 남자/여자, 텍스트/콘텍스트, 매체/형식, 빠른/느린 등과 같은 차이에 의지해야 한다는 생각을 주축으로 하고 있다. 체계는 비교와 차이의 투입을 통해서만, 규칙성, 유사성, 상이성을 만들어내고 서로 구별할 수 있다.

체계의 작동들은 이와 같거나 유사한 종류의 차이들, 그 작동들에 응축된 기대들에 관심을 집중한다. 그것은 또한 상응하는 체험 상관물을 만들어내고 동기 구조를 각인하는 일이기도 하다. 친밀한 상황을 만들어내기 위해서는 오직 멋있는/멋없는, 공감하는/공감 않는과 같은 차이의 의미만을 생각한다. 현대의 성과 스포츠도 차이들을 처리한다. 그것의 의미론적 도구는 승리와 패배라는 주도 코드로 형성되어 있다. 이 도구는 성과 스포츠가 전근대적 신체 기술과 운동문화의 전경全景으로부터 분화될 수 있도록 해주었다. 이 기준 규칙은 세 번째 가치를 배제한 채 내적 접촉과 외적 접촉을 조종한다. 이 규칙은 반복되는 동인들의 틀 안에서, 상호 보완 관계를 맺는 행위자들이 다시 차이를 만들어내는 상황을 만들어내는 것이다.

소통이 내적 구조에 의존하며 내부적으로 결정된다는 점을 강조함으로써 다수의 상이한 물음들에 응용할 수 있는 발견적 도구들을 이용할 수 있게 되었다. 이 접근의 생산성이 이론적 및 실천적 수준에서 어느 정도인지에 대해서는 현재 평가가 활발하게 진행 중이어서 보편적이며 최종적인 결론을 내

---

8) 중요한 어법은 다음과 같다. "일 비트(Bit)의 정보는 차이를 만드는 차이로 정의될 수 있다." 베이트슨(1988: 408)을 볼 것.

리기는 어렵다. 최근 여러 과학 분야들이 체계이론적 인식으로 인해 많은 이득을 보고 있다. 예컨대 문학이론, 음악이론, 예술이론, 교육학, 법학, 제어이론, 과학사회학, 경제사회학, 가족치료 등이 이득을 보고 있으며, 체육학 역시 얼마 전부터 이 대열에 참여하였다.

체계 개념을 일상언어적으로 사용하는 경우와, 기본적인 이론을 명시적으로 참조하지 않은 채 체계적 사고를 함축적으로 사용하는 경우를 제외한다면, 새로운 체계이론은 최근에야 비로소 체육학 이론의 형성 분야에서 영향력을 키워나갈 수 있었다. 최초의 분석들은 스포츠경기와 사회화의 관계를 규명하였고, 체계이론과 스포츠교육학의 접목 가능성을 탐구했으며, 고도 성과 스포츠와 경제의 관계를 비판적으로 검토하였고, 조직스포츠의 구조가 통합 성과를 내는 데에 적절한지 타진해 보았으며, 트레이너의 사회적 형상을 최초로 해석하기도 했다.[9]

연구자들은 스포츠의 체계이론적 분석을 "도전으로"(Bette 1992a) 보거나 스포츠와 관련된 중요 문제영역(스포츠와 시간 이론, 사교적 대화의 주제로서 스포츠, 스포츠체계의 성찰 문제와 관찰 문제, 과학의 스포츠자문, 성찰적 체육학의 발전)을 분석하려는 시도 외에도, 스포츠 발달,[10] 신체성,[11] 스포츠체험(Zahn 1991; 1995), 고도 성과 스포츠(Bette 1989: 165이하), 스포츠와 개인화(Bette 1993), 일탈행동으로서 도핑(Bette & Schimank 1995), 조직된 스포츠의 조종(Thiel 1997)

---

9) 카카이(Cachay 1978), 마인베르크(Meinberg 1981: 91-129), 베테(Bette 1984a; 1984b; 1984c), 베테와 나이드하트(Bette & Neidhardt 1985)를 참조할 것.

10) 스포츠에 대한 체계이론적 분석의 상이한 주안점들과 접근방식들에 관해서는 카카이(Cachay 1988)와 베테(Bette 1989: 165이하)를 참조할 것. 카카이는 역사성을 지향하며, 학교스포츠(체조)의 역사를 전면에 내세운다. 그는 자신의 중요한 작업에서 루만이 1970년대 말까지 발전시켰던 체계이론의 분석 잠재력을 활용한다. 자기준거와 자기생산 이론에 대한 체계이론적 토론의 전환은 포함되지 않았다. 조직된 스포츠의 발전을 포함의 관점 하에서 토론한 작업으로는 쉬망크(Schimank 1992)를 볼 것.

11) 베테(Bette 1987; 1989)와 이 책의 4,5,6장을 볼 것.

등의 영역에 대해서도 관심을 기울여왔다. 이론가들이 스포츠교육학과 체육학을 전체적으로 계몽시키기 위해 기울였던 이론적 노력도 중요한 시도로 평가할 수 있다.[12] 마지막으로 — 회귀성과 보편성이라는 체계이론적 개념을 급진적으로 적용하면서 — 이 장에서 나타난 주요 관심사들에 대해서는 아래에서 다룰 것이다. 그곳에서는 최근의 사회학적 체계이론이 체육학에서 특히 강조하고 있는 중점 내용 그리고 영향을 미치는 방식을 개괄할 것이다.

한편으로 체육학에서 제기된 흥미로운 물음들에 대해 체계이론의 분석 잠재력을 활용해 대답을 시도할 것이며, 다른 한편으로 그렇게 확보된 정보를 체계이론에 되돌려줌으로써 체계이론이 개척한 인식 상황을 더욱 풍부하게 만들고자 시도하겠다. 물론 후자와 같은 시도는 지금까지 거의 이루어지지 않았다. 주로 "모(母)이론" 내의 세 가지 개념이 체계이론적 인식을 되돌려 받음으로써 이득을 볼 수 있었다. 첫째, 분화이론, 둘째, 신체의 체계이론적 개념화, 셋째, 지금까지 체계이론에서 무시되었던 일탈행동 이론이 그것이다.

첫 번째 시도가 일반 분화이론에 근거해 스포츠를 분석함으로써 스포츠에 독자적인 기능체계의 자질(위상)을 부여했다면, 이러한 상황은 일반 분화이론이 분화이론을 통해 계몽한다는 인상을 주면서, 그동안 체계이론을 통해 작업하는 체육학자들에 의해 근본적인 변화를 겪었다. 일반 사회학의 분화이론가들은 체육학의 영향을 받는 가운데 스포츠를 사회의 부분체계로 진지하게 수용하는 것을 배웠다(Schimank 1988; Stichweh 1990). 스포츠는 사회학적 분화이론의 입문 세미나에서 동등한 비중을 지닌 주제로 다뤄지고 있다. 체계이론으로 작업하는 체육학자들이 모(母)이론에 인식 성과로서 제공해줄 수 있었던 두 번째 중점 주제는 신체의 영역에 해당된다. 이 영역은 모(母)과학에서 지금까지 주변적인 주제였다. 세 번째, 도핑의 사례로 본 성과 스포츠에서

---

12) 카카이와 가하이(Cachay & Gahai 1989), 카카이와 바(Cachay & Bahr 1992), 카카이와 틸(Cachay & Thiel 1996), 하임(Heim 1992)을 참조할 것.

의 일탈행동 분석(Bette & Schimank 1995)에서 또 다른 풍성한 결과가 만들어졌다. 여기에서는 체계이론, 행위자이론, 전기傳記이론, 게임이론, 일탈이론 등이 서로 풍성하게 관련될 수 있음이 드러났다. 도핑이 성격이 나약한 개인들에 귀속될 수도 없으며, 현대 고도 성과 스포츠에 쏟아진 불가해하고 갑작스런 저주도 아니라는 점은 분명해졌다(이 책의 7장과 비교할 것). 도핑은 개별 사례들이 우연하게 집적된 결과가 아니다. 그것은 성과 스포츠의 발달 과정에서 나타난 고령화 현상으로 평가되어야만 한다. 도핑 일탈은 개인 행위자와 단체 행위자의 이해가 맞물린 결과인 동시에 스포츠 내부 동학과 스포츠 외부에서의 성과 기대의 이익이 교차한 결과이다. 고도 성과 스포츠, 경제, 정치, 대중매체의 구조적 연동에 근거한 상승적 동학에 대한 이와 같은 지적은 — 추측컨대 — 다른 사회적 현상과 사회적 과정의 자체 동학 분석에도 활용될 수 있을 것이다.

3. '체계-환경 이론'으로서 체계이론

현대적인 체계이론의 핵심적인 주도 구별은 체계와 환경의 차이이다. 그것은 체계이론가들이 현실을 관찰할 때 사용하는 안경, 즉 탐색 패턴이다. 차이의 두 면은 상호 보완적으로 서로 연관되어 있다. 체계가 없다면 환경도 없을 것이며, 환경이 없다면 체계에 대해 말하는 것도 무의미할 것이다. 분석의 준거점은 단순히 특별한 대상들, 예컨대 다른 형태들과 다른 체계들이 아니다. 체계이론의 관련 단위는 존재론적 차원에서 원칙적으로 접근할 수 없는 것으로 고려되는 세계이다(Luhmann 1988a: 292). 세계는 모든 것을 포함하며, 그렇기에 환경을 가지고 있지 않다. 새로운 체계이론의 이론 프로그램은 세계이론으로 개념화되어 있으며, 그래서 이론의 대상에 자기 자신까지를 포함할 수 있다는 보편주의적 타당성을 주장한다. 세계와 모든 사회적인 것을 관찰하는 자는 관찰체계로서의 과학을 만나게 된다. 그것은 이 세계의 밖에 있는 것이 아니라 세계의 부분이다.

내부 지향, 고유 동학, 외부로부터의 투시 불가능성 등을 강조하는 자기준거와 폐쇄성 개념은 '체계-환경 관념'과 밀접하게 연결되어 있으며, 피상적으로 볼 때 드는 생각처럼 모순을 나타내는 것은 아니다. 그것은 오히려 중요한 정치화精緻化이며 보충이다. 자기관계성과 기초적 순환성의 측면은 특히 체계의 내부 세계를 지시하지만, 그렇다고 이를 통해 환경 측면이 배제되는 것은 결코 아니다. 이렇게 폐쇄된 영역이 어떻게 자기 환경과의 관계를 발전시키는가라는 물음은 열려 있으며, 이 이론적 전환을 통해 오히려 보다 명료하게 답변될 수 있을 것이다. 이러한 상황을 잘 나타내는 말은 환경 적응이 아니라 **구조적 연동**이다.

새로운 체계이론에서 패러다임 전환은 단순한 '체계-환경 개념'에서 분화되고 더욱 까다로운 자기관계성의 강조로 나가는 노정을 기술하는데, 이와 같은 자기관계성이 자족적으로 분리된다는 급진적인 의미는 아니다. 환경은 체계들의 재생산에 필수불가결하기 때문에 여전히 중요하며 그렇게 남는다. 환경에서의 소음이나 잡음이 없다면 모든 체계는 곧장 정지 상태가 될 것이다. 체계는 오직 자신에게 고유한 구조의 토대에서만 자신의 환경에 반향할 수 있다. 체계이론의 기본 아이디어로 볼 수 있는 '체계-환경 이론'은 여전히 받아들이기 쉽지 않을 뿐만 아니라 까다로운 이론이다. 우리는 이 글을 계속 진행해나가면서 그 연관을 더욱 깊이 다룰 것이다.

체계와 환경의 비대칭적 구조는 나타나는 모든 것을 처리하는 데에 사용될 수 있다. 물론 무엇이 체계이고 무엇이 환경인지를 사전에 언급한다는 전제에서 그렇다. 이렇게 고도로 선택적이며 제한적인 분류는 매우 중요한 것으로 드러난다. 왜냐하면 이런 종류의 사전 확정이 없다면 모든 탐구는 곧바로 정지 상태가 될 것이기 때문이다. 보기를 하나 들어 보자. 경제의 관점에서, 스포츠는 경제적으로 중요한 환경의 부분이다. 다시 스포츠의 관점에서, 경제는 스포츠에 필요한 환경의 중요한 단위이다. 두 영역 사이의 독립성과 상호의존성을 연구하는 체계이론가는 그가 어떤 관점에서 관찰하며 무엇을 체계 내지는 환경으로 정의하는지를 각각 정확하게 언급한다. 많은 기능특정적인 체계가 분화된 곳에서는 세계를 동질적으로 파악하는 관점은 더 이상 존재할 수 없다. 어떤 부분 체계에 대해 내부 세계가 되는 것은 다른 사회적 연관에 있어서는 외부 세계를 뜻한다.

사회적 체계들은 의미에 기초해서 기능한다.[13] 사회적 체계들은 복잡성으로 인한 과도부담으로부터 보호할 수 있는 틀을 이용하며, 이것을 가지고 기초적인 신뢰를 만들어낸다. 사회적 체계들은 미확정적이며 개별적으로는 다룰 수 없는 복잡성을, 확정될 수 있는 질서 형식으로 변환시킨다. 가능성의 지평을 제한하는 토대에서 계산 가능성과 확실성이 만들어진다. 체계에 의해 미리 주어진 관점들은 상응하는 기대 연관과 행위 실행을 특정한 방향으로 유도한다. 의사를 찾는 환자는 의사에게서 상응하는 "처방을 받기를" 원하지, 구매 제안에 관해 토론하거나 예술적으로 유의미한 소통을 이어나가기를 원하지 않는다.

사회적 체계들은 인간의 행위 가능성의 주요 조건들을 나타낸다. 이것은 물론 개인의 행위를 체계 논리의 추상성과 초개인성에 맞춘다는 의미에서 어떤 접근 작업을 필요로 한다. 그래서 개인은 먼저 경제적, 정치적, 교육적으로, 또는 스포츠와 관련하여 적절하게 행동할 수 있도록 배워야 한다. 따라서 개별 행위자의 일상은 사회적 체계들의 행위 명령 사이에서 진동하는 특징을 지닌다. 예컨대 아침에는 가족이 고도의 친밀성과 역할 분산성이라는 특징

---

13) 이것에 대해서는 기본적으로 루만(Luhmann 1971)을 볼 것.

을 갖고서, 이어서 경제가 추상적인 조종매체(화폐)를 통해서 또는 학교가 교육을 통하거나 지식으로 중개된 야망을 통해, 저녁에는 어쩌면 상이한 신체지향적인 스포츠가 상이한 형태(시합, 기록, 재미 그리고/또는 건강)로 그때그때 행위 명령을 내린다. 이와 같이 서로 다른 사회적 영역 사이에서의 자리바꿈은 개인의 내부 세계에 윤곽을 부여하는데, 이것은 이 자리바꿈이 상이하며 이질적이기도 한 체계 논리를 확인하고 서로 구별할 수 있는 능력을 갖추도록 만들기 때문이다. 개인적 행위는 사회적 체계들과 상황들의 현실에 관한 단순화된 이미지에 근거하여 존재하는 우연성, 즉 다를 수도 있을 가능성을 극복한다. 조간신문 구독자는 신문을 펼쳐들 때 벌써 현대 경제의 까다로운 복잡성을 생각한다.

체계와 환경의 "범주적 차이kategoriale Differenz"(Luhmann 1988a)는 일상 의식을 동일성의 관점에서 다루는 연관들을 급진적으로 해체하고, 그것을 가끔씩 의외의 방식으로 새롭게 연결시킨다. 이러한 해체적인 이론구축 기술은 체계이론을 풍성하게 만드는 결정적인 토대가 된다. 여기서 필연적으로 진행되는 해체 및 재구성 과정으로 말미암아 자신들의 확실성이 사라지는 것을 지켜보는 사람들은 물론 불쾌감과 반감을 느끼기도 한다. 체계이론은 체계와 환경의 차이에 의지하여 일상이론뿐만 아니라, 오랫동안 존중받아온 과학철학, 예컨대 의미론적 차원에서 인간에 관해 이야기하고 그러면서 생명과 의식 같이 상이한 준거변수들을 뒤섞는 과학철학도 해체한다. 체계이론은 잠재적/명시적[14], 표층/심층 같은 다른 구별들을 무력화시키고, 이러한 차이의 형성을 다시금 고유한 상이성의 관점에서 관찰한다.

'체계-환경 이론'은 스포츠처럼 현실 속에서 나타나는 기능 영역을 고립시켜 분석하는 것이 아니라, 그 영역이 외부와 맺고 있는 관계들의 연관 속에서

---

14) 잠재적인 것은 항상 어떤 것을 만들어내기는 하지만 해당되는 체계 자신에 의해서는 관찰될 수 없는 것이다. 외부 관찰자가 비로소 잠재성과 맹점을 볼 수 있다.

분석한다. 신체와 개인을 중심에 두고 있는 이 영역으로부터 형성된 구조와 과정은 비록 자기관계성으로 강하게 각인되어 있기는 하지만, 다른 영역들에 있는 구조와 과정으로부터 독립적으로 진행되는 것은 아니다. 조직된 스포츠가 보여주는 외적 현상의 이미지, 스포츠가 가지고 있는 구조들, 스포츠에 영향을 미치는 과정들은 그 환경을 참조하지 않고서는 이해할 수 없다. 환경은 지지하거나 봉쇄하거나 무력화시키면서, 스포츠의 발전과 체계 사건에 영향력을 행사해왔다(사례: 스포츠의 상업화, 정치화, 과학화). 연결망이 고도화된 사회에서는 개인적 행위와 조합적 행위가 하나의 영역 안에서 체계의 제약뿐만 아니라 환경의 제약도 받는다.

조직된 스포츠는 여기서 하나뿐이며 동질적인 환경에만 직면하고 있는 것이 아니다. 스포츠는 오히려 다양하며 모순적인 성과들을 기대하는 다수의 환경들과 관계를 맺고 있다. 다수의 환경들은 특정한 가능성을 열어주지만 동시에 특수한 한계와 어려움을 만들어내기도 한다. 이러한 관점에서 볼 때 체계의 문제들은 하나의 개별적 체계의 문제로서만 나타나는 것이 아니다. 오히려 그것은 항상 특수한 환경조합들을 통해 영향을 받는다. '체계-환경이론'의 관점은 스포츠와 그 행위자에게 관심이 집중되는 것을 분산시키고는 중요한 관련 집단을 의식적으로 포함시킴으로써 그것을 보충한다. 갈등은 대개 특별한 환경이 체계에게 지나친 기대를 채울 것을 요구할 때 나타난다.

예를 들면 스포츠에서 도핑의 형태로 나타나는 잘못된 내적 조종은 그런 방식으로 환경이론 및 관련 집단이론에 입각하여 해석될 수도 있다. 전형적으로 "더 높이, 더 빨리, 더 강하게"를 지향하는 스포츠의 경향은 명백하게 화폐, 지식, 권력 같은 외적 매체들을 통해 엄청나게 강화되고 가속화되었다. 절제할 줄 모르는 승리 코드는, 외견상 지속적으로 고도 성과 스포츠 선수들의 성공을 만들어낸 환경의 기대와 자원으로 인해 마치 고삐 풀린 것처럼 보인다. 단순히 재미를 위해 진행되는 경기와 10만 달러 상금이 걸린 경기 사이에는 상당한 차이가 존재한다. 거액의 상금이 걸린 경우에는 승리 가능성을 높여줄 금지 수단은 상당한 유혹을 불러일으키며, 그 유혹을 거부하고자 한다면 영웅적인 용기가 필요하다.

현대 스포츠가 심리학적 관점(동기, 심리 조절)이나 자연과학적 관점(예컨대 운동진행 과정에 대한 생체역학적 연구나 스포츠 의학에 의한 젖산 연구의 범위)에서만 분석된다면, 이것은 특정한 문제 영역에서는 합법적인 접근 방식일 것이다. 그러나 이런 종류의 연구는 보다 포괄적인 연관에 주목하겠다는 경우나, 다양한 모형을 지닌 스포츠가 어느 정도로 사회적 현상이며 왜 사회적 현상인가의 물음에 대답하고자 시도할 때에는 더 이상 적절하지 않다.

즉 이러한 순간에는 아주 다른 측면, 다른 분석 범주, 다른 문제제기를 고려하게 된다. 예컨대 트레이너와 운동선수의 역할 상황, 그들의 동기, 그들이 처한 상황 등은 이 관점에서는 매우 달리 조명된다. 그들을 괴롭히고 교란시키는 어려움은 내적 자기관계성의 결과인 동시에 외적 기대의 결과로서 생겨난 문제들에서 파생된 것이다. 외부 요인들을 배제한 채 내부 관계만을 조사하는 것은 틀림없이 불충분하다. 외견상 단독적인 사건들도 독립성과 상호의존의 연결망에 연결되어 있다.

새로운 체계이론이 성취한, 개방성 개념에서 폐쇄성 이론으로의 전환 이후, 체계와 환경의 관계화는 근본적으로 좀 더 분명하게 규정되었다. 체계와 환경의 관계를 선형적이며 결정주의적인 관계로 생각해서는 안 된다. 이렇게 생각하는 것은 말 그대로 너무 단순하다. 이론을 주도하는 세 가지 개념이 새로운 사회학적 체계이론의 '체계-환경 버전'을 결정적으로 업그레이드시켜주었다. 그 세 가지는 코드화와 프로그램화의 분석적 분리, 이 분리와 관련된 폐쇄성을 통한 개방성 사상, 평범한 체계와 평범하지 않은 체계의 구별이다.

3.1 코드화와 프로그램화

어떤 차원에서 사회적 체계들이 자기준거를 형성하며 작동적 폐쇄성의 특성을 획득할 수 있는가의 질문과, 어떤 다른 차원에서 이것이 가능하지 않은가의 질문은 코드화와 프로그램화의 구별을 통해 정확하게 대답할 수 있다.[15] 체계와 환경의 관계에서는 독립적인 코드의 분리가 자기관계적인 소통 연관의 분화를 가능하게 하는 필수적인 조건이다. 이 관점에서 보면 합법/불법의 코드를 가진 법체계, 소유/비소유의 선호 규칙을 가진 경제, '권력 있는/복종하는' 내지는 여당/야당의 이항 도식을 가진 정치, 진리와 허위의 일차적 지향을 가진 과학, 사랑 코드를 가진 가족이 진화상 성공적으로 관철되었다. 현대적 원칙에 근접한 고도 성과 스포츠 역시 그 소통을 임의적으로 구조화하는 것이 아니라 이항 코드에 따라 작동한다. 즉 **승리**와 **패배**의 코드나, 그 체계의 주도 의미론으로 옮긴다면 '**우월한 성과/열등한 성과**' 코드에 따른다.

이 기준 규칙들로 반복되는 계기들의 범위에서 상황들, 즉 보완적으로 서로 관련된 행위자들(트레이너/운동선수, 교사/학생, 의사/환자, 목사/신자)이 차이를 만들어내고 체험 상관물을 생산하는 상황들이 만들어진다. 사회문화적인 진화가 보여주는 것처럼, 이것은 자기준거성을 향해 상승할 수 있었으며, 그 결과 이러한 차이를 진행시켜 나가는 과제를 지닌 실제 존재하는 사회적 체계가 사실화되기에 이르렀다.

코드화는 '체계/환경-관계'를 조종하기 위한 체계 고유의 필터로서 자신의 선호 구조들과 함께 언어 형식으로 표출된다. 그것은 특별 의미론으로 응축되고, 가끔씩 뛰어나 표현력의 이데올로기로 농축된다. 부분체계별로 특화된

---

15) 루만(Luhmann 1980; 1986a)을 볼 것, 교육체계의 경우에 대해서는 루만(Luh-mann 1986b)을 볼 것.

지향을 바탕으로 하여 모든 분화된 기능체계들에서, 예컨대 정치, 경제, 교육, 예술, 법, 종교, 과학 등에서 특별한 언어들이 형성되기에 이른다. 스포츠 역시 자신의 분리를 사회적으로 승인받게 되었으며, 이러한 상황에 대처하기 위해 스포츠 이외의 영역에서도 영향력을 발휘할 수 있는 특별 의미론을 만들어내었다.

코드로 조종되는 사회적 체계는 세 번째 가능성을 배제한 채 '긍정적/부정적-구별'에 따라 정보들을 처리하며, 상응하는 방식으로 내적 과정을 도식화한다. 이 이항적 논리 안의 각 위치는 그 자체로 특징을 드러내는 것이 아니라, 각자 다른 가치를 부정함으로써 특징을 드러낸다. 허위라는 반대 극을 함께 생각하지 않은 채 진리에 관해 말하는 것은 과학적으로 무의미하다. 마찬가지로 합법은 불법을 배경으로 할 때에야 윤곽이 뚜렷해진다.[16] 경제적 소유는 항상 동시에 비소유 가능성을 지시한다. 패배 가능성이 없는 스포츠 경기에서의 승리는 의미가 없다. 승리와 패배라는 스포츠의 주도 지향은 행위 동기를 자극하여, 지향을 지탱하고 일반화하며 정당화한다. 코드에 지지받는 규칙에 따라 행위하는 사람은 구태여 다른 설명을 하지 않아도 된다. 개최된 대회에서 스포츠 경기장의 트랙을 달리는 사람은 그 이유를 설명할 필요가 없다.

사회적 체계들은 코드에 기반하여 계속 이치적=値的으로 자신을 재생산한다. 사회적 체계들은 **배제**Exklusion 행위 속에서 높은 내적 복잡성을 구축할 수 있게 된다. 사회적 체계는 오직 그렇게 함으로써 계속 **포함하며**inklusorisch 활동할 수 있다.[17] 사회적 체계들은 다른 영역에서는 부적절할 특정한 편애

---

16) 합법/불법의 차이로 법이 독립 분화한 것에 대해서는 루만(Luhmann 1981b)을 볼 것.

17) 현대 스포츠는 최고 성과를 지향하는 버전에서 두 가지 관점에서 포함하며 활동적이다. 즉 첫째로는 재능 발굴 프로그램과 재능장려 프로그램의 범위에서 그리고 둘째로 관객 역할과 소비자 역할과 관련해서 활동적이다. 최고의 성과가 이루어지며 요구되는 곳에는 제공자 편과 구매자 편에서 포함의 요구가 존재한다.

를 가지고 스스로를 배제시키며, 그렇게 환경으로부터 스스로를 분리시키고, 이를 기반으로 자신의 고유한 체계 정체성들Systemidentitäten을 획득한다. 아름다움을 겨루는 곳에서 과학적 진리가 관건이지 않으며, 법적 투쟁에서 열정적인 사랑이 중요하지 않다. 스포츠에서 진리가 생산되거나 옳음이 선포되거나 예술이 만들어지지 않는다. 신체에 집중하는 이 사회적 체계는 특화된 '승리/패배 코드'에 의지하여 특별한 차이를 만들어냈으며, 최근 들어 이 차이에 힘입어 엄청나게 성장했으며 놀랄만한 사회 내부의 반향을 불러일으킬 수 있었다. 이로부터 다른 사회적 영역에 성과 제안이 제시될 수 있었으며, 후속 선별이 만들어질 수 있었다. 소유/비소유라는 주도적 차이에 따라 작동하는 경제는 그렇게 고도 성과 스포츠를 지원할 수 있는데, 그 이유는 스포츠의 코드가 경제적으로 성취할 수 있는 것을 함께 진작시키도록 지원하기 때문이다.

'승리/패배-코드'는 모든 다른 부분체계의 주도적 지향과 마찬가지로, 그 어떤 상위의 또는 광범위한 "의도" 연관과 연루되어 있지 않다는 의미에서, 고도 성과 스포츠에서 절대화되어 있다. 그 코드는 그 자체로 스포츠 행위의 궁극적인 이유를 나타낸다. 따라서 이러한 지향이 이루어지는 내부에서는 이 행위를 판단하고 각인하는 그 밖의 관점에 대해서는 완전히 무관심하다. 그 코드는 이러한 무관심을 통해 목표 지향적이며, 정례적으로 실행되며, 사안 합리적인 활동의 자질을 획득한다.

가치를 둘로 나누는 주도 선호의 수립은 광범위한 귀결을 갖는다. 그 주도 선호는 무한한 행위 방식들 가운데 고도로 선별적인 선택을 가능하게 하기 때문이다. 그것은 누가 어떤 시점에서, 어떤 장소에서, 성과 스포츠 상황의 범위에서 어떤 스포츠 활동을 하는지와는 무관하다. 그는 상대를 이기려 하고 패배를 회피하려 한다. 다른 상이한 사회의 부분체계의 주도 지향과 마찬가지로, 스포츠의 승리 코드는 등급이 있는 사안적 성과 차이 — 어떤 육상선수가 다른 선수보다 5cm 더 높이 뛰었다 — 를 사회적인 분극화Polarisierung 로 바꾸었다. 승리 코드는 행위자들이 자신들의 행위를 통해 서로 경쟁 관계에 있도록 만든 것이다. 승리 코드는 그 경쟁 관계에서 가령 법체계의 주도차이와 비슷하다. 법체계에서도 특정한 법률 사안에서 하나의 소송 상대자의 입장이 합법으로 선포되고, 그렇게 됨으로써 다른 소송 상대자의 입장은 불법으로 선포된다.

승리 코드는 이 경쟁 관계에 의지하여 스포츠에서 긍정적으로 평가된 것을 극단적으로 희소한 것으로 만든다. 2등이나 3등의 가능성과 경쟁의 여러 순위를 감안하더라도 승리자는 항상 소수일 수밖에 없다. 즉 이것은 같은 것을 지향하는 경우에 적용되는 산정 방식들인 셈이다. 승리와 패배는 지역대회에서부터 벌써 중요하다.

코드 차원에서 작동적 폐쇄는 체계가 프로그램 차원에서 개방적인 상황에 있을 수 있도록 만든다. 프로그램화는 승리와 패배의 주도적 차이가 일차적 코드를 위해 중요한 일련의 행위 도식을 통해 조작화되는 것을 뜻할 뿐이다. 보기를 하나 들겠다. 법체계의 이원성은 합법과 불법의 코드이다. 프로그램 상의 차이들은 '법적 책임 능력이 있는/법적 책임 능력이 없는', '음주 상태의/음주하지 않은 상태의', '귀속 능력이 있는/귀속 능력이 없는' 등일 것이다. 이 모든 구별은 유책성 질문Schuldfrage을 확정하는 일이 관건일 때 함께 고려된다. 어떤 사람이 범죄 행위를 저지를 때 음주 상태였는지 아닌지는 처벌에서 차이를 만든다.

과학체계의 프로그램은 이론과 방법이다. 그것들의 도움으로 진리/허위라는 가치에의 할당이 이루어진다. 성과 스포츠의 '승리/패배-코드'에 대해서는 남자/여자, 성인/청소년, 공정한/불공정한 등의 프로그램적 차이들이 중요하다. 프로그램 차원에서 성과 스포츠의 코드를 존중하고 계속 유지하고자 할 경우에 한에서 교육학적 권고가 제안되고 고려될 수 있다. 그렇다. 가치가

둘인 코드 차원에서 배제되어야만 하는 것이 여기에서 도입될 수 있다.

따라서 사회의 환경은 일단 스포츠에게 중요하지 않다. 여기서는 지금까지 설명한 체계/환경-이론에 대한 정밀한 기술이 이루어진다. 예술, 군대, 경제, 정치, 교육, 도야 등에서 일어나는 외부 사건은 스포츠체계의 내부 사건으로 직접 연결될 수 없다. 스포츠는 외부로부터 결정될 수 없다. 그리고 스포츠는 보통 추정되는 것처럼, 그것을 둘러싼 사회의 거울은 분명히 아니다. 동어반복적으로 표현하면 스포츠는 스포츠일 뿐이다. 스포츠는 비非스포츠가 배제된 모든 것이다. 체계와 환경의 비대칭 조건에서 체계가 환경을 반영하는 것도, 환경이 체계를 반영하는 것도 아니다.

예컨대 경제적이거나 정치적이거나 과학적인 간섭 시도와 같은 환경의 사건은 스포츠에 특수한 구조와 과정이라는 바늘귀를 통해 힘겹게 [스포츠 체계 안에] 들어올 수 있다. 외적 촉발 조건과 내적 반응 형식은 서로 직접 관계를 맺을 수 없다. 자기 관계적으로 조직된 사회적 영역들은 그 심층 구조에서 외부와 직접 접촉하고 있지 않다. 외부와의 접촉도 발생하지만, 외부 접촉은 철저하게 내적 원리를 기준으로 일어날 뿐이다. [그러한 내적 기준에 따라] 어떤 환경 간섭들은 거부되지 않고 오히려 기대되며 특별히 환영받기까지 한다(보기: 스포츠의 프로그램 구조에 돈을 투자하는 후원자 관계, 스포츠 성과의 향상을 위한 응용 과학 연구의 결과로서 상호주관적 진리의 참작).

사회적 체계들은 외부로부터 오는 모든 정보가 내적 소통 가능성의 척도에 비추어 유용한지의 여부를 염두에 두고 그것을 관찰한다. 지원과 유용성을 알리는 주제들만이 주목을 받을 수 있을 것이다. 그 주제들에게는 검증을 위한 시간이 주어진다. 그런 의미에서 자기관계적인 사회적 영역의 작동적 폐쇄성 사상은 이 사회적 영역이 급진적인 의미에서 그 환경으로부터 격리되어 존재한다는 것을 뜻하지 않는다. 만일 사회적 영역이 그렇게 격리되어 존재한다면, '체계-환경 이론'은 불필요한 이론이 될 것이다. 환경에서 발생하는 사건들은 부인되는 것이 아니다. 환경에서 발생하는 사건들은 이러한 환경 접촉을 처리함에 있어서 내부 결정성을 참조함으로써 좀 더 정확하게 규정된다. 바로 최근 몇 년 동안 강력하게 나타난 스포츠의 사회화(과학화, 상업화, 정치화, 대중매체화, 교육화) 경향을 생각한다면, 스포츠체계의 내부 공간만 살펴보는 것은 어리석은 일일 것이다.

3.2 폐쇄성을 통한 개방성

지금까지는 사회적 체계를 환경과 투입/산출 관계를 맺고 서로 활발하게 교류하는 개방체계로 생각해왔다. 이러한 낡은 생각과 달리, 새로운 체계이론은 자기준거적 체계 이론의 영향을 받아 폐쇄성을 통한 개방성 사상에서 출발한다. 이 사상에 따르면, 사회적 체계는 열려있기만 한 것도 닫혀 있기만 한 것도 아니다. 그것은 오히려 두 가지 특성 모두를 동시에 지니고 있다. 체계는 자신의 기초적 작동에서 폐쇄되어 있으며, 이를 통해 비로소 환경에 개방적이 될 수 있다. 예컨대 성과, 성공, 경쟁을 지향하는 스포츠의 작동적 폐쇄성은 핵심적인 자기조종 영역, 즉 '승리-패배 선호' 내지는 '우월한 성과/열등한 성과'라는 주도 코드와 관련되어 있다. 스포츠는 이 코드값들을 배분하는 경우에 고유한 원칙에 따라 결정할 수 있었기에, 즉 자율성을 발전시킬 수 있었기에, 다른 특정한 관점에서 개방된 상태에 있게 된다. 스포츠는 예컨대 경제적 시장의 관심이나 정치적 자기표현의 관심을 전달하거나 매체적 medial 기대를 함께 충족시키기 위해 개방된 상태에 있게 된다. 상호 의존성은 그런 방식으로 형성될 수 있다. 고도 성과 스포츠는 오늘날 막대한 국가 지원 없이는 사실상 더 이상 성립할 수 없으며, 이런 의미에서 국가 재정 집행자에 상당히 의존적이다. 코드 형식의 자율성과 자원 의존성은 서로 교차하는 두 차원을 형성한다. 그밖에도 스포츠가 환경 자원에 크게 의존한다는 것이 스포츠가 환경에 의해 좌우지된다는 의미로 해석되어서는 안 된다. 만일 사회의 환경이 자체적으로 스포츠 성과들에 크게 의존하고 있다면, 스포츠는 환경과의 관계를 스스로 구축하는 데서 상당한 자유를 구사할 수 있다. 성과 스포츠가 국가에 재정적으로 크게 의존한다 할지라도 국가는 무한정 스포츠에 직접 간섭할 수 있는 것은 아니다. 역으로 국가도 예컨대 고도 성과 스포츠 덕분에 다른 방식으로는 거의 획득하기 어려운 국제적 인정을 받게 된다는 점에 의존하는 것과 마찬가지이다. 따라서 [이러한 것을] 가능하게 만들어 주는 관계를 나타내는 조직 원칙을 일컬어 **폐쇄성을 통한 개방성**이라고 한다.

독립 분화된 기능체계의 주도적 차이를 무력화시키는 간섭이 일어나면, 자율과 자기관계성은 물론 파괴된다. 이것 역시 스포츠의 보기에서 잘 보여줄 수 있다. 경제 기업이 무대 뒤에서 미리 승부를 결정해 놓은 시합은 타자와 관계되어 조직되어 있는 것이다. 그러한 시합은 이 타자 관계성을 숨긴 조건에서만 기능할 수 있으며, 그렇지 않으면 자신의 주도적 차이를 공식적으로 바꾸어야만 한다. 나중에 어떤 결과가 나올지 미리 알 수 있는 시합은 한마디로 따분하다. 대개 마지막 순간까지 승부를 알지 못하는 것이 성과 스포츠의 중요한 특징이다. 따라서 외부에서의 간섭은 스포츠의 핵심 논리를 무너뜨릴 것이다. 스포츠 코드는 출신, 인종, 종교, 경제력 등에 대해 무관심하다. 규칙을 준수하면서 정당하게 이루어낸 스포츠 성과만이 유효하다. 이러한 토대에서 출현한 스포츠 열풍은 여러 관점에서 사회적으로 유용하다.

3.3 평범한 체계와 평범하지 않은 체계

자동차나 연역적 논리학 또는 순종적인 사람에서처럼 평범한 기계는 투입이 같으면 언제나 산출도 같다. 그것들이 망가졌더라도 결과는 마찬가지이다. 평범한 기계들은 그 때문에 신뢰할 만하며 반응을 예측할 수 있다. 우리는 투입하고, 산출을 관찰하며, 프로그램을 예측할 수 있다. 이런 종류의 체계들은 투입과 산출을 선형적으로 연결하는 변환 기능을 가지고 있을 뿐이다. 그러한 체계들은 그런 방식으로 순수하게 현재와 관련하여 작동한다. 그것들은 자신의 과거의 영향을 받지 않는다. 내적 프로그램들은 영원히 같은 것을 반복하기만 할 뿐이다.

심리적 체계들과 사회적 체계들은 그와는 달리 평범하지 않은 체계의 특징을 지닌다. 그것들은 재귀적이며 예측될 수 없다. 그것들은 동일한 투입에 항상 동일한 산출로 반응하지 않는다. 체계의 산출은 외부의 선형적 통제를 벗어나는 특수한 고유 상태를 가리킨다. 평범하지 않은 체계는 이미 만들어진 경험들에 반응한다. 그 체계들은 회귀적이며 학습 능력이 있고 자체 기억을 가지고 있다. 특수한 심리적 체계들(의식)의 영역에서는 인지 구조들의 중요성이 언급되어야 할 것이다. 복잡한 사회적 체계들은 그 경험들을 의미론적 구조들에 저장해둔다. 즉 소통 규칙들과 상징적으로 일반화된 통제 매체 및 진행 절차들에 저장해둔다.

평범성Trivialität과 비평범성Nicht-Trivialität의 차이를 고려할 경우, 가령 수업 현상에 관해 중요한 통찰을 얻을 수 있다. 학급이나 훈련 집단은 이미 평범하지 않은 체계의 특징을 지니고 있다. 동일한 수업 프로그램에 따라 수업을 진행하는 교사는 보통 외부에서 선형적으로 이 조직 형식에 개입하지 못하고, 자신의 투입을 통해 항상 동일한 산출을 끌어낼 수 없다는 것을 금방 깨닫게 된다. 동일한 교수 및 학습 프로그램은 학생들에게서 매우 다른 반응을 만들어낸다. 수업은 대개 시행착오 게임처럼 진행된다. 교사는 질문하고, 특정한 대답을 기대하며, 학생들에게 다소간 능숙하게 대답을 "말하도록" 가르쳐준 다음에야 그 대답을 받아낸다.

전통적인 스포츠 수업은 비슷한 유형을 따른다. 여기서도 학생들은 평범한 존재로 간주된다. 교사는 학생들이 특정한 운동의 본보기를 따라할 수 있는지 없는지를 검증한다. 하인츠 폰 푀르스터(Foerster 1985: 22)를 인용해 다음과 같이 질문할 수 있을 것이다. "그와 달리, 교육 체계가 '정당한 질문들', 즉 아직 대답을 모르는 질문을 던지는 법을 가르치며 학생들을 특수하게 다루는 교육체계를 상상하는 것은 매력적일까?"

(평범하지 않은 체계인) 학생들을 교사가 평범하게 만들고자 하는 것이 학교 상황에서 전형적이더라도, 교사가 교육하는 것이 아니라, 수업체계가 자신의 특수한 특징에 근거하여 교육한다는 점은 매우 분명하게 드러난다. 일시적인 관계의 단계를 넘어선 학급만 해도 벌써 자체의 체계 과거와 독자적인 체계 기억을 갖추고 있다. 이것은 환경 영향들(예: 교사, 동급생, 교수계획 등)의 중요성과 참작을 배제하지 않는다. 오직 소통으로만 이루어진 수업체계의 자기관계성은 외적 정보들이 내적으로 처리되는 방식을 결정한다. 수업체계는 신체들과 심리들로 구성되어 있지 않다. 신체들과 심리들은 "단지" 구조적 연동을 통해 수업체계와 연결되어 있을 뿐이다(보기: 언어). 교사는 투입 측면에서 소통에 기여한다. 수업체계는 어떻게 반응하고 무엇에 반응할지를 스스로 확정한다. 수업체계는 교사가 소통하는 것을 관찰한다. 따라서 수업 상황의 구조적 결정성이 높다는 것은, 비밀스런 교수 계획의 구상에서 추정되는 것처럼 그렇게 중요한 요소가 아니다.

간략하게 중간 결산을 제시하겠다. 우리는 지금 새로운 사회학적 체계이론의 차이이론적 지향을 다루고 있다. 바로 이에 관해 (자기관계성과 자기생산성 등과 같은 표제어 하에서) 지난 몇 년 동안 인식 상황이 크게 발전했기 때문에, 우리는 첫 단계에서 체계이론의 비대칭적 지향을 '체계-환경 이론'으로 기술했다. 세 가지 관점에서의 정밀한 분석은 이 중요한 생각을 활성화시키는 데에 도움이 되었다. 체계와 환경의 관계를 정밀화시키려는 첫 번째 문제 변항은 코드화와 프로그램화의 차이로 제시되어 있다. 두 번째는 폐쇄성을 통한 개방성이라는 역설적 어법으로 나타난다. 세 번째 관점으로 우리는 하인츠 폰 푀르스터가 '체계-환경 관계'를 기술하기 위해 2차 사이버네틱스에서 발전시켰던 평범한 체계와 평범하지 않은 체계의 구별을 선택했다.

4. 인식론

전통적 존재론은 관찰에 무관하게 존재하는 세계에 관한 생각에 기초하고 있다. 실재는 그 자체로서 존재하며, 단지 그것을 제대로 파악하는 것이 중요할 뿐이다. 이 고전적 관점에 따르면, 과학 연구의 중심 과제는 주어진 것으로 정의된 진리에 최대한 가까이 접근하도록 도와주는 도구를 개발하는 데에 있다. 어떤 이론이 "진리인" 것이냐 "허위인" 것이냐는 그 이론이 특정한 과학공동체의 평가에서 현실과의 관계에 적절한 것으로 정의되었느냐 그렇지 않은 것으로 정의되었느냐에 따라 구별되었다. 그래서 존재와 사고를 분리하는 생각은 특화된 진리 근사이론에 상응하는 것이다.

과학은 관찰하는 주체와 관찰된 객체의 분리를 토대로 큰 성과를 이룰 수 있었다. 이미 일상이론의 기능 방식에서 그 중요성을 언급한, 관찰자의 자기관계성을 배제하는 것은 과학적 이론 형성을 위해서도 지식 획득을 가능하게 하는 주요 조건인 것으로 드러난다. [고전적 관점에서는] 관찰자가 관찰을 진행할 때 자신을 주제로 삼는 것을 포기함으로써, 과학적인 계몽 업무가 이 지식획득 단계에서 자신의 기능 방식의 조건과 가능성을 함께 성찰하지 않아도 되도록 해준다. 그밖에도 관찰자는 자기를 주제로 삼는 일을 포기함으로써 대상의 세계, 그리고 자신의 관찰로 촉발된 결과와 거리를 둘 수 있도록 해준다. 과학적 인식론은 이런 식의 성찰 기피를 통해 한 걸음 더 나아가, 전통적인 존재론을 추종하는 일상 행위자의 현실관에 비교적 무난하게 연결되도록 해주는 상당한 장점을 제공해준다.

이 세계관은 이차 사이버네틱스와 새로운 구성주의적 접근의 영향을 받은 사회학적 체계이론에 의해 도전을 받는다. 사회학적 체계이론은 무엇을 관찰할 것인가를 묻는 질문을, 누가 관찰하는가를 묻는 질문으로 대체한다. 그렇다고 하면 세계가 무엇이냐 또는 스포츠가 무엇인가라는 질문은 중요하지 않게 된다. 중요한 것은 실재를 관찰하는 사람이 누구인가 그리고 여기서 어떤 지식이 획득되느냐라는 질문이다. 객관적인 현실 그 자체가 중요한 것이 아니다. 관찰의 기술이 관심의 대상이 되는 것이다. 누가 [관찰하는가]에 대한 질문은 그 관찰자의 관찰을 주도하는 구별은 어떻게 나타나는가라는 중요한 다음 질문으로 이끈다. 그 관찰자는 어떤 이론을 가지고 관찰하는가? 그의 가능성과 맹점은 어디에 있으며, 원칙적으로 폐쇄된 것으로 정의된 실재를 분석할 때 사용하는 그 관점을 가지고 그는 어떤 자유들을 획득하는가?

이러한 관찰의 구성 원리를 "이해하는" 사람, 즉 관찰의 자기관계성을 인식하고 재구성할 수 있는 사람은 관찰자와 그의 인식 성과를 역으로 추론할 수 있게 된다. 그렇게 함으로써, 누가 관찰하는가의 질문은 무엇이 관찰되는가의 질문에 대답하는 데에 멋지게 도움이 된다는 것을 금방 알 수 있게 된다. 특정한 관찰자들은 스포츠를 무엇이라고 생각하는가? 즉 체계이론적 인식론에서는 관찰자가 자신에 의해 관찰된 대상에서 반드시 함께 나타난다.

이 어려운 생각의 과정을 요약하면 다음과 같다. 과학적 관찰자는 특정한 이론적 도구를 가지고 자신이 실재라고 생각하는 것에 접근한다. 그는 특정한 어떤 것에 더 한층 예민한 관심을 보이며 전제들과 특별한 의미론을 만들어낸다. 예를 들면 [스포츠 클럽의] 회원 구성, 조직 특성, 계층별 상황을 조사하기 위해 전제들과 특별한 의미론을 만들어낸다. 그는 접근할 목적으로 자신의 구별들을 통해 표시한 영역만을 본다. 회원 또는 비회원이란 무엇인가? 조직인 것 또는 조직이 아닌 것은 무엇인가? 사람들의 계층 지위는 어떻게 표준화시킬 수 있는가?

이 비교적 간단한 보기들은 이미 과학적 진술의 타당성이 비록 깊이 생각해 고안해낸 경험적 방법에 의해 뒷받침되고 있더라도, 관찰자에 의해 표시된 영역에서만 유효하다는 점을 보여준다. 모든 관찰은 자기 자신과 관련되어 있기 때문에 관찰자는 언제나 "자신의" 현실, 자신의 귀속들, 자신의 사전

기획들만을 측정한다 그렇다면 그는 언젠가는 적절한 '열쇠-자물쇠 관계'가 존재하는지의 여부를 결정해야만 하는 문제에 봉착한다.[18] 모든 이론은 선택성의 응축된 형식을 재현하며, 그것을 통해 '다르게도 가능함'의 가능성, 즉 우연성을 지시하고, 현실과 인식함의 관계에 있어서 위험 부담의 특성을 포함한다.

체계이론적 인식론의 또 다른 중요한 구성요소는 고유한 관찰자 자질을 "대상들"에게 부여한다는 데에 있다. 이 대상들이 독자적인 의미체계로 확인될 수 있다면 말이다. 따라서 스포츠는 자기 자신과 자신의 환경을 관찰하는 역동적인 체계로서 나타난다. 스포츠는 외부로부터 과학적인 분석을 기다리기만 하는 수동적이며, 정태적이며, 고정되어 있는 것으로 나타나지 않는다. 클럽들과 협회들은 관찰을 통해, 자신과 환경(내적인 내부 모형과 외적인 외부 모형)의 단순화된 모상을 자신 안에 만들어낼 수 있게 된다. 그리고 그것들은 그 때문에 분화의 결과를 통해 경험들을 모을 수 있다. 그것들은 자기관찰과 타자관찰을 토대로 자기기술을 작성하고, 그들의 일상적 작동에서 일차적으로 자신의 상태와 관련짓고, 상응하는 적응 성과로 반응할 수 있다.

관찰된 "대상"의 관찰 능력을 이론적으로 전제하는 것은 관찰자가 자신에 의해 관찰된 대상에서 다시 나타난다는 말을 또 다른 관점에서 설득력 있게 만들어준다. 기능적으로 분화된 사회들은 내적 관찰관계 행렬을 명백하게 나타낸다. 스포츠는 관찰하고, 그렇게 과학에 의해서도 관찰된다. 스포츠를 관찰하는 체육학자는 그 결과 신체와 인물을 중심에 두는 사회적 영역, 즉 경제와 정치, 교육 및 도야체계 뿐만 아니라 과학을 관찰하고 지원을 요청하는 사회적 영역과 만나게 된다. 과학은 스포츠의 관찰에서 자기 자신과 자신의 기

---

18) 자물쇠와 열쇠의 은유에 관해서는 폰 글레이저스펠트(von Glasersfeld 1985: 20이하)를, "성찰된 재구성주의"의 범위 내에서 이론과 현실의 관계를 분명하게 하려면, 빌케(Willke 1991: 121)를 보라.

능방식의 결과를 만나게 된다.[19]

  이와 같은 사태를 고려할 때 세계를 '일 대 일 대응 관계'의 의미에서 존재와 사고의 관계로 "정확하게" 재현하는 것은 불가능하다. 관찰자의 자기준거는 이와 같은 요구를 무효화시킨다. 현실에 관한 진술자는 언제나 현실의 부분이기도 하다.

  지금까지 내용을 다음과 같이 요약할 수 있겠다. 새로운 체계이론은 진리를 통해 존재의 본질에 접근할 수 있다는 의미에서 현실이 파악될 수 있다는 전제를, **관찰자들이 실재라고 생각하는 것의 관찰 관점**으로 대체한다. 체계이론은 현실과의 관계가 언제나 관찰자들의 현실과의 관계로서만 가능하다는 데서 출발한다. 어떤 관찰도 관찰자로서 등장하여 세계를 특화된 구별에 힘입어 표시하고 분할하는 사람의 자기관계성 없이는 성립할 수 없다. 현실은 언제나 관찰자의 현실이며, 가령 유일하게 옳은 하나의 해석 행위에서 가치중립적이며 관찰자와 무관하게 재현될 수 있는 것이 아니다. 관찰자들은 어떤 것을 설명하려고 시도할 때 다른 관찰자들에 의해 다시 관찰되는 것을 감수해야만 한다.

  처음 보면 일상적 사고와 상충되는 이 세계관은 일차, 이차, 삼차 관찰의 차이에 기초하고 있다. 어떤 관찰자가 정보들을 도출해 낼 수 있기 위해서 하나의 특수한 차이를 가지고 구별들을 배치하고, 지시들을 실행하는 경우에 일차 관찰이 나타난다(보기: 개인이 세계 안에서 자기 행위를 조종하고 자신의 지향을 조직할 때 사용하는 일상이론). 특수한 구별들과 전제들에 기초하여 자료를 수집하는 사회조사자는 이미 이차 등급 관찰을 실행하는 것이다. 그의 활동의 한 부분은 일상이론들의 구별 선택을 주제화하는 데에 그 본질이 있는 것이다. 스포츠의 구조와 과정을 숙고하고, 잠재된 것과 불투명한 것을 발견

---

19) 베테(Bette 1992b)와 이 책의 8장 및 9장을 참조할 것.

하며, 심지어 잠재적인 것의 기능을 의문시하는 사람은 이미 세련된 방식으로 이차 등급 관찰을 실행하는 것이다. 즉 그는 관찰자들을 관찰한다.

과학적 지식은 직접 당사자의 세계관 없이는 드러낼 수 없다. 클럽들과 협회들에 자문하고자 하는 스포츠 사회학자들은 이러한 조합 행위자들이 직접 스포츠를 관찰하여 도출해낸 정보에 접속할 수 있을 때만 자문 업무를 성공적으로 수행할 수 있다. 말하자면 관찰은 과학의 기본 작동일 뿐 아니라 조직된 스포츠의 기본 작동이기도 한 것이다. 이차 등급 관찰은 어떤 관찰자가 이 관찰 과정을 다시 관찰하고 일차 등급 관찰자의 구별을 자신의 구별을 가지고 조명할 때 성립한다.

일차 등급 관찰에서는 구별의 투입이, 이차 등급 관찰에서는 이 구별의 주제화가 중요하다. 메타이론적 차원에서 두 관찰 단계를 조사하는 학자는 삼차 등급의 관찰을 수행하는 것이다. [사차, 오차, 육차 등으로] 인식 과정을 계속해서 반복하는 것은 무의미하다. 왜냐하면 관찰자의 관찰 공식은 이미 관찰하는 관찰자의 관찰을 포함하고 있기 때문이다.

새로운 체계이론에 의해 실행된 전환은 이러한 배경에서 분명해진다. 따라서 관심의 대상은 스포츠에서 발생한 것만이 아니다. 정작 중요한 질문은 다음과 같다. 누가 어떤 구별들에 의지하여 스포츠 현실을 관찰하며, 관찰자의 특정한 맹점은 어디에 놓여 있는가? 이런 관찰자들은 트레이너, 운동선수, 체육행정가, 언론인, 체육학자, 개인 또는 조합 행위자일 수 있다. 이런 점에서 이차 사이버네틱스의 중심에는 세계 사태나 사물들 또는 기타의 다른 현상들이 있는 것이 아니다. 이런 것들을 설명하고 그것을 통해 다른 관찰자에게 사건으로 나타나는 관찰자가 관심의 대상이 된다.

이와 같은 성찰이 인식론과 과학이론가에게만 중요한 것이 아니라는 점은 적어도 이 사고범주를 가지고 스포츠와 스포츠를 관찰하는 과학 분과에 접근할 때 분명해질 것이다. 이차 등급 사이버네틱스는 과학적 관찰자들을 그들에 의해 관찰된 대상 가운데 함께 집어넣고, 그들을 맥락화하고 그래서 그들의 관심사에 대한 물음을 새로운 토대에 세운다. 이차 등급 사이버네틱스는 관찰하는 관찰자가 선택한 구별의 기능과 한계가 어디에 있는지 질문할 때 새롭게 주목받게 된다.

이상의 숙고들은 체육학의 일상적 작업을 위해서도 직접적으로 유용하다. 왜냐하면 이 숙고들은 그대로 연구문제로 번역될 수 있기 때문이다. 모든 관찰이 필연적으로 맹점을 갖고 있으며, 그로 인해 기능할 수 있고 정보를 획득할 수 있으며, 외부의 관찰자만이 이 맹점을 다른 차이를 이용하여 관찰할 수 있다는 지적은 체육학의 사회과학적 분과에게 새롭고 넓은 활동 분야, 즉 자신과 다른 과학적 관찰자를 관찰하는 활동 분야를 열어준다.

5. 인간상

체육학의 성찰 작업은 인간과 신체를 체계이론적으로 추상화했다는 데서 특별한 이득을 얻는다. 왜 그런가? 스포츠는 보건체계와 의료체계 외에도 명시적으로 "인간과 신체의 '가공'"에 전문화된 사회의 소수 기능 부문을 대표하기 때문이다. 그런 점에서, 스포츠와, 개인들로 구성된 환경Personenumwelt의 관계를 더 잘 이해하기 위해, 체계이론이 신체를 가진 주체를 어떻게 보편적으로 재구성하는지 밝히는 작업은 유용하다. 체계이론의 인간상에 관한 논쟁은 그밖에도 체계이론에 가해진 비판이 예외적으로 바로 이 점에 응축되어 있기 때문에도 반드시 필요한 것으로 보인다.[20]

특정한 담론에서는 주체를 보는 체계이론적 관점이 반인본주의적이며 주

---

20) 인간학에 기초한 관점에서 마인베르크(Meinberg 1988: 201이하)를 참조할 것.

체主體적대적이라고 평가한다.[21] 하지만 그러한 통상적인 반인본주의 비판은 그렇게 신중한 비판으로 보기 어렵다. 모든 그러한 비판들은 예외 없이 하나의 지점, 즉 체계이론에서 **인간을 사회적 체계의 환경으로** 개념화했던 지점을 문제시하고 있기 때문이다. [이제는 잘 알려져 있다시피] 루만에게 있어 **사회적 체계**는 오직 소통으로만 구성되며, 소통이 아닌 다른 어떤 것도 포함하고 있지 않다. 그래서 이러한 사회적 체계는 인간을 환경으로 다룰 수밖에 없다 그런데 적지 않은 사람들이 이 생각을 인간을 경멸하는 잘못된 이론적 사고가 표현된 것으로 간주한다.

이러한 종류의 공격은 "구 유럽적" 사고에 전통적인 방식으로 저장되어 있다. 그것은 상식적인 생각에 어울리기는 하지만, 현실에 대한 자기준거적 체계들의 진지한 고민의 결과로서 나타난 것은 아니다. 이런 이유에서 다음 절은 체계이론적 주체 이해가 어떤 장점을 가지고 있으며, 상식적 관점과 비교했을 때 어떤 분석적인 이득이 있는지를 분명하게 밝힐 것이다.

그동안 표현된 선입견과는 달리, 새로운 사회학적 체계이론은 주체를 모든 사물의 척도로 단순화시켜 표현하는 이론들과 비교할 때 이것들보다 더 정확하게 인간에 대한 상을 그릴 수 있게 한다. 개인을 지향하는 접근은 인간과 체계를 엄격하게 대립시키는 것으로부터 그 접근의 타당성을 이끌어낸다. 적지 않은 사람들은 체계 의미론에서 기술 지배와 비인격성과 개인적 무기력과 관련된 카프카를 연상하는 것 같다. 성급한 결론에 따르면, 냉정함과 소외에 반대하는 사람들은 체계에 반대하고 인간을 지지해야 한다는 것이다. 관찰자가 어렵지 않게 알아챌 수 있는 것처럼, [그러한 비판에서는] 주체의 근본적

---

21) 위르겐 하버마스(1985: 436)는 루만의 관점을 내용적인 반인본주의는 아니지만, "방법론적 반인본주의"라고 본다. 포닥(Podak 1984), 퓌쩨(Pfütze 1988), 찜머만(Zimmermann 1989), 메쯔너(Metzner 1989)를 참조할 것. "이론의 탈도덕화"라는 비난에 관해서는 네켈과 볼프(Neckel & Wolf 1988)를 볼 것.

인 의미를 환기시킴으로써 존중할 만한 의도들의 소통에 기여하고자 한다.

그러한 평가들은 이해할 만하다. 그러나 그 평가들은 더 이상 큰 도움이 되지 않을 뿐 아니라 분석적으로도 옳지 않다. 그 평가들은 소통이 진행될 때 반드시 체계가 형성된다는 사실을 은폐한다. 그것은 또한 언어에 기초하는 인간의 존재 방식이 사회적인 체계가 형성된 토대에서만 가능하다는 것을 망각한다. 인간은 태어난 후, 사회적인 체계 관련성 없이 살고 성장할 수 있을까? 틀림없이 아닐 것이다. 개별 개인이 주관적인 자유를 보장하고 성취시키는 제도의 보장을 받지 못한 채 복잡한 사회에서 자유를 완전히 누릴 수 있을까? 틀림없이 그렇지 못할 것이다.

비판자들의 이상理想에 부합하는 체계는 인간을 심리적이며 '신체 유기적인 단위'로 파악하지 환경으로 다루지는 않는다. 이러한 체계는 총체적 기관(감옥, 종파 등)의 성격을 지닌다. [반면 체계이론의 관점에서] 개인은 바로 피부, 모발, 자신의 사고, 행위, 감정의 전체적인 차원에서 개별 체계에 수용되지 않음을 통해, 즉 환경으로 남음으로써 개인적 자유와 주체로서의 자율을 누릴 수 있다.

그러니까 처음에 사회학적 체계이론의 비난받을 만한 이론적 입장으로 나타나는 것은, 다시 살펴보면 개인적 자유를 허용하는 주요 조건들을 진술하고 있는 것으로 드러난다. 핵심을 말하면, 인간들은 사회의 환경에 있다는 것을 기뻐할 수 있는 것이다. 니클라스 루만(1994: 45)은 자신의 비판자들을 염두에 두고서, "나는 어쨌든 [내 입장을] 바꾸려 하지 않을 것"이라고 말하였다. 특정한 인간상과 인종 이데올로기가 관철되고 사회화됨Vergesellschaftung으로써 치러야 하는 인간의 비용을 고려할 때, 인간을 환경 안에 배치하는 것은 사실상 인간을 사회의 개입으로부터 보호하는 자유를 보장한다. 이러한 고려의 맥락에서 비로소 "우리 [인간]을 인본주의로부터 지켜주는"(1994: 45) 이론을 발전시키는 것이 어째서 의미가 있는지가 분명해진다.

체계이론이 인간을 사회의 중심에서 사회의 환경으로 자리를 바꿔줌으로써 행위 개념도 탈주체화될 수 있다. 행위 개념이 소통 개념에 종속되면, 구체적인 개별 인간은 [더 이상] 행위의 원작자가 아니게 된다. 그렇다고 인간이 초개인적 의미구조들을 순수하게 실행하기만 하는 기관이라는 의미는 아니다. 심리적 체계들의 비평범성Nicht-Trivialität은 행위를 환경으로부터 인과적으로 계산해낼 수 없다는 것을 분명하게 밝혀준다. 비판자들이 이러한 체계이론적 인간 귀속을 격렬하게 비판하는 이유는, 특히 주체성에 매우 민감한 사회학자들이 인간을 사회의 환경에 배치하는 것을 일종의 자기애적 모욕으로 느끼기 때문이다. 이러한 반대에 대해서는, 사회는 환경의 관점에서 훨씬 더 잘 관찰될 수 있다고 반박할 수 있다. 마지막으로 성찰 능력과 행위 부담을 덜어줄 것을 요구하는 비판적인 학자의 개성은, 바로 이것을 가능하게 하고 안정시키는 체계들 내지 제도들이 없이는 발전 가능성이 전혀 없다.

체계이론은 이를테면, 뒤에서 말 고삐를 건다. 그것은 **탈脫주체화를 통한 주체 해명**을 추구한다. 처음에는 혼란스럽고 역설적인 이 공식은 근대 인간의 가능성들과 곤경들을 의외의 다른 방식과 현실에 적절한 방식으로 설명할 수 있게 진술한다. 그러한 설명은 이론적 부지와 호소하는 열정을 포기하고, 쉽게 수용되고 관련 집단에 효과적이기는 하지만 사안 관련으로 인해 분석 능력은 미약한 관점을 통해 왜곡되지 않을 때에 가능하다. 주체를 진지하게 수용하는 사람들은, 개인을 개인으로 가능하게 해주고 준비시켜주는 모든 체계적인 조건들을 밝혀내려고 노력해야만 한다. 알아내야만 하는 것은 바로 인간과 사회체계의 관계에서 나타나는 제한과 자유의 이중성이다. 체계이론이 의식을 평범하지 않은 체계로 이해한다는 점을 환기하면, 여기서 이 단어가 조야粗野한 결정주의적인 생각을 말하는 것이 아님을 알 수 있을 것이다.

따라서 체계이론적 관점이 주체에 대해 수행하는 것은, 인간과 그의 인류학적 자질들을 존재론적으로 조명하는 것이 아니다. 인간의 근본에 관한 진술과, "몸이 둘이며 형체는 하나인 방식으로" 현실을 지식으로 재현한다는 의미에서 인간이 규정되어 있다고 진술할 수는 없다(von Glasersfeld 1985: 19). 새로운 체계이론은 이런 종류의 규정적인 진술을 현상학과 철학적 인간학의 과제로 남겨둔다. 그리고는 체계이론은 인물 뒤에 있는 사회적 영역과 그것의 소통구조에 근본적으로 주목한다. 그리고 체계이론은 이 경로에서 "환경 개방성", "신축성", 또는 유사한 선험적인 속성 귀속을 성급하게 고정시킬 경우에는 획득할 수 없는 통찰들을 확보한다.

따라서 체계이론의 접근 방식은 특별한 자질을 가지고 있다. 체계이론적 관점을 지향하는 학자는 인간을 직접 보지 않으면서, 개인들에게만 명령적인 이론 제스처를 취하는 학자들보다 인간에 대해 포괄적이며 풍부한 정보를 역설적으로 얻을 수 있다. **체계이론은 주체를 배제하지 않는다. 체계이론은 주체를 단지 다른 방법으로 관찰할 뿐이다.**

인간에 대한 체계이론의 접근은 사고의 두 가지 전제들, 즉 첫째로는 생물학적 체계, 심리적 체계, 사회적 체계의 급진적인 분리와 둘째로는 주체와 의식의 분석적 관련점을 사회와 소통으로 전환한 데서 이득을 모색한다. 새로운 체계이론의 화면에는 인간이 생명, 의식, 소통의 교차점 위에서 나타난다. 이 차이는 — 항상 효과를 발휘하기는 하지만 — 일상적 사고에서는 사라진다. 사람들은 자신과 이웃을 폐쇄적이며 동질적이며 어떤 배경에서 특징을 드러내는 동일성들로서 다룬다. 그리고 이러한 동일성들은 전체적인 평가에 기초하여 체계라고 표현할 수 있을 것이다. 하지만 이러한 기술은 보편화되어 있고, 일상이론에서만 쉽게 만날 수 있는 것도 아니다. 하지만 이 기술은 체계이론적으로 보면 분석적으로 외딴 곳에 갇히게 된다. 왜 그럴까?

인간 안에는 서로 분리되어 작동하는 세 가지 영향 변수들은 서로 교차된다. 신체적인 것을 만들어내는 생물학적 물질성 토대는 **생명**을 기초로 기능하며, 자신을 재생산하는 세포와 기관들의 형태로 모습을 드러낸다. 심리는 그 작동 토대를 의식에서 발견한다.[22] 심리의 요소는 생각이며, 이것은 다른 생각을 촉발시킨다. 소통은 사회의 조종 매체이다. 의식은 반드시 생명을 필요로 한다. 사회는 인간의 의식 없이, 사회의 소통의 지탱자로서의 인간들 없이 기능할 수도 없고 성립할 수도 없다. 서로에 대해 폐쇄된 상이한 체계 유형들이 중첩되는 이 복잡한 정황에 따라 인간은 [하나의 복합적인] 체계로 간주될 수 없다. 인간은 기껏해야 "체계 혼합"일 뿐이다[23].

개인은 자신과 다른 사람을 동일성으로서 다룰 수 있으며, 바로 이것을 가능하게 하는 의미론을 참조할 수 있다. 개인은 전체성을 암시하는 이름을 가지고 있다. 하지만 개인은 상이한 현실 차원의 접점, 서로를 환경으로 다루어야 하는 작동상 폐쇄적인 동일성들의 콜라주로 남는다.

> "경험, 언어분석, 원래 사회학 이론 내에서 이루어진 이 발전은, 인간에 관해 순진하게 말할 가능성을 필연적으로 붕괴시킨다. 이 발전은 또한 인간에 관해 말할 때 다른 사람이 무엇을 이해하는지 안다고 믿을 가능성도 무너뜨린다. 그 다음에 물리, 화학, 생물학, 심리학과 같은 다른 과학에서의 발전들이 특정한 이론들과 현실 통찰들, 즉 인간에 관해 복합적으로 진술할 수 있는 어떤 것을 더 이상 고려할 수 없거나, 기껏해야 매우 복잡하게 구성해야 한다는 통찰로 이끌었다는 것을 덧붙여야 한다. 그 경우에 분명해지는 것은, 인간이라는 공식이 단위 개념이나, 개괄할 수 없는 복잡성을 위한 프레임 개념에 불과하다는 것이다. 인간은 더 이상 단순하고 직접적으로 서술될 수 있는 대상이 아니다. 그리고 마찬가지로 분명해지는 것은, 이름, 궁극적으로는 인간 개념을 악마로 표현하거나 슐라이어마허를 빌려 표현한다면, 내적 변수들, 대립성, 무한성, 복잡성 등을 은폐한다는 것이다"(Luhmann 1985: 36).

---

22) 자세한 내용은 루만(Luhmann 1984: 67-68; 1987; 1988b)을 볼 것.
23) 이 표현은 루만(Luhmann 1989a:19)에 있으며, 루만이 생태학과 사회의 관계에 대한 어떤 강연에서 했던 말이다.

의식은 신체가 '신체적 유기적' 구축 과정을 실행하는 것을 관찰할 수 없다. 심리를 통해 자기 신체를 주제화하는 것은 의식이 할 수 있는 범위에서, 즉 완전히 다른 체계형성 차원에서 최소한의 신체의 인지(고통, 불쾌감, 피로, 기쁨)를 통해 이루어진다. 심리는 두뇌에서 진행되며 인간 의식을 만들어내는 신경 충동을 뉴런의 전기충격으로서 관찰하지 않고, 생각으로서 관찰한다. 심리적 체계에게 있어 자신의 신경체계는 맹점으로 작용한다. 두뇌 활동의 자기장 공명상으로부터 괴테 시詩구절의 내용을 계산해낼 수 없다. 생각들은 환경으로서의 두뇌에 의존하지만, 결코 이 물질성 토대에 "제대로" 도달할 수 없다. 인간의 의식은 생물학적 과정의 순수한 존재에서부터 계산해낼 수 없는 새로운 창발적 자질을 나타낸다.

예컨대 의식과 신체의 차이로 말미암아 사람들은 — 위에서 언급한 최소한의 신체 지각 외에도 — 생각의 형식으로만 자신들의 고유한 신체적 복잡성에 접근할 수 있다. 이 사실은 엄청난 장점을 갖는다. 의식은 자신의 신체라는 환경에 대해 작동상 폐쇄되어 있고, 양자는 부단히 동시적으로 작동하기 때문에 주체는 신체에 관해 생각할 수 있다(Luhmann 1989b). 모든 생각들이 미로와 같은 생화학적 과정을 통해 비로소 유입되어야 한다면, 사고라는 것은 가능하지 않을 것이다. 생물학적 소음과 화학적 소음은 의식을 덮으며 곧바로 침묵시켜 버릴 것이기 때문이다.

치료사들과 스포츠 교육자들은 스스로를 정당화하는 수사학을 통해 신체와 정신의 관계에서 전체성이 있다는 추측을 그럴 듯하게 표현하고, 그 둘 간의 동일성을 만들어내는 게임에 직업집단으로서 직접 참여하기도 한다. 그리고 그들이 이렇게 하는 것은 전문직의 정책상 이해할 수 있는 접근 방식이다. 그러나 자기와 관련되어 조직된 체계들의 현실은 이 광고에 의해 별 영향을 받지 않는다. 극복될 수 없는 차이가 존재하는 곳에서 그러한 차이들이 일치될 것이 요구된다. 신체와 의식이 서로 분리되어 작동하기 때문에 융합에의 희망이 표현될 수 있는 것이다. 전체성을 지향하는 사람들은 자신들이 말한 것을 곧이곧대로 주장하는 것은 아니다. 그들이 하는 상투적인 말의 이면에는 종종, 신체와 거리를 두는 사회에서 신체를 진지하게 생각하고 잊어서는 안 된다는, 평범하고도 매우 오래된 요구들이 숨어 있을 뿐이다.

생물학적 단위들과 심리적 단위들은 작동상 폐쇄성과 기초적인 순환성의 자질을 가지고 있다. 사회적 체계들도 외부에 대해 닫혀 있고 회귀적 관계망에 기초하여 자신을 재생산한다. 이론은 체계구성 요소들을 직접 생산해내는 체계들에 대해 자기생산이라는 개념을 마련해 두고 있다.

생물학적 체계들이 생명에 근거하여 기능하고, 심리적 체계들이 의식이라는 매체 안에서 기능한다면, 사회적 체계들은 그 토대를 소통 영역에서 발견한다. 예컨대 법체계에서의 법적 결정이나 경제에서 지불과 같은 소통은 등장하는 그 즉시 사라지는 사건들이다. 그러한 소통들에 대해 후속 소통들이 이어져야 한다면, 그 소통들은 지속되어야만 한다. 사회적 체계들의 핵심 과제는 휴지休止를 회피하고 연계 능력을 보장하는 데에 있다.

신체와 심리로 이루어진 인간은 체계이론적 관점에서는, 소통으로만 존속하는 사회에게 있어 환경이 된다. 체계이론의 비판자들은 사회적 체계가 환경 없이 존재하지 못한다는 중요한 진술을 무시하는 경향이 있다. 말하자면 [체계이론에서] 인간은 망각된 것이 아니라, 일상의 기대와는 반대의 관점에 투영되어 있는 것이다. 인간은 환경 요인으로서 사회의 소통을 성립시키기 위해 포기할 수 없는 조건이다. 신체를 가진 인간이 없다면, 즉 생명에 기초한 유기체 구축 과정들과, 인지하며 함께 생각하는 의식이 없다면 사회도 소통도 있을 수 없을 것이다. 사회적 체계는 자신의 환경에 대한 정보를 인간을 통해서만 끌어들일 수 있다. 주체는 사회적 체계의 주요 환경 감지자이다. 하지만 사회가 신체와 의식 단위들을 가진 인간들의 집합과는 완전히 다른 어떤 것이라는 것을 확인해 두어야 할 것이다.

따라서 인간, 신체, 사회를 정밀하게 기술하려면, 생물학적 체계도 심리적 체계도 사회적 체계도 자신의 경계 바깥에서 작동할 수 없다는 것을 확인해 두는 일이 매우 중요하다. "작동의 중첩"(Luhmann 1991: 21)은 없다. 물론 소통은 의식의 동반하는 자기관련성 없이는 불가능하며, 개별 심리들의 복잡성 또한 사회의 소통에 참여하지 않고는 성립할 수 없을 것이다. 그렇지만 생물학적 체계와 심리적 체계와 사회적 체계 사이에 중첩이 없다는 것은 유효하다. [이 체계들이] 서로를 상호 교란시키는 "구조적 연동들"(Maturana 1982: 150이하)만이 있다. 그래서 신체는 의식과 연결되고, 의식은 사회의 소통과 연결되었다. 심리적 사실이나 화학적 사실이나 생물학적 사실이 소통체계에 직접적인 효과를 발휘할 수는 없다(Luhmann 1990: 45).

의식과 소통 사이의 핵심적인 구조적 연동은 언어이며, 이것은 문자, 인쇄술, 대중매체와 같은 상이한 부수장치를 가진다. 이런 종류의 상징적 배열은 관찰하는 의식에서도 사회적 체계의 소통 영역에서도 작용한다. 언어는 개인의 자기自己사회화를 자극하며, 의식이 사회의 소통의 자율적 영역에 적응하도록 도와준다. 언어는 심리적 체계와 사회적 체계의 공共진화 가능성의 주요 조건이다. 구조적 연동으로서의 언어는 두 체계 유형을, 이 체계 유형들의 작동상 폐쇄를 중단시키지 않으면서 서로 연결한다. 의식과 소통이 나란히 진행되는 현상조차도 이 둘을 서로 일치시키거나 뒤섞지 못한다(Luhmann 1990: 11이하). 소통은 의식을 매혹시키고 교란할 수 있다. 그렇지만 인간 머릿속의 언어적 형태의 사고는 소통이 아니다. 소통 과정에서 만들어지는 사회적 기대가 언어의 형식으로 의식에 자리 잡을 수 있다 하더라도 말이다. 달리 말하면 다음과 같다. 인간들이 사회를 관찰할 때 자신들이 어떤 생각을 하고 있든, 그들의 머릿속에서 진행되는 것은 사회의 소통 영역에 대해 일단은 아무런 결과를 미치지 못한다. 사회적 체계는 언어매체와 그것의 후속 장치를 통해 소통될 때에야 비로소 반응할 수 있다. 그래서 사회에 대한 항의가 개인의 생각의 상자를 벗어나지 않는다면, 그것은 사회적으로 무의미하다.

과학적 이론 역시 학자 머릿속의 생각의 형태로 맴돌기만 한다면 과학에 대해 마찬가지로 무의미하다. 그것들은 이 학자가 자신의 생각을 과학이 관찰할 수 있는 형식으로 옮길 것을 결정할 때 비로소 중요하게 된다. 과학에서 전형적으로 발생하는, 의식의 소통으로의 전환은 대개 언어의 이차 코드화인 출판의 형태로 일어난다. 학자는 좁은 의미에서, 규칙적으로 인식을 생산하여 과학적 소통 영역과 공유하는 사람이라는 것이다. 인식 생산을 이미 중단한 채 저술 활동이 활발했던 날들을 회상하는 것으로만 학자로서 존경받기를 바라는, 마치 공무원처럼 되어버린 교수는 엄격한 의미의 학자라고 말할 수 없다는 것이다.

6. 신체와 소통

의식과 사회의 관계에서 존재하는 것과 원칙적으로 같은 거리가 신체와 사회의 관계에서도 나타난다. 사회적 체계들은 일차적으로 자신에 고정되어 있다. 사회적 체계들의 주된 용무는 자신의 연속성을 보장하여, 체계로서 영속화하고 자체 가능성을 계속 추구하고 철저하게 이용하는 데에 있다. 사회적 체계들은 이런 점에서 사회적으로 승인된 주목의 특별한 형식들 그리고 심리적이며 '신체 유기체적인' 사회적 환경에 대한 무관심을 장려한다. 환경 내의 사건들은 체계와 환경의 차이로서 체계 자체에 의해 도입될 때만, 그렇게 자율적으로 구성된 체계의 자기관계성에 도달할 수 있다. 복잡한 사회적 영역들은 오직 자신들의 고유한 소통 능력의 척도에 따라 자신의 신체들의 환경의 반대편에서 스스로를 자극한다. 사회적 영역들이 외부에서부터 자극을 받을 때 보여주는 반응의 전형들은 구조들과 과정들과 함께 변이하며, 그 둘은 사회적 영역들을 각인하여, 체계와 환경의 격차를 안정화시킨다.

인간들은 병에 걸리거나 자기준거적으로 고루해진 사회의 부분체계들의 작동 방식의 지나친 요구로 인해 더 이상 일을 할 수 없게 될 수 있다(가령 경제적 이익을 높이려는 노력이나, 고도 성과 스포츠에서 성과 상승에 대한 기대가 과도할 때를 예로 들 수 있다). 일단 이러한 일은 [사회의 부분체계들의] 환경에서 진행되는 과정이다. 사회는 신체를 사회의 소통 주제로서만 고려할 수 있을 뿐이다. 이에 대한 보기로서 거대 경제기업의 주요 기능 수행자들이 직업 스트레스나 위험한 근무조건으로 인해 병에 걸리는 경우를 생각해보자. 기능을 수행하는 구성원은 [그 경제기업의] 중요한 환경 자원의 하나이기 때문에, 관련된 체계는 자체 작동방식에서 상당한 지장을 받게 된다. 그리고 그 결과 경제적 이윤이 불안정하게 된다. 그 기업은 자신의 인물환경Personenumwelt을 위한 변화들이 가격 언어로 고려할 가치가 있을 때만, 질병을 유발하는 조건들을 고려하는 데에 관심을 갖게 된다. 시장에서 살아남고자 할 때는 윤리도 계산에 포함시킬 수 있어야 한다.

인물환경과 신체환경에 대한 동일한 무관심은 사회문화적인 진화의 틀 안에서 "신체 과정"에 전문화될 수 있었던 사회적 체계들에 대해서도 유효하다. 이것은 처음에는 의외지만, 두 번째 이론주도적인 관점에서는 설득력이 있다. 이 점에 대해서는 다음 보기를 들 수 있다. 매일 여러 형식으로 진행되는 것처럼, 스포츠는 신체적인 것을 의도적으로 지향하고 전문화되었는데도 불구하고 신체적인 것과의 거리를 안정시켰다. 운동선수의 신체에서 진행되는 물리-유기적인 구축 과정을 입증하는 일은 스포츠 특정적인 소통의 토대에서 진행된다. 성공, 성과, 재미, 건강, 또는 "운동이 중요하다"와 같은 의미 측면들은 마찬가지로 스포츠와 스포츠의 신체환경의 관계를 개척하여 제도화한다.

현대의 고도 성과 스포츠는 복잡한 사회적 체계들이 신체를 고유한 의미 원칙에 따라서만 인지하고 다루어낼 수 있다는 것을 입증하는 결정적인 증거를 만들어낸다. 여기서는 이 행위 영역(훈련과 시합)의 전형적인 준비 상황과 실행 상황에 적응 능력이 있는 신체들만 가치가 있을 뿐이다. 부상 선수나 필수적인 성과 기준에 미달되는 선수는 배제되거나 처음부터 허용되지 않는다. 그래서 고도 성과 스포츠는 자신의 의미 원칙들에 타당성을 부여하기 위해, 자신의 신체환경을 가끔씩 폭력적인 방식으로 사용한다. 승리와 패배라는 주도 차이가 행위와 소통을 긴밀하게 할 때, 이러한 긴밀화가 제시하는 바에 따라 신체의 도구화가 일어난다. 고도 성과 스포츠를 위한 "올림픽 교육학"(Grupe, 1985: 18이하)은 다른 가치들(전체 인간의 조화로운 양성 등)을 반反사실적으로 강조하며, 그래서 적어도 현대 올림픽 경기의 현실을 도외시하고 있다. 이것을 관찰하는 체계이론가는, 규범적인 영역에서 진정시키는 역할을 맡고 있는 교육학적 도덕이 스포츠 조직들로 하여금 외적 비난에 맞서 내성을 키우도록 조장하는 것을 볼 수 있다.

이제 신체가 고도 성과 스포츠에서 시합을 감당할 수 있도록 그에 맞서 요청되고 요구될 뿐 아니라, 예방적이며 재활적인 처방의 네트워크를 통해 총체적으로 관리되고 있다는 점을 주장할 수 있다. 운동선수의 건강은 사실상 기본적으로 이 체계의 필수적인 요건이며, 체계가 포기할 수 없는 프로그램 항목을 나타낸다. 그러나 여기서도 협회와 단체들이 이타주의적 관점에서 신체를 우선시하는 구조를 수립하는 것은 아니라는 점을 고려해야 한다. 그보다는 신체와 관련된 처방들은 소통 지침, 즉 사회적 체계와 신체환경의 접점에서 지배적인 지침을 관철시키는 데에 기여한다. 그러한 처방들은 승리를 가능하게 하고 패배를 회피하는 지침을 실현시킨다는 것이다.

그래서 "성과를 더 이상 내지 못하는" 운동선수들은 고도 성과 스포츠의 주목 지평에서 신속하게 사라진다. 그들은 이어서 신체를 지향하는 다른 사회적 영역에서 다시 나타난다. 그들은 사회 차원에서 사용될 수 있는 신체적인 잠재력을 재생산해내는 일에 전문화된 영역들, 즉 보건체계와 질병체계의 관점에서 다시 나타난다. 이 소통 영역들도 신체를 지닌 인간을 환경으로 다루어야 한다. 인간을 환경으로 다룬다는 것은, 신체 지향 조치들을 시간적으로 지속적이며 사회적으로 일반화된 상태로 제공하는 체계의 상황을 수립하는 것을 배제하지 않는다.

소통과 신체의 관계는 결정적으로 매체 코드의 영향을 받는다. 사회적 체계들은 이른바 공생적 기제에 힘입어 특정한 신체 자원을 사용할 수도 있고 조직적인 장애가 유입되는 것을 방비하거나 사회적으로 수용된 경로로 우회시킬 수도 있다(Luhmann 1981c). 인간의 신체는 사회의 기능 분야에서 공생적 기제로서 고도로 선별적으로만 나타난다. 신체는 코드에 따라 특수하게 통제되고 그렇게 지탱된다. 그것은 신체가 개별 체계들의 특수한 관점에서만 중요할 수 있음을 뜻한다. 예컨대 과학은 감각적으로 지각하는 신체를 참조한다. 감각의 상호주관적 확실성은 과학적으로 "진리인" 것으로 수용된 것을 정의한다. 과학적으로 정당화된 진리요구들은 신체에 기초하는 감각과 감각의 통제를 참조하지 않고서는 성립될 수 없다.

신체는 가족 안에서 성애적性愛的인 신체로서 공생적 의미를 얻는다. 배우자 간의 성애는 지속적으로 실행될 필요가 있는 것은 아니다. 신체는 그보다는 다소간 열정적인 사랑의 토대 위에 있어야 한다. 친밀관계는 성애에 있어서 중요한 응집 요인 가운데 하나이다. 친밀관계는 가족의 자기준거적 규제의 범위 내에서 유기체 차원, 심리적 차원, 사회적 차원 사이의 긴밀한 연결을 만들어낸다. 신체는 화폐 기제와 관련된 조건에서는 경제 분야에서 소비하는 신체로서 유기체의 요구, 심리적 요구, 문화적 요구의 차원에서 중요하다. 일반적으로 사용할 수 있는 화폐의 도움으로 물질적이면서 실존적인 필연성이 꾸준히 충족될 수 있을 때에야 비로소 경제적인 합리화 관점은 관철될 수 있고 다른 차이처리 과정이 촉발될 수 있다.

정치에 있어서는 폭력[의 대상으로 간주되는] 신체가 일반적인 공생적 기제이다. 물리적 폭력은 국가에 의해 독점되었다고 해서 다른 영역과 문제 상황에서는 완전히 나타나지 않는 것은 아니다. 이러한 경우들은 공적으로 인정된 정당한 폭력이라고 하지 못할 것이다. 물리적 폭력은 국가에 의해 명시적으로 행사되고 지정되는 곳에서만 적용될 수 있다. 사회적 체계가 독립적인 조종매체 외에도 없어서는 안 될 상응하는 공생적 기제를 독립 분화시킬 수 있다면, 그것은 외부의 기능 영역에 대해 높은 정도의 자율성을 얻게 된다. 물리 유기적인 환경과의 관계는 이제 협력과 장애 없이 외부로부터 규제될 수 있다.

7. 성과의 파노라마

모든 과학적 이론들은 자신이 찾아낸 현실 단편을 분석적으로 조명하기 위해 어떤 성과를 보여주어야 하는가의 질문에 반드시 답해야 한다. 체계이론 또한 이 요구에 응했다. 그 이론은 현상을 어느 정도로 설명해낼 수 있는가? 한편의 세계 복잡성과 다른 한편의 이론 복잡성의 차이는 얼마나 큰가? 우리가 우리 전망의 틀 안에서 포괄적이며 필요한 만큼 깊이 있게 이 질문에 대답할 수 없을 것이라는 점은 분명하다. 그럼에도 불구하고 우리는 체계이론이 해낼 수 있는 능력을 간략하게 조사하고자 시도할 수 있을 것이다.

새로운 체계이론은 체계와 환경의 비대칭을 토대로 첫째, **보편적 타당성 요구**를 표현한다. 새로운 체계이론은 이 차이도식에 비추어 모든 사회적인 것을 관찰할 수 있다는 야망에서 이 타당성 요구의 근거를 찾는다. 보편 타당성을 주장한다는 것은 하나의 중요한 측면을 포괄한다. 이 전제를 최대한 급진화하면, 새로운 사회학적 체계이론은 대상 영역의 관찰을 통해 그 이론 자신을 직접 포착하는 몇 안 되는 이론에 속하게 된다. 과학체계 내의 이론으로서의 새로운 사회학적 체계이론은 사회의 부분이다. 체계이론가들이 사회를 기술하고 모든 사회적인 것을 주제화하겠다는 자신들의 요구에 부합하고자 한다면, 그들은 반드시 자기 자신을 설명할 수 있어야 한다는 것이다.

이렇게 자기성찰이 함께 진행된다는 것은 특이하다. 왜냐하면 과학 이론가들은 대개 대상 영역의 관찰에서 자기 자신은 임상적으로 깔끔하게 배제하는 특징을 갖기 때문이다.[24] [반면] 체계이론은 급진적으로 자신을 성찰 대상에 포함시킴으로써 보편주의적인 거대이론으로 행세할 수 있다. 이것은 건방진 태도가 아니라, 충분한 전제를 가진 회귀성Rekursivität 과 재귀성Reflexivität과 관계 있다. 체계이론은 과학적인 소통 영역 내의 이론으로서 사회의 자기기술의 부분이다. 이 통찰은 '이론-실천 문제들'에 관한 성가신 무한 논쟁을 비꼬기 위해 다음과 같이 보완될 수 있다. 어떤 것도 사회의 자기기술에서 지배적으로 나타나는 과학적 (체계-)이론보다 더 실천적이지 않다.

일상적 직관과는 달리 새로운 체계이론의 특수한 성과는 둘째, 그 **이론이 일단 개인이 아니라 체계에 주목한다**는 데에 있다. "탈주체화를 통한 주체의 조명"이라는 표제어 하에 우리는 이미 이 중요한 사태를 지적했다. 체계이론에서는 행위자들의 이면에서 작용하며 그들의 행위를 만들어내는 소통 구조가 중요하다. 체계이론은 그렇게 함으로써 다른 이론(예컨대 철학적 인간학이나 현상학)이 그렇게는 볼 수 없는 어떤 것을 볼 수 있다. 따라서 체계이론이 인간을 멀리 한다는 비난은 방향이 잘못 되었다. 체계이론은 바로 이 개인적 행위자 차원에 대한 거리와, 심리적 체계준거, 사회적 체계준거, 생명의 체계준거 사이의 산뜻한 분리에 근거하여 사회적 현상과 중요한 시간 문제의 분석에 요구되는 능력을 발휘할 수 있다. 이것은 스포츠를 조명하는 데서도 틀

---

[24] 과학 관찰자가 스스로 관찰한 대상영역에서부터 사라지는 것은 지금까지 체육학의 성찰 작업에서도 전형적이었다.

림없이 유효하다.

　체계이론적 사유방식은 순수한 주체이론을 넘어선다. 그것은 오히려 체계의 행위 이론을 발전시켰다. 그 이론의 인식 요구는 단순히 인간들이 활동하는 것만을 볼 수 있는 개인주의적 지향의 접근들보다 더 포괄적이다. 사회적 체계들의 구성 방식에 대한 체계이론적 관점은 조직의 행위와 개인의 행위 모두를 설명하고, 서로를 (비선형적으로) 관련지을 수 있도록 해준다. 운동선수, 트레이너, 체육행정가 또는 후원자의 행위를 개인적 동기나 처지로만 소급하지 않고 체계 동학과 의미론적 구조들과 작동적 논리들과 관련지어 고려한다면 틀림없이 그것들을 더 잘 이해할 수 있을 것이다.

　따라서 체계이론은 개인주의적 지향의 행위이론보다 포괄적이다. 체계이론은 가령 다음과 같은 질문을 할 수 있다. 운동선수들은 오랫동안 자유의 제한을 감당해야 하는 훈련에 어떻게 동기를 부여받고, 그러한 동기부여를 머릿속에 깊이 새길 수 있는가? 혹은 현실적인 보기를 들면, 왜 운동선수들은 스포츠에서 도핑 수단을 그토록 많이 사용하며, 일탈을 통해 역설적인 적응을 시도하는가? 이 모든 질문에 현실적으로 적절한 답변을 제시하기 위해서는, 이를 테면 어떤 것의 이면까지 꿰뚫어 볼 수 있는 투시력으로써 해당자 개인들의 이면에서 영향력을 행사하는 세력과 의미 원칙을 철저하게 밝혀내고, 기존의 '체계-환경 관계 상황'을 진지하게 고려할 수 있어야만 한다.

　보편적으로 적용할 수 있는 문제유형을 가지고 세계를 관찰하려는 시도에서 새로운 사회학적 체계이론의 또 다른 성과의 주안점이 도출된다. 셋째 사회학적 체계이론은 **분과단일 이론**facheinheitliche Theorie(Luhmann 1984: 7이하)을 정식화하는 것을 목표로 한다. 그러나 이 작업은 물론 존재를 사고에 반영하거나 이론에서 현실을 완전하게 파악한다는 것을 뜻하지는 않는다. 사회학적 체계이론은 오히려 상이한 문제들을 동질적인 관점을 통해 처리해 나간다는 장점이 있다. 새로운 체계이론은 이미 수많은 개별 부분들을 포함하고 있으며, 그 부분들은 그 자체가 상당한 복잡성 정도를 누린다(보기: 분화이론, 매체이론, 진화이론, 소통이론, 행위이론).

상호작용, 조직, 사회의 단계로 층위를 분화했고, 주체와 의식을 사회와 소통으로 전환함으로써, 첫째 현실의 상이한 면에 대해 그 자체로 폐쇄적인 접근을 할 수 있게 된다. 피상적으로 생성되는 유사체계들과 단순하며 개괄할 수 있는 대면 집단에서부터, 행동을 일반화시키며 신체적인 참여를 대체하는 조직을 넘어서서, 고도로 복잡한 사회 형성과 그 체계들의 심리적이며 신체적이며 생태학적 환경에 이르기까지 현실의 다양한 면이 이러한 접근을 통해 파악될 수 있다.

집단, 조직, 부분체계는 모든 사회의 기능 영역에서 형성되므로, 체계이론적 노하우는 이 모든 상황을 분석하는 데에 사용되고 적용될 수 있다. 정치, 경제, 교육, 과학, 종교, 예술, 법, 가족 또는 스포츠에서, 체계이론은 일반화하면서도 맥락에 특화된 **길잡이 지식**을 만들어낸다. 사회과학과 정신과학의 모든 분과는 이 토대에서 체계이론적으로 재정식화되고 설명될 수 있다. 그래서 기존의 이론 병기창을 해체하고, 새로운 관점을 획득하고 인식의 혁신을 궤도에 올려놓으려는 시도가 많은 영역에서 진행 중이다. 그러한 시도들은 이미 많은 경우 초기 논쟁 단계를 거쳐 중요한 전환 단계로 넘어가고 있다.

복잡한 부분 이론들이 존재한다는 것은 내적인 배열의 문제를 야기한다. 잠재적인 연결들의 행렬은 작은 부분만 사용될 수 있다. 모든 개별 이론은 원칙적으로 특정한 질문에 대한 대답의 출발점으로만 사용될 수 있으며, 이때 다른 모든 것은 그 조건에 맞추어질 수 있는 가능성을 남긴다. 따라서 체계이론은 "다중심적" 이론이며 "다맥락영역" 이론으로 표현될 수 있다.[25]

네 번째 성과 주안점은, 체계이론이 필연적으로 존재하는 자신의 폐쇄성에

---

25) 이 점에 관해서는 루만(Luhmann 1984: 14), 다맥락영역Polykontexturalität 개념에 관해서는 귄터(Günter 1979)를 볼 것.

서부터 다른 분과 과학과의 접촉과 연결 가능성을 어느 정도로 만들어 낼 수 있는가의 질문에서 도출된다. 새로운 체계이론은 보다 높은 요구의 차원에서가 아니라 사실상 그 이론이 사고하는 차원에서 **학제적이며**interdisziplinär **초학제적인**transdisziplinär 지향을 하고 있다. 체계이론이 이차 등급 사이버네틱스와 그레고리 베이트슨의 정보이론과 조지 스펜서브라운의 이론을 참조하고 있다는 사실은 이 이론이 이 관점에서 어떤 전선에서 활동하고 있는지를 잘 보여준다.

분과 고유의 문제를 다루는 데 있어서 내적 일관성은 여기서 과학 내부적 소통의 중요한 조건인 것으로 드러난다. 관찰자들은 외부와 연결될 수 있는 이론을 사용함으로써 개별 분과의 전통적 관점, 경계, 독점의 구속으로부터 풀려난다. 자신의 연구에서 체계이론가를 관찰하는 사람들은 그 이론가가 정확하게 어떤 과학 분과에 속하는지 쉽게 알 수 없기 때문에, 체계이론가의 학적 분류와 관련하여 어려움을 겪게 된다.

의도적으로 학제적 연구를 지향해온 체계이론가가, 자기 분과의 경계를 지키기 위해 외부에 맞서 민감하게 반응하는 과학 영역에 [신임 교수나 연구원으로] 지원한 경우 그의 학문 활동은 가끔씩 문제가 있는 것으로 드러난다. 정확하게 누가 그런 일을 겪게 되는가? 체계이론을 연구하면서 스포츠 교육학에 관심이 있는 사회학자? 아니면 체계이론에 관심이 있는 스포츠 교육학자? 이 귀속의 문제가 어떻게 해결되든,[26] 다음의 한 가지 사태는 그대로 남는다. 체계이론은 다른 이론과 비교했을 때 체육학의 내부 분과성과 초학제성에 관해 그동안 일반적으로 제기된 요청들을 연구를 통해 실행해온 거의 유일한 접근이다. 체계이론은 그러한 요구들을 단지 그럴듯하게 들리는 상투어가 되지 않도록 진지한 해법들을 제안하고 있다.

---

26) 구성주의적으로 대답하면, 진리는 관찰자의 눈이나 자기준거성 안에 있다.

다섯 번째, **체계이론은 다른 이론을 공공연하게 몰아내는 인식론적 입장과 대립한다.** 체계이론은 역설, 연관성, 무한한 나선에 대한 감지기를 가지고 있으며, 이 기본적인 성찰 작업의 범위에서 탈역설화와 탈동어반복화의 필연성을 참조한다. 이것에 대해서는 다음 보기를 들 수 있다. 다른 관찰자들의 관찰 성과에서 진리를 파악하려는 체계이론가는 반드시 자신이 이 현실의 부분으로 연루되어 있다는 사실에 부딪히게 된다. 보편주의와 완전성 요구를 가지고 등장하는 모든 관찰은 관찰을 주도하는 차이를 자신에게 적용할 때, 그 당연한 귀결로서 관찰의 역설에 빠지게 된다. 사실 학자들이 진리/허위라는 주도 구별을 자신에게 적용할 때 그 물음은 아무런 의미를 갖지 못한다. 그렇다면 진리냐 허위냐의 구별을 갖고 작동하는 것은 도대체 진리일가 허위일까?

여기서 제시된 이론은 **자신과 자신의 관찰 결과를 상대화하는 능력과** 스스로 부여한 이 제한을 자체 이론 프로그램에서 논증하는 능력을 통해 중요하고 공감적인 자질을 얻게 된다. 체계이론가로서 다른 관찰체계를 관찰하는 사람들은, 다른 관찰체계들이 직접 보지 못하는 것을 보지 못한다는 것을 본다. 그렇다면 그 사람들은 자기 역시 보지 못하는 것을 보지 못한다는 것을 출발점으로 삼을 수 있다. 다른 체계들이 자체적으로 완전한 전체성 안에서 자신을 관찰할 수 없다는 것을 알아채는 사람은 자신을 우연적인 것으로 간주해야 한다.

계속해서 자기상대화는 자체 사고 작업이 분화를 형성하는 결정주의적 실행으로 시작한다는 통찰로 인해 만들어진다. 이러한 이유에서 체계이론은 자신에게 "제왕 이론"의 기능을 부여하지 않는다. 그것의 성찰은 진리의 아르키메데스적 지위를 지니는 더 나은 성찰도 더 우월한 성찰도 아니다. 그것은 단지 다른 이론일 뿐이다.[27] 그런데도 모든 이론이 뚜렷한 현실 관찰 능력을

---

27) 다름은 또한 언어의 형식으로 표현되었다. 헬름슈테터(Helmstetter 1993)를 참조할 것.

갖고 있는 것은 아니라는 점 또한 옳다. 오히려 과학 내부의 진화의 과정에서 다른 이론에 비해 분석적 능력을 뚜렷하게 표현할 수 있는 특정한 이론이 형성되었다. 새로운 사회학적 체계이론은 틀림없이 이러한 이론 가운데 하나이다.

그 이론의 화면에는 다른 이론의 주목을 촉발하기도 하는 측면들이 나타난다. 하지만 이 측면들은 다른 관점에서 나타난다. 체계이론은 단순히 존재의 상태와 현상을 생활세계의 현상으로 기술하는 데에만 관심을 기울이지 않는다. 그것은 단순히 무슨 일이 일어났는지를 확정하는 것으로는 충분하지 않다고 생각한다. 그 이론은 "정상적인" 것으로 정의되는 것이 "어떤 조건에서 실현될 수" 있는지 묻는다. 왜냐하면 더 정확하게 살펴본다면 이른바 일상의 정상성은 고도로 비개연적인 성과로서 나타나기 때문이다. 이것을 설명하는 보기를 하나 들어보자. 하버마스는 자신의 이론에서 합의와 인간들의 합의형성 능력을 전제한다. 이 접근 방법은 정당하다. 다만 우리는 그런 접근 방식을 취할 때 합의를 정상적인 경우로 받아들이는 현상적인 차원에 처하게 된다. 체계이론은 다른 접근 방식을 취한다. 그것은 합의가 이루어질 수 있는 조건들을 질문하고 그렇게 함으로써 소통 개념, 합의와 이견의 생성기제의 기능, 합의와 이견의 관련성과, 인간들만이 아니라 복잡한 체계들이 행위하고 소통한다는 데서 만들어지는 문제와 관련해 수많은 흥미로운 질문이 제기될 여지를 만들어준다.

어떤 식으로든 체계이론은 내적 분화를 통해 생성된 다양성을 그 이론의 입장에 유리한 진리 요구를 통해 이론 지역 내에서 위계화하고 확정하는 일을 중요하게 생각하지 않는다. 체계이론은 자신만을 위한 예외 규정을 주장할 수 없으며, 다른 이론 위에서 떠도는 관찰자의 역할을 맡을 수 있다고 주장하지 못한다. 보편주의적 이론은 모든 것을 더 잘 할 수 있다는 요구를 함의하고 있지 않다. 자체의 인식 성과를 그렇게 실체화하는 것은 체계이론을 통해 논증될 수도 없다. 체계이론 역시 현실에서 현실의 도구와 방법을 통해 관찰 결과에서 얻어낼 수 있는 것만을 관찰할 수 있다.

체계이론은 관찰된 관찰자가 그 관찰자 관점에서 관찰할 수 없는 것을 이러한 자기상대화를 통해 관찰할 수 있다. 그렇기 때문에 다른 이론가들은 체계이론적으로 연구하는 사람들을 이따금씩 미심쩍어 하고 의심한다. 그러나 이런 종류의 반감으로 인해 사유를 중단할 필요는 없다. 체계이론적 연구자들은 다시 관찰되고 이론적으로 까다롭게 작업될 수 있기 때문이다.

"필수적 다양성의 법칙"(Ashby 1956: 202이하)을 적용하면, 성과 측면이 하나 부각되는데, 우리는 이 성과 측면을 논의함으로써 여기서 소개된 사고방식의 파노라마에 대한 우리 관점의 설명을 매듭짓고자 한다. 일곱 번째로, 체계이론은 세계의 복잡성과의 관계에서 특별히 **높은 정도의 이론적 자체 복잡성**을 발전시켰다고 주장한다. 체계이론은 이를 위해 자체의 문제 공식과 특수 의미론들을 가진 추상적 도구를 발전시켰다. 체계이론의 이론 작업은 현재 아직 완료되지 않았으며 활발하게 진행 중이다. 체계의 관점에서 살펴보는 방식이 갈수록 더 많이 실현되고, 다른 접근들을 큰 성과가 없는 이론으로 드러내는 일은 놀랄만한 일이 아니다. 세계의 조직된 복잡성은 지난 수십년 동안 분명히 줄어들지 않았다. 그것은 반대로 더 커졌으며 그에 상응하게 구축된 이론을 필요로 한다.

물론 체계이론적 관점을 수용하려는 사람들이 "지불해야" 하는 비용은 결코 적지 않다. 이 이론의 완성도는 상당하며, 부분 개념들이 계속 발전되고 있기 때문이다. 체계이론은 위계적으로 구축된 이론, 즉 머리에서 발끝으로 내려가며 습득할 수 있는 이론이 아니다. 또한 그 이론의 사고 구조물에 대해 유일하게 옳거나 특별히 인정된 접근 방식이 있는 것도 아니다. 그 이론은 오히려 독자들이 어떤 결정을 내리도록 압박하며, 그것을 구성하는 동일한 난이도의 이론들을 섭렵할 것을 강요한다. 누구나 체계이론적 사고 개념들을 다루고 난 후, 달리 시작할 수 있었음을 나중에 깨닫게 된다. 고도의 내부 복잡성을 지니며 다중심적으로 작업된 이론은 그러한 이론 구성을 통해 진입 문턱을 낮추는 것이 아니라, 독자에게 상응하는 요구를 제시하여 그 문턱을 높인다. 과학 초보자들이 체계이론에 심취하리라는 바람은 과도한 기대가 될 것이며, 체계이론에 친숙한 사람에게도 만만치 않은 일이 될 것이다. 비슷한 방식으로 스포츠 활동에도 해당되는 것, 즉 수고 없이는 이득도 없다는 말은 여기서도 타당하다.

경험에 따르면 체계이론의 "보전된 의미론gepflegte Semantik"은 초보자에게만 뛰어 넘기 어려운 절벽인 것은 아니다. 우리는 사회의 소통에서 일상적으로 사용하기에는 너무 복잡하고 어려운 이론적 입장을 다루고 있는 것이다. 이것은 얼핏 보기에는 거만한 정도는 아니더라도 독특한 생각으로 나타난다. 여기서 표현되는 소통의 어려움은 그 때문에 체계이론적 개념들에 대한 잘못된 평가를 이끌어내었으며, 심지어 그 개념들을 종합적으로 다룰 수 없도록 방해하기까지 했다. 다시 한 번 살펴보면 왜 이론 언어가 일상 언어로부터 거리를 두어야 하며, 심지어 일상 언어로부터 해방되어야 하는지가 분명해진다(2장). 거리두기의 필연성은 건방짐이나 다른 지적 불쾌함과 관련되어 있는 것이 아니다. 스스로 보편적으로 이해되도록 표현하고자 하는 사람은 복잡한 사태들을 단순화시키는 금지된 위험을 불가피하게 만들어낸다. 그는 처음에는 오해하고, 의문이 훨씬 더 많은 생기는 곳에서 어떤 것을 이해하고 있다고 잘못 주장한다.[28]

물론 우리가 이론의 안내를 받아 기존의 지식 상황들을 "해체하고 재조합한다"고 말한다면, 체계이론적 용어들에 대한 비난들은 피상적이며 어쩌면

---

[28] 이론 언어는 그 언어에 대해 아직 전문적인 식견을 갖추지 못한 사람들에 의해 이해 받지 못하더라도 어느 정도 버텨 낸다고 생각할 수 있다. 이론 언어는 오랜 학습 과정 이후에야 가벼운 언급의 대상이 될 수 있다.

부지不知하고 건방진 것으로 나타나기까지 한다. 복잡하고, 상호의존적이며, 반직관적이고, 다맥락 영역에 걸쳐 있으며, 등위질서적이고 회귀적인 사태들을 현실에서 적절하게 작업하려는 사람은 더 이상 일상 개념으로 이러한 성과를 이룰 수 없다. 인식의 진보를 이룰 수 있기 위해서는 "적절한 변이성"을 갖는 이론 언어가 필수적인 조건이다. 체계이론적 의미론은 이 관점에서 대상에 적절하게 구성되었다고 주장할 수 있다.

체계이론적 패러다임은 체육학 내부 토론을 위해 지금까지 이루어진 수준 이상으로 활용될 수 있을까? 이 문제는 이 영역의 전문가들이 가끔씩 직관에 맞서 진행되는 추상적인 사상을 수용하려는 자세를 어느 정도로 가질 것인가에 좌우될 것이다. 주요 문헌에 나타난 토론 수준과, 까다로운 이론 형성에 대한 확산된 무관심을 추적하면, 스포츠 관행뿐만 아니라 체육학도 성찰의 문제들과 차선에 만족하는 사고 방식에 묶여 있다는 것을 알 수 있다. 이러한 맥락에서는 직접적인 적용을 지향하라는 무성찰적인 성급한 요구는, 체육학 이론의 후속 발전과 — 역설적으로 — 스포츠 관행의 문제를 해결하지 못하도록 방해하는 것처럼 보인다. 바로 그 때문에 새로운 체계이론을 활용하고 이 과학적 패러다임의 혁신적 힘을 사용하는 것이 노력할 가치가 있는 일임을 보여주는 것이 이 장의 목적이었다.

참고문헌

Ashby, W. Ross, 1956: *An Introduction to Cybernetics*. London: Chapman & Hall.

Bateson, Gregory, 1988: *Ökologie des Geistes. Anthropologische, psychologische, biologische und epistemologische Perspektiven*. Frankfurt am Main: Suhrkamp.

Bette, Karl-Heinrich,1984a: *Strukturelle Aspekte des Hochleistungssports in der Bundesrepublik. Ansatzpunkte für eine System-Umwelt-Theorie des Hochleistungssports*. Sankt Augustin: Richarz.

―――, 1984b: *Die Trainerrolle im Hochleistungssport. System- und rollentheoretische Überlegungen zur Sozialfigur des Trainers*. Sankt Augustin: Richarz.

―――, 1984c: "Zum Verhältnis von Spitzensport und Wirtschaft in entwickelten Industriegesellschaften — das Beispiel der Sponsorenschaft." In Klaus Heinemann (Hg.), *Texte zur Ökonomie des Sports*. Schorndorf: Hofmann, 72-90.

―――, 1987: "Wo ist der Körper?" In: Dirk Baecker, Jürgen Markowitz, Rudolf Stichweh, Hartmann Tyrell und Helmut Willke (Hg.), *Theorie als Passion. Niklas Luhmann zum 60. Geburtstag*. Frankfurt am Main: Suhrkamp, 600-628.

―――, 1989: *Körperspuren. Zur Semantik und Paradoxie moderner Körperlichkeit*. Berlin/New York: de Gruyter.

―――, 1992a: *Theorie als Herausforderung. Beiträge zur systemtheoretischen Reflexion der Sportwissenschaft*. Aachen: Meyer & Meyer.

―――, 1992b: "Reflexive Sportwissenschaft." In: Ders., *Theorie als Herausforderung. Beiträge zur systemtheoretischen Reflexion der Sportwissenschaft*. Aachen: Meyer & Meyer 176-211.

―――, 1992c: *Beobachtungs- und Reflexionsdefizite im Sportsystem*. In Ders., *Theorie als Herausforderung. Beiträge zur systemtheoretischen Reflexion der Sportwissenschaft*. Aachen: Meyer & Meyer, 97-117.

―――, 1992d: "Kultobjekt Körper." In: Otto Penz und Roman Horak (Hg.), *Sport: Kult & Kommerz*. Wien: Verlag für Gesellschaftskritik, 113 -137 (이 책의 4장).

———, 1993: "Sport und Individualisierung." *In: Spectrum der Sportwissenschaften,* 5. Jg., H. 1, 34-55 (이 책의 5장).

———, 1995: "Beobachtungs- und Reflexionsdefizite im Sportsystem." In: Joachim Winkler und Kurt Weis (Hg.), *Soziologie des Sports.* Opladen: Westdeutscher Verlag, 75-89.

——— und Friedhelm Neidhardt, 1985: *Förderungseinrichtungen im Hochleistungssport.* Strukturen und Probleme. Schorndorf: Hofmann.

——— und Uwe Schimank, 1995: *Doping im Hochleistungssport. Anpassung durch Abweichung.* Frankfurt am Main: Suhrkamp.

Cachay, Klaus, 1978: *Sportspiel und Sozialisation.* Schorndorf: Hofmann.

———, 1988: *Sport und Gesellschaft. Zur Ausdifferenzierung einer Funktion und ihrer Folgen.* Schorndorf: Hofmann.

——— und Edwln Gahai, 1989 "Brauchen Trainer Pädagogik?" In: *Leistungssport,* 19. Jg., H. 9, 26-30.

——— und H. Bähr, 1992: "Sportpädagogik - wissenschaftliche Teildisziplin oder integrativer Kern der Sportwissenschaft." In: *Sportwissenschaft 22,* 283-303.

——— und Ansgar Thiel, 1996: "Erziehung im und durch den Sport in der Schule. Systemtheoretisch-konstruktivistische Überlegungen." In Reinhard Voß (Hg.), *Die Schule neu erfinden: systemisch-konstruktivistische Annäherungen an Schule und Pädagogik.* Neuwied: Luchterhand, 333-351.

Dörner, Dietrich, 1989: *Die Logik des Mißlingens. Strategisches Denken in komplexen Situationen.* Reinbek bei Hamburg: Rowohlt.

Foerster, Heinz von, 1985: *Sicht und Einsicht. Versuche zu einer operativen Erkenntnistheorie.* Braunschweig/Wiesbaden: Vieweg.

———, 1993: *Wissen und Gewissen. Versuch einer Brücke.* Frankfurt am Main: Suhrkamp.

Glasersfeld, Ernst von, 1985: "Einführung in den radikalen Konstruktivismus." In: Paul Watzlawick (Hg.), *Die erfundene Wirklichkeit. Wie wissen wir, was wir zu wissen glauben. Beiträge zum Konstruktivismus.* München: Piper, 39-60.

Günther, Gotthard, 1979: "Life as Polycontexturality." In: Ders., *Beiträge zur Grundlegung einer operationsfähigen Dialektik. Band II.* Hamburg: Meiner, 283-306.

Grupe, Ommo, 1985: "Hat der Spitzensport (noch) eine Zukunft? Versuch einer Standortbestimmung." In: Georg Anders und Guido Schilling (Hg.), *Hat der Spitzenspon (noch) eine Zukunft? Bericht des 23 Magglinger Symposiums. Schriftenreihe der Eidgenössischen Turn und Sport Schule Magglingen,* 13-42.

Habermas, Jürgen, 1985: *Der philosophische Diskurs der Moderne, Zwölf Vorle-*

sungen. Frankfurt am Main: Suhrkamp.

Heim, Rüdiger, 1991: *Sportwissenschaft in der Bundesrepublik Deutschland. Systemtheoretische Analyse und wissenschaftssoziologische Befunde zur Genese einer jungen Fachdisziplin.* Münsteraner Schriften zur Körperkultur Bd. 9. Münster: Lit. Verlag.

Helmstetter, Rudolf, 1993: "Die weißen Mäuse des Sinns. Luhmanns Humorisierung der Sozialwissenschaft." In: *Merkur. Deutsche Zeitschrift für europäisches Denken,* 47. Jg., H. 7, 601-619.

Luhmann, Niklas, 1970: "Soziologische Aufklärung." In: Ders., *Soziologische Aufklärung Bd.* 1. Opladen: Westdeutscher Verlag, 66-91.

―――, 1971: "Sinn als Grundbegriff der Soziologie." In: Jürgen Habermas und Niklas Luhmann, *Theorie der Gesellschaft oder Sozialtechnologie - Was leistet die Systemforschung?* Frankfurt am Main: Suhrkamp, 25-100.

―――, 1980: "Selbstreferenz und binäre Schematisierung." In: Ders., *Gesellschaftsstruktur und Semantik Bd.* 1. Frankfurt am Main: Suhrkamp, 301-313.

―――, 1981a: "Gesellschaftsstrukturelle Bedingungen und Folgeprobleme des naturwissenschaftlich-technischen Fortschritts." In: Reinhard Löw, Peter Koslowski und Philipp Kreuzer (Hg.), *Fortschritt ohne Maß? Eine Ortsbestimmung der wissenschaftlich-technischen Zivilisation.* München: Piper, 113-131.

―――, 1981b: *Ausdifferenzierung des Rechts. Beiträge zur Rechtssoziologie und Rechtstheorie.* Frankfurt am Main: Suhrkamp

―――, 1981c: "Symbiotische Mechanismen." In: *Ders., Soziologische Aufklärung Bd.* 3. Opladen: Westdeutscher Verlag, 228-244.

―――, 1984: *Soziale Systeme. Grundriß einer allgemeinen Theorie.* Frankfurt am Main: Suhrkamp.

―――, 1985: "Die Soziologie und der Mensch." In: *Neue Sammlung,* 25. Jg., H 1, 33-41.

―――, 1986a: "'distinctions directrices.' Über Codierung von Semantiken und Systemen." In: *Kölner Zeitschrift für Soziologie und Sozialpsychologie,* Sonderheft 27, 145-161.

―――, 1986b: "Codierung und Programmierung: Bildung und Selektion im Erziehungssystem." In: Heinz-Elmar Tenorth (Hg.), *Allgemeine Bildung. Analysen zu ihrer Wirklichkeit, Versuche über ihre Zukunft.* Weinheim und Basel: Beltz Verlag, 114-182.

―――, 1987: "Die Autopoiesis des Bewußtseins." In: Alois Hahn und Volker Kapp (Hg.), *Selbstthematisierung und Selbstzeugnis: Bekenntnis und Geständnis.* Frankfurt am Main: Suhrkamp, 25-94.

―――, 1988a: "Neuere Entwicklungen in der Systemtheorie." In: *Merkur. Deut-*

sche Zeitschrift für europäisches Denken, 42. Jg., H. 4, 292-300.

———, 1988b: "Wie ist Bewußtsein an Kommunikation beteiligt?" In: Hans Ulrich Gumbrecht und K. Ludwig Pfeiffer (Hg.), *Materialität der Kommunikation*. Frankfurt am Main: Suhrkamp, 884-905.

———, 1989a: "Ökologie und Kommunikation." In: Lucien Criblez und Philipp Gonon (Hg.), *Ist Ökologie lehrbar?* Bern u. a.: Zytglogge, 7-30.

———, 1989b: "Wahrnehmung und Kommunikation sexueller Interessen." In: Rolf Gindorf und Erwin J. Haeberle (Hg.), *Sexualitäten in unserer Gesellschaft. Beiträge zur Geschichte, Theorie und Empirie*. Berlin/New York: de Gruyter, 127-138.

———, 1990: *Die Wissenschaft der Gesellschaft*. Frankfurt am Main: Suhrkamp

———, 1991: "Das Kind als Medium der Erziehung." In: *Zeitschrift für Pädagogik, 37*. Jg., Nr. 1, 19-40.

———, 1994: "Die Tücke des Subjekts und die Frage nach den Menschen." In: Peter Fuchs und Andreas Göbel (Hg.), *Der Mensch — das Medium der Gesellschaft?* Frankfurt am Main: Suhrkamp, 40-56.

Maturana, Humberto, 1982: *Erkennen: Die Organisaton und Verkörperung von Wirklichkeit. Ausgewählte Arbeiten Zur biologischen Epistemologie*. Braunschweig/Wiesbaden: Vieweg.

Meinberg, Eckhard, 1981: *Sportpädagogik. Konzepte und Perspektiven*. Stuttgart u. a.: Kohlhammer.

Meinberg, Eckhard, 1988: *Das Menschenbild der modernen Erziehungswissenschaft*. Darmstadt: Wissenschaftliche Buchgesellschaft.

Metzner, Andreas. 1989: "Die ökologische Krise und die Differenz von System und Umwelt." In: *Das Argument. Zeitschrift für Philosophie und Sozialwissenschaften, 31. Jg.*, H. 6, 871-886.

Neckel, Sighard und Jürgen Wolf, 1988: "Die Faszination der Amoralität. Zur Systemtheorie der Moral, mit Seitenblicken auf ihre Resonanzen." *In: PROKLA 70, 18. Jg.*, März, 57-77.

Peat, F. David, 1987: *Synchronizität. Die verborgene Ordnung*. Bern u. a.: Scherz Verlag.

Pfütze, Hermann, 1988: "Theorie ohne Bewußtsein. Zu Niklas Luhmanns Gedankenkonstruktion." In: *Merkur. Deutsche Zeitschrift für europäisches Denken, 42. Jg.*, H. 4, 300-314.

Podak, Klaus, 1984: "Ohne Subjekt, ohne Vernunft. Zu Niklas Luhmanns Hauptwerk 'Soziale Systeme'." In: *Merkur. Deutsche Zeitschrift für europäisches Denken, 38 . Jg.*, H . 7, 733-745.

Schimank, Uwe, 1988: "Die Entwicklung des Sports zum gesellschaftlichen Teilsystem." In: Renate Mayntz, Bernd Rosewitz, Uwe Schimank und Rudolf Stichweh (Hg.), *Differenzierung und Verselbständigung. Zur Entwicklung gesellschaftlicher Teilsysteme.* Frankfurr/New York: Campus, 181-232.

———, 1992: "Größenwachstum oder soziale Schließung? Das Inklusions-dilemma des Breitensports." ln: *Sporrwissenschaft, 22.]g.,* H. 1, 32-45.

Segal, Lynn, 1988: *Das 18. Kamel oder Die Welt als Erfindung. Zum Konstruktivismus Heinz von Foersters.* München/Zürich: Piper.

Serres, Michel, 1981: *Der Parasit.* Frankfurr am Main: Suhrkamp (erstmals 1980).

Spencer Brown, George, 1969: *Laws of Form.* New York/London: George Allen and Unwin Ltd.

Stichweh, Rudolf, 1990: "Sport - Ausdifferenzierung, Funktion, Code." In: *Sportwissenschaft,* 20. Jg., H. 4, 337-389.

———, 1991: "Universitätsmitglieder als Fremde in spätmittelalterlichen und frühmodernen europäischen Gesellschaften." In: Marie Theres Fögen (Hg.), *Fremde der Gesellschaft: hisrorische und sozialwissenschaftliche Untersuchungen zur Differenzierung von Normalität und Fremdheit.* Frankfurt am Main: Klostermann, 169-191.

Thiel, Ansgar, 1997: *Steuerung im organisierten Sport. Ansätze und Perspektiven.* Stuttgart: Naglschmid.

Weaver, Warren, 1978: "Wissenschaft und Komplexität." In: Klaus Türk (Hg.), *Handlungssysteme.* Opladen: Westdeutscher Verlag, 38-46 (erstmals 1948).

Willke, Helmut, 1983: "Methodologische Leitfragen systemtheoretischen Denkens: Annäherungen an des Verhältnis von Intervention und System." In: *Zeitschrift für systemische Therapie, 1. Jg.,* H . 2, 23 -37.

———, 1989: *Systemtheorie entwickelter Gesellschaften. Dynamik und Riskanz moderner gesellschaftlicher Selbstorganisation.* Weinheim/München: Juventa.

———, 1991: *Systemtheorie,* Stuttgart/New York (3. Aufl.): Gustav Fischer.

Zahn, Thomas, 1991: "Funktionale Differenzierung und Autozentrismus Zum Verhätnis von Sporterleben, Leistung und Modernität." In: Roland Bässler (Hg.), *Gesellschaftliche Veränderungen und ihre Auswirkungen auf den Sport.* Wien: Universitätsverlag, 81-96.

———, 1995: *Sport-Erleben und Modernität. Soziologische Beobachtungen zur System/Umwelt-Differenz des Sports und seiner Semantik.* Dissertation. Universität Konstanz.

Zimmermann, Klaus, 1989: "Die Abschaffung des Subjekts in den Schranken der Subjektphilosophie." In: *Das Argument. Zeitschrift für Philosophie und Sozialwissenschaften 31. Jg.,* H. 6, 855-870.

제2장 | 체계이론적 추상화의 기능과 결과들

대학교육을 통해 새로운 사회학적 체계이론 문헌을 접한 모든 연구자들이 고도로 복잡한 체계이론 패러다임을 불평 없이 수용하는 것은 아니다. 특히 체계이론의 "보전된 의미론"과 고도의 추상화는 자주 비판을 초래한다. 그런 반응은 사실 수긍할 만하다. 오늘날 상이한 분야의 연구 업무에 종사하며 체계이론적 전제에 의지해 더 훌륭한 전공 지식을 구축하고자 노력하는 많은 사람들은 누구나 유사한 체험을 하고 있다. 대부분의 연구자들은 능력 있는 선생들이 쉽게 이해하도록 도와주거나 스스로 집중적인 독서를 통해 이 이론의 핵심 내용을 이해할 수 있게 된다. 그리고 그들은 특히 구체적인 사례를 통해 체계이론의 엄청난 설명력을 깨닫게 된 후에는 체계이론에 매혹되고 만다.

단도직입적으로 말하면, 체계이론의 과학적인 특수 개념들과 추상적인 사고 형태들은 독자들을 좌절시키거나, 방대한 양의 개념들, 낯선 단어들, 미로 같은 문장들을 이용해 기를 죽이려고 고안된 것이 아니다. 우리는 어떤 심오한 과학적 내용을 전달하는 것 같지도 않으면서 불필요하게 현학적인 개념들로 작성된 연구 작업들을 사회학이나 다른 과학 분야에서 종종 발견할 수 있다. 과학 활동이 어떤 지점에서 이루어지는지, 또는 그것이 사람들을 미혹시키기만 하는지에 관해서는 보통은 내부자들만이 알 수 있을 뿐이다. 이 장에서는 형식과 내용의 분리가 일어나는 위장들을, 비록 학자 경력에 도움이 되는 것처럼 보이더라도 명시적인 주제로 다루지는 않을 것이다.

이하의 논의에서는 자체 언어를 추상화하고 명료화시키는 일이 모든 이론의 발전을 보장하기 위해 필연적이며 중요한 전제조건이라고 말할 것이다. 그 일은 이론에 의해 주도되는 체계가 현실에서 현실과 거리를 두며 현실 이해를 관철시키기 위해 반드시 지켜야만 하는 의무이다. 과학적 이론들과 개념들은 이때 확정되지 않은 복잡성을 확정된 복잡성으로 옮기고 과학 내적으로 작업할 수 있는 변수로 옮기는 일을 도와준다.[1] 다른 특수 언어와 마찬가지로, 체계이론의 언어는 복잡성을 선별적으로 작업하기 위한 기법이다. 자체 규칙에 따라 사용된 추상적인 개념들은 현실과 접촉하고, 정보를 내부적으로 처리할 수 있게 해준다. 따라서 전문 용어들은 이론 완성에 직접적으로 실천적인 의미를 갖는다. 그것들은 세계를 보는 관점을 특정 방향으로 유도하고, 특정한 것에 대한 관심과 불특정한 것에 대한 무관심을 동시에 만들어낸다. 전문 용어들은 선택 가능성을 열어주는 **동시에** 제한하며, 동일한 방식으로 [특정 유형의] 소통을 장려하는 **동시에** [그 밖의 유형의] 소통은 억제한다.

그 이유는 명백하다. 설명 시도들이 이론 형태로 농축되고 고유한 진리들을 만들어내고 후속 작업을 계속 해나갈 때, 일상적인 언어와 지혜는 금세 한계를 드러내기 때문이다. 과학들, 그 가운데 특히 사회학적 체계이론은 세계

---

1) 루만(Luhmann 1984: 13)을 볼 것. 과학에 대한 체계이론적 관찰에 관해서는 일반적으로 루만(Luhmann 1990)을 볼 것.

를 설명하고 이해하기 위해 사실상 단어와 기호체계로 이루어진 세계를 구축한다. 그리고 이 이론은 일상성과 외견상 평범함을 복잡한 이론 장치와 의미론 장치를 가지고 둘러싸는 일을 두려워서 피하지 않는다. 이 이론은 공식적으로 연구할 만한 것으로 간주되거나, 밀교, 종교, 최후정초 이데올로기처럼 도그마로 도주하고 판독될 수 없는 것으로 과대평가되기 때문에 탐색을 자극하는, 사회적 생활세계 내의 현상들에 대해서만 흥미를 느끼지 않는다.

자체 전문 언어를 주조할 필요성은 사회학적 체계이론에 대해서 뿐만 아니라 모든 전문 분과들에게도 동일하게 해당된다. 최근 피에르 부르디외가 언급했듯이 사회학은 다른 과학들보다 더 많은 인공 언어를 필요로 한다. 그렇다고 일상 언어가 무無이론적인 것이라는 뜻은 아니다. 일상 언어는 많은 선입견과 인과적 추정으로 뒤섞여 있다. 그 이면에 숨겨진 세계 해석의 지뢰를 밟지 않으려면, 반드시 독자적인 언어를 주조해야 할 것이다.

> "일상적인 단어 속에 숨어있는 사회철학을 무너뜨리고 일상 언어로는 표현할 수 없는 사태를 표현해내기 위해 … 사회학자는 고안된 단어들을 사용해야 한다. 그래서 적어도 일상적 이해가 비교적 순진하게 투영되어도 끄떡없는 단어들이 필요한 것이다. 이 단어들은 자신들의 '언어적 본성'으로 인해 성급한 독서로부터 스스로를 방비할 수 있다는 점에서, 의미 왜곡으로부터 보다 확실하게 지켜질 수 있다"(1993: 37-38).

따라서 과학적 언어는 이미 모든 것을 이해했다는 위험한 생각을 하지 않도록 막아준다. 그것은 거리두기를 통해, 일괄적인 수용과 구체적인 행위 기대를 하지 않도록 도와준다. 즉 전문 용어들은 이해의 전제조건을 높여주며, 성급한 의미 기대에 대한 방어막을 구축한다. 그런 의미에서 전문 용어는 과학의 면역체계인 셈이다. 그것은 과학과 과학이 아닌 것 사이에 무관심의 문턱을 세우고, 외부로부터의 과학의 자율성을 보장하고, 자기관계적으로 구조화된 과학공동체의 소통연관 프레임에서 내부적인 통제를 가능하게 한다. 과학은 사고 차원과 언어 차원에서도 외부로부터 확정되지 않도록 주의해야 한다. 과학 용어는 또한 일상의 지혜와 전승된 원인 귀속으로부터 거리를 두어야 하고, 자체의 진리추정 영역을 구축하고, 직접 정의한 기준 망판에 입각해 이 추정을 검토해야 한다. 결과적으로 과학은 자신의 개념들을 일상언어적인 사용과 분리해야 하며, 자체 언어 게임과 언어 양식을 만들어내어야 한다. 그 결과 과학적으로 정당화된 진리요구와 일상이론의 "진리들" 사이에는 거리가 생겨난다. 과학에서는 고유한 합리성의 우선적 지배, 즉 외부 세계의 기능과 비교했을 때 고유한 기능의 지배가 이루어져야 한다. 과학공동체 자체 내에서, 과학적으로 가능한 것의 상승을 보류할 정당한 이유가 없기 때문에, 과학적 진리의 생산은 "중단 없는 추진"(Luhmann 1981a: 122)의 의미에서 이론적 추상화 및 언어개발 영역에서도 일어난다. 그리고 그 결과 과학은 과학 외적인 이해 요구에 무관심할 수 있으며, 그러한 무관심은 정당한 것이다.

그래서 대학생들이 대학교에서 처음 접한 과학적 이론 교육과 이론 언어를 이해하기 어렵다고 한탄하는 것을 충분히 예상할 수 있다. 이러한 사정을 고려한다면, 대학 교육자들이 현재의 이러한 이해 능력의 부족을 인지하고 주제화하지 않는 것은 납득하기 어렵다. 이런 맥락에서 보면, 단순해 보이는 것을 특별한 기술에 의존해 해결하고자 시도하는 이론은 이렇게 시도할 필요가 없다고 주장하며 일상이론에 기초하여 관찰하는 사람들로부터 어리석다는 비난을 받을 수도 있음에 유념해야 한다. 과학적 추상화와 용어에 대한 문외한의 반응은 이 지점에서 정점에 도달하며, 대개 같은 모토를 지향한다. 체계이론가들도 가끔 이런 비난을 받는다. 학자들은 이미 설명되었고 누구나 이해할 수 있는 사태를 의도적으로 비틀어 추상적이며 난해한 언어로 표현하고는 오래된 포도주를 쓸 데 없이 새 병에 담아 팔겠다는 시도를 한다는 것이다. 이런 식의 반응은 중요한 논점을 은폐하기 때문에, 문제 있고 사태를 호도할 뿐이다. 반면 체계이론적 관점에서 작업하는 사회학자들은 생활세계의 행위자나 다른 학자가 나름대로 할 수 있는 것과는 다른 방식으로 기존의 지식을 재구성한다. 체계이론의 강점은 기존의 낡은 지식들을 새롭게 "독해하고" 보다 포괄적인 맥락에 배치하는 데에 있다.

과학적 이론교육과 전문 언어에 대한 불만은 가끔씩 제도적으로 보장된 '교사-학생' 관계의 불균형에 대한 항의의 표출로 여겨진다. '교수-학생'의 관계는 교수들이 그 관계를 무의미한 것으로 만들려는 의도에서 경어 사용을 포기할 때에도 여전히 불균형 상태로 남는다. 불균형화를 통해 소통 기회의 불평등이 생겨나는 것이다. (대)학생들은 과학적 이론과 추상화로 인해 때때로 외부의 조종을 받거나 소외되고 있다는 느낌을 갖게 된다. 그리고 그들은 이따금 이런 상황에 대해 소통을 절제하거나(침묵하거나) 자기 내부로 도피하는 반응을 보인다. 물론 과학적 추상화와 언어에 대한 저항은 진척된 과학화 및 제도적 서열화에 대한 반응들과 관련되기만 하는 것은 아니다. 그것은 오히려 현대적인 것에 대한 보편화된 불쾌감을 가리키기도 한다.

상습적이며 격정적으로, 쉬운 글을 쓸 것을 주장하면서, 전문용어와 과학 담론에 결사적으로 반대하는 사람은 이제 제대로 복잡해진 세계에서 단순성과 낮은 복잡성을 옹호하는 사람이다. 과학 의미론이 예컨대 "생각과는 거리가 먼 것", 즉 활동에 국한된 것으로 알려진 스포츠에 침투한 경우, 그곳에 몸담고 있는 몇몇 행위자는 자신들이 선호하는 단순성이 공격받는다고 느낀다. 과학적 추상화와 전문 언어의 난해함에 대한 비판은 종종 보편적인 사회 비판과 지식인 비난으로 이어진다. 이상의 연관에서 체육학의 인식과 관련해서 말하면, 이 상황에서는 전문협회에서 활동하는 스포츠 실천가들과 스포츠 행정가들의 발언권이 강해진다. 그들의 발언에는 인기영합주의와 반지성주의가 뒤섞여 있다. 그들은 이해하기 쉽게 말하고 낯선 단어들을 사용하지 말고 현장 상황에 부합하게 논증하라고 체육학자들에게 요구한다. 그러나 정작 그들 스스로는 자기 분야의 전문용어를 결코 포기하지 않는다.

이 비판은 전문 용어가 과학에만 있는 것이 아니라 분화된 사회 영역인 정치, 법체계, 예술, 군대, 종교 또는 경제에도 있다는 주장을 통해 반박될 수 있다. 특수 언어에 대한 지식은 일상생활에서도 큰 도움이 될 때가 많다. 자동차 정비업소에서 필요 부품을 빠르고 정확하게 구입하여 자동차를 수리하려는 사람은 그 분야의 전문 용어를 알아야만 한다. 그렇지 않으면 자신이 찾는 부품을 길게 설명하거나 몸짓을 동원해서 표현해야 할 것이다.

전문 언어의 장점은 스포츠에도 있다. 여기에도 특수한 성과를 달성해야만 하는 특수 담론이 존재한다. 스포츠 언어는 특별한 개념들의 도움으로 포착되며, 동반하는 일반 스포츠적 의미 원칙들, 특정한 사건들, 전문적 행위들에 대한 소통 규칙과 관련이 있다. 스포츠 언어는 감정을 유발하며, 애호와 반감을 도식화한다. 스포츠 언어가 존재한다는 것은 전문화와 자율화를 가리키는 중요한 지표이다. 스포츠에서도 각 분야의 전문 언어에 대한 지식이 없으면, 그렇게 큰 성과를 이룰 수 없다. 스포츠 팀을 훈련시키는 감독이 순수한 일상 언어에만 의지해서는 이 문제를 해결하지 못할 것이다. 일상 언어는 현대의 성과스포츠의 특수 문제를 표현해내기에 너무 불분명하고 부정확하고 느릴 것이다. 트레이너는 전문용어를 참조해야 하며, 시합이 진행되는 긴박한 순간에 신속하게, 그리고 큰 착오 없이 자기 생각을 전달하고자 할 때, 자기 선수들이 [그런 소통에] 적절한 지식을 갖추고 있다고 전제해야만 한다. 운동선수들 간의 소통도 때로는 외부인이 이해할 수 없는 공동의 기호체계에 근거해야만 가능할 수 있다. 이러한 사정이 있다는 것은 복잡한 경기 체계와 전략에서 알 수 있다. 마지막으로 체조 경기, 테니스 시합, 골프 게임의 TV 해설가들도 아마추어 청중이나 관객의 이해에 한계가 있다는 점을 보여준다. 모든 종목들은 일상 언어와는 달리 쉽게 이해될 수 없는 자체 전문 표현을 갖추고 있다.

추상화된 전문 언어가 확산된 현실을 감안한다면, 자기 직업영역의 전문용어는 당연하다고 순순히 받아들이는 비非과학 행위자가 유독 사회학에 대해서만큼은 같은 태도를 수긍하지 않는다는 것은 정말 의외다. 사회과학 및 정신과학 분과들은 가끔씩 보편적인 이해가능성에 대한 불만스런 요구를 특별한 방식으로 받고 있는데, 이러한 상황은 그 주제가 생활세계와 밀접하게 관련이 있는 이 분과들이 감당해야할 특수성 가운데 하나이다. 여기서는 누구나 자신이 말할 수 있는 충분한 자격이 있으며, 오랜 학습과정을 통해서만 습득할 수 있는 축적된 전문 지식을 포기할 수 있다고 믿는다.

명료함, 분명함, 단순함에 대한 요구들은 전문화된 과학언어와 추상적인 사고의 기능성을 환기시키는 것으로는 쉽게 기각될 수 없다. 또한 학자들과 대학 강사들이 자신들의 생각을 정리하고 보통 사람들에게 전달하는 능력에서 결함을 갖고 있다는 점이 그러한 요구들에 반영되어 있음을 인정하지 않을 수 없다. 우리는 학생들이 학업 중에 서툰 구성의 논문이나 책을 읽게 되면서, 그 자체가 나쁜 의도를 포함하고 있음을 알게 된다. 텍스트를 무성의하게 쓰거나, 내용을 애매하게 표현하거나, 잘못된 연관성을 만들어 내거나, 자신에게서 지식을 전수받을 사람들의 학습 목표를 전적으로 무시하는 사람은 비판받아 마땅하다. 혼자서 설득력 있는 핵심 논지를 발전시킬 수 없는 사람은 학생들의 학습 태만이나 교육 위기를 한탄할 자격이 없다. 경력에 대한 압력과 출판 부담이 일상화된 과학 상황을 너그럽게 감안하더라도, 단어의 선택과 텍스트를 제대로 다듬는 일은 결코 소홀히 다루어져서는 안 되는 과업이다.

그럼에도 불구하고, 교수법적 능력과 전문 능력이 부족한 일부 학자들에 대한 정당한 비판으로 인해, 과학과 비과학 사이의 구조적인 거리를 고수하는 것이 부담이 되기도 한다. 그 두 영역 사이에 있는 이해 문제들과 관련하여, 그동안 발전된 추상화 작업과 전문 언어의 장·단점을 작업해낼 필요성이 생겨나게 되었다. 그것만이 과학적인 이론 복잡성과 이론 언어에 대한 대학생들의 이해를 발전시킬 수 있는 유일한 방법이다.[2]

특수 언어와 특수 이론의 주조는 **사회적** 차원에서는 소통 공간을 확장시키고 소통 능력을 상승시킨다. 전문가는 어디서나 자신의 전문 언어로 자신을 표현하고 동등한 교육을 받은 사람에게서 상응하는 이해를 기대할 수 있다. 전문 용어는 언어의 소통 기능을 중단시키지 않고, 소통을 어떤 방향으로 유도한다. 학자들이 소통할 때도 정보, 통보, 이해가 중요하다. 그러나 그 사정은 모든 사람에게 그러한 것은 아니며, 특히 정보 욕구도 없이 이해의 노력을 기울일 준비도 되지 않은 사람에게 있어서 그렇지 않다. 과학적 소통은 현대 시詩처럼, 즉 매개되지 않고 직접적인 비이해를 추구하고, 이것을 관련 없는 지시들을 통해 관철시키고자 애쓰는 소통이 아니다(Luhmann & Fuchs 1989: 138이하). 학자들은 과학적 영역에 속하지 않는 사람들이 추상적인 이론을 이해하지 못하고 지나친 요구를 제기하게 될 수 있다는 점도 물론 고려해야 한다.

과학은 사회적 차원에서 내적 소통을 독립시키고 우대함으로써, 외적 소통 상대자와 소통 형식의 특권을 무력화시킨다. 내적 소통이 중심을 형성하는 곳에서는 외부에 대한 이해 불가능성을 부수 현상으로서 예상할 수 있게 되는 것이다.[3] 이런 의미에서 일상적 이해로는 이해될 수 없는 것이 과학의 "정상적인" 작동에 속한다. 학자들은 물론 이해되기를 원한다. 그러나 학자들을 이해하는 일은 적절하게 입증된 전문가들에 대한 의도적인 연계 능력과 관련

---

2) 이것을 가지고 우리는 종합적으로 기능적 분화의 중요한 결과를 하나 언급한다. 현대의 노동 분업적으로 조직된 사회들에 있어서 전형적인 것은 인간이 대개 어떤 특정한 영역에서만 전문가라는 데에 있다. 다른 맥락들은 그를 필연적으로 문외한의 역할로 포함시킨다. 이 전형은 과학에도, 즉 추상적인 사상들과 전문 언어들을 익숙하게 다루는 학자들에게도 유효하다. 다른 사람들이 전문 지식을 펼치는 상황에 강사들과 교수들을 두게 되면, 고등 교육을 받은 이 전문가들은 무능한 사람으로 바뀐다. 개인이 매일 여러 번 겪게 되는 그러한 변환은 우리가 익숙해져야 하는 경험들을 만들어준다.

3) 일반적인 문제들에 대해서는 루만(Luhmann 1981b)을 참조할 것.

이 있다. 전문가 편에서의 주목 획득과 지식 획득은 문외한이 보기에는 혼란스러운 것이다. 이 현상은 과학이 분화된 결과의 하나로 볼 수 있을 것이다. 그러나 이러한 이해하지 못함이 반드시 이해하려는 의도를 자극하는 것은 아니다. 그것은 종종 불만과 선입견 형성과 일괄적으로 제기되는 비판을 촉발시키는 기제이다. 세련된 이론 형성과 전문 언어를 이해하지 못하는 청중이나 독자는 사실상, 스스로 소통에서 배제되었다고 생각하기 쉽다. 그는 대개 그런 상황들이 자신이 아니라 이론 생산자 때문에 생겨난다고 생각한다. 하지만 이런 종류의 책임 귀속은 결국에는 부담을 더는 효과를 발휘한다. 모든 전문 용어는 그렇게 됨으로써 협화음과 신뢰를 만들어낼 뿐 아니라, "외부인에게서" 불협화음과 혼란을 만들어낸다.

과학은 그동안 몰이해성을 외부에 대해서 뿐만 아니라, 내적 환경, 즉 각 과학 분과의 관계에서도 만들어내었다. 특수 담론의 분화는 오늘날 개별 분과 수준과 전문집단 수준에서 실행되며, 이것은 과학에서 갈수록 전문대표자가 다른 전문대표자를 이해할 수 없게 되는 결과를 낳는다. 의학자가 사회학자와 만나 건강과 질병 같은 주제에 관해 이야기할 때, 이들 간의 소통은 종종 어쩔 수 없이 일상 언어 용법의 차원을 뛰어넘음으로써 기능할 수 있게 된다. 따라서 과학적 내부 분화는 과학 내부에서도 이해의 문제를 야기한다. 이론적인 정밀성과 정치성精緻性의 확보는 그런 곳에서도 소통 문제를 만들어낸다.

전문 언어들은 시간 측면과 관련해 전문가 사이의 소통이 상당히 신속하게 진행되도록 도와준다. 같은 길드Guild에서 다른 전문가와 소통하려는 전문가는 공동의 기호 체계를 전제하고 곧바로 소통에 진입할 수 있다. 학자들이 추상화와 특수 언어를 포기해야 한다면, 시간을 절약할 수 없을 것이다. 이제는 더 이상 일상 언어만으로는 전문가 사이의 소통을 성공적으로 수행할 수 없다. 비전문가들이 승인하고 합의할 때까지 기다려야만 하는 상황에 있다면 소통의 속도는 더욱 지체될 것이다. 문외한과 전문가 사이의 소통은 결국에는 전문 용어들이 시간 집약적이며 단어 집약적인 것으로 밝혀지고 그런 의미에서 필수적인 것으로 수긍될 때만 기능한다. 그것은 시간을 필요로 할 뿐 아니라, 다른 편에서는 가지고 있지 않은 에너지를 많이 필요로 할 것이다.

과학적 인식 차원에서 전문화가 진전되면 될수록 일상 언어와는 더욱 거리가 멀어지는 상황은, 기존의 이해 부족을 보완해주는 특수 역할을 만들어내도록 자극했다. 과학적 저널리스트들은 추상적인 이론 교육과 세련된 전문 언어를 일상 언어로 변환시키고 누구나 이해할 수 있는 것으로 번역하면서, 현대 과학의 복잡성을 교육받은 문외한인 청중에게 중개한다. 이러한 전문가들은 대개 이론을 직접 만들지는 않는다. 그들은 물론 단순히 세레스(Serres 1981)의 의미에서, 이론으로부터 기생적으로 지분을 취한다.

전문 언어는 **사안 측면**과 관련해 정보의 농축을 가능하게 할 뿐만 아니라, 이론의 깊이와 엄밀성을 더욱 첨예하게 만들어준다. 지금까지 생각되지 않은 것을 숙고하고 그 생각을 언어의 기호체계 내에서 번역하려는 사람은 전략적인 장소에서 새로운 개념들을 고안하거나 낡은 개념들을 재정식화하지 않을 수 없다. 복잡해진 세계는 덜 복잡한 사회의 관습적인 언어 자산에만 의지해서는 분석될 수 없다. 이를 위해서는 의미론적 도구들의 개축 과정이 필요하다. 그렇지 않으면 언어와 지식의 공진화Ko-Evolution는 비개연적인 것으로 남을 것이다. 추상화와 전문 언어를 포기한다면, 과학적으로 이루어낼 수 있는 것을 최대한 증대시키려 노력하지 않고 과학의 "해체 능력과 재조합 능력"(Luhmann 1990: 184-185)을 일상적 사고의 수준에 맞추는 일을 목표로 삼게 될 것이다. [과학은 또한] 신속한 의미 기대들과 "일상적 이해의 순진한 투영들"(Bourdieu 1993: 38)로부터 방어되지 못할 것이다.

일상적인 사용과 일반적인 이해가 가능한 과학 언어에의 요구는 이러한 상황으로 인해 문제를 갖는다. 이러한 요구는 탈분화와 사회문화적 전문화의 약화를 낳을 것이다. 약리학자가 자기 동료와 일상어로 이야기하고 원자와 분자를 추상적으로 묘사하기를 포기해야 하는 경우나, 수학자가 단지 자신의 조합의 계산 기술에서 문외한들을 속이지 않도록 자기 조합의 인상적인 공식을 더 이상 생산하지 않을 것을 요구받는 경우를 생각해보라. 이론적인 데에 관심이 있는 사회학자들은 추상화와 전문 언어에 대해 같은 권리를 요구해야만 할 것이다.

참고문헌

Bourdieu, Pierre, 1993: *Soziologische Fragen*. Frankfurt am Main: Suhrkamp.

Luhmann, Niklas, 1981a: "Gesellschaftsstrukturelle Bedingungen und Folgeprobleme des naturwissenschaftlich-technischen Fortschritts". In: Reinhard Löw, Peter Koslowski und Philipp Kreuzer (Hg.), *Fortschritt ohne Maß? Eine Ortsbestimmung der wissenschaftlich-technischen Zivilisation*. München: Piper, 113-131.

Luhmann, Niklas, 1981b: "Unverständliche Wissenschaft. Probleme einer theorieeigenen Sprache". In: Ders. *Soziologische Aufklärung Bd. 3*. Opladen: Westdeutscher Verlag, 170-177.

Luhmann, Niklas, 1984: *Soziale Systeme. Grundriß einer allgemeinen Theorie*. Frankfurt am Main: Suhrkamp.

Luhmann, Niklas und Peter Fuchs, 1989: *Reden und Schweigen*. Frankfurt am Main: Suhrkamp.

Serres, Michel, 1981: *Der Parasit*. Frankfurt am Main: Suhrkamp(erstmals 1980).

제3장 | 경험과 이론 – 체계이론적 고찰

관련 문헌을 개괄하면, 방법론 토론이 꽤 오래전부터 질적 방법과 양적 방법 사이의 논쟁으로 유지되고 있다는 것을 알 수 있다. 이른바 실증주의 논쟁이 연구 최첨단의 활동가들에게 그렇게 생산성 있는 결론을 이끌어내지 못한 이후, 70년대 말부터 추진된 질적 방법과 양적 방법의 이러한 대립은 사소하게 평가할 수 없는 부수 효과들을 만들어내었다.[1] 관습적인 접근 방식의 분석과 양적 조사의 세계관을 배경으로 하여, 양적 절차들의 배제를 고유한 사안의 포함으로서 끌어들이려는 대안적 접근들이 등장할 수 있었다. [두 가지 방법들은] 각자 다른 편을 관찰한 후 합의된 절차 규칙들과 분리들을 해명할

---

1) 비생산적이었다는 것은 경험을 전제했던 사람들이 반드시 실제 경험적인 연구를 수행했던 사람들이 아니었다는 데에도 그 이유가 있었다. 실증주의 논쟁은 포괄적으로, 과학철학적 체제 내에서 연구 실천의 저편에서 진행되는 논쟁이었다. 이론과 이론 실천 사이의 이 간격은 질적 방법과 양적 방법 사이의 토론에서도 속행되었던 것으로 보인다.

수 있었다. 이해 문제에 대해서도 예상된 것처럼 상당한 진척이 이루어질 수 있었다. 이 논쟁은 체육학 외부의 지식이 도입되는 데에 보통 필요한 시간이 흐른 후 체육학에서도 나타났다. 그러나 아직까지 몇몇 분과에서 지배적이었던 양적 연구 패러다임이 어떤 결정적인 결과와 문제들을 가지고 있는지를 분명하게 밝혀내지는 못했다. 그밖에도 순수한 이론 작업의 지위를 정의하고 순수 이론으로부터 거리를 두는 작업이 지체되었다.

우리는 이러한 결핍 상황들을 출발점으로 삼아, 양적 조사방법의 몇몇 맹점들을 분석해내고, 그것을 자기 자신도 관찰하며 상대화하는 체계이론적 접근의 관점에서 조명하고자 시도할 것이다. 그밖에도 이론의 독자성을 당당하게 명료화함으로써, 양적 패러다임의 요구에 대항해야 할 것이다. 우리는 1절에서 계량화의 몇 가지 선별된 결과들을 논의하고, 2절에서는 수학화가 지니는 잠재적인 기능을 기술하고, 3절에서 "베일화"라는 표제어 하에, 이론과 경험을 대비시킬 것이다. 아래의 설명이 경험적인 스포츠 연구에 관련되어 있기는 하지만, 도출되는 결론은 다른 과학 분과에 대해서도 동일하게 적용될 수 있다.

1. 계량화의 결과들

우리는 스포츠연구에서 진행되는 계량화가 최근 몇 년간 적잖은 성과를 거두었다는 전제에서 출발한다. 스포츠 교육학에서의 숫자 지향이 스포츠 사회학, 스포츠 심리학, 트레이닝 이론 또는 운동 이론에서 달리 나타날 수 있기 때문에 분과에 따른 특수한 변화들을 인정하더라도, [계량적 방법론을 통해] 자연과학의 이상적 인식에 적응하는 것은 몇 가지 의심스런 발전을 촉진시켰다. 세련된 숫자 체계들과 응용 지향적인 결과를 목표로 삼음으로써 어떤 연구 주제들과 연구 방법들이 사라졌는가? 스포츠에서 발견되는 조종과 성찰의 문제들을 처리하는 데 사용될 수 있는 관점 가운데 어떤 것이 사라질 위험에 처하는가?

빈도와 상관관계에 집중하는 경험연구가 광범위하게 확산됨으로 인해 **첫째,** 개별 분과에서 그에 부합하게 광범위하며 다른 대상 영역에도 적용할 수 있는 이론을 발전시키는 상황까지 만들어내지는 못했다. 여기서는 흥미롭게도, 니클라스 루만(Luhmann 1992: 69이하)이 사회학의 연구 상태에 관해 일반적으로 표현한 내용이 유효하다. 시간적이며 사안적이며 사회적으로 매우 소모적인 연구의 결과들은 연구 분야에서 실천을 맡는 전문가들의 인식 수준에 미달할 때도 있다. 이러한 지식의 결핍은 표준화된 설문지와 관찰 도식이 스포츠와 그 행위자의 다양성을 계량화하고자 시도하는 순간 세밀한 복잡성 공식이 상실되기 때문이다. 양적 방법은 연구 대상을 수학적으로 측정할 수 있는 차원으로 축소시킨다. 통계학적 평균치를 계산하는 학자는 반드시 평준화해야 하며 요소들이 비슷하다고 전제해야 한다. 이런 점에서 양적 조사는 특성들, 잠재적 의미구조들, 상징적 의미 귀속들, 스포츠의 함의된 경험 규칙들을 배제하는 경향이 뚜렷하다. 그 와중에 스포츠라는 신체 지향적 생활세계에서의 개인적 행위, 집합 행위의 주체성, 맥락 관련성은 고려에서 배제된다. 숫자들은 관건이 되는 인물이나 사물의 특별한 특성을 추상화시키며, 공식적인 계산에 기초하여 자체 현실을 만들어낸다. [이 방법론은] 수학적 표준화의 개입을 수용하며, 추후 계산 차원에서 상호주관적인 검토가 이루어질 수 있는 경험적 자료들에 대해서만 양적 적합성을 인정한다.

그러나 적지 않은 경우에 양적 단편을 과장하는 것은 부적절하다. 왜냐하면 그러한 과장과 동시에 어떤 측면들을 취하지 못하게 되며, 그 때문에 숫자에 전문화되지 않은 이론형성 작업에서 양적 자료를 가지고 중범위 이론과의 연결도 꾀할 수 없게 되기 때문이다. 따라서 기존 이론은 틀에 박힌 연구

방식의 쳇바퀴에 갇혀 후속 발전을 기대할 수 없게 되며, 양적 패러다임이 광범위하게 확산됨으로써 앞으로도 기대할 수 없다. 새로운 체계이론적 개념인 상호작용 층위, 조직 층위, 사회의 층위의 분화를 사회적 현상을 관찰하기 위한 주요 범주로서 수용한다면, 스포츠사회학의 양적 조사는 현재로서는 상호작용과 조직의 측면에 집중하는 한편, 사회이론적이며 분화이론적인 질문은 도외시하고 있는 편이다. 대부분의 기존 사회이론은 양적으로 검증되지 못하고 있다. 이렇게 의심스럽게 유보하는 태도는 분명한 근거를 갖고 있다. 이 사회적 차원은 통계학적 개입을 통해 밝혀질 수 없는 것이다. "엄격한" 경험 옹호자조차 예컨대 체계이론적 분화를 포함시키는 것이 중요한 경우에도 그 작업에 착수하지도 못하고 있다. 다양한 체육학의 전문 저널을 한 번 들여다보면, 체계이론적 분화를 경험적으로 고려하고자 할 때 할 수 있는 것이 별로 없다는 것을 쉽게 알 수 있다. 분화에 관한 고려에서는 약간 엄격한 수준에서 최소한의 질문들에 대답할 수 있을 뿐이다. 양적 연구에의 압력이 확산된 결과, **둘째**, 해당 분과들의 탈전통화 경향이 나타난다. 연구자들이 통계학적 연관성과 빈도에 비추어 현실을 관찰하는 곳에서는, 이론의 내적 구성에 근거하여 이러한 세계상에 저항하는 선구적인 이론들은 의미를 상실한다. 연구자들은 그 경우에 출신 전공의 거대한 이론 자원에 연결되지 못하는 대신, 통계학으로 보상받을 수 있다. 하지만 탈전통화는 전통적인 것이 분과 기억 속에 보존되고 재정식화 작업을 위해 현재화되고 발전되어 나갈 때만 기능할 수 있다. 그렇지 않으면 과학 분과 전체의 집합적인 이론 망각을 그 대가로 치러야 한다.

  이것은 연구관행에 유의미한 영향을 미친다. 이론 작업에 사전 투자를 않거나, 상관관계를 만들어내기는 하지만 이론을 줄임으로써 적절한 자료 해석을 할 수 없을 때는, 방법은 공전하게 된다. 숫자의 논리를 이해하는 것은 사회적 사태를 이해하기에 충분하지 않다. 이렇게 원치 않게 연구의 막다른 골목으로 찾아들어가는 것조차도, 모(母)과학 이론에 뿌리 둠과 구속됨이 없으면 드러나지 않는다. 오늘날에는 해당 모과학의 고전학자들을 거의 읽지 않고서도 체육학의 많은 전공 분야에서 성공할 수 있다. 이런 현상과 비슷하게, 적지 않은 체육학자들이 이론사를 인지하고자 시도할 때 주로 이차 문헌과 삼차 문헌에서 지식을 얻어내는 방식을 통해 모과학에서는 확산을 기대할 수 없는 인식들을 만들어내는 경우도 꽤 있다. 그래서 행위 이론은 사회과학과 정신과학의 선행 이론들의 설명 기준에 미달하면서도, 유의미한 이론으로 부각되고 토론되고 있는 것이다.[2)]

그러한 발전들은 음모이론의 의미에서 해석되어서는 안 된다. 양적 연구자들이 방법과 기술의 발전을 따라잡고자 한다면, 모과학의 이론사와 이념사에 연계하지 못하도록 봉쇄하는 암묵적인 규칙들을 연구 현장에서 폐기하여야 할 것이다. 과학 내부적인 전문화가 진행되면서, 연구자가 포괄적인 이론적 성찰 능력과 추상적인 사고 제안에 연계하면서, 양적 방법론의 도구에 통달해 있을 개연성은 갈수록 희박해진다. 인용의 유통 기간이 갈수록 짧아지는 데서 알 수 있는 것처럼, 핵심적인 이론 전통들은 성급한 계량화의 추상 상황으로 인해, 이러한 인용들이 봉쇄될 경우에는 거의 사라질 상황에 처해 있다.

계량화는 분과 고유의 이론 전통들을 자발적으로 배제하는 결과만 낳는 것은 아니다. 양적 자료의 고수는 **셋째**, 과학공동체의 사안적이며 사회적인 폐쇄를 낳게 된다. 지식을 수학화하는 능력을 통해서만 과학공동체 안에 포함될 수 있고 숫자를 다루는 능력만으로 명성을 쌓는 경력의 본보기들이 만들어진다면 이로 인해 포함 효과뿐만 아니라 배제 효과도 만들어지게 될 것이다. 방법 절차를 최대한 추구하게 되면, 비전문가들이 참여할 기회가 낮

---

2) 예컨대 스포츠심리학에서 다루어진 행위이론적 관점들을 심리학 내부의 접근들의 복잡성이나 베버, 슈츠, 파슨스, 루만의 거의 주목받지 못한 접근들과 비교해보라.

아진다. 그 경우에는 통계학을 처리해낼 수 있는 능력은 일종의 면역 규칙의 지위를 얻게 된다. 그것은 탐탁찮은 세계 해석이나 경쟁자를 거부하기 위해 열정적으로 강조되고 방어되는 지위다. 양적 명령의 통상적인 규칙을 숙지하지 못한 사람은 가끔씩 상당한 제재를 각오해야 한다. 연구비가 승인되지 않고 전문 저널 출간 가능성은 사라진다. 대학의 교수직 채용에서 이론 지향적인 연구자들은 거의 무시되고, "순수한 이론가"라는 비아냥을 받는다.

  배제는 또 다른 관점에서도 발생한다. 양적 지향의 대학 교과과정은 사회과학과 정신과학의 거대한 이론 자원을 수학의 공리론으로 축소시키는 데에 동의하지 않는 사람의 기를 꺾을 것이라고 예상할 수 있다. 숫자 적합성의 우선권을 통해 미묘한 후임 채용방식이 활성화될 수 있고, 그것은 기술만능주의 혐의에 빠진 걱정스런 방식이다. 양적인 지식 이해는 현재 교생 실습에까지 도입되어 있으며, 그 결과 그 밖의 주제들은 주변적인 것으로 인지되기만 할 뿐이다. 양적 자료를 제한된 조건으로부터 끌어내어 생명을 불어넣고 해석 능력을 갖추어 주는 이론 제안들은, 그 자체가 내적으로 복잡하기에 그렇게 될 시간과 적절한 중개 능력이 없어서, 연구자들이 주목할 수 있는 상태로 변환되지 못한다. 클러스터 분석의 마지막 가지치기를 찾아냄으로써, 동일하게 사유하는 전문가에게 능력을 입증하려 애쓰는 학자가 있다면, 그는 다른 해석 제안에서 만들어지는 성과에 대해서는 거의 무감각하다. 다른 방법에 개방적인 태도를 취하는 것은, 그 태도를 얻기 위해 필요한 노력 때문에 결국 고유한 투자 계산과 충돌하게 될 것이다. 그래서 이론 적용과 방법 적용 차원에서 상대적인 폐쇄성이 나타날 것이라고 예상할 수 있다. 과학 경력의 극단적인 경로 의존성을 추적하면, 양적 순환이 자기준거적인 폐쇄를 낳는 것을 볼 수 있다. 그 결과 중요한 연구 문제들은 스포츠 현실이 양적 방법 논리에 연결될 수 있는지 아닌지, 그리고 어떻게 연결될 수 있는지에 비추어서만 관찰될 수 있기 때문에,[3] 미해결 상태로 남게 된다. 체육학의 분화로 인해 생겨난 사안적 배제와 사회적 배제로 인해 적잖은 연구자들이 숙명적으로 인지적인 폐쇄에 이를 것이다.

같은 지향을 하는 전문가들은 세련된 상관관계 작업으로 인해 열광하며 갈채를 보낸다. 비전문가들은 이야기에 동참할 수 있으려면 과도하게 노력해야 하기 때문에 판단을 유보해야 한다. 양적 결과를 외부에서 통제하기란 갈수록 어렵게 된다. 왜냐하면 소통은 통계학적 측정 절차의 공식들과 검증 장벽에 대해서만 명령조의 제스처로 실행될 뿐이며, 그러한 접근 방식의 일반화 가능성과 전용 가능성의 문제는 적절하게 인정받지 못하기 때문이다.

양적 연구자들은 숫자 공리론의 토대에서 **넷째**, 문제 있는 스포츠 "현실"의 상을 각색한다. 그들은 세계의 관심거리인 스포츠 행동의 관계를 분석하는 전문가로서 인터뷰, 관찰, 실험, 연구실 실험이나 문헌 분석을 토대로 하여 지식을 모은 후 복잡성을 숫자로 변환한다. 그들은 자료의 우주를 만들어내고, 그것으로부터 상이한 변수 간 연관 관계를 걸러내려 시도한다. 이론은 양적 조사의 현실에서는 나중에 그리고 대개 우연히 나타난다. 그리고 이론은 암시된 것처럼 미리 정식화된 이론의 확증이나 반증으로서 나타나지는 않는다. 자료 지향적인 분과들은 실제 진행된 연구 과정에 대한 정확한 지식이 없으면 비판할 수 없는 정확한 모습을 그려낸다. 루만(Luhmann 1991: 369-370)은 이 점에 대해 다음과 같은 논평을 덧붙인다.

---

[3] 양적 패러다임의 토대에서 경험주의자들은 무엇을 과학으로 수용해야 하는지, 또는 비과학적인 이상한 소리로 비난해야 할 것인지에 대해 일반화된 생각을 가지고 있다. 그들은 그 자체로 하나의 설득력 있고 행위 능력이 있는 집단이며 또한 경험연구(즉, 자료 교환과 메타 분석 등)에서 협력이 필수이기 때문에 상호 협력 능력도 좋다. 그들의 협력은 인력 배치에서와 동료 간 검토 절차에서 이해하는 입장을 선택하는 출발점을 제공한다. 경험주의자들은 가끔씩 방법론에 관해 격렬하게 서로 논쟁할 때도 있지만, 외부에서 보면 로비 집단처럼 폐쇄적이다.

"그런 이론의 자리에 실제로 복잡한 해석 절차들이 종종 들어선다. 그리고 그 다음에 어떤 연관성이 유의미하게 해석될 수 있는지, 그리고 여전히 중요하다고 주목하는 통계학적 유의미성의 문턱이 얼마나 높은지를, 해석 결과를 가지고 사후적으로 찾아낸다. 이 절차는 어떤 방식에서 우발에 좌우되는 게임과 유사하다. 그리고 연구는 기술과 행운이 뒤섞인 가운데, 후속 연구들을 고무하거나 낙담시키기도 하는 결과들을 생산한다. 세계의 복잡성은 자가 생산된 자료들의 의외성 가치에서 나타난다. 그러나 그 경우 대표할 만한 결과를 끌어내기 위해 이론보다 삶의 경험이 더 많이 동원되어야 한다. 즉 상응하는 방법론은 처음에는 체계의 복잡성 열세를 스스로 만들어낸 복잡성으로 보상하고, 그 다음에 숫자 없는 조합 가능성을 배제한 채, 스스로 만들어낸 자료 세계에서 결과를 찾는 법을 가르친다."

사실 통계학적 자료는 도출되는 어떤 진술의 근거가 되지는 못한다. 다른 연구결과도 마찬가지겠지만, 통계 자료들은 이론적으로 해석되어야 한다. 그것은 준비 단계와 해석 단계에서 공히, 양적 절차와 전적으로 비교할 만한 상황에서 다시 나타난다. 어떤 관점과 평가에 따라 조사가 실행되었으며, 이어서 결과는 어떻게 분류되고 해석될 수 있는가? 이러한 물음들과 관련해, 양적 자료를 다루는 경험에서 우발 의존성 문제와 우연성 여지의 문제는 외부자들에게는 비밀로 유지된다. 이것은 문제를 성급하게 간과한다는 의미에서 양적 자료들에 대한 임의성 비난을 예방하고, "정확한" 과학의 모습을 사실과 정반대로 안정화시키기 위한 것이다.

과학의 분화는 과학적 특수 언어의 수립과 함께 이루어진다. 일상 언어와 불명확한 생활세계적 지향으로부터의 이러한 해방 과정은 모든 전문화에서 중요하며 포기할 수 없다. 이 과정은 **다섯째로**, 계량화를 지향하는 과학공동체 안에서 "언어유희", 즉 그 자체로 "장난스런" 어떤 것을 의식적으로 갖고 있지 않다는 점을 통해 역설적으로 부각되는 언어유희를 만들어내기에 이르렀다. 양적 연구자들은 말해진 언어와 기록된 언어가 해석에 원칙적으로 열려 있다는 점과 공리적으로 보장된 진리 요구가 겉보기에 정확하다는 점을 대비시킨다. 양적 연구자들은 자신들의 연구에서 결과들을 표준적으로 기술하고 전달한다는 전형적인 특징을 지닌다. 이러한 조건에서 복제 능력과 재생산 능력이 있는 구성과 언어 공식으로 인해, 같은 것이 끊임없이 반복될 수 있게 된다. [연구 결과를 보고할 때] 수동을 강하게 사용하는 것은 과학적 진리가 일어났다는, 즉 발생했다는 점을 독자에게 전달한다.

여기서는 저자의 자기 중화Neutralisierung에 주목하여야 한다. 저자는 숫자들에 의해 주장되는 사실성을 전면에 내세우며, 그 사실성을 만들어낸 사람으로서 자기 자신은 정작 텍스트 안에서 의도적으로 사라진다(Silvermann 1974: 349-350). 특수한 언어 형식들과 프레젠테이션 형식들을 사용하면, '주체-객체 그림'이 표현되는데, 그 그림에서 관찰자는 자발적으로 사라진다. 관찰자는 많든 적든 서로 연관된 변수들의 세계의 해석자로서 나타날 뿐이다. 통계학적 결과와 그 결과에서 도출된 해석들도 지표적이다. 즉 그것들은 맥락에 묶여있으며 고도로 우연적이며 사회적으로 제작되었다. 이러한 연관성은 "인식의 제작"에 관한 최근의 지식사회학적 작업(Knorr-Cetina 1991: 63 이하) 이래, 문헌으로 입증될 수 있게 되었다. 양적 연구자들은 그렇게 함으로써 공식적인 것과 언어적인 것을 전략으로 투입하여 텍스트, 숫자, 현실이 일치한다는 것을 꾸며서 보여준다. 연구과정이 중단되었다는 사실과 자료를 일반적으로 다듬는 것에 관해서는 어떤 언급도 이루어지지 않는다. 그러한 사실들은 기껏해야 내부자들 사이에만 알려진다. 이러한 각색은 과학적 진술의 특수한 성질을 강조하고, 그 진술이 객관적이라는 신호를 잠재적인 지식 수용자들에게 보내고, 중립성을 믿을 수 있도록 알려주는 과제를 떠맡는다. 같은 방식으로 생각하는 제도 안에서 그러한 접근 방식은 인정과 연계가능성을 보장한다(Silverman 1974: 350). 외부에 대해서는 "인상 관리"(Goffman 1969)가

끝까지 이행된다. 따라서 양적 패러다임의 사회적 폐쇄는 방법론 투입에 의해서뿐만 아니라, 이에 부합하는 언어 사용을 통해서도 이루어진다. 양적인 것으로 뒤섞인 텍스트를 생산하는 것은 일종의 부족部族소속성을 입증한다는 것을 의미한다.

통상적인 출판 관행을 진지하게 수용하면, 숫자에 맞추어진 세계상은 고도로 제한적인 언어 사용을 선호한다. 발견된 진술들은 "보전된 의미론"과 까다로운 문장론을 포기함으로써, 자유롭게, 선입견 없이, 그리고 사색 없이 세계에 관해 보고하는 것처럼, 모든 언어적 익살이 사전에 완전히 배제될 때 과학적으로 수용될 수 있게 된다. 언어와 단어의 제한을 통해 겉보기에 필수적인 것과 사안적인 것으로 자발적인 축소가 이루어지며, 단어를 붙들고 씨름하는 고된 작업은 이 축소의 틀에 묶여 실행되지 못한다. 가치판단 중립, 정확성, 중립성을 전제한다는 핑계로 분량을 선호하는 학술지 출판물은 지루하며, 건조하고 재미없으며, 생동감과 경쾌함이 없는 논조를 띤다(관련된 전문 학술저서는 대개 저술되지 않는다). 양에 기초하는 발표는 발표자가 발표 화면을 통해 자기소통에 빠져드는 경우가 많다. 과장해서 말하면, 세계를 해석하기 위해 스스로 숫자로 후퇴하기만 한다면, 과학적 소통 문화는 서서히 몰락할 위험에 갇히게 되는 것이다. 여기서 모든 것을 한.번 더 새롭게 설명할 필연성이 생겨난다. 조지 스펜서브라운(Spener-Brown 1969)의 논리와 2차 질서 사이버네틱스 논리(Foerster 1985; 1993)는 그러한 언어 판결들Sprachverdikt에 반박할 수 있도록 해준다. [이 새로운 논리들에 따르면] 모든 개념은 세계로부터 거리를 둘 수 있고, 나누지 않고 성급하게 분류하기만 하고자 하더라도 세계를 나누게 된다. 또한 모든 개념은 관찰 의존적이며, 즉 관찰에 따라 달라지며, 관찰자 자신에 대해 어떤 것을 진술한다.

양적 접근방법은 **여섯째로**, 연구자와 연구 대상과의 거리를 만들어낸다. 방법은 "대상들"로 인지된 주체들로부터 독립하며, 결국 그 둘의 접촉이 완전히 사라지고, 양적 연구자가 자기 자신에 관해 그리고 비교할 만한 다른 접근에 관해 자신들의 세계 안에서만 소통하게 되는 결과에 이른다. 숫자들은 숫자에만 반응하며 다른 어떤 것에도 반응하지 않는다. 이 유행은 양적인 공개화 제식의 자기관련성으로 지탱된다. 방법에 관한 토론이 연구의 모든 부분을 차지하며, 결과는 오히려 부수적인 것으로 다루어진다. '어떻게'라는 질문이 부상하고, '무엇이 관건인가'라는 질문은 뒤로 물러선다. 상이한 통계학적 측정절차에 의한 논증만 있으면, 필수적인 이론 작업은 불필요한 것으로 간주되어 버린다. 통계학은 임의로 사용될 수 있는 규격화된 기술 기능을 획득한다. 이러한 기술은 — 완전히 후설적인 기술Technik 개념의 의미에서 — 함의된 의미관련을 함께 성찰하지 않아도 되도록 도와준다. 따라서 그 기술의 사용자들은 양적 자료를 사용하기를 좋아하며, 반대로 이론에 반응하는 이론적 진술들은 사변적인 것으로 간주해 버린다.

양적 방법론은 **일곱째로**, 자연과학적 인식의 이상에 의도적으로 접근하고, 이러한 인식과 연결된 세계관의 지뢰를 틀림없이 밟게 된다. 그리고 그 방법론은 사회과학적 질문과 정신과학의 질문이 흥미로워지는 바로 그곳, 즉 조직된 복잡성의 영역에서 좌초한다. 하지만 사회적 상황에서 전형적인 조직된 복잡성의 부문에서는 변화가 없는 단순한 법칙성들이 중심에 있는 것도 아니고, 엄청나게 많은 변수들이 복잡하지만 조직되지 않은 체계들 안에서 중심에 있는 것도 아니다. 사람들이 살아가는 모든 실제적인 사회적 상황은 이 두 극단 사이에 "상당한 수의 가변적인 것"이 어떤 특수성을 지니는 중간 영역이 있음을 보여준다. 이 중간 영역은 "가변적인 이 모든 것들이 서로 근본적인 관계에 있는"(Weaver 1978: 44) 특수성을 지니고 있다.

조직된 복잡성은 전형적으로, 요소들의 상호 선택적 연결, 불투명성, 높은 정도의 관계망 형성, 현상의 동시성 그리고 비인과성의 특징들을 가지고 있다. 조직된 복잡성 관념은 투입과 산출의 비대칭, 목적과 수단의 비대칭을 바꾸어 버린다. '원인-결과 진행'으로 나타나는 전통적인 인과성 사고는 [근대] 과학이 큰 성과를 이루도록 분명한 역할을 하기는 했지만, 연속성 개념에 기초하기 때문에 [동시성이 작용하는] 이 지점에서 어쩔 수 없이 한계에 부딪힌다. 오늘날까지 조직된 복잡성 현상을 다룰 수 있는 적절한 수학적 절차가 없다. 이 사실은 중요한 요점이다. 연구자들은 이렇게 엄청난 조직된 복잡성의 영역을 통상적인 양적 방법을 통해서는 제대로 다루어낼 수 없다. 조직된 복잡성 분야의 발전 진행을 진단하려는 모든 노력은 설득력 있는 방식으로 바로 이 사실을 보여준다. 그래서 추후에라도 적절한 수학적 절차가 발전되어야 할 것이다. 양적 연구에서 전형적으로 나타나는 독립변수와 종속변수의 분리는 존재의 상태들Seinszustände을 허용하기는 하지만, 그러한 존재 상태들은 적어도 사회적인 현실에서는 순수한 문화로서 발생하지 않는다.

요약해보자. 계량화는 이론 발전을 정체시켰고, 해당 전문분과의 탈전통화를 낳았으며, 과학공동체에서 치명적인 사안적이며 사회적인 폐쇄를 만들어 내었다. 그밖에도 계량화는 관찰자 없는 "객관성"의 모습을 안정시키기 위해 사용된다. 계량화는 과학이 숫자에 기초하여 자신을 방어하는 근거가 되며, 이러한 사실에 부합하는 종류의 자기연출로서 나타난다. 그리고 이러한 자기연출에서는 최소주의적 언어 양식이 정상적인 것으로 간주된다. 그밖에도 계량화는 연구자와 "연구 대상" 사이의 거리를 갈수록 벌려 놓는다. 그리고 계량화는 조직된 복잡성 현상이 작용하는 바로 그곳에서 적절한 결과를 만들어 내지 못한다.

2. 수학화의 잠재적 기능들

지식의 수학화는 현대 내에서 그리고 현대에 대해 느끼는 불만에 대한 유용한 반응이다. 세계의 탈주술화에 대해서는 특별한 종류의 재再주술화가 나타나야 할 것이다. 안정적으로 전승된 현실상이 중심 없는 사회의 원심 동학으로 산산 조각나는 곳에서, **숫자의 마법**은 관찰자와 사용자의 발밑에 다시 단단한 토대를 만들어주는 과제를 담당한다. 명백한 기초를 얻을 수 없을 경우, 공리적 수학의 자기준거적으로 폐쇄적인 세계는 적어도 대체 확실성으로서 매력적이게 된다. [이러한 상황에서] 특수한 과학 집단 하나가 "완고하고" "엄격한" 경험 조사방법을 가지고 지식의 상대화와 인식 생산의 임의성에 저항했다. 왜냐하면 과학의 담론 영역도 결국에는 자신의 해체 작업과 분해 작업의 효과에 직면하게 되며, 그 결과 과학은 자기 자신이 우연적이라는 것을 알게 될 것이기 때문이다. 형식화, 기계화, 계산 가능성이 "유럽 과학의 위기"를 가져왔다는 후설(Husserl 1962)의 견해와는 달리, 수학화는 현대에 보편적인 요구를 지닌 확실성 부여 기능을 갖는다. 적지 않은 학자들이 "신의 죽음"(니체) 이후 상실된 확실성을 숫자를 중심으로 하는 과학주의적 대체 종교를 통해 보상받는다. 양적 자료는 다맥락영역으로 펼쳐진 사회에서 단일 맥락영역의 우주를 대표한다. 현대사회의 분화 행렬과는 어긋나게 경제, 정치, 법, 교육, 과학, 스포츠 현상들은 같거나 비슷한 절차로 산출되거나 계산된다.

스포츠 연구에서 계량화를 촉발하고 지속화시킨 조건들을 질문한다면, 다음과 같은 연관성들을 생각할 수 있다. 숫자에의 지향은 성찰 중단의 결과로 간주될 수 있다. 그 성찰 중단은 체육학이 조직된 스포츠에 대해 적용할 것을 약속함으로써 직접 처방했던 것이다. 전문 협회를 조언하고, 운동선수들을 심리적으로 규제하며, 트레이닝 이론과 운동 이론의 최근 발전 상태를 감독들에게 가르쳐주려는 사람은, 토대 지향적인 이론과 복잡성 상황을 이해하기 원하는 고객을 발견하지 못한다. 협회 소속, 특정한 스포츠 종목의 계층 지위와 성별 지위, 스포츠 동기, 명예 직위와 관련된 사회적 유형들, 스포츠의 상이한 조직 형식, 생활양식, 건강 지향에 관한 연구들이 고객들의 호응을 불러내기에 더 유리한 것이다. 그것들은 개인적인 스포츠 행위자와 조합적 스포츠 행위자의 행위 이해와 행위 곤경에 연결하는 능력이 더 뛰어나다. 따라서 조직 스포츠가 자신의 연구를 주목하고 고려하기를 희망하는 많은 스포츠 학자들은, 조직 스포츠에서 확고한 과학적 지식으로 정의하고 다루는 것을 즐겨 참조한다. "객관적인" 자료를 광고하는 연구 프로젝트는 옳음, 사안적 적절성, 검토 가능성, 정밀성에 도달할 수 있다고 약속하기 때문에, 이론지향 작업에 비해 뚜렷한 출발의 장점을 가지고 있다.

따라서 이런 식의 자체적인 종결화Finalisierung는 과학 내부의 숫자 선호만을 반영하는 것은 아니다. 연구 편의주의 또한 수용에 대한 희망을 시사하기도 하며, 그러한 희망은 부합하는 연구 결과와 연구 전략을 통해 지탱되어야 하는 것이기도 하다.[4] 학자들은 결과가 수용될 맥락을 사전에 선택해서 설득력 있게 기술하는 작업에서 숫자를 사용한다. 보건 연구 맥락에서 스포츠 실천가나 건강보험회사에 통계를 제시하고, 사용된 절차들과 검증 방식들을 설득력 있게 제시할 수 있는 사람은, 정확한 학자라는 명성을 얻고 특별한 신분을 획득할 수 있다. 그는 고유한 결과에 대해 "조직된 회의주의"(Merton 1973)가 팽배한 경우에도, 자신의 실행 능력과 확실한 해석 능력을 암시할 수 있다. 그래서 2차 차원에서 양적 기술의 사용을 관찰하는 관찰자는 전문화에의 야망과 독점화에 대한 관심의 문제를 만나게 된다. 또한 그 관찰자는 세밀한 형식의 지위 관리와 명성 관리의 문제도 해결해야 한다. 과학 분과가 기술만능주의적으로 행동할수록, 실증주의적 분과로 발전하며 "계량화 숭배"(Berger & Keller 1984: 115)에의 압력은 더욱 커진다.

---

[4] 실험을 토대로 작업하려는 사람은, 그렇지 않으면 연구비가 승인되지 않을 것이기에 가끔씩 사용자 이해도 고려해야 한다. 따라서 스포츠 연구에서는 자발적인 종결화뿐만 아니라 비자발적인 종결화도 있다.

계량화 압력은 물론 외적 수요 조건만을 가리키는 것이 아니다. 그것은 상이한 과학분과들의 연주회에서 자신을 독자적이고 자율적인 단위로서 나타내려 애쓰는 종합 과학Synthese-Wissenschaft의 상황을 가리키기도 한다. 70년대 후반부터 체육학의 제도적 분화가 추진되면서, 계량화될 수 있는 것에 대한 전문화는 가능한 일이 되었다. 그리고 이것은 과학 내부에서의 명성 때문에 그렇게 되기도 했다. 많은 연구자들은 과학공동체 안에서 안정적인 인정을 신속하게 받기 위해 계량화를 선택했던 것이다.

우리는 숫자를 지향함으로써 어떤 논점으로 도피할 수 있게 되며, 그 지점에서 과학자 경력을 구축해 나갈 수 있다. 어떤 문제를 양적 방법론에 입각하여 신뢰할 만하게 논증할 수 있다면, 그것만으로도 진지함과 과학적 위엄을 충분히 과시할 수 있다. 그래서 니체 이후 모과학 이론을 거의 잘 알지 못하더라도 즐겁게 경험 연구를 수행해 나갈 수 있는 것이다. 최소한의 이론 지식을 가지고, 그렇지만 양적 패러다임의 엄호를 받으며 가령 심리학이나 사회학을 전공이나 부전공으로 공부하지 않고서도, 스포츠 심리학자나 스포츠 사회학자가 될 수 있는 것이다. 그리고 독일 최고의 체육학 기관에서는 의학을 공부하지 않고도 스포츠 의학의 주제를 가지고 박사학위나 교수자격청구 논문 과정을 통과할 수 있다.

이러한 변화와 함께 흥미로운 연관이 하나 생겨난다. 예를 들어 스포츠 교육학은 역사학적 관점과 인간학적 관점을 기반으로 하여 체육학의 하위 분과로서 첫 걸음을 뗐다. 그리고 이러한 관점은 스포츠와 정치 분야의 지식 수용자들에 대해 마치 선험화 기술들로서 투입되었다고 할 수 있다(Gruppe 1959; 1969; 1982). 반면 응용 체육학의 개별 분과들은 출신 분과의 지식을 참조해 분과를 출범시킨 것이 아니었다. 그 분과들은 특수한 스포츠 모형에 대한 적용을 통해 자신을 확정하고 과학 영역을 구축하였다. 주로 성과스포츠가 특수한 모형으로 사용되었으며, 최근에는 보건 부문이 관련되었다. 또한 그 분과들은 "안전한" 양적 방법의 목록을 분과 구축의 근거로 삼았다.

앞서 살펴본 것처럼, 경험적 스포츠 연구의 계량화 전략은, 한편으로는 외부적으로 조직된 스포츠와 스포츠에 관심이 있는 관련 집단을 지향하고, 그곳에서 특수 수요를 충족시키고 만들어내고 있다. 그러나 그 전략들은 다른 한편으로는 과학 내부 과제를 가지고 있다. 잘 알려져 있다시피, 체육학은 아직 확정된 자기 이해를 갖지 못했고 완전히 수용되지 못한 젊은 종합 분과 Synthese-Disziplin이다. 그리고 그러한 분과에서 계량화는 과학적 명성을 속성으로 획득할 수 있다고 약속하는 기술인 것으로 나타난다.

3. 은폐

독자들이 쉽게 알아챌 수 있는 것처럼, 지금까지의 분석에서는 "숨겨진 것을 드러내는 질문"(Bodenheimer 1985)의 특별한 형식을 장려하고, 그 형식을 과학공동체의 최고 영역들에 적용하려는 시도가 이루어졌다. 전형적으로 과학에서 필요한 '호기심 동기'는 과학의 외적 관련에 대해 타당성을 발휘한 것이 아니라, 양적 연구자 자신에게 효과를 발휘했다. 양적 연구자들의 방법론이 지닌 맹점을 질문한다는 것은, 양적 지향의 관점들이 "평범한" 작동에서는 대개 볼 수 없음을 관찰한다는 것을 뜻한다.

이러한 접근 방식은 실제 외설적이고 악마적인 자질을 지니고 있다. 물론 이 말은 일상 언어의 의미에서 사용된 것은 아니다. 즉, 섹스나 드러난 친밀성이 관건이 아니다. 외설성이 나타나는 것은 그보다는 과학적 관찰자가 자신의 특수한 이해와 세계에 대한 관점이 직접적이며 즉석에서 희생되는 것을 보며, 그래서 자기 자신과 다른 사람에게 드러내 보이고 싶이 않은 자신의 복잡성의 차원이 폭로되었다고 생각할 때이다.

양적 연구에 대한 지금까지의 설명이 옳았던 반면, **질적 분파**에 대해서도 유사한 유보들을 표현할 수 있다. 양적 조사가 지닌 결함에서부터, 반대 방향의 논증을 통해 질적 절차의 왕도를 도출해낼 수는 없다. 양적 자료추출 기술의 특별한 접근 방식을 방법론 투입의 개방성과 유연성을 통해서 그리고 대상과의 거리와 주관적 의미 차원들에 대한 민감한 인지를 통해서 개선시키고자 하더라도, **질적 연구자들**은 다른 형식의 부주의를 만들어낸다. 그들은 가끔씩 경험적-분석적인 근거를 상실하고, 순수하게 기술적인 것에 빠져 들어 이미 누구나 알고 있는 것을 단지 다른 언어로 반복하는 경향이 있다. 그밖에도 그들 또한 자체 언어 게임을 만들어내고, 사안적이며 사회적으로 닫혀 있으며, 자체적인 명성 기준을 발전시킨다.

그밖에도 질적 연구들은 자료에의 근접과 지나친 관련으로 인해, 상황의 초개인적인 차원을 무시하게 되지 않도록 주의해야 한다. 부분적인 주제가 연구 관심을 결정하고 주제 관련성이 과학적 관찰을 주도할 때, 유용한 일반화 효과는 발생하기 어렵게 된다. 주체만 바라보는 사람은 행위자의 이면에서 작용하는 상황의 사전 정의를 보지 못할 위험에 빠진다. 그래서 주체가 말을 하도록 하고 그를 이해하는 것만이 중요한 것이 아니다. 초개인적인 관점과 상관관계를 작업해낼 수 있어야 하며, 제도적인 자기관찰에 저장된 의미모형을 함께 고려할 수 있어야 한다. 이것은 질적 관점과 양적 관점이 동시에 고려되고 함께 사용되는 절차가 필요하다는 것을 매우 분명한 방식으로 말해준다. 두 과학 이해 사이의 양극화와 그 이해들에 일치하는 자료수집 기술 사이의 양극화를 중지시키기 위해서는 다음과 같은 일반화를 생각할 수 있다. 이론과 방법은 학자들이 특수한 세계 사태에 대한 지식을 얻기 위해 사용하는 탐사 장치로서 기능한다. 그것들은 관찰자들이 자기 현실의 **은폐**Verhüllung를 통해 새로운 방식으로 말하기 위해 사용하는 보조 도구들이다.

이론 작업이 폭로가 아니라 은폐라고 서술하는 가장 급진적인 시도는 빌케

(Willke 1996: 132이하)에 의해 이루어졌다. 빌케는 루만의 정치 분석에 대한 주류 정치학의 무관심을 질타하고, 체계이론적 이론 건축물의 "위엄Dignität"과 "특이성Singularität"을 선전하면서 다음과 같이 말했다.

> "따라서 (현대, 서구) 사회의 정치체계를 체계이론적으로 재구성하려는 루만의 시도는 실천 문제가 아니라 이론 문제를 중심으로 형성된다. 루만의 이론은 어떤 이론도 실천 문제를 해결할 수 없다는 것을 기본 전제로 하기 때문이다. 실천은 이론을 이해하지 못한 채 이론의 반대편에 있다. 실천은 이론에 반응하지 않는다. 실천은 다른 실천에 반응할 뿐이다."

그래서 빌케(Willke 1996: 132)는 이론과 경험의 관계를 "직접적인 의존으로서가 아니라", "구조적 연동strukturelle Kopplung"으로 이해한다. 두 영역은 "내적 운동 법칙에 따라 서로로부터 독립적으로" 발전한다. "그렇지만 그들은 상호 간에 반응할 수 있으며, 이 반응은 [제각기] 충분한 내적 이유가 있을 때 발생한다."

사회조사자는 은폐를 통해, 현실에 관해 어떤 것을 들어보려 한다. 1995년 크리스토Christo와 장 클로드Jeanne-Claude는 베를린 제국회의 은폐를 통해, 낡은 것과 알려진 것을 은폐하면 새로운 것을 볼 수 있음을 고찰자들Betrachter에게 보여주었다. 이 사실과 마찬가지로, 이론 작업은 낯설게 하기와 추상화를 통해 현실이 직접 발언할 수 있도록 하는 중요한 기능을 가진다. 그래서 최근에는 수학을 통해 현실을 파악하고, 수학적 방법을 "엄격하며" "객관적인" 자연과학의 자질 특성으로서 투입하여 상이한 문제 해결의 만능키로 사용하는 경향이 뚜렷하게 나타난다. 하지만 바로 이러한 전략은 숫자들도 "현실"을 은폐한다는 점까지 말해주지는 않는다. 그 전략은 '자기준거적이며 공리론적으로' 구성되어 있기 때문에, 그들 자체의 세계를 만들어낸다. 은폐에 대한 언급을 통해, 잠재적인 지식 구매자의 반대편에서 투사된 과학의 객관성 그림이 뒤집어지더라도, 과학에 있어 중요한 것은 그렇게 뒤집어지는 것밖에 없다. 과학이론은 어떤 종류든, 어쨌든 끊임없이 일상적으로 알려진 현상에 대해 "일치하지 않는 관점"(Luhmann 1970: 68)을 던지며, 바로 그렇게 함으로써, 브레히트의 희곡 개념에서 등장한 원칙을 인용하면, 가끔씩 이 현상을 식별할 수 없을 정도까지 낯설게 표현한다.

이론과 방법은 "현실"을 — 비유적으로 말하면 — 서로 다르게 은폐함으로써 서로 구별된다. 이론은 다른 구성을 고무하려 한다. 이론은 낡은 연결을 해체하고, 지금까지 수용된 틀짓기를 비판하고, 새로운 구성요소를 알 수 있도록 하면서 대안적 해석을 제출한다. 연구자들은 이론에 힘입어 특별한 질문을 제기하고 부합하는 대답을 줄 수 있는 입장에 들어선다. 이론과 방법은 항상 특정한 것에 대한 주목과 불특정적인 것에 대한 무관심을 육성한다. 그것들은 관찰자가 자신의 "현실"과의 접촉을 조직하는 바늘 귀이다. 이론과 방법은 그렇게 하여 세계를 자체적인 선호에 따라 정돈하고, 무엇을 문제로 이해하거나 무시할 것인지를 정의한다. 따라서 모든 과학적 이론과 방법은 특수한 가능성이면서 동시에 맹목이다. 과학적 연구관행의 예술은 각각의 문제제기에 적절한 "대상"을 찾고 투입하는 데에 있을 뿐만 아니라, 일치하는 맹점의 존재를 수용하고, 자신의 은폐작업을 고유한 자기이해에 저장하는 데에 있다. 이론이나 경험의 영역에 있는 모든 메타이론적 담론은 자체 현실 구성의 검열이 실행되었다는 것을 나타낸다. "현실"의 존재론적 모사가 중요한 것이 아니라, 고유한 은폐가 은폐의 일관성에 비추어 검토되는 것이다.

타당성 요구의 일반적인 상대성에 대한 이러한 지시는 질적 연구방법과 양적 연구방법 사이의 대립에 직접적으로 적용될 수 있다. 자기문제화는 급진적으로 적용되면 자체 타당성 요구를 상대적인 것으로 평가하는 진술 자체에도 해당된다. 모든 이론가와 방법론자는 당연한 귀결로서 자신과 자신의 은폐에 대해 경고해야 할 것이다. 응용에의 지향을 통해 과학적 명성을 보장받을 수 있으며, 너무 많이 질문함으로써 의뢰인을 겁먹고 물러나게 해서는 안 될 분과에서, 과학적 진리 진술의 한계를 지적하는 것을 기대할 수는 없을 것이다. 그것은 희소한 자원을 계속 조달하기 위해서는 특별히 비생산적일 것이다.

일반적으로 다음 내용이 유효하다. 이론과 경험은 서로 다르게 작동하는 두 개의 소통 영역을 대표한다. 그 둘은 순환적으로 조직되어 있으며, 그럼으로써 원칙적으로 각자 자신에 반응하며, 외부로부터의 자극을 단순히 내적 구조와 선호의 척도에 따라 감지한다. 이론은 경험을 통해 교란될 수 있으며, 그 역도 가능하다. 이론가들이 경험적 연구 결과를 이론의 언어로 번역할 수 있지만, 이론가들이 여기서 결과하는 섭동攝動에 대한 감지 장치를 가지고 있다는 것이 물론 전제되어야 할 것이다. 이론은 마찬가지로 숫자의 세계에 나타날 수 있다. 이것은 이론의 세계관이 경험의 관점으로 투사됨으로써 이론이 그곳에서 경험적인 소통 목적의 수단으로서 고려되어, 결국에는 "현실" 해석에서 합의에 이를 때 그렇게 될 수 있다. 따라서 헬무트 빌케의 진술을 보완해, 이론과 경험의 일반적인 이견에도 불구하고 하나의 이해에 대한 합의를 만들어낼 수 있다는 것을 확인할 수 있다. 두 영역은 각자의 다른 쪽을 맥락으로 사용하여, 그곳에 존재하는 차이로부터 정보를 끌어내고 고유한 학습을 고무할 수 있다. 즉 자신의 독자성을 의식하고 있으며 그런데도 자기 지시 중단자로서 경험을 사용하는 성찰된 이론이 중요한 것이다. 역으로 경험은 이론을 비교할만한 방식으로 끌어와서 자신의 세계관을 개방하고 대안적 해석으로 풍성하게 하는 일을 잘 해낸다. 즉 이론과 경험의 관계에서 "융합 환상과 동일성 환상"의 전환이 중요하지 않고(Willke 1996: 145), 다름을 생산적으로 활용하는 것이 관건이 될 것이다.

경험은 어떤 영역에서든, 질적이든 양적이든 사전에 작업된 이론 개념에 구속되어야 한다. 그렇지 않으면 맹목적으로 이리저리 돌아다니게 되고, 발견하고자 적시할 것이 무엇인지를 망각하게 될 것이다. 여기서부터, 대상 영역의 분석을 위한 이론적이며 방법론적인 감지 장치들이 그 영역의 복잡성을 지향해야 한다는 결론을 내릴 수 있다. 이론과 방법과 "현실"의 관계에서 "필수적 다양성"(Ashby 1956)을 근사하게라도 만들어내어야 한다면 말이다. 해석학, 현상학 또는 체계이론을 알지 못하고서는, 아울러 이 이론들에 저장된 설명들을 포함시키지 않고서는, 중요한 연구 단계는 양적 연구에서도 질적 연구에서도 충분히 성공하지 못한다. 체육학의 성찰 작업의 결함은 그것이 스스로 부과했으며, 스스로 책임지는, 이러한 복잡하게 구축된 이론들에 대한 거리두기에 있는 것으로 보인다. 순수하게 양적인 것을 지향하는 것으로는 그러한 거리두기에 대한 보상을 얻어내지 못한다. 인간학적 '선험 진술'이나 교육학적 호소가 사회적 복잡성을 적절하게 처리하는 데서 적절하지 않은 것처럼 말이다.

어떤 이론과 방법론도 세계를 일대일 관계로 모사할 수 없으며, 결과적으로 자신을 상대화시키는 적절한 '열쇠-자물쇠 관계'를 만들어낼 수 없다면(Glasersfeld 1985: 39-60), 현재의 이론 토론과 방법론 토론에서는 피상적인 연결이 중요한 것도, '이것이나 저것이나의 상황'이 중요한 것도 아니다. 중요한 것은 문제에 적합한 조합술일 것이다. 이편이나 저편에 대해 아르키메데스적 지점을 독점하려는 기술들은 조심스러울 필요가 있다. 경험 절차와 이론 절차 모두, 차이를 형성시키는 결정주의적 행동으로 시작한다. 이런 점에서 둘 다 과학의 정상에 있는 황제 이론이나 방법론 축적을 재현하겠다는 요구를 제기하지 못한다. 그것보다 중요한 것은 각자 다름을 작업해내고, 바로 그 다름을 드러내 보이는 것이며, 그렇지만 이 때 다른 편의 입장을 자기 편의 입장을 위해 사용하려는 시도를 실행에 옮기는 것이다.

학자들이 제각기 다른 편을 서로 다른 귀속을 통해 낙인찍고 배제하려 시도한다면, 종종 일어나는 것처럼 결국 파국에 이르게 될 것이다. 양적 절차를 일반적으로 "파리 다리 세기"로 축소시켜버리거나, 이론 진술을 과학사 이전이나 비과학적인 세계 해석, 또는 동화 속의 이야기 정도로 일괄적으로 폄하하는 사람은 자신의 부지不知와 거만을 보여줄 뿐만 아니라, 자신이 인식이론적 토론과 방법론적 토론의 높은 수준에 이르지 못했다는 점도 분명하게 보여주는 것이다.

참고문헌

Ashby, W. Ross, 1956: *An Introduction to Cybernetics*. London: Chapman & Hall.

Berger, Peter L und Handfried Kellner, 1984: *Für eine neue Soziologie. Ein Ersatz über Methode und Profession*. Frankfurt am Main: Fischer (erstmals New Zork 1981).

Bodenheimer, Aron Ronald, 1985: *Warum? Von der Obszönität des Fragens*. Stuttgart: Reclam.

Foerster, Heinz von, 1985: Sicht und Einsicht. Versuche zu einer operativen Erkenntnisrheorie. Braunschweig/Wiesbaden: Vieweg.

―――, 1993: *Wissen und Gewissen. Versuch einer Brücke*. Frankfurt am Main: Suhrkamp.

Glasersfeld, Ernst von, 1985: "Einführung in den Radikalen Konstruktivismus." In: Paul Watzlawick (Hg.), *Die erfundene Wirklichkeit. Wie wir wissen, was wir zu wissen glauben. Beiträge zum Konstruktivismus*. München: Piper.

Goffman, Erving, 1969: *Wir alle spielen Theater. Die Selbstdarstell ung im Alltag*. München: Piper (erstmals 1956).

Grupe, Ommo, 1959: *Leibesübung und Erziehung*. Freiburg: Lambertus

―――, 1969: *Grundlagen der Sportpädagogik. Anthropologisch-didaktische Untersuchungen*. München: Barth.

―――, 1982: *Bewegung, Spiel und Leistung im Sport. Grundthemen der Sportanthropologie*. Schorndorf: Hofmann.

Husserl, Edmund,1962: *Die Krisis der europäischen Wissenschaften und die transzendentale Phänomenologie. Husserliana Bd. VI*.

Den Haag Knorr-Cetina, Karin, 1991: *Die Fabrikation von Erkentni s. Zur Anthropologie der Naturwissenschaft*. Frankfurt am Main: Suhrkamp.

Luhmann, Niklas, 1970: "Soziologische Aufklärung." In: Ders., *Soziologische Aufklärung Bd. 1*. Opladen: Westdeurscher Verlag, 66-91.

―――, 1984: *Soziale Systeme. Grundriß einer allgemeinen Theorie*. Frankfurt am Main: Suhrkamp.

———, 1991: *Die Wissenschaft der Gesellschaft*. Frankfurt am Main: Suhrkamp.

———, 1992: "Probleme der Forschung in der Soziologie." In: Ders., *Universität als Milieu*. Bielefeld: Haux, 69-73.

Merton, Robert K., 1973: "The Normative Structure of Science." In: Ders., *The Sociology of Science*. Chicago und London: University of Chicago Press, 267-278 (erstmals 1942).

Silverman, David, 1974: "Speaking Seriously: The Language of Grading." In: *Theory and Society* 1, 1-15; 341-359.

Spencer Brown, George, 1969: *Laws of Form*. New York/London: Allen and Unwin.

Weaver, Warren, 1978: "Wissenschaft und Komplexität." In: Klaus Türk (Hg.), *Handlungssysteme*. Opladen: Westdeurscher Verlag, 38-46 (erstmals 1948).

Willke, Helmut, 1996: "Theoretische Verhüllungen der Politik - der Beitrag der Systemtheorie. In: Klaus von Beyme, Claus Offe (Hg.), *Politische Theorie in der Ära der Transformation. Politische Vierteljahresschrift, Sonderhheft 26*. Opladen: Westdeurscher Verlag, 131-147.

II

스포츠와 신체

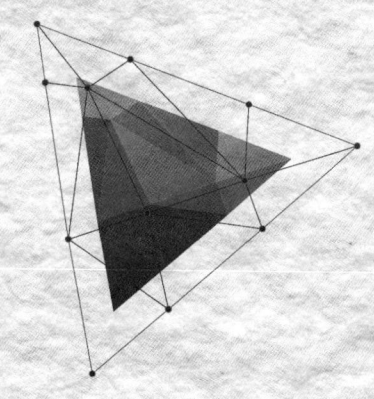

제4장 숭배대상 신체

제5장 스포츠와 개인화

제6장 아스팔트 문화: 도시공간의 스포츠화와 축제화에 대하여

제7장 고도 성과 스포츠에서 도핑: 일탈의 사회학적 연구

제4장 │ 숭배대상 신체

숭배 대상들은 대개 성스러운 것의 영역에 할당된다. 그것들은 종교적 소통의 인공물로서 현세와 피안의 차이, 내재성과 초월성의 차이를 명료화하고 지속적으로 유지하는 기능을 담당한다. 숭배 대상들은 그렇게 함으로써 인간의 체험과 행위의 중요한 관련점으로서 드러나게 된다. 그것들은 의미를 상징적으로 저장하고 특정한 세계 해석을 전달하면서, 이에 부합하는 헌신과 복종 태세를 만들어낼 수도 있다. 그것들은 불확실성의 조건에서 확실성을 예시해주면서, 개인이 각자 생활을 손쉽게 영위할 수 있도록 도와준다. 사회학자들은 이러한 일반적인 기능을 근거로, 현대사회의 세속성으로 인해 현대사회 어디서든 숭배 대상들을 발견할 수 있으리라 추측한다. 즉 사회학자들은 불확실성의 바다에서 의미 할당에 필요한 특별한 연결점을 발견하기 위해 기호들이 투입되는 곳에서는 어디서나 숭배 대상이 있다고 생각한다.

따라서 이하의 논의에서 신체를 숭배 대상으로서 주제화한다면, 여기서 중요한 것은 의미를 상징적으로 농축시키는 종교적 형식들이 아니다. 성령의 육화나 성모 신앙에서 여성 신체의 물리적 온전함이 논의의 중심에 있는 것이 아니다. 사람들이 사회의 근대화가 가져다준 부담스러운 결과들을 진정시키기 위해 신체를 자유, 스포츠, 유행, 성인 문화와 청소년 문화의 범위 안에서 소통과 의미 부여를 위한 도피 지점과 투사 면으로 활용하는 다양한 상황들이 관찰되고 있는데, 이러한 상황들이 이 논의의 출발점이다.

신체에 대한 높아진 관심은 사람들이 건강 의미론, 재미 의미론, 피트니스 의미론, 치료 의미론 등의 도움으로 땀을 흘리고, 사회적으로 정당하게 이런 일들을 펼쳐나갈 수 있는 상황들을 찾아 나서는 경우에만 분명해지는 것은 아니다. 신체를 중시하는 경향은 오히려 땀이나 훈련과 관계없는 평범한 일상에서 더 잘 드러난다. 예컨대 옷걸이에 걸린 테니스 채, 자동차 지붕 위의 서핑보드, 도로의 경주용 자전거, 스포츠 이외의 상황에서 사용되는 스포츠 신발 등에서 잘 드러난다. 최근 몇 년 동안 관찰된 신체를 과학적으로 해석하고자 하는 노력의 일환으로 주제화한 간행물들의 규모는, 사회의 소통 영역에서 신체의 가치가 상승되었음을 알려주는 중요한 지표이다.

이상의 사례들이 피상적으로나마 시사해주고 있는 것처럼, 개인, 신체, 사회의 관계에서 흥미로운 현상들이 발생했다. 이 현상들을 조명하고 일상적 의식과 구별되는 관점에서 살펴보는 일은 의미가 있다. 지식 획득을 목적으로 신체의 구체성과 피상적 자명성에 접근하려고 한다면 일단은 이론적 추상화의 관문을 통과해야만 할 것이다.

이하의 논의에서는 신체에 초점을 맞춘 주제 군을 분석하기 위해, 체계이론적 성찰의 틀에서 오래 전부터 연구되어온 새로운 유형의 사회이론이 적용될 것이다. 그렇게 하는 것은 거친 방식의 심리학적 환원주의에 결별을 통보한다는 것을 의미한다. 심리학적 환원주의는 인간의 체험과 행위의 원인을 동기와 의식 상황의 변화에서 찾고, 이것이 어떻게 인간의 사고를 지배하게 되었는지 설명하려고 한다. 신체의 자연성과 진정성을 그 자체로 수용하지만 이러한 자질들이 근대 이전에만 충족된 것으로 간주하는 생각도 별로 도움이 되지 않는다. [같은 이유에서] "신체 상실"과 "의미 실종"을 말할 때 나타나는 회고적인 관점은 부정확하며 일방적인 것으로 나타난다. 겉보기에 몇몇 신체 사회학자들이 복잡한 사태를 표현하기 위해 오해의 소지가 있으며 지나치게 단순하게 구성된 어법을 발견하였다. 이 어법에는 의미론이 잘못 배치되어 있다. 어린이다움의 역사를 이야기할 때와 마찬가지이다. 이 말은 그것이 말하고자 하는 바를 전혀 의미하지 않는다.

여기서는 체계이론의 신체 연구와 관련하여, 체계이론이 특정한 담론에 의해 반인본주의적이며 주체 적대적이라고 표현되었지만 인간을 만물의 척도로 찬양하는 이론보다 근본적으로 더 정확한 신체상을 그려낼 수 있다는 점을 보여주고자 할 것이다. 주체지향적인 접근은 인간과 체계를 대립시키는 데서 이론적인 신빙성을 이끌어낸다. 하지만 그 접근은 소통이 발생하면 반드시 체계가 형성된다는 것을 은폐할 뿐만 아니라, 언어적인 토대 위의 인간 현존 방식이 사회적 체계가 형성된 토대에서만 가능하다는 점을 망각하고 있다.

체계이론이 개인, 즉 개인의 가능성과 곤경을 설명하기 위해 선택한 길은 **탈주체화를 통한 주체의 조명**이라는 간단한 역설적 공식으로 개념화될 수 있다. 그러한 접근 방식은 한편으로는 생물학적 체계, 심리적 체계, 사회적 체계의 급진적인 분화의 토대에서만, 다른 한편으로는 주체와 의식에서 사회와 소통으로 분석 준거를 전환한 토대에서만 기능할 수 있다. 따라서 인간의 본질과 본질의 규정에 관해서는 어떤 진술이 만들어지지 않을 것이다. 이러한 종류의 '인간학적이며 현상학적인' 평가는 관찰의존적인 구성물이며, 이것은 관찰된 대상보다 관찰자 자신에 대해서 훨씬 많은 것을 말해준다.

새로운 체계이론이 신체라는 주제와 관련해 무엇을 할 수 있는지 보여주기 위해서는, 첫째 체계이론이 인간과 사회를 어떻게 개념화하는지 개괄하여 살펴 볼 필요가 있다. 2절에서는 신체와 현대사회의 관계의 역설적인 구성을 핵심 내용으로 다룰 것이다. 3절에서는 사회가 신체에 새긴 흔적들을 분석하고, 강화된 신체 지향과 사회의 현대화 사이의 관련성에 대한 물음에 대답할 것이다. 4절에서는 특히 관람 스포츠에서 향유되고 있는 것과 같은, 운동하는 신체의 의미에 대해 언급할 것이다. 5절에서는 신체, 스포츠, 젊음의 연관성을 다룰 것이다. 마지막으로 6절에서는 신체를 여러 맥락의 의미 영역에 걸친 사건으로서 주제화할 것이다.

1. 인간과 사회

새로운 체계이론의 관점에서 인간은 하나의 체계로 나타나지 않는다. 인간은 한편으로는 '신체적이며 유기체적인' 진행과, 다른 한편으로는 심리적인 과정의 혼합체로서 나타난다. 개인은 물론 자신을 동일성으로서 다루고, 정확하게 이것을 가능하게 하는 의미론을 참조할 수 있다. 그런데도 개인은 상이한 실재 층위의 접점, 서로가 서로를 환경으로 다루어야 하는 작동상 폐쇄적인 동일성들의 콜라주로 남는다. 신체적인 것을 구성하는 생물학적 물질 토대는 **생명**을 토대로 기능하며 자기 스스로를 재생산하는 세포와 기관들의 형태로 나타난다. 심리는 자신의 작동의 토대를 의식에서 발견한다.[1]

의식은 신체의 물리-유기적 구축 과정을 관찰할 수 없다. 신체는 물론 가까이 있으며, 우리는 그것을 꼬집을 수 있고 기쁨이나 고통의 반응을 유발시킬 수 있지만, 그럼에도 불구하고 신체는 멀리 떨어져 있는 것이고 기본적으로 의식에게는 낯선 것이다. 신체는 특정한 관점에서만 의식에 의해 조종될 수

---

1) 이것에 관한 상세한 논의는 루만(Luhmann 1984: 67-68; 1987a; 1988; 1989; 1990: 21; 1991)을 볼 것.

있으며, 다른 관점에서는 자신에 개입하고자 하는 의식에 저항한다. 신체가 생각의 충동을 따르고 움직이며 먹거나 마실 때조차도, 이런 일들은 원칙적인 불투명성으로서 발생한다. 그러한 불투명성은 의식에 그렇게 깊이 침잠하며, 성찰을 통해서도 제거될 수 없다. 그것은 의식이 자신의 신체라는 환경에 접근할 때 갖게 되는 허구적인 이해일 뿐이다. 명상과 자기집중 전문가조차도 신체와 의식의 원칙적인 분리를 사라지게 할 수 없다. 사고하는 의식이 사고하지 않으려는 역설적인 희망을 통해 스스로 망각되고자 시도할 때조차도, 물리-유기적인 가까움은 실현되기 어려운 조건으로 유지된다. 의식이 신체를 완전하게 장악할 수 있다면, 인간은 질병도 죽음도 견뎌낼 필요가 없을 것이다.

 신체는 주체의 의식에 대해 원칙적인 우연성 경험의 원천이었으며 지금도 그러하다. 누구나 처음으로 큰 병을 앓은 후에는 자신의 신체가 통제될 수 없고 총체화될 수 없음을 알게 된다. 그리고 누구나 시험 받는 상황에서는, 의지와 무관하게 볼이 붉어지거나 땀이 나거나 말 더듬기와 맥박 뜀 등의 신체적 표현들이 나타난다는 것을 안다. 반대로 개인은 신체가 원칙적으로 접근 불가능하다는 점으로 인해, 탈선을 행했거나 질병에 걸렸을 때에도 사회에 참여하라는 지나친 기대에 응할 필요가 없다. 유행성 감기로 침대에 누워있는 사람은 면역체계를 돌보지 않았음에 미안해 할 필요가 없다.

 신체는 의식에게 블랙박스로 나타나는데, 그렇게 포괄적인 의학적, 해부학적인 지식을 통해서도 투명상자로 바뀌지 못한다. 인간이 개별 기관의 기능 방식을 아는지, 혈액순환을 설명할 수 있는지, 또는 해부학자로서 인간의 신체를 해부했는지, 즉 시각적이고 촉각적이고 후각적인 경험을 내부 생명을 통해 모을 수 있었는지의 여부는 큰 차이를 만들지 못한다. 신체 전문가도 사고를 통해 자기 사고의 물질적 토대를 관찰할 수 없다. 신체는 살아있는 체계의 논리와 폐쇄성을 대변한다. 신체는 심리적 체계와 사회적 체계와 관련하여 배제된 제3자이며, 책상에 앉아 기생하며 가끔씩 소음과 냄새로 주변의 이목을 끄는 기생물이다(Serres 1981).

저서 집필자가 컴퓨터 자판에 철자를 타이핑하고, 의식이 조종과 통제의 느낌을 귀속하는 매 순간에도, 의식은 눈의 보는 기능과 손가락의 타이핑 기능을 가능하게 하는 엄청나게 복잡한 화학적 과정이나 신경 과정에 접근하지 못한다. 의미를 지니며 작동하는 체계가, 의미가 아니라 생명을 토대로 기능하는 것을 어떻게 관찰할 수 있겠는가? 운동선수들과 몸놀림의 대가들은 고도로 복잡한 신체 행위들에 자신을 온전히 내맡기며, 이러한 상황에서 운동 기능을 거의 무의식적으로 발휘한다.

인간은 자신의 신체가 고통, 불안감, 기쁨의 감정으로 자신이 아직 존재한다는 사실에 주목하게 만들기 때문에, 사고 과정에서 자기 신체를 주제화할 수 있다. 그런데 이 경우 이러한 최소한의 신체 인지는 의식의 가능성 공간 안에서 실행된다. 신체에 대한 인지는 다른 생각들이 유발시키는 생각의 형태로, 즉 완전히 다른 체계형성 층위에서 실행된다. 심리는, 두뇌에서 진행되며 인간의 의식을 가능하게 만들어 주는 신경 자극을 신경 과정으로 관찰하지 못하고 생각으로 관찰할 뿐이다. 심리적 체계에게 있어 자신의 신체는 더 이상 분명하게 알 수 없는 맹점이다. 의식은 생물학적 과정이 존재한다는 사실만을 근거로 해서는 유추해낼 수 없다. 그것은 오히려 새로운 창발적인 성질을 나타낸다(이 점에 관해서는 1.5). 의식과 신체의 차이로 인해 사람들은 오직 자기 의식의 종말에 관한 표상만을 펼쳐낼 수 있을 뿐이다. 단어의 진정한 의미에 부합하게 죽음을 생각하는 것은 불가능하다. 즉 개인이 아직 생각하는 한에서는, 생각은 생명을 토대로 기능하며 의식의 자기생산은 아직 종결되지 않았다.[2]

---

[2] 루만(Luhmann 1984: 374이하)을 볼 것. 처음과 마지막을 확인할 수 있기 위해서는 외부 관찰자의 존재가 필요하다. 교육학적 질문의 범위에서 이 주제를 문제화한 작업으로는 루만과 쇼어(Luhmann & Schorr 1990)를 볼 것.

체계이론적 관점에서 신체와 심리를 가진 인간은 **소통**으로만 구성되는 사회의 환경이다. 이 기본 공리는 종종 오해와 잘못된 해석을 초래한다. 그러나 그러한 오독이 불만과 비판을 불러올 수 있는 특별한 방식으로 일어나기도 한다는 것을 인정해야 한다. 체계이론적 사고방식을 가지고 어떤 것을 시작하지 못하는 모든 사람들은 대개 이 지점에 집중하고, 그렇게 함으로써 우리는 보고 싶어 하는 것만 볼 수 있다는 체계이론의 다른 기본 공리를 입증하게 되는 것이다. 비판자들은 사회적 체계들이 환경이 없으면 존재하지 못한다는 중요한 진술을 애써 무시하고 싶어 한다. 사회는 물리-유기적이며 심리적인 인간이라는 환경 없이, 생명 차원에서의 구축과정 없이 그리고 인지하며 함께 생각하는 의식이 없이 존재할 수 없다.

따라서 인간은 사회학적 체계이론 내에서 무시되고 잊혀진 것이 아니라, 다른 방식으로 규정되었을 뿐이다. 인간이 환경요인으로서 사회의 소통을 성립시키는 필수적인 조건이라는 점은 여전히 유효하다. 구조적 연동을 통해 사회와 연결되어 있을 인지 능력과 사고 능력을 갖춘 인간이 없다면, 어떻게 소통 동작이 경제, 정치, 법이나 스포츠에서 실행될 수 있겠는가? 생명과 의식은 그것이 없다면 어떤 것도 실현될 수 없는 물질적 토대이다. 주체는 사회적 체계들의 환경감지 장치로서, 대체될 수 없는 어떤 것이다. 하지만 이 말이 사회가 신체를 지닌 인간들의 순수한 축적이라는 의미로 해석되어서는 안 된다. 사회는 그러한 축적과는 전혀 다른 어떤 것이라는 점을 확인해두어야 한다.

건강한 사람이든 환자이든, 인간은 일단은 사회에 결과를 남기지 않는 외부 사건이다. 사회적 체계들이 인간 신체의 상태에 반응한다면, 이 체계들은 그 반응을 자신들의 작동 양식, 즉 소통 차원에서 실행한다. 생각을 만들어내는 생각은 그 자체로는 사회적 소통의 다양한 형식에 대해 의미를 갖지 않는다. 의식 과정이 소통을 통해 다루어질 때만, 사회적 체계들이 심리라는 환경에 반응할 수 있다. 이 점에 대해서 간단한 사례를 하나 들겠다. 대학 교육의 범위에서 세미나가 개최될 때, 공동 참석, 쌍방 인지, 언어적 소통을 통해 그 세미나 현장에서 생성되는 단순한 사회적 체계는 그 자리에 모인 심리와 신체를 단순히 블랙박스의 특징을 지닌 단순한 환경 요인으로서만 다룰 것이다. 참석자의 머릿속에서 소란스럽게 휘몰아치는 다양한 생각들은, 그것들에 관해 소통될 때만 이 사회적 체계의 사건이 된다. 소통은 일 대 일 관계의 의미에서 사고하는 의식의 신속성과 복잡성을 따라가지도 모사해내지도 못한다. 참석자의 신체들도 세미나 맥락에서 환경의 측면들이다. 신체들은 사전 정의된 이 상황의 소통적인 도식 내로 주제로서 맞아 들어가거나, 소음이나 냄새로 주목을 끌거나 불쾌함을 만들어 내거나 그래서 소통을 교란시킬 때만 어떤 역할을 한다.[3]

 스포츠의 전형적인 상호작용 체계, 즉 훈련과 시합에 대해서도 비슷한 것이 유효하다. 그 체계들 역시 물리적이며 유기적 과정이 강력하게 작용하는데도, 소통을 토대로 기능한다. 왜 인간들이 공 하나를 함께 뒤쫓는지, 공을 이리저리 몰고 다니거나 조깅을 하고 특정한 목표를 위한 몸놀림에 열중하는지를 질문한다면, 우리는 특수한 행위증후군의 촉발자로서의 소통에 의한 사전 규정이 틀림없이 작용했다는 사실을 간과할 수 없을 것이다. **사람들을 처우하고 신체를 다루어내는** 데만 전문화된 사회적 체계들에 대해서도 그 체계의 구성원들의 의식과 몸놀림은 모두 고도로 선별적으로 참조되는 체계의 환경 요인이다.

---

3) 단순한 사회적 체계들은 공통의 그리고 동시적인 참석이라는 구조원칙 때문에 존재하는 심리적 환경과 신체의 환경들에 대해 매우 불안정적이다. 이런 종류의 상황들을 가능하게 하는 조직들은 반대로 상당한 정도의 무관심을 드러낸다. 여기서는 구성원들이 부재하거나 탈퇴하는데도 조직이 붕괴하지 않을 수 있다.

2. 신체의 역설

역설은 대개 어떤 것에 대한 결정의 문제에 관찰자를 직면시킨다. 예컨대 아무 것도 모른다는 것을 알 수 있다고 전제하거나, 존재의 무의미함을 유의미한 것으로 채울 수 있다고 전제하는 사람은 긍정과 부정을 동시에 표현하는 사고유형을 가지고 작동한다. 그렇게 전제하는 사람은 긍정과 부정의 모든 면이 제각기 다른 면이 있을 가능성을 부정하는 특수성이 있다는 점을 생각할 수 있다. 역설의 관찰자는 이렇게 하여 두 진술 사이의 진동 속으로, 즉 의미를 확정할 수 없도록 만드는 사고의 나선 속으로 빨려 들어간다. 역설에 의해 마비되지 않도록 이 무한한 원에서 벗어나려는 사람은 거리를 두어야 한다.[4] 그 방식만이 특정한 사태에 대한 끝없는 정보 생산을 유한한 크기로 바꾸어낼 수 있다. 즉 역설은 일방성과 소통 봉쇄에 대한 출발 기제이거나, 1차 등급 관찰의 관점에서 충분히 이해되지 못하는 현상을 어쩌면 창의적이고 유익하게 처리하는 것이다.

이제 탈역설화되는 것으로 간주되는 역설은, 현대사회의 프레임에서 신체의 억압과 가치 상승의 동시 강화를 전제하는 일이다(Bette 1987; 1989). 이 사태는 한편으로는 사회와 신체의 관계에서의 점증하는 거리와, 다른 한편으로는 신체를 개별 인간과 신체지향적인 사회적 체계의 범위 안에서 물리-유기적인 동일성으로서 점점 더 많이 사용하는 것과 관련이 있다. 이러한 외견상 모순을 해결함에 있어서 신체와 사회의 관계의 중요성을 작업해내는 것은 중요한 일이다. 층화된 질서 행렬에서 기능적으로 분화된 질서 행렬로 전환함으로써 현대의 신체성의 역설을 생산하고 영속화시키는 것은 분명히 사회다. 따라서 사회의 현대화 과정에서 신체가 어떻게 다루어졌으며, 오늘날 그것이

---

[4] 그리스 신화의 인물들의 사례에 관해 루만(Luhmann 1987b: 35-36)을 참조할 것.

어떻게 현대의 숭배 대상으로 발전할 수 있었는가의 질문에 대답하기 위해서는 이러한 변수들을 적절하게 기술해야 할 것이다.

다음 분석의 핵심 요점은 신체라는 주제 군이 급진적으로 사회학적인 주목을 받고 있다는 점이다. 그러한 주제화는 우리가 현대사회를 신체를 지닌 개인들의 집합으로 이해하지 않고, 고도로 복잡한 사회적 체계, 즉 상이한 자기준거적 소통 연관들로 분화한 사회적 체계로서 파악할 때만 실현될 수 있다. 이러한 자기준거적 소통 연관들은 특수한 코드와 프로그램을 통해 상이한 기능을 작동시키며, 당연히 존재하는 심리적 환경과 생물학적 환경으로부터 자신을 구별해내고 안정화시킨다. 오직 이러한 이론적 배경에서만 신체와의 거리두기 또는 신체의 평가절상에 관해 말하는 것이 의미가 있다.

현대사회의 형성은 이론적 관심이 있는 사회학의 관점에서 재구성할 수 있는 것처럼, 개인과 사회 사이의, 그리고 또한 신체와 사회 사이의 거리가 증대하는 동반 현상이 없었다면 이루어지지 못했을 것이다. 문화 비판과 사회 비판에서 다루지 못한 이 연관성을 매우 분명하게 밝히는 일이 중요하다. **현대는 신체를 지닌 인간이 사회의 소통 실행을 위해 단순히 주변적 의미밖에 갖지 못한다는 단순한 이유 때문에 엄청난 잠재력을 지니게 되었다.**

사회가 개인환경Personenumwelt과 신체환경Körperumwelt에 대해 갖는 무관심이 뜻하는 것은 다음과 같다. 소통을 토대로 기능하는 사회적 체계들은 개별인간의 위치와 물리-유기적인 구축 과정으로부터 해방되어야 한다. 여기서는 특히 이론적 전문용어로서 **상징적으로 일반화된 조종매체**symbolisch generalisierte Steuerungsmedien라고 표현되는 그러한 기제들의 사회 진화상 발전과 관찰을 언급해야 할 것이다(Luhmann 1975). 권력, 화폐, 지식, 신앙, 신뢰와 같은 매체는 언어의 추가 장치이다. 그 매체들은 매체들로서 문제처리 능력을 증대시킨다. 그것들은 정보를 상호주관적으로 전송하고 개별 인간들로부터 독립시키고 구체적인 것의 차원에 대한 추상화에서 긴 소통의 사슬로 연결하면서, 소통을 용이하게 하며 신속화시킨다. 매체 코드들은 비개연성의 조건에서 소통의 수용을 보장한다. 그것들은 소통을 이항적 코드로 되돌리고, 이치=値 논리(긍정/부정)의 관문을 통과시킨다. 그러한 상징체계는 복잡한 사회적 영역에서 인간들의 동기 상황, 개인적 기억 능력, 신체가 처한 장소에 관한 협상을 치르지 않을 수 있도록 해준다. 우리는 그런 상징체계 덕분에 특히 작동 이전의 모든 시간소모적이며 경비소모적인 협상을 치르지 않아도 된다. 사회적 체계들이 사회의 개별 사회적 영역의 합리화를 가능하게 하면서, 사회의 선택 다양성과 주체의 체험과 행위의 풍요로운 가능성을 증대시키는 것만은 아니다. 그것들은 잠재적 위험도 증대시키며, 이것은 특별히 사회의 소통 과정들의 개인적인(신체적이고 심리적인) 결과에 대해서도 해당된다.

고도로 전문화된 전문 언어가 소통을 좁혀주고 자기를 관련지으며 수립된 사회적 체계들을 인도하는 곳에서, 인간의 신체는 그 사회적 의미를 상실한다. 매체 코드는 잠재적으로 상호작용 없이 구성된다. 상징적으로 일반화된 조종매체들이 발전된 결과 개별 인간이 점점 더 주변화되고 신체의 거리두기가 더욱 진행되는 이 사태는 다음의 몇 가지 보기를 통해 설명할 수 있다.

현대의 **경제**는 그 발전 과정에서 화폐라는 상징 언어를 발명하고 계속 발전시켰다는 유일한 이유로 인해 기능할 수 있다. 이 화폐 매체의 투입은 경제적 행위가 개별 인간과 신체로부터 독립해서 계속 진행될 수 있도록 했다. 개별 인간이 무대 뒤에 숨어 있어도 되는 시장이 개최된 곳에서, 신체는 행위의 관련 기관으로서 더 이상 어떤 역할을 수행하지 않는다. 국제증권거래소에서 화폐의 기능과 작업 방식은 이 점을 특이한 방식으로 입증한다. 화폐 사용은 무엇이, 언제, 어디서, 누구에 의해 구매되는지에 좌우되지 않는다. 중요한 것은 지불이 이루어지거나, 달리 표현하면 지불 능력이 [지불하는] 한 편에서는 사라지고 [지불 받는] 다른 편에서 구축된다는 것이다. 화폐는 이 연관에서 지불을 "보다 느슨하며" 초개인적 방식으로 연결시켜주는 매체이다.

상징적인 조종언어가 신체를 몰아내는 효과에 대한 또 다른 보기는 **정치**와 **법**의 맥락에서 발견할 수 있다. 두 영역은 권력 형성과 법안 구성 과정에서 신체의 의미를 뒷전으로 몰아낼 때만 기능을 수행할 수 있다. 문명사회를 생성시키는 핵심적인 전제조건은 이런 점에서 신체에 근거한 폭력을 국가가 독점하도록 하는 데에 있었다. 모든 사람이 자신의 권리를 폭력에 의존해 관철시켜서는 안 된다. 전근대시대에 통용된 것처럼 말이다. 법치국가의 조건에서는 폭력을 행사하는 신체가 ― 군대와 경찰을 제외하고 ― 스포츠(권투)의 제한적인 사전 규정 하에서만 표현될 수 있거나, 매체 산업의 인위적 세계에서 모방 차원에서만 투입될 수 있다. 발전된 산업사회에서는 문명적인 감정과 폭력이 약화된 데에 대한 "무해한" 보상으로서, 특히 70년대 이후 몇몇 복잡한 사회의 격투 기술의 부활, 신화적인 강조, 부분적인 스포츠화가 나타났다. 폭력 판타지는 음악(헤비메탈, 랩)에서도 나타나며, 영화 문화와 비디오 문화에 의해서도 특별히 강력하게 투사되고 우아하게 된다.[5]

형사정책 영역에서도 신체에 대한 생각이 바뀌었다. 중세의 법 집행에서 직접 신체에 가해졌던 처벌은 유럽의 합리화 과정이 진행되면서 문명화되었고 포괄적으로 탈신체화되었다. **정보 확산 기술**과 **저장** 영역에서의 변화는 인간의 신체를 점점 더 많이 주변으로 몰아낸다. 구술 언어에서 사용된 낱말과 인쇄술을 거쳐 전자 저장 능력에까지 이르는 기술 발전은 신체와 소통 사이의 과거의 긴밀한 연결이 갈수록 와해되는 과정을 기술한다. 언어적 소통은 공통의 심리적 참석을 전제한다. 텍스트를 통한 소통은 이러한 부담을 지

---

5) 영화주인공 람보는 전사가 고풍스럽게 된다는 것을 상징하며, 전사는 칼, 화살, 활과 같은 밀림의 투사들이 사용하는 전근대적인 도구들을 가지고 헬리콥터와 같은 현대 하이테크 기구들을 파괴시킨다. 베트남전의 현실과는 달리, 람보는 그러한 활약을 통해 신화의 반대 방향에서 생각하면 과거의 적으로 바뀌게 된다. "폭력의 상상"에 관한 일반적인 내용에 관해서는 번스(Burns 1988)를 참조할 것.

지 않으며 개별 인간에서 단어를 분리하여, 특수한 기호 언어로 전환하고, 정보 중개를 현재에서 미래로 확장한다. 사고 내용의 전송은 과거 개별 인간 두뇌의 기억 능력과 종합 능력에 묶여 있었던 데서부터, 오늘날 갈수록 독립한다. 우리는 이미 오래 전에 죽은 사람들이 글로 고정시킨 생각을 따라가며 읽을 수 있다. 새로운 컴퓨터 발전은 시뮬레이션 모형을 통해 신체를 대체하고 신체로부터 거리가 있는, 주체 경험의 새로운 차원을 성립시킨다. 허구적인 신체들이 다른 "사이버 펑크족들"과 접촉하려고 가상공간을 왕래하기도 한다.

기술화와 **산업화**는 신체와 노동의 관계를 갈수록 뚜렷하게 분리시킨다. 기계와 인공지능은 인공 신체와 로봇을 통해 이미 많은 영역에서 인간을 대체한다. 인간 신체는 다른 영역에서도 거의 투입할 필요가 없게 되었다. 유전과학 기술에서 이루어진 새로운 발전은 남성과 여성의 물리적인 생식 행위 없이도 수정을 가능하게 만들었다. **수송의 기계화**는 신체와 공간과 인간 운동 간의 관계를 증기기관차가 발명된 이래 가장 급격하게 바꾸어 놓았다. 비행기, 철도, 자동차는 신체들이 가만히 있어도 같은 시간에 신속한 공간 이동을 가능하게 만든다.[6]

언급된 보기들은 소통 과정을 쉽고 신속하게 만드는 상징적인 기제와 기술적인 기제가 신체에게 뿐만 아니라 개인들에게도 상당한 부작용을 유발하고 지속시킨다는 것을 분명하게 보여준다. 이제는 후속 복합체가 개인과 사회의 관계와 관련을 맺게 된다. 현대사회가 현재 나타나는 차원 안으로 전개될 수 있으려면, 개인과 신체를 분리하여 다루어야 한다. 막스 베버가 사회의 증대하는 합리화 현상으로서 명명한 "탈주술화 과정"은 신체에 직면하여 주저하지 않았다는 것이다. 오히려 정반대로 서양의 근대화 과정에서는 이전의 "거

---

[6] 이 책의 6장을 참조할 것.

친 신체"를 점증적으로 극복하고 지배하기에 이르렀다. 이것은 체계이론의 언어로 다음과 같이 말할 수 있다. 자기와의 관계를 통해 조종된 소통체계의 발전은 사회라는 준거 변수와 관련해 인간과 신체의 내용 상실을 만들어낸다. 이 거리는 다시 신체를 억압하는 사회에서 신체의 가치를 갈수록 높게 평가할 수 있도록 하는 중요한 조건이 된다.

현대사회는 신체억압 과정과 신체의 가치를 가늠하는 과정을 모두 자극한다. 개인의 정체성이 계속 해체되고, 사회구조가 분화 과정에 따라 엄청나게 바뀐 조건에서 대대적인 신체의 가치를 가늠하는 형식들을 관찰할 수 있다. 아마도 현대의 신체 담론은 과거에 유효한 의미 지침의 상실을 보충하고자 시도하는 **바로 그 후속 담론으로** 간주될 수 있다. 더 이상 어떤 것도 의미를 만들지 않는다면, 신체는 의미를 설득력 있는 방식으로 자신에게 이끌어오는 최후 기관이 된다. 신체와 자연을 무상한 현실의 대척 지점으로 인용하는 것과, 그것을 사회 "저편"에서의 직접적인 의미 경험을 위한 도피 지점으로 사용하는 것은 사회의 현대화가 어떤 대가를 치러야 할 것인지에 관해 적절하게 설명하고 있다. 물론 "사회 저편"이란 것은 신기루에 불과하다. 사회는 자기 자신과 자신의 효과에 반응하면서, 신체 산업과 여가 산업이 그 신기루를 처리하도록 빼돌려 넘겨주었다.

인간들은 자신들의 신체성에 소급함으로써 안전과 체험의 토대를 얻고자 노력한다. 그러한 토대는 발전된 산업사회가 갈수록 납득할 수 있게 제공해 주지 못하는 것들이었다. 신체는 현대화 비용을 줄이거나 그 비용에 항의를 표현하기 위해 여러 의미부여 시도들을 위한 투사 면으로서 요구된다. 개인 행위자들은 신체를 끌어들이지 않으면 사회적으로 인지될 개연성이 낮은 통보들을 신체를 통해 송신할 수 있다.

따라서 사회가 자신의 신체환경에 대해 갖는 관계는 동시적인 반대성의 의미로 규제된다. 즉 고유 복잡성은 상황에 부합하게 낮은 조건에서, 반대 방향으로 진행되는 모순되는 과정이 동시에 촉발될 수 있다. 이때 폭넓게 분류된 탈신체화와 신체 가치상승이 기능적 분화가 관철된 조건에서야 비로소 실현될 수 있었다는 것을 전제할 수 있다. 물론 단순한 사회들도 신체성의 측면들을 선택하기는 한다. 하지만 예컨대 스포츠처럼 자유로운 참여의 조건과 일시적으로 구성원들을 다른 노동이나 역할 수행으로부터 해방시켜주는 조건에 의존하는 신체지향적인 사회적 영역들은 경제, 정치, 법, 과학이 성공적으로 수립된 후에야 비로소 확장될 수 있다.

신체를 의식하며 상당한 자금과 시간을 투자하는 생활 방식은 생존에의 필연성이 더 이상 중요하지 않게 되었다는 조건을 필요로 한다. 서구 산업국가에서 인간 현존Dasein의 기본 조건이 현대화 과정 때문에 바뀌었고 많은 사람들이 물질적 욕구를 보장하는 문제를 더 이상 중요하게 생각하지 않게 되면서, 신체에 대해 더 많은 요구가 제기되고 신체의 활용과 관련된 지금까지의 관습이 깨질 수 있었다. 국민 대부분은 상대적인 사회적 안전이 자아 실현의 전제를 신체에까지 확장할 수 있도록 해주는 중요한 조건이라고 생각한다. 이것은 신체에 대한 엄청난 수요가 서구산업 사회에서는 나타나지만 아직 남아 있는 몇몇 사회주의나 이른바 제3세계에서는 나타나지 않는 점을 설명하는 이유가 된다.

신체 억압과 신체 가치인정의 역설적인 동시성은 신체성을 증대시킴으로써 해소될 수 있는 것이 아니다. 동시성은 오히려 유지되며, 인간들이 적응하도록 압력을 행사한다. 신체를 훈련, 치료, 댄스 등으로 뚜렷하게 사용함을 통해서도 신체와 거리를 두는 현대사회의 추세를 중지시킬 수도 무력화시킬 수도 없다. **상호작용 층위에서의 신체화는 사회 수준에서의 탈신체화를 세계에서 몰아내지 못한다**. 물론 전문화와 기능 분할이 성과 증대의 장점이 있다는 점을 이용해, 의미를 잃어버린 신체를 개인적인 존재 실행을 위해 되살려낼 수 있기는 하다. 스포츠와 보건체계는 이 맥락에서 신체라는 주제를 다루어내기 위한 사회의 특별 프로그램들이다. 그 체계들은 추천할 만한 특별한 트레이닝들과 처방 요법들을 가지고 신체에의 접근을 조종하고 유도한다. 그것들은 신체와 거리를 둔 사회에서, 복잡한 사회적 체계의 층위에서 신체의 유지를 도와준다.

3. 신체의 흔적들

인간과 사회는 구조적 연동, 공생적 기제, 상호침투 과정을 통해 서로 연결되어 있다.[7] 신체는 사회적 변동 과정을 통해 함께 영향 받는 변수이다. 사회는 신체에 자신을 새겨 넣고 신체에 흔적을 남긴다. 사회는 인간의 유기적 생명 기간이 생명 조건의 개선으로 연장되거나 전쟁으로 단축될 때에만 신체에 영향을 미치는 것이 아니다. 또한 사회는 새로운 영양섭취 습관으로 평균 신장이 커지거나, 그런 조건에서 과도한 사회적 기대가 추가됨으로써 심신상관 질병이 생길 때만 신체에 영향을 미치는 것도 아니다. 그밖에도 사회는 신체 지향적인 문화 프로그램들(예컨대 스포츠나 보건체계)을 분화시킴으로써 신체에 흔적을 남긴다. 다른 한편 신체도 사회 내부에 흔적을 남긴다. 청소년 개념, 피트니스 개념, 건강 개념 또는 자연성 개념은 사회의 소통 파노라마에서 신체를 다루어내는 특수한 의미론들에 속한다. 이러한 의미처리 규칙의 망판을 지향하는 사람들이 사회적으로 고평가된 목표에 부합하게 신체를 변화시키기 위해 그들의 신체에 영향력을 행사할 때, 순환이 다시 진행된다.

신체 활동을 촉구하는 의미론적 문구들을 활용하고 상응하는 체험의 배치를 통해 이를테면 명령하고 안내하는 언어 형식들이 투입된다. "운동하라. 그

---

[7] 루만의 체계이론에서 신체는 두 지점에서 나타난다. 신체는 첫째 공생적 기제로서 주제화된다. 그것은 둘째로 상호침투 개념으로 등장한다. 루만(Luhmann 1981a; 1981b)을 볼 것.

러면 너는 건강을 위해 무엇인가를 하는 것이다." 스포츠는 이러한 과정을 통해 중요한 사회의 부분체계가 되고, 그 체계는 의미론적 문구들, 부합하도록 구성된 기술적인 인공물, 특별히 마련된 사회적 상황들 등의 도움으로 사회가 신체와 심리에 집중적인 접근을 가능하게 한다. 여기서는 시간화되고 규범적인 내용으로 채워진 의미론이 중요하다. 즉 바람직한 장래 신체 상태와 신체에 나타날 일들을 지시함으로써 스포츠에 참여하도록 명령하는 힘을 도출해내고, 이상적 자아에 대한 정의를 함께 전달해주는 의미론이 중요하다.

사회 변동이 한 개인에게 해당될 뿐만 아니라 거의 모든 사람들에게 장기간 영향을 미치는 부담을 만들어내고 확정할 경우에는 완전히 새로운 특성을 얻게 된다. 현대의 시간적인 기호로서 가속은 소외 감정과 정신-신체적 형태, 즉 체험을 수반하는 질병의 형태로서 개인 차원에서 뚜렷하게 나타났다. 여기서도 다시 신체와 사회의 관계에서 상호성이 나타난다. 사회가 신체에 영향을 미칠 뿐 아니라, 그렇게 영향 받은 신체는 사회의 소통 차원에서 갑자기 특수 주제로 떠오를 잠재력을 가지고 있다. 신체는 사회에 완전히 적응했는데도 사회 차원의 과도한 기대를 요구받을 수 있는 자연적인 기관으로서 남을 수 있다. 질병은 사회에 대한 신체의 복수의 의미에서 다시 사회 안에 빛을 비추고 사회적 체계의 차원에서 적응을 이끌어낼 수 있다. 그 결과 사회는 인간이 건강이나 모험과 관련된 체험과 행위를 도시 저편에서 관철시키려 노력하거나, 조깅하는 사람들이 갑자기 도심에 나타나고 모두가 피트니스에 관해 얘기할 때, 자기 자신에 관해 그 어떤 것을 알게 될 것이다.[8)8)]

현대 노동조직의 리듬을 통해 혹사되었고 안정된 고윳값을 아직 갖지 못한

---

8) 사회 안에서 사회에 맞서 그들의 신체에 항의를 표하는 청소년들의 하위문화도 사회의 자기관찰들을 위해 시사하는 점이 많다. 일반적으로 수용된 가치들, 미적 표준들, 위생 표준들을 침해하는 것은 그것들이 대조 지점으로서 기호정치, 즉 특정한 기호들과 규범적 사고들의 지배를 시사하기 때문에, 충분한 정보를 준다.

신체는 특히 극적으로 고통 받는 신체로서 모습을 드러낸다. 신체는 소음을 만들어내고 위험을 감수함으로써 이목을 끌면서, 이전에는 무시해도 되는 요소로서 미리 배제된 영역 안에 진입할 수 있다. 신체가 고통을 통해, 이목을 끌어서 의식의 반응을 초래하는 신호를 보내는 것과 마찬가지로, 사회적 체계들은 질병을 통해 교란될 수 있으며, 지나치게 많은 것을 요구하는 자기 작동의 조건에 관해 환기될 수 있다. 이것은 물론 사회적 체계들이 개별 인간의 환경에서 나타나는 소음에 대한 감지 장치를 가지고 있음을 전제하기만 하는 것은 아니다. 사회적 체계들은 아울러 제도화를 통해 성찰과 학습 능력을 갖추어 두었어야 했다.

그래서 스포츠로 인한 부상은 신체 관련 훈련과 시합의 중요한 신체적인 결과를 지시하기 때문에, 스포츠의 조합 행위자인 협회와 조직에게 상당한 정보 가치를 가질 수 있다. 어떤 운동선수(예: 프로 테니스선수)에게 부상에서 완전히 회복될 수 있는 시간이 주어지지 않았다면, 이것은 스포츠의 냉정한 자기관계성에 관해 많은 것을 말해줄 것이다. 다른 사회적 체계들에서도 비슷한 일이 일어난다. 경제 기업이 개인환경과 신체환경의 개선된 관계를 고려할 수 있을 때에야 비로소 구성원들의 신체 문제에 반응한다는 것을 경험적으로 배울 수 있다. 노동력이 희소해지고 긴 교육 과정이 요구되는 산업 부문에서는 인간이라는 구성요소를 보다 진지하게 고려할 개연성이 높아진다. 이미 언급했듯이, 윤리적인 고려가 아니라 경제적인 고려에서 그렇다. 개인적인 측면에 대한 고려는 이 맥락에서 이타주의적 행동을 대변하는 것이 아니라, 첨예하게 계산적인 이기주의를 보여주는 것이다. 경제 기업이 급진적으로 자신을 지향한다는 점은 외부에 대한 공식 표현에서는 잘 드러나지 않는다. 왜냐하면 이 점이 외부에 알려질 경우에 반생산적 효과가 나타날 것이기 때문이다.

개인과 사회의 구조적 연동과 현대화 과정의 극적인 결과에 주목하면, 사회 내부에서 특수한 사회적 영역들, 즉 상실되거나 위협받는 신체성 손실을 의미론적 주도 공식을 가지고 보정하려는 신체지향적인 사회적 영역들이 생성되는 현상을 이해할 수 있다. 스포츠, 춤(Baxmann 1988), 건강 지향, 피트니스 열풍, 생활 혁신 시도들과 재미 관련성을[9] 이러한 배경에서 이해해볼 수 있다. 이러한 현상들은 사회가 자기 자신에 대해 반응한 결과이다. 그것들은 복잡성의 문서화, 추상화, 일상 경로화, 미래화에 대한 사회의 반응이다. 이와 같은 특수 담론의 형태로 신체라는 주제가 떠오른 것은 현대의 점진적인 성찰화와 관계가 있다. 결국 사회 변동의 엄청난 마찰 비용은 관찰되지도 않고 비판받지도 않은 상태로 남게 된다. 그래서 사회의 사회적 영역들이 신체와 거의 무관하게 기능한다는 의미에서 신체와 사회의 거리가 더 멀어지는 것은 신체성을 진지하게 위협했을 뿐만 아니라, 사회의 상이한 반작용을 불러일으켰다.

인간들은 갈수록 현존재를 위해 유의미한 동일성 공식을 발견하기 어렵게 되기 때문에, 육체를 가지고 어떤 기관에 영향을 미치게 될 때 모든 것은 이해하기 쉬워진다. 그 기관은 정체성처럼, 상징적으로 동일성으로서 만들어질 필요가 있는 것이 아니라, 복합적이며, 그 자체로 닫힌 생물학적인 전체성으로서 이미 존재하는 것이어야 한다. 이런 점에서 **신체지향적인 생활태도는 등위질서적이며 중심 없는 사회에서 현실이 점점 사라지는 상황에 맞서는 개인들의 전략**이다. 적지 않은 사람들이 안전에 대한 욕구를 신체에 고정시킨다는 것은 일차적으로, 그렇게 함으로써 사회적 차원에서의 불확실성, 시간적인 가속화 효과, 이전에는 개괄할 수 있었던 사안 관리가 점점 분화한다는 것을 가리킨다. 사회가 질서 유형을 기능적 분화 원칙으로 전환시키는

---

[9] 재미는 이 맥락에서 그들의 사회적 맥락에서 가속화 경험들과 미래 지향에 직면한 인간들의 현대적 아프리오리인 것으로 보인다. 재미는 마찬가지로 자기 자신 안에서 평온에 이르며 미래의 도래로 방해받지 않는, 도취 속에 경험된 현재를 보장한다.

순간, 개인과 사회적 질서는 더 이상 일치하지 않게 된다. 과거에 사회적으로 고정된 주체의 정체성은 어느 정도 너덜거리게 되고 분해되고, 그래서 규정될 필요가 있게 된다.

특히 19세기부터 사람들은 현실이 동일성을 상실했다는 점을 인식하기 시작했다. 지금까지 수용되어온 가치가 사회 분화의 원심력 압력에 의해 해체되는 곳에서, 세계는 상응하는 방식으로만 몇 겹으로 갈라진 것, 그 자체로 분화된 것으로서 경험될 수 있게 되었다. 굼브레히트(Gumbrecht 1988: 917)는 일상구조의 변화에 대한 자신의 분석에서, 료타르Lyotard를 참조해 "현실의 탈총체화"라는 말을 하고, 종교적 세계 기획과 역사 철학과 관련해 "거대 서사들의 명증성 실종"이라는 말을 한다. 허구와 현실의 차이와 같은 "의미론적 기본 대립"도 해체되었다고 한다. 실제로 다맥락 영역으로 나뉜 사회는 현실들이 동일성으로 구성되는 우주를 비개연적인 것으로 만든다. 이것 말고도 다음 내용을 보충할 수 있을 것이다. 현대적인 우주론은 부정적인 형식으로 표현한다면 기껏해야, 일반적으로 수용된 우주론이 더 이상 정식화될 수 없다는 것을 시사할 수 있으며, 이 토대에서 역설적으로 다중성을 통한 현실의 동일성을 도출해낼 수 있을 것이다.

이러한 [의미의] 세계 상실은 문학, 예술, 과학에 대해서만 부합하는 주제를 공급하는 것이 아니라, 파편화되고 있는 세계의 현실을 신체의 현실을 통해 수용함으로써 저지하려는 시도를 자극한다. 이것은 이러한 준거 단위의 무자비한 한계성과 허약함의 관점에서 주목할 만한 시도이다. 그런데도 신체는 하나의 관련 지점, 즉 여전히 구체성과 현재성을 실현시키고 만들어낼 수 있는 경험 범주로 나타나도록 하는 관련 지점이 된다. 신체는 일반적으로 처분할 수 있고 영향 받을 수 있는 변수를 대변하며, 그 변수에서는 효과가 나타나도록 할 수 있고 또한 느낄 수도 있다. 추상적이며 갈수록 탈감각화되는 사회에서 신체는 자신에게 귀속된 자연성을 통해, 하나의 중요한 의미 기관,

즉 사람들이 개별적으로 의미를 획득하기 위해 집단적으로 활용하는 숭배 대상이 된다. 개인은 자신의 물리적인 근린 세계를 통해 기능할 수 있는 자리로 옮겨가며, 그 결과 이 상황에 기초하여 자기입증과 자기 확신을 도출할 수 있는 특수성을 갖게 된다.

4. 관찰된 스포츠신체

현대의 개별 행위자들은 피트니스, 날씬함, 성과, 고통, 항의, 건강 등을 적극적으로 지향하는 방향으로 전환하여 신체를 숭배 대상으로 삼을 수 있었다. 하지만 [신체 숭배와 관련하여] 이러한 방법들만 있었던 것은 아니다. 이 맥락에서 고려되지 않은 측면이 하나 추가된다. 신체는 수동적으로 인지될 수 있는 기관으로서 대중을 열광하게 만들고 감정을 불러일으키는 주제라는 점이 그것이다. 스포츠는 움직이는 신체를 관찰하기 위한 보호구역을 제공해 준다. 그러한 조건에서 스포츠는 추상화와 가상화가 진행되는 세계에서 구체적인 것을 재현한다. 갈수록 개괄이 어려워지고 파편화 경험이 확산되는 곳에서는 명증성에 대한 수요가 생겨난다. 스포츠에서 인간이라는 요소는 파악될 수 있고 관찰될 수 있는 변수로서 중요하다. 스포츠는 대중매체에 의해 전송된 이미지와 정보의 홍수 속에서 단순성, 추체험 가능성, 명료성의 세계를 연출하려 애쓴다. 스포츠는 가령 정치적, 경제적, 또는 과학적 과정의 복잡성과 불투명성과는 달리, 신체 관련과 개인 관련에 힘입어 다른 신선한 방식으로 독해될 수 있고 이해될 수 있다. 스포츠는 읽어내기 어려워지고 방향잡기가 어려워지는 세계에서 하나의 요새와 같다. 많은 "메타레시터티브metarecits(레시터티브: 오페라나 종교극에서 대사를 말하듯이 노래하는 형식: 역자 주)"가 사회적 작용 자체를 통해 [그 이면이] 폭로되고(보기: 사회주의 이념)

규칙이 침식되고 구속성과 자명성이 해체되는 곳에서, 스포츠는 많은 사람에게 수용할 만한 대항 프로그램이면서, 현대의 "중심 프로그램"을 문제시하지는 않는다. 이때 스포츠는 자신을 지시하지 다른 어떤 것을 지시하지 않는다.

반대로 추론해보면, 다른 생활 영역에서 실질적인 경험을 할 기회가 턱없이 부족하다는 점이 열광하는 스포츠 관객들을 통해 드러난다. 다른 생활 영역의 어디에 "순수한 것", "참된 것", "진정한 것", "인간에의 가까움"이 있는가? 스포츠는 낮은 복잡성과 인과 경험을 제공한다. 그것은 중요한 자원, 즉 살과 피로 된 인간을 제공한다. 그 인간은 화면에서도 진정성의 보증인으로서, 순수한 것의 기관으로서 나타난다. 운동선수들은 매체 등장을 통해 역설적으로 현실적인 것의 암호가 되었기 때문에, 현대의 영웅 추앙[의 대상]으로서 적합하다. 이렇게 되는 데서 스포츠가 승리와 패배라는 주도지향의 틀 안에서 주로 비언어적 행위를 실행할 수 있도록 한다는 것이 유리하게 작용할 것이다. 철저하게 의미론화된 사회의 배경에서 보면, 여기서부터 특별히 매력적인 상황이 만들어진다. 그것은 스포츠 선수의 신체가 "조직된 감정 이입"의 토대에서 직접적인 큰 수고 없이도 감지되고 "이해될" 수 있다는 것이다.

이 모든 것은 청중의 포함을 쉽게 만들어준다. 중요한 것은 스포츠가 적어도 두 가지 방식으로 관객에 대해 연계 능력을 행사할 수 있다는 점이다. 스포츠 행위는 첫째, 단순한 기초 논리 때문에, 주로 문외한으로 구성된 청중의 명증 기준과 신빙성 기준을 갖고서도 타당한 것으로 간주될 수 있다. 둘째, 스포츠 행위는 이 토대에서 전문적 지식을 습득할 수 있도록 해준다. 이런 이유에서 청중은 더 이상 팬으로 남지 않겠다고 결심하고 스포츠에 환멸을 보이기도 한다. 특히 시합에서 승리와 패배의 할당이 관건일 때, — 분데스리가의 승부조작 사건에서처럼 — 자신이 직접 보는 것을 더 이상 신뢰할 수 없게 되었을 때 그렇게 된다. 스포츠는 자신의 코드가 시청하는 관중의 눈 앞에서 관찰될 수 있도록 결정짓는다. 따라서 스포츠는 같은 방식으로 도구적이며 표출적이다. 매니저가 복싱 경기를 "조작하고" 관객들이 눈 앞에서 벌어지는 일을 더 이상 믿지 못할 때, 운동선수가 약물복용 상태에서 경기에 참여하여 신체 깊숙한 곳에 일탈 요인(약물)을 감춰 두었을 때, 스포츠는 자신의 중요한 자원들을 훼손시키는 것이다. 그 자원이란 스포츠가 자신의 '승리/패배-코드'를 파괴적으로 뒤집어서도 안 되며, 모든 관객이 자신의 인지 능력을 가지고 [승리/패배] 코드 값의 할당을 직접 통제할 수 있다는 약속이다. 이해의 단순성, 형식적 평등 원칙에 근거한 성과 평가의 명료성, 참여자의 귀속 특성에 대한 무관심은 성과 달성의 불투명성과도 구별되며, 다른 사회적 영역에서 인종, 종교, 성별, 정당 소속의 토대에서 누가 희소한 사회적 지위를 얻을 수 있는지가 결정될 때 작용하는 사회적 기대와도 구별된다.

세 가지 미학적 순간들이 역동적인 스포츠 신체 관찰에서 특별한 의미가 있다(Bette & Schimank 1996 참조). 첫째, **위험한 신체성의 미학**이 감동을 준다. 공중에 떠 있는 횡목에서 뒤로 재주넘기, 스키 활강에서 시속 120km로 내리막 구간을 주파하기, 철봉대에서 마이스터의 움직임 등이 좋은 보기이다. 둘째, **완전한 신체의 과정과 동시성**Synchronisation 미학이 매력적이다. 축구에서 성공적인 플레이 조합, 댄스 스포츠에서 날씬한 신체들의 조율, 리듬감 넘치는 스포츠 체조에서 신체, 미술, 도구의 조화 등을 보기로 들 수 있다. 셋째, **시합의 미학**이 관객을 완전히 몰입시킨다. 역동적인 핸드볼 경기, 복싱 경기에서 펀치 교환 등을 생각해보라. 이 모든 세 가지 미학적 순간에서 원칙적으로 실패 가능성이 함께 진행된다. 그 때문에 스포츠 시합은 아마 현대의 신화, 인간 존재의 은유 그 자체가 되었다. 문학, 현대 음악, 조형 예술의 많은 인위적 미학 형식들과는 달리, 역동적인 스포츠의 관찰은 관객을 성찰의 강제로부터 해방시킨다. 스포츠 관객은 운동선수의 신체를 그 움직임의 진행에 따라 상징적으로 인지하고 독해해야 한다. 스포츠는 이 관점에서 지적인 요구를 하지 않고도 당당하며, 아무리 많은 전략이 투입되더라도 모호성을 거의 드러내지 않는다.

5. 신체, 스포츠, 그리고 젊음

숭배 대상들은 불확실성과 우연성으로 인해 의미 할당을 위한 특수한 연결점을 제공한다. 우리가 확인한 바에 따르면, 현대의 의미 추구자는 신체를 중요한 기관으로 생각하며, 이때 여러 관점이 작용한다. 인간들은 자신의 신체에 직접 영향을 미칠 수 있지만, 건강을 위해 몸 상태를 바꾸는 노력을 항상 하지도 않는다.[10] 즉 그들은 자기 몸 관리는 하지 않을지라도 활동적이며 성과 능력이 있는 스포츠 영웅의 신체를 거의 종교적으로 숭배한다. 아래에서는 신체 사용의 또 다른 형식에 주목해야 할 것인데, 그때는 신체라는 외피가 상징적이며 표출적인 투사 면으로서 소통이라는 게임에 들어선다. 장년 나이의 사람들이 스포츠에서 특수한 인공물과 요법의 도움으로 젊은 신체를 연출하는 게임 말이다.

그리고 젊음의 관리는 현대 일상의 연극성의 범위에서 비청년 인구의 자기평가와 타자평가를 위해 과소평가할 수 없는 관련점이 된다. 특정한 사회적 범위 안에 포함되거나 배제됨은 청년 상을 만들어 내거나 그렇지 못할 가능성을 통해 진행되는 것처럼 보인다. 신체의 상업화 또한 결정적으로 신체의 이러한 특수한 이념에 따라 일어난다. 유행 산업과 미용 산업이 광고 메시지에서 점점 더 강력하게 과시하는 것처럼 말이다.

---

10) 신체는 물론 대립-, 부인-, 무관심 신호들이 통보되는 표면으로서 사용될 수 있다. 무의미성, 증오, 펑크 문화에서의 상승 태세나 완만성에 대한 의미에 따른 기술에 관해서는 베테(Bette 1989: 118이하)를 볼 것.

인간들은 어째서 젊음을 개인적 자기묘사의 기호체계와 양식 수단으로서 요구하는가? 이 질문은 직접적으로 사회의 현대화의 특수한 귀결들을 가리키는 것이지 개인적인 미학적 편애와 성격 특징을 가리키는 것이 아니다. 왜 그런가? 명백하게 갈수록 더 많은 사람이 젊음을 현대 사회의 변화들을 "더 잘" 다루어낼 수 있는 기능적 전제로 생각하기 때문이다. 달리 표현하면, 인간이 신체에 대해 그리고 신체를 가지고 주도하는 젊음의 담론과 피트니스 담론은, 신체를 사회 외부에서 사회적으로 처분할 가능성을 증대시킨다. 그 담론은 전근대의 신체와 심리를 가지고는 불가능했을 사회의 발전이 여전히 실현될 수 있을 것으로 현대의 주체에게 계속 신호를 보낸다.

이 단원에서는 이러한 현상들의 보기로서 다음의 측면들을 특별히 조명할 것이다. 우리는 먼저 소통과 젊음의 관계에 관심을 기울일 것이다. 아래의 구성 포인트들은 사회적으로 고정된 기호체계들이 기능적 분화의 과정을 통해 해방된다는 점을 언급한 후, 스포츠에 의한 젊음의 연출과 관련시킬 것이다. 이하의 주안점들은 젊음 숭배를 위장으로서 주제화하며, 젊음 지향 전략을 분주함, 스트레스, 과중한 기대와 같은 전형적으로 현대적인 경험과 관련지을 것이다. 그밖에도 젊음 유지의 노력들이 질병, 죽음, 늙음과 같은 인간의 유한성을 상기시키는 특정한 신체의 주제와 관련이 있다는 점을 부각시킬 것이다. 젊음은 그밖에도 한편 사회의 부분체계들의 실현 가능성이라는 허구와, 다른 한편 개인적인 자기주장 전략 사이의 일치 현상으로 이해할 수 있다. 마지막으로는 젊음의 환상을 인간들이 현대화 과정과 합리화 과정에서 감수해야 하는 특수한 손실에 대한 반응으로 규정함으로써 논의를 마무리하는 데에 주력할 것이다.

첫째, 젊음의 이념을 생성시키는 특별 조건은 레네 쾨니히(König 1965: 121)가 이미 삼십 년 전에 환기시켰다. 쾨니히는 문자 문화가 생겨나고, 성인이나 노인의 기억이 경험의 저장과 청소년기를 넘긴 사람들에게 전달할 때 더 이상 필수적인 것이 아니게 될 때, 젊음이 성공할 수 있음을 보여주었다. 구술에만 근거하는 문화에서는 "나이든 남자들이 헤게모니"를 쥐게 되었다. 지식이 구두로 전승되는 곳에서는 오랜 인생 경험을 참조할 수 있는 사람들이 유리하게 된다. 쾨니히에 따르면 구술문화는 그래서 성인 중심의 문화이다. 구술문화에서 젊은이들은 사회적 단위의 지식 관리에 아직 많은 것을 기여할 수 없기 때문에 홀대를 받는다. 그와는 달리 문자언어의 특징을 보여주는 사회들은 사람들의 기억에 크게 영향을 받지 않는다. 이제는 지식 생산자가 벌써 죽었다 하더라도, 지식은 다음 세대에 전달될 수 있다. 그렇다고 해서 새로운 소통 기술과 저장 매체가 대두했다는 점을 성인들의 의미 상실의 전체적인 근거로서 추론하는 것은 잘못된 결론일 것이다. 새로운 지식은 궁극적으로는 새로운 세대에 의해 학습되어야 한다. 그리고 습득 과정이 길어질수록, 그리고 이 과정에서 젊은이들이 교육체계와 직업훈련체계에 더 많이 포함될수록, 고유한 청년문화가 생성되고, 그에 기초하여 그 양식 형식에 있어서 성인들에 의해 합병될 기회는 더 크다.

성인들이 젊음의 기호체계를 사용할 수 있기 위해서는 **둘째**, 사회의 분화 과정을 통한 기호의 해방이 중요한 전제가 된다. 계층화된 사회들은 확고한 기호 질서를 가지고 있다. 어떤 사람이었고 출신이 어땠으며 무엇을 할 수 있었거나 없었는가는 사회의 위계 속에 저장되어 있었고, 상응하는 명령과 구별 지침을 통해 저장되었다. 개인적 정체성, 사회적 질서, 기호체계 사이에 일치 상태가 같은 원리에 따라 존재한다. 기능적 분화가 구축되는 원칙은 북서유럽에서 18세기부터 갈수록 광범위하게 관철되기 시작했던 것처럼, 이러한 닫힌 세계를 해체시켰다. 그것은 생활세계적인 동맹의 동일성을 해체시켰고, 하나의 동질적인 가치의 우주를 경쟁적인 가치들을 복수화시킴을 통해 대체하였다. 세계의 상징적인 질서와 기호의 명백한 귀속은 신분 사회의 의미 상실과 함께 효력을 상실했다. 기표와 기의는 분리되었고, 그때 이후 그 내용이 언제나 다시 새롭게 채워져야 한다.

따라서 세계의 탈주술화는 현대성이 진행되는 조건에서 자유로운 부유浮遊로 특징지어진 기호들의 탈주술화이다(Baudrillard 1982). 현대사회(Beck 1986)는 분화로 인해 계급 장벽의 의미를 붕괴시킨 상당한 정도의 개인화를 초래했으며, 그에 부합하는 상당한 기호 해방을 드러낸다. 기호를 자유롭게 처분할 수 있다는 것은 귀속의 확실성이 사라지는 것으로 나타난다. 왜냐하면 기호 차원에서는 사회적 차이들이 표면적으로 편평하게 되고 허구적 정체성이 투사될 수 있기 때문이다. 가령 초개인적으로 처분할 수 있는 화폐 매체가 이전에 유효했던 습관의 형식과 계급의 장벽을 뛰어넘을 수 있도록 도와주기 때문에 기호 사용의 배타성이 사회적 질서에 의해 더 이상 보호될 수 없게 된 곳에서, 기호는 합병될 수도 있게 된다. 유행은 신체에 기호가 덧붙여지는 것을 산업적으로 추구하며 사회적으로 정당화하지만, 언제나 다시 다소간 놀라운 방식으로 파괴하는 기관으로서 나타난다.

유행은 젊음의 이상이 일상화되도록 해주는 것이기도 하다. 유행을 넘어서서 젊은 차림을 하는 것은 특정한 방식으로 자신을 사회적으로 가시화하는 것을 뜻한다. 우리는 관찰될 수 있는 행동이나 신체 연출에 조응하는 형식을 통해서가 아니라면, 젊거나 아직 젊다고 느끼는 것을 어떻게 과시할 수 있는가? 의식 자체는 비교적 나이와 무관하다. 생각들은 생각들에 의해 유발될 수 있는데, 이것을 통해 다른 사람의 노화 과정을 사회적으로 확인할 수는 없다. 노인들은 자신들의 신체 기관들이 "잘 기능할 경우에" 정신적으로도 젊다고 느낀다. 위계적으로 저장된 기호 질서의 상실을 통해 유행이 양식형성 과정을 주도할 수 있게 된다. 양식들은 기호가 견고한 세계 구조와 사회 구조에 구속되어 있었던 데서부터 해방된 것에 대한 집합적인 반응 형식이다. 계층 구조의 퇴화는 기호 영역에서 우연성을 증대시키는 결과를 낳는다.

젊음의 숭배는 **셋째,** 결정적으로 위장 전략을 사용한다(Baudrillard 1982). 토마스 치에(Ziehe 1986: 18)에 의하면 젊음은, "하나의 가상 세계Bildwelt, 즉 성인들이 청소년기에 [기호를] 투사한 후 자신에게 적용하여 되찾는 기호 체계"이다. 우리는 실제 젊지 않으면서도 젊음의 신호 안에 자신을 바로 투사해 넣을 수 있다. 인간들은 역으로 젊음을 상징화하는 그 사회적 연관성의 부속물을 수용함으로써 이러한 변형Metamorphose을 시도한다. 여기서 특히 스포츠가 말 그대로 "소환"된다. 젊지도 않고 스포츠를 직접 하지도 않는 다수의 사람들이 스포츠 의복을 착용하고 다니는 것(보기: 체조 신발)은 이러한 합병을 분명하게 보여준다. 개인은 젊게 보이도록 해주는 스포츠 관련 인공물로 치장하고 도시의 공공 영역에서 자신과 자기 신체를 가지고 무엇을 시작하거나 그렇게 주장할 수 있는지를 보여줄 수 있다. 왜냐하면 사람들이 그런 종류의 신호로 환경에 제시하는 모든 것이 반드시 진짜는 아니기 때문이다. 우리는 실제 스포츠로 단련되어 있지 않으면서도, 체조 신발을 신고 우리의 스포츠성을 주장할 수 있다. 공적 공간에서 스포츠 신발, 스포츠 셔츠, 스포츠 스웨터를 입는다는 것은 일상적 상황에서 상응하는 모습으로 등장하기 위해 스포츠 신체와 스포츠 의류의 상징력을 이용한다는 의미이다. 개인적 성과 능력, 활력, 젊음, 유연성은 그렇게 상징적인 암시를 할 수 있다. 스포츠와 관련된 유행은 자연적이며 원래적이고 여전히 진정성 있는 신체성의 이미지를 직접 전달해준다. 그리고 물론 훈련을 통해 신체에 직접 영향을 미치지 않고서 그렇게 할 수 있다.

 진정성은 기호가 자유로이 떠도는 조건에서는 더 이상 서술자와 서술된 내용의 일치에 있지 않다. 진정성은 이 두 관련점 사이의 거리와 불일치에서부터 전개된다. 연속 법칙과 사물의 기술적 재생산 가능성은 기호들을 새로운 조합 안으로 몰아넣으며, 그 안에서는 모든 것이 모든 것과 종합될 수 있다. 그에 따르면 현대 신체성의 다채로운 연출은 사회의 구성 원칙을 반영하는 것이다. 현실이 부스러져 나가고 많은 사람들이 동질적인 일관성을 잃어버린

곳에서, 실재는 스스로 유일하게 옳고 특권적인 현실 서술이라고 주장하며 제시될 수 없다. 신체의 실재도 마찬가지이다.

넷째, 많은 사람들은 분주함, 스트레스, 과도한 기대로 인해 일상에서 더 큰 부담을 느끼게 되었다. 개인은 ― 특별히 대도시에서 ― 적합 능력을 입증해야 한다. 개인은 아마도 모두가 그렇게 한다고 생각하면서 도와줄 것을 약속하는 청년기의 추상화, 젊음의 기호체계를 수용할 것이다. 미용 스튜디오와 피트니스 스튜디오는 아름답고 건강하게 가꾼 신체가 다른 "화폐"로 전환될 수 있다는 전이의 희망을 표현한다. 그런 신체를 가진 사람은, 일상적인 상황에서 매력 신호의 담지자로서, 친밀한 상황에서 신체적이며 성적인 욕망의 대상으로서, 또는 조직에서 관철 능력이 있는 성과 기관으로서 간주될 수 있다는 것이다.

이러한 전환들을 통해 개인이 살아온 이야기에서 오랫동안 비개연적이며 희소한 신체 상태에 대한 위장이 이루어진다. 지나간 신체의 현존을 이렇게 붙잡는 것은, 시간적, 사안적, 사회적, 공간적으로 더 이상 참여하지 못하고 사회에서 뒤처진다는 개인의 두려움과 고민을 반영한다. 성인들은 청년스타일로 변모함을 통해 자기 자신에게 사회 적합성, 일반적 사용 가능성, 일반화된 감내 능력을 갖추고 있다고 진단을 내린다. 젊음은 사회적으로는 역할 분화와 경력 단절과 관련하여 유연성을 약속하며, 사안적으로는 증대하는 주제의 다양성과 지금까지 인정되어온 지식 상태의 평가절하를 극복할 능력을 약속하며, 시간적으로는 가속화와 시간 희소성을 독자적으로 감당해낼 수 있는 능력을 약속해준다. 그리고 젊음은 공간적으로, 주체들이 현대의 이동성 요구로 인해 불안해지지 않게 해준다고 약속한다.

젊음에 대한 환상은 또한 그런 식으로 피트니스 및 날씬함의 이상과 깔끔하게 동맹을 체결했다. 그리고 그러한 동맹은 서구의 선진 사회들에서 현대사회로부터 보호받음과 현대사회에 어울림을 표현하는 일반 공식이 되었다.

개인적 유연함과 다기능적인 사용 가능성을 위한, 미학적이며 생활양식을 각인하는 종합 공식으로서 젊음, 피트니스, 스포츠성, 날씬함은 어느 사이 스포츠적 인간상의 핵심 구성성분이 되었다. 그러한 인간상은 이제 경제에서만 볼 수 있는 것이 아니다.

젊음 숭배는 현대 사회가 탈脫초월화된 결과 생겨난 부담을 가리킨다. 젊음의 환상은 많은 사람들이 저 세상에 대한 믿음을 버렸고, 이 세상을 멋지게 살겠다는 압력이 주목의 지평을 더 많이 규정해 나가는 곳에서, 성공을 이어나갈 수 있다. 그래서 젊음에 대한 희망들은 세속화, 과학적 진리 모색, 전통적인 교구 교회들의 자기폭로를 통해 세계가 탈주술화된 결과들인 것이다.

다섯째, 분화된 사회들은 인간의 유한성을 상기시키는 특정한 신체 주제를 임상적으로 깨끗이 몰아내는 데에 성공했다. 질병, 죽음, 노화, 신체 쇠락은 공적 생활에서 삭제되었다. 개인이 스스로 세계의 중심이 되며 많은 사람들이 자기실현을 중요한 인생 목표로 삼는 곳에서, 자신의 죽음은 오직 최대의 자기애적 치욕으로서만 인지될 수 있다. 그 경우에 노화는 신체의 완전성을 지향하는 심미적인 기분에 대한 모욕으로서 나타난다. 죽음은 현대의 문화적인 성취물인 개인의 자율이라는 주도 관념을 파괴시킨다. 질병과 죽음은 주체의 자기지배가 한계가 있다는 것을 알기 쉽게 이해시킨다.

인간의 유한성은 그밖에도 현대의 진보 사상을 아나키스트적으로 거부하는 문턱을 재현한다. 죽음의 확실성은 생명 차원에서의 자체 법칙성과 작동적 폐쇄성을 폭력적 방식으로 과시한다. 결국 주체 종말의 문제와 비존재로의 변환 문제는 수명 연장을 위한 의학적 노력에도 불구하고, 아직 사회적으로 해결되지 못했다. 이런 배경에서, 젊음을 지향하는 노력들은 '아직 젊음을 유지함'을 강조함으로써 반격 전략 기능을 넘겨받고, 무상함이라는 주제와 죽음이라는 주제를 직접적인 방식으로 몰아내는 것과 조응한다. 젊음의 기호 세계는 고유한 신체적 제한성과 시간의 비가역성에 대한 지식의 상기를 적어도 일시적으로는 사라지게 할 것이다.

성형외과 의사의 수술용 메스는 삶을 이렇게 거짓으로 유지하는 데에 단기적인 도움을 제공한다. 지금 상태처럼 그렇게 늙어 보이지 않는 것은, 무상하지 않음에 대한 희망을 실행 가능하게 바꾸어주겠다고 약속하는 신체 산업의 신조이다. 따라서 젊은 신체는, 성인들이 늙어감이라는 "추문"을 약화시키고 "죽음을 앞에 둔 존재임"을 은폐하는 데에 사용하는 숭배 대상이다. 스포츠와 청소년들의 활동 현장의 상징과 인공물은 병적인 과민성으로부터 보호하고 평범한 정도의 영향을 갖는 개입 가능성과 형상화 가능성을 과시할 수 있도록 보증한다. 이제 청년기를 지난 사람들은 이러한 이상적인 이미지에 사로잡힐 수 있다. 오늘날 중간 계층과 상위 계층에서는 운동과 영양 섭취를 관리하고, 적당한 의복과 건강한 집을 유지하고, 나이가 들었을 때는 다른 사람이 원하는대로 행동하지 마라는 요구가 행동을 결정하는 힘이 있다. 평생 동안 신체를 훈련하고 노화의 드러나는 결과를 몰아내고자 하는 시도들은 사실상 죽음 담론과 노화 담론을 추방하지 못했다. 죽음과 노화는 추방과 관련해서도 잠재적인 주제로서 보전되어 있다.

여섯째, 현대사회는 기능체계 차원에서 사회 분화가 진전된 결과로서 더 많은 경제성장, 양육, 교육, 진리, 창의성 또는 신체 성취의 관념을 체계적으로 내보낸다. 의식의 주체 차원에서의 젊음의 환상은 사회의 기능체계 차원에서의 내적 무한성의 허구와에 부합한다. 젊음의 환상은 명백하게 개인과 현대사회 사이의 구조적 연동을 의도하는 상관물이다. 젊음에의 희망은 자신의 삶을 만들어낼 수 있으며 계획할 수 있다는 전형적으로 현대적인 생각을 신체에 옮겨놓는다. 그 결과 늙어 버린 신체를 팽팽하게 하려는 외과수술까지 나타나게 되었다.

오늘날에는 팽팽한 젊음과 강인한 근육을 최우선시하는, 이른바 '피부와의 전쟁'이 처절하게 진행되고 있으며, 그 점에 대해서는 잘 알려진 사례들이 있다. 구부정함, 주름들, 느릿느릿함 등과 같이 전근대 사람들의 이동할 때 전형적으로 나타난 특징들은 오늘날에는 꼿꼿함, 직선적인 것과 신속한 것으로 대체되었다. 그런 변화들과 비슷하게 현대의 의미 원칙은 신체에도 기록되었고, 그에 부합하게 다른 모습으로 유행하였다. 흠 없고 날씬한 젊은 신체는 복잡한 사회에서 적절한 개인들의 환경을 상징한다. 늘어진 피부나 관리되지 않았거나 뚱뚱한 신체는 이 경우에는 더 이상 시각적인 문제로서 뿐만 아니라, 효율성과 기능성의 고려를 가로막는 위협으로서 나타난다. 피부는 외적인 신체의 경계이자 인간과 세계 사이의 구분선으로서 궁극적으로 노인이 노인으로 관찰되도록 만드는 기관이다. 피부와 조직의 노화에 맞서, 그리고 자체 노력을 통해 지방 덩어리들을 효과적이며 빨리 줄이는 분야에서 그 새 의학 부문에서 독자적인 산업이 출현하였다. 늘어진 근육과 지방 낀 조직은 젊음과 날씬함의 이상적인 모습에 분명하게 어울리지 않게 되었다. 반대로 추론하면 그런 것들은 신체 노화 이전에 그리고 숙환이나 쇠락 이전에 나타나는 불쾌함을 가리킨다.[11] 뷰티 산업과 미용 산업은 극소수 사람만이 지속적으로 가지고 있을 수 있는 환상적인 신체의 이미지를 투사한다. 상이한 질병의 이미지들(보기: 폭식하고 토하기)은 인간들이 이상적 모습과 실제 존재의 차이를 극복해내지 못할 때 얼마나 많은 비용을 치를 수 있는지를 보여준다. 이것은 젊음과 날씬함의 시뮬라크르에 순응할 수 없는 사람들에게 있어 자기낙인과 타자낙인을 낳는다. 유명한 여배우들(예: 그레타 가르보, 마를렌느 디트리히)이 은퇴하여 비밀스런 사생활 영역으로 사라지는 것은 소통의 영향이 젊음과 아름다움에 대한 기대의 형태로 공적 활동의 절제, 알코올 중독,

---

11) 젊음과 날씬함의 의미론은 그 자체가 조직이론 안으로 스며들어간다. 기업구조들의 슬림화, "lean 경영"을 말하는 것은 조직이 통제되지 못한 노화로 인해 뚱뚱해지는 것을 막아내는 과제를 갖는다. 기업컨설턴트들은 그 경우에는 기업 컨디션을 상승시키기 위해 작동적 개입을 실행하는 전문가들일 것이다. 슬림화되었고, 젊은 모습을 유지하는 회사는 세계시장에서 경쟁 능력과 생명력과 "필수적 다양성"을 갖추고 있다는 신호를 발한다.

심지어 자살에 이르기까지 개인 행동을 좌지우지할 수 있음을 보여준다.

18세기부터 원칙적으로 공개적으로 인지된 미래 지평을 더욱 확실하게 하기 위해, 모든 것을 다양한 안전조치로 통제하는 시대가 시작되었다. 그러한 시대에 신체는 원칙적인 우연성의 내용으로 인해 불안을 만드는 불확실성의 원천이 된다. 그래서 인간들은 불확실성을 확실성으로 전환할 수 있다고 약속하는 대책들을 가지고 여러 가지 치료와 시술을 신체에 실행한다. 개인들은 피트니스와 젊음을 지향하는 전략을 가지고, 신체 활동에 지장을 주는 보편적인 상황들에 반응한다. 의식이 이미 자체의 물리 유기적인 환경을 그 핵심 측면에서 도달할 수 없다면, 신체를 적어도 의미와 의미론으로 감싸고, 민첩성, 신속한 처분 가능성, 적응 능력을 약속하는 자극으로 덧씌울 수 있다. 주체는 그런 노력들을 통해 원칙적으로 유한하며 늙어가는 신체를 불필요한 운명으로서 체험하지 않아도 될 뿐 아니라, 자신의 신체를 행위를 통해 아직 접근할 수 있는 기관으로 수용할 수 있다. 죽음이라는 다루어낼 수 없는 문제는 그런 방식으로 다룰 수 있는 일련의 문제로 전환될 수 있다(Baumann 1944: 199).

그렇다고 하면 피트니스와 스포츠의 젊음을 지향하는 행위 프로그램은 효과가 나타날 수 있는 곳에도 투입될 수 있다. 인간들은 적응 반응들, 즉 신체가 의미론적인 훈련 자극에 직면할 때 해낼 수 있다는 느낌과 진정성의 느낌을 위해 보여주는 반응을 사용할 수 있다. 이두박근이 부풀고 심장박동 시스템이 전보다 더 고된 상황을 버텨낼 수 있다면, 현대 존재들의 무력함을 지적하는 문화 비판은 그렇게 대단한 효과를 발휘하지 못할 것이다. 그래서 현대 사회의 현상에 대한 항의로 바뀌는 사회운동이 항상 안전의 토대로서 신체를 소급하는 것은 놀라운 일이 아니다.

일곱째로, 젊음의 시뮬라크르는 청년이 아닌 사람들이 합리화와 과학화로 잃어버린 요소를 일반화하는 것이자 추상화하는 것이다. 성인은 청년의 신체를 신비화하면서 사회의 현대화 과정에서 상실된 신체, 직접성, 구체성의 측면에 반응한다. 특정한 자극에 대한 신속한 반응으로서 나타나는 즉흥성은 평범한 일상에서 별로 나타나지 않는다. 논리, 지성, 그리고 선한 시민적인 관습들의 완충 규약은 자기훈련의 우세와 감정 통제를 가능하게 해준다.

사회 구성원들은 조직 안에 포함되면 목적합리적 행위라는 확고한 코르셋에 갇힐 것을 강요받게 된다. 우리는 정시에 일터에 나타나야 하며, 사안에 합당한 조직 목표를 수용해야 하며, 직업과 무관한 욕구를 나중으로 미뤄야 한다. 즉각적 흥분과 감정 표출은 규정된 조직 기능을 방해하고 위협하기 때문에 바람직하지 않다. 상징적 상호작용론과 민속방법론(Gross & Stone 1976) 연구들이 보여주는 것처럼, 공식적으로 정의된 사회적 상황에서 즉각적으로 감정적이거나 신체를 통해 반응하는 것은 당혹감과 부끄러움의 계기가 된다. 즉 문명화된 인간이 현존하는 동안 자신의 내면성을 더 뚜렷하게 갖추어나가고, 외적 강제를 자기 강제로 분명하게 바꾸어야 할수록, 청년성은 즉흥성, 활력, 자유 분방함, '지금 당장 여기서'를 지시하는 대조적인 반대 구상으로서 더욱 중요하게 된다. 그리고 이것은 특히 성인들에게 그렇다.

신체, 스포츠, 젊음의 관계를 이렇게 설명한 후, 다음 단원에서는 신체와 사회의 관계를 다른 관점에서 언급하고 정치화할 것이다. 현대사회가 도대체 신체에 어떻게 반응할 수 있는가라는 질문에 대답하는 설명 공식으로는 다맥락영역성Polykontexturalität 개념을 사용할 수 있다. 이 개념은 귄터(Günther 1979)의 논리에서 나왔다. 새로운 체계이론은 복잡한 사회의 구조 원칙을 표현하기 위해 그 개념을 사용한다. 다맥락영역 사회는 많은 특별한 "고윳값들"을 처리해내는 내적인 특수 맥락을 만들어내었다. 이것은 개별 코드화들이 다른 주도 선호들을 거부하는 값으로서 기능하지, 자기 자신을 거부하는 값으로는 기능하지 않는다는 특성을 가진다. 현대사회는 중심도 정점도 없는 사회이다. 개별 사건이나 주제는 그래서 — 관찰될 때는 — 반드시 다체계 사건이 된다.

현대사회에서 신체에 어떤 일이 일어나는가라는 질문에 대한 대답을 분석적으로 보충하기 위해 물리학의 공명 개념을 사용할 수 있다. 그것은 사회적 체계들의 내부 결정성을 지시하며 소통의 내부 구조 의존성을 지시한다. 그 밖에도 그것은 주체의 곤경에 대한 사회의 특정한 반응만이 개연성이 있음을 분명하게 보여준다.

6. 여러 맥락영역에 걸친 신체

복잡한 사회에서는 신체에 대한 사회의 관계가 통일적이며 동질적이지 않다. 고도로 분화된 현실은 신체에 대한 단일 맥락영역의 관계를 희망하거나 전제하는 이런 종류의 요청을 바로 기각한다. 소통을 구성요소로 할뿐 소통이 아닌 다른 어떤 것도 구성요소로 삼지 않는 사회적 체계들은 환경 요인인 인간을 어떤 식으로든 고려에 포함시킨다. 사회적 체계들은 특수한 코드화를 통해 인간을 재구성할 뿐이다. 그것들은 자신들의 자기관련성 안에 맞아 들어가는 것만을 사용한다. 인간과 그의 존재를 위해 중요한 모든 다른 나머지 측면은 교란과 환경 소음을 만들어내기만 할 뿐이다.

그래서 **교육체계**는 교육과 훈련의 적실성을 보장할 것인가의 관점에서 신체를 관찰한다. 그렇다면 핵심적인 질문은 독립 분화된 학교수업을 위해 어떻게 신체가 길들여지는지, 혹은 교육적 조치에 따라 활동적이고 동적일 수 있게 되는지가 될 것이다.[12] 이 맥락에서는 서로 다른 수업 과목들이 학생의 신체에 대해 매우 다른 관계를 장려한다. 수학 수업에서는 정숙과 얌전한 착

---

12) "말하는 입, 듣는 귀, 읽는 눈, 쓰는 손을 위한 보정기로서의" 가르치는 신체와 학습하는 신체에 관해서는, 럼프(Rumpf 1981: 7이하; 1986: 182이하)를 볼 것.

석이 요청되는 반면, 스포츠 수업에서 이런 태도는 환영 받지 못할 것이다. 스포츠 교육학과 스포츠 교수법은 움직임을 선택하고, 아동과 청년들의 운동이 부족하다는 데서 그러한 선택이 정당하다는 근거를 찾는다.

경제에 있어서 신체는 가격의 언어로 전환될 수 있을 때만 중요하다. 여기서도 처음에 소개된 신체로부터의 거리두기와 신체의 가치 인상의 역설이 다시 나타난다. 경제적으로 가능한 것을 증대시키기 위해, 한편으로는 인간의 신체를 노동 과정에서 인공 신체로 대체하는 것(표제어: 노동 세계에서의 로봇화)이 수익성이 상당할 수 있을 것이다. 다른 한편 여가 산업과 건강 산업이 신체를 애니메이션, 재활, 예방 등의 형태로 진지하게 생각할 때, 그것은 경제적인 것이 된다. 그에 따르면, 경제에서도 소유와 비소유 코드는 신체억압 과정과 신체 가치 인상의 과정 둘 다를 자극한다.

정치에서도 비슷한 것이 진행된다. 분화가 미진한 사회에서는 물리적 폭력 처분권과, 주술적이며 종교적인 힘에 대한 신앙을 통해 정치적 지배가 행사되었다면, 현대사회에서는 매체의 공동작용을 통해 정치체계와 그 신체환경 사이에 새로운 관계가 생성된다. 신체의 중요성은 공생기제로서의 물리적 폭력의 측면을 넘어선다.[13] 신체는, 정치적 진술이 진실된 것이라고 증명해주고 선거전에서 유리한 고지를 점령하기 위해 흉내내기 놀이를 연출하며, 이를 통해 무정부주의 이념의 부활을 경험한다. 민주주의 헌법에 기초한 사회에서 일정한 시간 동안 체계의 실정적 코드 값, 즉 정치적 지위를 점유할 수 있게 되는 코드 값에 접근하여 정치적인 프로그램을 전달하려는 사람은 카메라 앞에서 신체를 통해 부합하는 신호들을 [유권자들에게] 보내야 한다. 몸놀림을 능숙하게 관리한다는 전제에서, 자기 확신의 카리스마와 행동 능력과

---

[13] 루만(Luhmann 1981a)에게는 정치체계에서의 신체가 단순히 폭력신체의 형태로 안전의 토대로서의 공생적 의미를 가질 뿐이다. 이 평가에는 정치인의 신체가 진정성의 신호와 행위 능력의 신호를 위한 투사 면으로서 사용된다는 점에 대한 환기가 보충될 수 있을 것이다.

신뢰는 [정치력] 각축전에서는 포기할 수 없는 요소로 구조화된 정치가 된다. 매체의 의미가 더 뚜렷하게 각인되어 있을수록 그렇다.14)

선진 사회에서는, 정치인들의 전체적인 인물 특성에 관해 포괄적으로 정보를 얻을 수 없고, 그들의 생각이나 행위의 불확실성을 만족할 만한 정도로 줄이지 못하고, 정치인들의 행위는 구조적인 강제들에 의해 어차피 균일화되어 버린다. 그렇기 때문에, 정치인들의 신체를 통해 표출되는 행동을 매체에 의해 중개된 조건에서 살펴보면, 신뢰를 만들어내기는 하지만 불확실한 조치들일 뿐이다. 신체를 통한 재현, "인상관리impression management", 정치적 위임 부여를 긴밀하게 연결하는 것은, 복잡한 결합태들Konfigurationen을 적절히 조종하기에는 불안정한 조합이다. 이 상황이 단순하게 바뀔 수 없다는 것은 특정한 개인의 무능력에 그 원인이 있는 것이 아니라, 전달하는 매체의 주목 망판에 있다. 특히 텔레비전은 관찰될 수 있는 것, 볼 만한 것, 선정적인 것에 전문화되었고, 그래서 정치가 거의 스포츠화되도록 하며, 정치인의 몸의 가치를 높이 평가하도록 만든다. 쇼를 보여주는 연출Show-down-Dramaturgie이 미국의 선거전에서 일어나는 것이 좋은 예이다.

그런 방식으로 신체가 주제화될 경우에 나타나는 문제는 명백하다. 주요 관직을 차지할 권한이 사안의 권위가 아니라, 신체를 통한 표현 능력과 자기 표현 능력에 의해 결정된다면 많은 문제가 발생할 것이다. 이런 일이 일어나는 곳에서는 '동정적/비동정적'이라는 도식이 비밀스런 방식으로 정치인의 신체성을 통해 평가된다. 그 경우에 중요한 것은 정치인이 대변하는 정당 프로그램이 아니라, 정치인이 신체적 카리스마에 의지해서 끌어낼 수 있는 공감의 정도이다. 정치적인 것의 활동 여지가 구조적 강제로 인해 축소될 경우

---

14) 에델만(Edelman 1971), 아킨슨(Atkinson 1984), 슈바르텐베르크 (Schwartenberg 1980), 베스터(Vester 1984: 289이하), 아길레(Agyle 1985: 185이하), 포스트만(Postman 1985: 154이하)을 참조할 것.

에, 정책과 같은 사안 물음에 관련된 투쟁은 세련된 스타일이나 신체를 연출하는 문제로 전환될 것이다. 중립적인 외부 관찰자로서의 관객은 그렇게 되면, 자신이 보았다고 믿고 고유한 감각의 인지를 통해 솔직하다고 정의한 것을 수용하게 된다. 그러나 우리는 몸놀림을 가지고 상대방을 속일 수도 있고, 없는 것을 있는 것으로 속여 넘길 수도 있고, 진정한 의도를 은폐할 수도 있다. 독재자들이 거울 앞에서 몸 거동들을 배워 익히는 경우에, 그들은 어떤 거동을 대충 모방하는 것이 아니다. 정치에서 신체가 갖는 특별한 중요성이 명시적으로 드러나서는 안 된다. 또한 프로그램에 근거를 둔 신체성을 통해 선거전에서 승리하려는 정치인은 이것을 공개적으로 주제화할 수 없으며, 밀실에서 매체 전문가의 조언을 받으며 훈련해야 한다.

현대사회에서 신체를 다맥락 영역에 걸쳐 사용하는 것에 대한 또 다른 보기는, 높은 수준의 신체 성과와 의지 성과를 지향하는 **일류 스포츠**Spitzensport에서 찾아볼 수 있다. 이 사회적 체계의 의미론적 상관물은 성과라 불린다. 그것은 '승리/패배-코드'의 선호를 표현하며 체계와 그 신체환경의 관계를 규정한다. 산발적이며 우연적으로 신체에 관심을 돌리는 것이 훈련과 시합에서 중요한 것이 아니다. 체계적이며 철저하게 합리화되었으며, 특수한 상황에서 전문가들에 의해 다듬어진 프로그램을 가지고 신체에 영향을 미치는 것이 중요하다.

스포츠 신체는 마찬가지로 스포츠에 의해 분화된 시간 지평, 사안 지평, 사회적 지평에 맞아 들어가야 한다. 시합, 훈련, 회복의 시간적 차이를 감당하지 못하고, 해당 스포츠 분과의 사안적 요구에 일치하지 않고, 사회적 기대(경쟁과 통합)를 거부하는 신체는 특수 신체에 관심 있는 사회적 영역인 스포츠에서 자기 입지를 요구할 권리가 없다. 의식과 신체는 고도 성과 스포츠의 소통이 개최되어야 할 때는 협력해야 한다.

성과 능력이 있는 신체만이 성공과 경쟁을 지향하는 스포츠에서 살아남을 수 있다. 병든 신체는 대개 반갑지 않다. 그것은 방해이며, 그래서 건강을 빨리 회복하거나 그 분야를 떠나야 한다. 그리고 두려움으로 인해 일류 스포츠 행위를 해내지 못하는 심리는 스포츠 심리학에 따라 조절되거나, 고도 성과 스포츠의 요구에 적응되거나, 그렇지 않으면 떠나야 한다. 성과 의미론은 무엇이 개별 인간의 환경에 허용되는지 또는 배제되어야 하는지를 어느 정도 표현한다. 고도 성과 스포츠는 모든 심리적 그리고 물리 유기적인 사건을 그 중심 행위 담지자 측면에서 코드에 따라 특수하게 사용할 수 있는지에 관해 관찰한다. "관찰자는 여기서 신체에 대한 요구가 비개연적인 방식으로 부과된다는 것을 바로 확인할 수 있다. 왜냐하면 이 사회의 부분체계의 완전성이라는 이상에는 그 어떤 정지 규칙도 구축되어 있지 않기 때문이다." 스포츠 코드의 무한한 상승 가능성과는 달리 고도 성과 스포츠의 신체적 물질 토대는 성장의 한계를 드러낸다. 그래서 신체는 불확실성의 요인이며 체계의 아킬레스 건이다.

이 보기들은 일반화될 수 있다. 사회적 체계들은 신체 유기적인 환경과 심리적 환경에 대해 포괄적으로 차단되어 있으며, 자체 합리성의 척도에 따라서만 반응을 만들어낼 수 있다. 따라서 사회적 체계들은 환경을 고려하는 특수한 형식들, 즉 한편으로 개인과 신체에 대한 정당한 무관심을 장려한다. 그것들은 다른 한편으로 고도로 선별적인 관심의 의미에서 특수한 주목을 보여준다.

이러한 연관에서 사회가 개인과 신체에 무관심한 이유를 신체에 대항해서 결탁했기 때문이라고 여기고, 그 점에 지나친 가치나 중요성을 부여해서는 안 될 것이다. 오히려 정 반대이다. 인간이라는 요인에 대한 사회의 작동적 폐쇄는 연결시켜주는 개방과 주목을 가능하게 만들어주는 필수 조건이다. 사회는 생물학적이며 심리적인 과정에 닫혀 있기 때문에, 신체 관련 주제에 소통적으로 반응할 수 있고, 상응하는 맥락들로 분리될 수 있으며, 제한뿐만 아니라 자유 공간도 이용 가능하게 한다.

자기관계적으로 조직된 사회적 체계들이 신체를 소통 영역과 행위 영역으로 끌고 들어가는 곳에서, 신체는 그 영역의 자체 법칙성에 복종해야 한다. 그렇지 않으면 신체는 아무런 역할을 할 수 없다. 다양한 기능 영역을 가진 사회가 신체를 보살피고 외적 환경 지향을 강화하고자 시도한다면 신체에 무슨 일이 일어나는가의 질문은, 그래서 분명히 대답될 수 있다. 다맥락 영역으로 구성된 사회에서는 이에 부합하게 신체를 다맥락적으로 도구화한다. 그리고 이로 인해 내적 모순, 갈등, 역설 등이 발생한다. 신체가 총체적으로 이용된다고 말할 수는 없다. 바로 신체가 상이하게 관찰되고 상이한 사회적 맥락의 자기관련을 통해 도구화되기 때문에, 현대는 유일하게 옳으며 끝까지 책임지고 신체를 취급하도록 믿고 맡길 수 있는 그 어떤 고정 지점도 만들어내지 못한다.

따라서 분화된 사회에서는 고도화된 현대성이 신체에 어떤 중요한 효과를 가져다 주었는가라는 물음에 대해 통일적인 답변을 제공해주지 못한다. 근대 이전의 사회에서는 계층에 따라 특수하게 다변화된 신체에 대한 관계가 발전할 수 있었다. 그러나 현대사회는 신체 유기적인 환경에 대한 기능적으로 분화된 관계를 장려한다. 더 복잡해진 사회는 근본적으로 더 복잡하고, 자신의 신체환경과 개인환경에 보다 차별적으로 반응할 수 있다. 그 결과 사회 내에서 사회와 신체의 관계가 반복된다. 그것은 상이한 부분 영역의 자기관계적 폐쇄가 "전체적인 인간"과 일치하는 경우가 더 이상 존재하지 않게 된다는 것을 뜻한다. 사회는 신체를 가진 주체를 단지 단편들로 관찰할 뿐이다. 주체는 원칙적으로 모든 부분 영역들에 접근할 수 있지만, 단지 특수한 관점에서만 접근할 수 있다. 개인은 어떤 부분 영역에서도 자신의 신체를 통해 완전하게 파악되지 않는다. 사회의 분화와 평행하게 진행되는, 역할에 따른 분할을 관찰하는 인간은 소외감, 우울한 감정, 신체 지향적인 조치와 전체성 희망을 가지고, 이 상황에 반응하는 것으로 보인다.

　여기서 소개된 관점에 따르면, 신체-유기적인 차원은, 신체를 위협하기도 하고 지금까지 알려지지 않은 방식으로 진지하게 받아들이기도 하는, 긴장 영역에 속해 있다. 현대는 상승 지향적인 자신의 작동방식이 가져다 준 개인적, 사회적, 생태학적 결과를 통해 — 어떤 방식으로든 — 신체에 중심적 의미를 부여하는 반응과 보충을 자극한다.

　신체를 현대적인 숭배 대상으로 임명하려는 전략은 이 임명에 의해 직업적으로 또는 전문적으로 위임된 사람들을 결과의 역설 형식에 직면하게 만든다. 특정한 수단을 투입함으로써 높게 설정된 목표를 달성하려는 시도는 의도되지 않은 효과, 즉 목표 달성을 어렵게 하거나 정반대의 결과를 낳는 효과를 초래한다. 즉 그것은 신체를 지향하는 보충 프로그램의 효과가 다시 보충되어야 한다는 것을 보여주었다. 이 관점에 비추어 볼 때 운동선수, 감독, 치료사는 역설적 상황의 전문가로 나타난다. 그들은 문제를 해결함으로써 문제를 만들어내고, 다시 다른 입장에서 문제를 만들어냄으로써 문제를 해결한다.

참고문헌

Argyle, Michael, 1985: *Körpersprache und Kommunikation.* Paderborn: Junfermann-Verlag.

Atkinson, Max, 1984: *Our Masters' Voice. The language and body language of polltlcs.* London/New York.

Baudrillard, Jean, 1982: *Der symbolische Tausch und der Tod.* München: Matthes & Seitz.

Bauman, Zygmunt, 1994: *Tod, Unsterblichkeit und andere Lebensstrategien.* Frankfurt am Main: Fischer.

Baxman, Inge, 1988. "'Die Gesinnung im Schwingen bringen'. Tanz als Metasprache und Gesellschaftsutopie in der Kultur der zwanziger Jahre." In: H. U. Gumbrecht und K. L. Pfeiffer (Hg), *Materlalität der Kommunikation.* Frankfurt am Main: Suhrkamp, 360~373.

Beck, Ulrich, 1986: *Risikogesellschaft. Auf dem Weg in eine andere Modene.* Frankfurt am Main: Suhrkamp, 1997.

Bette. Karl-Heinrich, 1987: "Wo ist der Körper?" In: Dirk Baecker, Jürgen Markowltz, Rudolf Stichweh, Hartmann Tyrell und Helmut Willke (Hg.), *Theorie als Passion. Niklas Luhmann zum 60. Geburtstag.* Frankfurt am Main Suhrkamp, 600-628.

―――, 1989: *Körperspuren. Zur Semantik und Paradoxie mode rner Körperlichkeit.* Berlin/New York: de Gruyter.

――― und Uwe Schimank, 1996: "Auszeit vom Alltag, Freistoß für die Seele. Acht Gründe, warum wir von den vielen Sport-Spektakeln gar nicht genug kriegen können." In: *Psychologie Heute,* 23. Jg., H. 7, 60-65.

Burns, Glen, 1988: "Die Imagination von Gewalt. Die verlorene Sprache des Körpers." In: Hans U. Gumbrecht und K. Ludwig Pfeiffer (Hg.), *Materialität der Kommunikation.* Frankfurt am Main: Suhrkamp, 547-567.

Edelman, Murray, 1971: *Politics as Symbolic Action. Mass Arousal and Quiescence.* Chicago, IL: University of Chicago Press.

Goffman, Erving, 1969: *Wir alle spielen Theater. Die Selbstdarstellung im Alltag.*

München: Piper (erstmals 1956).

Gross, Edward und Gregory P. Stone, 1976: "Verlegenheit und die Analyse der Voraussetzungen des Rollenhandelns." In: Manfred Auwärter, Edit Kirsch und Klaus Schröter (Hg.), *Seminar: Kommunikation.* Frankfurt am Main: Suhrkamp, 275-306.

Gumbrecht, Hans Ulrich, 1988: "Flache Diskurse." In: Ders. und Karl L Pfeiffer (Hg.), *Materialität der Kommunikation. Frankfurt am Main Suhrkamp,* 914-923.

Günther, Golthard, 1979: "Life as Poly-Contexturality." In: Ders., *Beiträge zur Grundlegung einer operationsfähigen Dialektik Bd.11.* Hamburg Meiner, 283-306.

König, René, 1965: "Jugendlichkeit als Ideal moderner Gesellschaften." In: Ders., *Soziologische Orientierungen. Vorträge und Aufsätze.* Köln/Berlin: Kiepenheuer und Witsch, 120-128.

Luhmann, Niklas, 1975: "Einführende Bemerkungen zu einer Theorie symbolisch generalisierter Kommunikationsmedien." In: Ders., *Soziologische Aufklärung Bd 2. Opladen:Westdeuts cher Verlag,* 170-192.

―――, 1981a: "Symbiotische Mechanismen." In: Ders., *Soziologische Aufklärung Bd. 3.* Opladen: Wesrdeutscher Verlag, 228-244.

―――, 1981b: "Interpenetration - Zum Verhältnis personaler und sozialer Systeme." In: Ders., *Soziologische Aufklärung Bd. 3.* Opladen: Westdeutscher Verlag, 151- 169.

―――, 1984: *Soziale Systeme. Grundriß einer allgemeinen Theorie.* Frankfurt am Main: Suhrkamp.

―――, 1987a: "Die Autopoiesis des Bewußtseins." In: Alois Hahn und Volker Kapp (Hg.), *Selbstthematisierung und Selbstzeugnis: Bekenntnis und Geständnis.* Frankfurt am Main: Suhrkamp, 25-94.

―――, 1987b: "Sthenographie." In: *Bielefelder Unitersitätszeitung, 17. Jg.,* Nr 148, 35- 36.

―――, 1988: "Wie ist Bewußtsein an Kommunikation beteiligt?" In: Hans Ulrich Gumbrecht und K. Ludwig Pfeiffer (Hg.), *Materialität der Kommunikation. Frankfurt am Main: Suhrkamp,* 884-905.

―――, 1989: "Wahrnehmung und Kommunikation sexueller Interessen." In: Rolf Gindorf und Erwin J. Haeberle(Hg.) , *Sexualitäten in unserer Gesellschaft. Beiträge zur Geschichte ,* Theorie und Empirie. Berlin, New York: de Gruyter, 127- 138.

―――, 1990: *Die Wissenschaft der Gesellschaft.* Frankfurt am Main: Suhrkamp.

―――, 1991: "Das Kind als Medium der Erziehung." In: *Zeitschrift für Pädagogik, 37.* Jg., Nr. 1, 19-40.

―――― und Karl Eberhard Schorr, 1990: *Zwischen Anfang und Ende*. Frankfurt am Main: Suhrkamp.

Postman, Neil, 198.5: *Wir amüsieren uns zu Tode. Urteilsbildung im Zeitalter der Unterhaltungsindustrie*. Frankfurt am Main: Fischer.

Rumpf, Horst, 1981: *Die übergangene Sinnlichkeit. Drei Kapitel über die Schule*. Weinheim/München: Juventa.

――――, 1986: *Mit fremden Blick. Stücke gegen die Verbiederun g der Welt*. Weinheim/Basel: Beltz.

Schwartzenberg, Roger-Gérard, 1980: *Politik als Showgeschäft. Moderne Strategien im Kampf um die Macht*. Düsseldorf/Wien: Econ (erstmals Paris 1977).

Serres, Michel, 1981: *Der Parasit*. Frankfurt am Main: Suhrkamp (erstmals 1980).

Vester, Heinz-Günther, 1984: *Die Thematisierung des Selbst in der postmodernen Gesellschaft*. Bonn: Bouvier.

Ziehe, Thomas, 1986: "Jugendlichkeit und Körperbilder." In: Deutscher Werkbund e.V. und Württembergischer Kunstverein (Hg.), *Schock und Schöpfung. Jugendästhetik im 20. Jahrhundert*. Darmstadt/Neuwied: Luchterhand, 17-20.

제 5 장 | 스포츠와 개인화

 스포츠는 오늘날 어떤 특징을 지니고 있을까? 이 물음에 분명한 답변을 찾고자 노력하는 것은 특수한 어려움을 초래할 것이다. 이러한 어려움이 생기는 이유는 관찰자의 능력이 불충분하다는 데에 있는 것이 아니다. 그 원인은 빠르게 변화하고 있는 스포츠에 있다. 스포츠의 빠른 변화 속도로 인해 스포츠와 그 특징을 정확하게 기술하는 일은 지장을 받거나 어려움에 빠지게 된다. 토끼와 고슴도치 이야기에서처럼 스포츠의 변화 과정은 그에 상응하는 개념과 이론에 의지하여 따라잡으려고 노력하는 체육학을 언제나 한 발 앞질러 간다. 스포츠는 이미 오래 전에 현대의 속도 경험이라고 할 수 있는 가속화에 휩쓸렸고, 그로 인해 전통적인 스포츠의 구조 자체가 광범위하게 바뀌었다. 최근까지 스포츠의 본질적인 특징으로서 신체 지향, 경쟁 지향, 성과 지향, 참가자들의 클럽 종속, 특정한 윤리적 가치의 의무화 등을 지시하는 것으로 충분했다. 그러나 이제는 스포츠라는 사회적 영역은 상징, 미학,

역할 특징, 제도적 결속 등에 있어서 고도로 분화되고 복수화된 것으로 나타난다.[1]

그동안 스포츠의 건강 약속과 자연성 가정으로부터 크게 이득을 본 스포츠 풍경이 양적, 질적으로 변화한 이유는 시간적, 사안적, 사회적, 공간적 복잡성이 상승했기 때문이다. 조깅, 서핑, 에어로빅, 철인3종 경기, 보디빌딩, 피트니스 트레이닝, 암벽등반, 연날리기, 마운틴바이크 같은 종목들이 스포츠에 새롭게 포함되면서 전통적 스포츠의 **사안 목록 내지 주제 목록**이 보다 풍성해졌다(즉 사안적 복잡성이 상승했다). 지금까지 스포츠를 멀리했던 집단과 연령층이 스포츠로 유입되면서 스포츠의 **사회적** 복잡성도 상승했다. 지금까지 스포츠의 훈련과 경쟁에 활용되지 않았던 도심 공간과 자연 공간이 스포츠 활동에 이용되면서 **공간적** 복잡성 역시 상승했다.[2] 유아수영이나 실버스포츠에서 볼 수 있듯이 새로운 연령 집단이 놀이 및 스포츠 활동에 참가하면서 스포츠 참가자 집단의 연령층이 크게 확대되었다. 또한 지금까지 스포츠와 무관하던 시간대에 개별적인 트레이닝을 감행함으로써, 그리고 빠르게 하기 과정과 느리게 하기 과정을 결합시킴으로써 **시간 차원**에서도 복잡성이 상승했다.[3] 오늘날 스포츠참가자들은 스포츠로부터 서로 상반되는 두 가지 모두를, 다시 말해 자극, 긴장, 스릴뿐만 아니라 이와 동시에 이완, 회복, 휴식을 기대하고 있다.

---

1) 스포츠에 대한 규범적 요청은 이 신체와 인성을 중시하는 기능 영역의 점증하는 사회화에 직면하여 더 이상 과거와 같지 않게 되었다. 국제적으로 운영되고 있는 성과 스포츠에서 페어플레이 도덕은 많은 선수들에게 그 구속력을 상실한 것처럼 보인다.

2) 사례들: 도심에서의 조깅, 실내 공간에 자연을 모방해 구축한 인공암벽, 도심 한 가운데 설치한 비치 발리볼. 스포츠의 공간적 확산은 한편으로 확장된 자연 이용을 목표로 하며, 다른 한편으로 이 과정과는 반대로 시합과 방송의 용이성을 목적으로 하는 자연의 스포츠화를 목표로 한다. 이와 같은 형식의 자연 병합은 일반적으로 인용 형식으로 행해진다.

3) 포함의 측면에서 스포츠의 복잡성 상승에 대한 논의는 베테(Bette 1989: 43이하)와 쉬망크(Schimank 1992)를 참고할 것.

기존의 전문가 협회들과 개별 체육학 분과 과학들은 이와 같은 변화에 직면하여 혼란을 겪고 있는 것이 분명하다. 베를린 학술대회 "2000년대 스포츠에서 인간"이 분명하게 보여주었듯이 이들은 자신들의 등 뒤에서 대부분 소박하고 계획 없이 완료된 상황을 적절하게 평가하기 위해 많은 노력을 기울이고 있다(Gieseler, Grupe & Heinemann 1988). 대학 스포츠 연구기관의 교수 및 학습 업무도 현대 스포츠의 다양성 상승으로 말미암아 어려움을 겪기는 마찬가지이다. 스포츠가 계속해서 변화하고 있고, 그로 인해 동질적인 것으로 파악할 수 있는 것이 점점 더 줄어들고 있는 상황에서 이 기관들은 미래의 스포츠 교육자들을 위한 교육 내용을 결정하기가 쉽지 않다. 현대 스포츠를 규정하는 일과 관련하여 확실하게 말할 수 있는 유일한 것은 그것의 형태 및 특징이 그 어떤 지속적 확실성도 지닐 수 없게 되었다는 점이다. 이와 같은 상황 변화로 말미암아 1960년대와 1970년대의 스포츠 논의에 동원되었던 이론과 의미론적 공식만으로는 현재의 스포츠를 충분하게 기술하고 평가할 수 없게 되었다. 따라서 필자는 독단적 성격을 지닐 뿐만 아니라 사유를 저해할 수 있는 인간학적 조건들과 욕구들에 근거하여 스포츠를 확고한 형상으로 존재론화하는 모든 시도와 노력을 거부할 것이며, 새로운 사회학적 체계이론을 그에 대한 이론적 대안으로 제안하고자 한다.

적지 않은 체육학자와 스포츠 행정가는 현재 스포츠에서 관찰되고 있는 변화 상황에 직면하여 체념이나 향수병적 멜랑콜리 같은 반응을 나타내고 있다. 이런 종류의 상황처리 형식은 점진적인 "스포츠의 탈스포츠화"[4] 가설에서 잘 드러난다. 이 역설적 문구는 스포츠가 지금까지 지니고 있던 형태를 상실했으며, 그것의 고전적 이해에 대립되는 요소들을 통해 대체되었다는 평가를 내포하고 있다. 여기에서, 만일 사회 변동이 극적으로 가속화되면 안정적

---

[4] 카카이(Cachay 1990)와 하이네만(Heinemann 1989)과 비교할 것.

인 스포츠 현실이 빠르게 해체되는 위험한 결과가 초래될 것이라는 믿음에 근거하여, 불안정에 대한 우려와 걱정이 생겨난다. 그 결과 르상티망(비통한 잔류 감정의 내부적 반복 — 역자 주)이 나타난다. 전통주의자들은 스포츠에서 나타난 새로운 현상을 무시하며, 그것을 "스포츠적이지 않은 스포츠"라는 이름으로 낙인찍는다. 앞으로 더욱 상세하게 보게 되겠지만 스포츠의 "탈스포츠화"에 대한 비탄은 방향이 빗나간 평가이거나 오해로부터 비롯된 것이다. 오히려 주목해야할 것은 지금까지 줄곧 동질성을 유지해왔던 이 소통 및 행위 영역이 분화되고 복수화되었다는 점이다.

 이하에서는 스포츠에서 계속해서 진행되어 왔으며 체육학을 매료시키고 있지만 여전히 상세한 설명이 필요한 변화가 일차적으로 진전된 개인화의 결과라는 점을 분명하게 보여줄 것이다. 이어지는 분석은 여섯 개의 장으로 이루어진다. 첫째 장에서는 가속화하는 개인화 과정을 사회의 분화 과정에 근거하여 약술할 것이며, 둘째 장에서는 스포츠, 신체, 개인화의 상호 관계를 명료하게 만들 것이고, 셋째 장에서는 스포츠에서 유동하는 결합들과 스포츠 행동의 차원에서 몇 가지 결과들에 관해 보고할 것이며, 넷째 장에서는 유일무이성의 역설을 주제로 다룰 것이고, 다섯째 장에서는 개인성이 프레드 히르쉬F. Hirsch의 의미에서 "지위재positional good"라는 점을 제안할 것이며, 여섯째 장에서는 필자가 전개한 내용을 요약하고 결론적으로 스포츠가 다양성의 동일성임을 논할 것이다.

1. 개인화와 사회의 분화

 인간 개인화는 18세기 말 북서유럽에서 시작되어 전 세계로 확산된 사회

구조 변화의 결과이다.5) 전통적 관계들이 해체되면서 점차 경제, 정치, 법, 교육, 예술, 과학 같은 기능적으로 전문화된 부분체계들이 형성되었고, 이와 같은 체계들의 형성으로 말미암아 개인은 직접적 생활 환경에 대한 의무와 행동 방식으로부터 해방되었다. 전근대 사회에서 인간은 자신이 소속된 사회 계층에 전적으로 의지함으로써 스스로 생활을 영위하고 의사 결정을 해야만 하는 부담을 덜 수 있었지만, 근대적 주체는 앞서 언급한 복잡한 근대사회의 기능 영역들로 편입됨으로써 파편화된 역할들로 분할되었고, 그로 인해 자신에게 부과된 상이한 기대 역할들 사이에서 심각한 모순을 경험하고 있다.

[개인에게 부여된] 역할들은 갈수록 서로 무관하게 되었으며 다른 것을 요구하게 되었다. [개인은] 학교나 직업교육 기관에서 선생이거나 학생이고, 정치에서 선거권자이거나 피선거권자이며, 건강 및 질병 체계에서 의사이거나 환자이고, 스포츠에서 선수이거나 관중이며, 친밀 관계의 맥락에서 연인이거나 아버지 또는 어머니이다. 인간은 다양한 개입을 통해 서로 멀리 떨어져있는 역할의 섬들 사이를 배회하게 되었다. [그는] 오전에 잠시 가정에 머물러 있다 바로 직장이나 학교로 자리를 옮기고, 저녁이 되면 스포츠센터나 여가 산업 영역에서 소비자 역할을 담당한다.6)

---

5) 사회의 분화와 개인화의 관계는 사회학의 고전적 주제에 속한다. 전통적 사회형식에서 근대적 사회형식으로의 노정과 이로부터 도래한 결과들에 깊은 관심을 가졌던 학자들을 몇 명만 언급하면 마르크스(자본주의의 대두와 전자본주의적 생활연관으로부터 노동자들의 분리), 뒤르케임(기계적 연대에서 유기적 연대로의 전환), 퇴니스(공동체 대 결사체) 등이 있다. 벡(Beck 1986)은 이를 새롭게 이론화하려고 시도했다. 산업화가 진행되면서 가정과 경제적 생산이 분리되었고, 중세에서 근대로 전환되면서 정치적 통치와 경제적 자본 형성이 분리되었으며, 공립학교 제도의 발달 및 정착과 더불어 종교와 교육이 분리되었고, 민주주의적 자기 정당화로 이행되면서 정치를 종교적으로 정당화하는 일이 포기되었고, 사회계층에 따른 역할의 고정이 해체되었다. 이에 대해서는 루만(Luhmann 1987: 125)을 참고할 것.

6) 이와 같은 포함 과정 유형은 명백하게 근대의 실망 문화를 구조적으로 생산한다. 인간들이 단지 부분으로서만 사회의 부분체계들로 입장할 수 있는 곳에서는 단지 작은 영향 및 형성

그 결과 개인적 행위자가 살고 있는 곳은 더 이상 모든 생존 기능을 동시에 충족시켜주고 그를 혼합적 총체로 인지하는 단일하며 전체적으로 조망 가능한 사회구성체가 아닌 것이 되었다. 그는 인생의 대부분을 자신을 오직 사태-지향적이고 비인격적 파편으로만 허용하는 사회 환경에서 보낸다.[7] 가문, 종교, 국가 같은 집단에의 소속은 낡아 색이 희미해졌고 더 이상 정체성을 보장하는 확실성의 근거로서 의미를 상실하였다. 그로 인해 인간은 항상 특정한 사회계층에 소속되어 그 계층의 질서 성과에 자신을 내맡기기 어렵게 된다.[8] 생활의 안정은 이제 더 이상 계급이나 지역, 가정의 생활 연관에 소속됨을 통해 저절로 얻어질 수 없다. 종교는 여전히 많은 이에게 중요한 것이긴 하지만 사적인 결정이 되었다. 세속화된 사회에서 과학적 진리는 더 이상 종교적 해석에 근거하여 탄압받지 않게 되었으며, 민주적 의사결정 과정 역시 종교적 간섭의 영향에서 벗어나게 되었다.

개인화 과정은 주체 자신의 자아를 확실하고 의문의 여지가 없으며 보편타당한 모형들의 토대 위에서 기술할 가능성을 주체에게서 박탈했다. 또한 이전에 안정성을 만들어주었던 현실 구성들이 고전적 의미부여 기관의 퇴출로 인해 의미를 상실했다. 모든 생활 영역이 과학화되었으며, 이와 동시에 탈

가능성만을 지니고 있다는 느낌 한 가지만으로도 불만족이 생겨난다. 사회 운동은 이와 같은 무능함의 느낌을 이용하며 소망과 현실 사이의 틈에 고유한 욕구를 고착화시킨다. 6장 5절과 비교할 것.

7) 가정은 분산적 총체성의 요구들이 이에 상응하는 과도부담 효과를 주면서 여전히 표현될 수 있는 장소이다. 진전된 개인화가 가족의 구조들에 미친 영향에 대해서는 베르트람과 보르만-뮐러(Bertram & Borrmann-Müller 1988), 오스트너(Ostner 1986)을 참고하고, 진전된 개인화가 가족의 응집성과 사랑의 의미론에 미친 영향에 대해서는 벡-헤른스하임(Beck-Gernsheim 1986)과 구겐베르거(Gugenberger 1984)를 참고할 것.

8) 벡(Beck 1983; 1986: 121이하)과 비교할 것. 이러한 시도에 대한 논의에 대해서는 요아스(Joas 1988)와 호네스(Honneth 1988)를 볼 것.

주술화 과정이 진행되었다.[9] 과학은 세계의 실상들을 "해체하고 재조합하면서"(Luhmann 1990) 정체성의 제도적 지지대를 탈신화화하고 있다. 생활 상태는 전반적으로 불안정해졌다. 개인의 인생 편력은 때때로 가정, 교육, 경제, 정치, 여가 시간 등에서 개인적 결정과 사회적 경향이 대립하는 전쟁터가 되었다.[10] 전통적으로 평범했던 이력은 매우 드문 것이 되었다. 실패, 새 출발, 지역 이동 등이 서로 다른 사회적인 집단들soziales Aggregat을 혼합시키고 인간들을 개인으로 만들었다.

노베르트 엘리아스(Elias 1939)가 유럽적 문명화 과정의 심리발생적 결과에 관한 고전적 연구에서 규명하였듯이 사람들은 자신의 내면적 체험 내용을 분화된 주변 상황에 맞추어 설정해야만 한다. 그들은 무관심과 관심 집중을 동시에 만들어내야만 하고 이에 상응하는 행위 능력과 자기통제 메커니즘을 분명하게 보여주어야만 한다. 특히 그들은 자신의 직접적 욕구를 지연시키고 내적으로 깊이 관여하지 않고 서로 상이한 생활권들과 기대 주체들 사이를 능숙하게 옮겨 다니는 법을 배워야만 한다. 보충해서 말하면 근대인은 미혹에서 벗어나서 사는 법을 배워야만 하며, 판단력의 상대화를 감수해야만 하고, 우연성 의식의 상승을 수용해야 한다. 최소한 서구의 고도 산업사회에서 생활하는 대부분의 사회 구성원들은 경제의 세계화로 인해 야기된 구조적 실

---

9) 막스 베버에 의해 진단된 근대의 "탈주술화"에서 인간들은 슐루흐터(Schlucher 1996: 226)의 개념으로 표현하자면, "가치론적 전환"을 이루어냈다. "가치들이 우리를 붙잡은 것이 아니라 우리가 가치들을 붙잡았다". 우연성 의식은 이와 같은 선택을 동반한다. 원칙적으로 자신이 자신의 결정들을 선택할 수 있다는 점을 알게 됨으로써 개별 행위자는 급진적인 방식으로 자기 자신과 직면하게 되었다. 개인의 주체성은 그 위에 근거를 둘 수 있는 확고부동한 토대가 아니라 언제나 새로운 방향설정과 상황정의를 필요로 하는 동요하는 부유물로서 자신의 이해 지평의 중심으로 이동한다.

10) 1960년대와 1970년대의 직업적 성공에 대한 예측가능성과 1980년대와 1990년대의 성공에 대한 예측 불가능성을 비교해보라(교사 직업의 예). 오늘날 사람들은 반드시 자신이 대학에서 전공한 직종에 종사하지 않는다. 브로제와 힐덴브란트(Brose & Hildenbrandt 1988: 11이하)와 쉬망크(Schimank 1987; 1988)와 비교할 것.

업을 통해 모든 것은 다를 수도 있었으며, 생활의 평온과 관조의 확실성은 희소한 자원이라는 점을 잘 알게 되었다.

분화된 사회질서들은 각 개인에게 그들이 자신의 삶을 제대로 영위해 나갈 수 있도록 해주는 확실한 위치를 지정해 주지 못한다. 복잡성과 우연성이 크게 증가했기 때문이다. 그럼에도 불구하고 이 사회질서들이 최소한이라도 기능하기 위해서는 개인적 자유를 허용해야만 한다. 특정한 사회적 역할들과 상황들에서 입지를 지정받지 못한 인성들의 측면에 대해 합법적인 무관심을 구축하고 수용하는 일이 이러한 사정을 설명해주고 있다. 사람들은 다른 사람들을 범주로 인식해야만 하며, 이를 통해 역으로 자신들도 임의적으로 교환 가능하고 대체 가능하다고 느끼게 된다. 이렇듯 역할의 가변성과 감정적 중립은 고도로 분화된 사회에서 사회적으로 생존할 수 있기 위해서 필수적으로 요구되는 자질이다. 그런데 한 인간이 맡아야 할 역할들이 서로 적절하게 조화를 이루지 못할 경우에 문제가 발생한다. 그리고 사회제도가 한 개인에게 여러 가지 요구를 동시에 부과하고, 그 개인이 이 요구들을 시간 차원에서 순차적으로 감당해나갈 수 없을 경우에 특수한 형식의 스트레스가 생겨난다.

분화된 사회적 매트릭스는 주체 차원에서, 강력하지만 늘 성공적이지는 않은 자기규제 능력의 향상을 요구한다. 치료사나 다른 종류의 개입 전문가에 대한 수요가 점차 증가하는 경향이 분명하게 말해주고 있듯이 모두가 이러한 상황에 잘 적응하는 것은 아니다. 타자강제에서 자기강제로의 전환은 오직 인성의 심리적 무장이라는 토대에서만 기능한다. 분주함, 신경증, 내면적 동요는 서구의 근대화 과정이 진행되면서 주로 대도시와 밀집 지역에서 결과한 심리-신체적 부담 증상의 징후들이다(Simmel 1957; Bude 1990). 새로운 개인-환경 관계가 생성되어서, 정체성 요구들을 급진적으로 변화시킨다.

중심도 정상도 없는 분화된 사회에서 현실은 개인적 체험이라는 화면 위에 하나의 파편화된 조각으로 나타난다.[11] 개별 의식은 억제된다. 과거에 전통적 규정들을 통해 고정되었던 주체의 정체성은 실이 풀려 느슨해지기 시작했으며 규정을 필요로 하고 있다. 인간은 자신의 개인성을 확정해야만 하는 실존적 필연성에 직면하였고, 자신의 환경에 대해 스스로를 독립적이며 일회적인 것으로 경계지우면서 이 일을 감행한다. 이런 종류의 자기 확인은 차이 설정이라는 토대 위에서만 기능한다. 이론적으로 표현하면 '체계-환경 차이'를 심리적 체계에 도입함을 통해서만 기능한다. 왜냐하면 그렇게 해야만 정보들을 습득할 수 있기 때문이다. 이 자아는 내면적 성찰 모형의 형상 속에서 자신을 관찰하며, 여기서 자기 자신을 마치 외부에서 유입된 것처럼 그렇게 취급해야만 한다. 자아는 자신을 오직 차이로서 보게 된다. 즉, 나는 나인 것과 같은 나이거나 내가 아니지만 그렇게 되고 싶은 나(Luhmann 1987: 129) 같이 긍정적 또는 부정적 동어반복의 형식 속에서 자신을 보게 된다.

누구를 사랑할지, 어디서 살지, 어떤 스포츠를 할지, 어떤 직업을 가져야 할지 결정하는 일은 점점 더 초개인적으로 규정하는 힘에 덜 의존하게 된다. 하이데거의 말로 표현하면 인간은 "자기 자신에게 되던져졌다". 자신이 누구인지 확인하라는 요청은 내면으로부터만 부과되는 것이 아니다. 그것은 또한 외부에서 주체에게 기대로서 부과된다.

근대적 주체는 여러 개의 생활 양식과 다종다양한 정체성의 표현 형식들 가운데서 선택할 수 있지만, 바로 이와 같은 비교 지향의 경계 설정과 자기규정은 개인에게 기대되는 것이기도 하다.[12] 인간은 사전에 만들어진 문화 프

---

11) 고전적 근대문학은 언어 및 사고의 혼란의 묘사에서 또는 전통적 통사론의 분석에서 의식의 변화를 성찰하였다.
12) 초기 근대의 이상적 인격과 신체는 추상적 사회들에서 계속해서 살아남을 가능성이 낮다. 왜냐하면 그것은 여가 및 문화 산업의 행동 및 포즈 비축고에나 적합하기 때문이다. (예: 현재의 상업화된 고도 성과 스포츠에서 영국 상류 계층의 젠틀맨 이상의 시대착오주의, 합법적인 방식으로 여전히 영화문화나 공상과학 인물이나 판타지 인물의 형상으로 현대 프

로그램들과 행위 대안들의 범위에서 또는 이것들과 무관하게 자신의 개인적 특성을 능동적으로 표현해야만 하는 선택의 부담을 지게 되었다. 그리고 자신의 선택과 관련하여 그에 상응하는 책임을 지겠다는 마음의 준비를 갖추어야만 한다. 보디빌더로서 타인의 이목을 끌기 위해 자신의 근육 파노라마를 보여주는 사람, 또는 의미상실의 의미 수반적인 연출을 도발적으로 과시하기 위해 펑크로서 대중 앞에 자신을 드러내는 사람은 그렇게 인지될 것이며, 이에 상응하는 반응을 염두에 두어야만 한다(Hitzler 1985: 512). 자아를 디자인하는 일은 원칙적으로 위험부담이 있으며, 그 결과도 불확실하다.

개별적 행위자는 선택하지 않고 자신을 계속해서 확정하지 않음을 선택할 수도 있다. 감독이자 배우였던 우디 알랜 Woody Allen이 말한 젤리그 Zelig 증후군에 관해서 이야기해 보자. 빨리 적응하고자 했던 인간 카멜레온 젤리그(우디 알렌이 감독한 영화 「젤리그」(1983)의 주인공)는 이목을 끌지 못함을 통해 이목을 끌었다. 무질(R. Musil)의 소설 「특성 없는 남자」의 주인공 울리히도 그와 비슷하다.[13]

구조적으로 개인화를 생산하는 사회는 그 소통의 전경全景에 이에 상응하며 현실화를 목적으로 하는 의미 모형들을 뚜렷하게 새겨 넣는다. 자아실현은 개인화된 행위자가 그것에 의지해서 자신의 주체성에 유일무이성의 열망을 표현할 수 있게 해주는 의미론적 투쟁 구호가 된다. 개인들은 그 어떤 내부적 정지 규칙도 지니고 있지 않은 이러한 종류의 향상 구호에 자신을 투사시킬 수 있으며, 존재와 당위 사이의 차이로부터 경험과 정보를 수집할 수 있다. 개인들은 이로부터 원칙적으로 결코 성사될 수 없는 모반의 욕망을 도출해낼 수 있다. 비목적론적 개념으로서 자아실현은 영속적 성장과 도달 불가

로레슬링에 등장할 수 있는 전근대적인 폭력적 신체, 아웃도어 운동의 틀에서 자연성을 지향하고 자연과 결합된 인격 특성의 양식화).

13) 모제틱(Mozetic 1991), 베르거(Berger 1994: 87이하)와 비교할 것.

능성을 지향한다. 따라서 언제나 결국에는 조금 더 많은 자아를 실현할 수 있을 뿐이다. 실망은 실현 가능성과 소망 사이의 틈이 너무 크고, 자신의 이력이 지속적으로 부족하며 자아를 실현하지 못하고 있다고 느끼는 자들의 체험과 상관있는 개념이다.

자아실현의 요청은 계속해서 복잡한 사회와 일치하는 집단적 시간 의식에 관해 중요한 점을 말해준다. 그 순간이 개인의 체험에서 줄어들 때 다음과 같은 격언만이 들릴 수 있다. "지금 당장 자아를 실현하라. 그렇지 않으면 너무 늦다!" 시간화된 현재, 즉 바로 사라지고 돌이킬 수 없는 상실로서 한탄의 대상이 될 수 있는 사건으로 경험된 현재는 개인의 생애에 대한 평가를 변화시킨다. 삶의 기쁨은 가용 시간의 부족과 시간 흐름의 비가역성이라는 생각에 매몰된다. 게다가 인간 존재의 생물학적 제약으로 인해 개인적 미래의 확장이 그것으로부터 더 나은 삶이 기대되는 체계의 미래 전망에 도달하지 못할 경우에, 미래는 현재에 대한 대체를 약속할 수 없다.

사람들이 근대 초기부터 생활세계의 복수화를 극도로 애매한 것으로 체험했다는 사실은 놀라운 일이 못 된다. 전통적 조건들의 붕괴는 한편으로 엄청난 자유의 획득을 가능하게 만들어 주었지만, 다른 한편으로 새롭게 획득된 선택의 다양성으로 말미암아 익명적 개별화와 고립 같은 문제들이 생겨났다. 결국 자유와 자율적 활동 공간의 증가는 결론적으로 자신의 결정에 따라 실패할 수 있는 자유를 그 내용으로 갖게 되었다.[14]

변화된 인물-환경 관계들에 대한 감지 장치로서 철학자, 사회학자, 교육학

---

14) 게오르그 짐멜(Georg Simmel)의 분석에 기초하는 리차드 뮌크(Richard Münc 1991: 31)의 개인주의의 역설에 대한 가설과 비교할 것. 모순은 한편으로 "폐쇄적 운명공동체의 강요"로부터 인간의 해방과 이로부터 결과한 자유 공간으로부터 도출되며, 다른 한편으로 "그가 직접적으로 영향을 미칠 수 없는 멀리 떨어진 선행자들"에 대한 종속으로부터 도출된다. "비대칭적 사회"에 대한 콜먼(Coleman 1982)의 견해와 비교할 것. 개별 인격은 이에 따라 항상 더욱더 집단적 행위자들에 종속될 수밖에 없다.

자, 심리학자들은 이와 같은 연관에서 "가치 다신론"(Weber 1917), 근대적 주체의 "초월적 주거부정"(Lukács 1919)과 "방향 상실", "세계 상실" 또는 "사회의 비참"(Dreitzel 1968) 등에 대해 말하였다. 리스먼(Riesman)은 이미 1950년대 초기에 "내부 주도적" 인간에서 "외부 주도적" 인간으로의 변화를 예측했다.[15]

벨(Bell 1973)은 쾌락주의적 경향의 증가를 확인하였고, 잉글하트(In glehart 1977; 1981)는 물질주의적 가치에서 후기 물질주의적 가치로의 전환을 확인하였으며, 래시(Lasch 1979)는 자아도취적인 인격 이념의 도래를 진단하고 유명해지는 것을 최고의 가치로 설명하는 사회상을 묘사했다. 클라게스(Klages 1988: 65)는 "획일적 자아 및 세계 이해에서 자율적 자아 및 세계 이해"로의 전환을 추정했고, 벨쉬(Welsch 1991: 358)는 포스트모던적 자아에 대한 논의에서 새로운 횡단성 및 다중인격성Polyphrenie을 지향하는 주체의 도래에 대한 분명한 징후들을 발견했다. 다양성을 옹호하는 그는 다중인격성에서 "정체성의 위협이 아닌 성공적 형식"을 보았다.

2. 신체, 스포츠, 그리고 개인화

1970년대 초기에 스포츠 역시 점차 가속화하고 있는 개인화 과정에 포섭되었으며 복수화와 변화의 소용돌이에 휩쓸렸다. 신체를 중심에 둔 이 사회 영역은 이제 개인화 열망을 실현하는데 있어서 필수적으로 요구되는 주요 동력이 되었다. 새로운 스포츠 종목들의 성공이 이 점을 잘 보여준다. 물론 이

---

15) 리스먼(Riesman 1950)이 추정한 것과 같은 "내부 주도적 인간에서 외부 주도적 인간"으로의 순서는 오해의 소지가 있다. 여기에 제시된 생각의 적용에 있어서 그 과정은 정확히 반대 방향으로 진행된다.

와 같은 발달의 경향은 복지의 폭넓은 확산, 국가의 복지정책 실현, 유급 여가시간의 증가라는 배경 하에서만 이해될 수 있다. 또한 교육 기회의 폭발적 확대와 성역할을 새롭게 정의하려는 대중적 노력 역시 사람들로 하여금 스포츠를 취미활동 영역으로 인식하도록 만드는데 기여하였다.[16]

물질적 욕구들의 충족이 중요한 것으로 다루어져서는 안 된다. 어느 정도의 사회적 안정이 갖춰져 있어야만 한다. 그렇기 때문에 스포츠와 신체성의 발견은 실존하는 동구권 사회주의 국가나 소위 제3세계 국가의 사회현상이 아니라 산업화된 서구 국가의 사회현상인 것이다.

확실성이 사라지며, 기질들이 바뀌고, 정체성의 제도적 외부 지주들이 정당화의 문제에 직면할 경우, 직접성, 진정성, 자연성을 여전히 인위적으로 만들어낼 수 있다고 전제하는 사회적 체계들은 점점 더 중요해진다. 자신이 처한 상황의 목격과 함께 전통적 의미부여 전담기관의 자리에 갈수록 많은 사람들이 의미부여 능력을 할당하는 하나의 새로운 관련 단위, 즉 고유한 **신체**가 고유한 상황의 관점에서 전통적인 의미부여 기관의 자리에 들어선다. 도피, 우연, 파편화의 경험이 다수 인간의 의식을 규정하는 시대에 신체는 자기실현과 일반적인 낙천성을 위한 확실한 결정 지점이 된다. 건강, 안녕, 재미, 아름다움, 날씬함, 젊음은 신체를 지향하는 개념이자 가치 증후군으로서 폭발적인 수요를 경험한다. 그것들은 동기의 구조로 스며들며 대중의 생활양식

---

[16] 소녀와 여성은 몇 년 전부터 비로소 스포츠를 개인성의 코드를 실현하기 위하여 대규모적으로 이용하고 있다. 스포츠를 통해서 그리고 스포츠에서 개인화는 1960년대에는 몇몇 소수의 종목들은 제외하고 우선적으로 순수하게 남성들의 전유물이었다. 포함 프로그램의 틀 내에서 스포츠적 활동성의 개방과 발견은 비로소 소녀와 여성을 이와 같은 신체중심적 분위기로 이끌어주었으며 그들로 하여금 이전에는 순수하게 남성만의 전유물이었던 영역들(여성을 위한 보디빌딩, 여성축구 등등)을 발견할 수 있게 해주었다. 여성에게 있어서 개인화 과정의 불완전성에 대해서는 헤어린과 포겔(Herlyn & Vogel 1989; 1991)과 비교할 것. 기대와 현실 사이의 괴리를 통해 각인된 여성 청소년에게 있어서 개인화과정의 이중성에 대해서는 빌덴과 디징거(Bilden & Diezinger 1984)를 볼 것.

형성을 폭 넓게 규정한다. 잘 기능하고, 건강하게 단련되었으며, 젊게 다듬어진 스포티한 신체는 신분 상징Statussymbol이 되었으며, 탁월성과 개인성을 표현할 수 있는 스크린이 되었다.

인간은 물론 신체이기만 한 것이 아니다. 그러나 신체는 서로 상이한 개인들의 측면에서 변하지 않는 상수이다. 주체의 자기분열이 심각해지면 개인은 신체를 기반으로 하여 실존적으로 중요한 그 어떤 것에 영향력을 행사할 수 있다. 이 물리-유기적 토대는 인간이 자신의 역할을 바꿀지라도 계속해서 존재하는 힘이다. [개인은] 신체에서 무난한 성과들을 얻을 수 있으며 자신의 행위 능력에 대한 신뢰 증명을 관리할 수 있다. 인간은 신체환경과의 교류를 통해 자신의 생산적 성과가 이익이 될 것이라는 이미지를 얻을 수 있다. 자기 신체에 의식적으로 영향력을 행사하는 사람(훈련을 통해 신체를 단련하는 사람: 역주)은 이득이 바로 실현되고 곧 바로 이해되는 곳에 투자하려고 시도하는 사람들이다. 관점을 바꾸어 말하면 신체는 근본적으로 개별 인간들로부터 떨어져 작동하는 추상적인 사회적 체계들이 결코 지속적으로 배제할 수 없는 안정적 토대이다. 신체는 의식이 자신만의 고유한 정체성을 획득할 수 있는 부동의 지점이다. 의식은 시간과 공간에 구애받지 않고 자유롭게 사유할 수 있기 때문이다.[17)]

제거할 수 없는 신체의 현전은 의식이 신체의 '체계-환경 차이'를 기생적으로 이용하도록 만들어준다. 의식은 이 차이를 관찰하면서 스스로를 세계 내에 자리 매김할 수 있다. 제대로 기능하는 신체뿐만 아니라 실패한 신체도 의식이 자기귀속과 타자귀속의 차이를 귀납적으로 추론할 수 있도록 해준다.

더욱이 신체 연관은 흥미로운 방식으로 시간적 연관을 갖는다. 복잡한 사회들은 그들의 복잡성을 미래화함으로써 현재 체험을 희소한 것으로 만들어

---

17) 정체성 발견 과정과 관련하여 신체연관의 필요성에 대해서는 루만(Luhmann 1989: 129)을 참고할 것.

버린다. 사회적 제도들이 많은 기대를 동시에 개인들에게 부과하면, 여유롭게 시간을 보내는 행동들이 대개 순식간에 사라지게 된다. 이와 달리 신체는 정확히 이와 같은 희소한 자원, 즉 여기 그리고 지금의 몰입적인 체험뿐만 아니라 미래적 현재에 대한 투자를 위해 이용될 수 있는 직접적인 현재를 대표한다. 이 물리-유기적 토대는 개인과 집단의 불안이 발판으로 삼을 수 있는 기관이 된다. 신체 단련은 미래에 신체가 어떻게 나타날 것인가의 문제와 관련하여 안정의 생산과 불확실성의 제거에 기여한다. 피트니스 의미론은 변화된 개인과 사회의 관계에 대한 대응 코드이며 보상 코드이다.

스포츠는 언제나 신체의 체험이 중심에 있는 사회적 영역이다. 스포츠는 [대부분의 다른 기능체계들에 의해] 배제된 신체성을 표현할 수 있도록 사회적으로 허용해주는 확실한 장소이다. 스포츠는 개인이 사적이며 다른 사회영역들에서는 소홀하게 취급되는 고유한 인성의 차원들을 습득하고 자기를 구성하는데 그것을 활용하도록 허용해주는 제도 유형을 대표한다. 스포츠는 특화된 고유한 선호들의 범위 내에서, 의식이 자신의 신체환경을 발견하거나 고려할 수 있게 해주는 그러한 자극과 방해들을 처리할 수 있는 상황을 예측 가능한 방식으로 이용할 수 있게 만들어주는 기능 영역이다. 인간은 이렇게 사회적으로 비호되고 있는 자신의 보전구역에서 다른 곳에서는 천시 받거나 금지되기조차 하는 효과들을 활용할 수 있다.[18] 스포츠는 신체 및 개인 중심적인 사회 영역으로서 참된 의미에서 정체성을 획득할 수 있게 해주는 운명공동체화의 한 형식을 제공해준다. 사람들은 이후에 직장에서 일을 더 잘 할 수 있기 위해 신체를 단련하는 것이 아니다. 그들이 신체를 단련하는 이유는

---

[18] 그렇게 신체에 기반하고 있는 폭력성의 표출은 인가 없이 발생했을 경우에 국가에 의한 폭력의 독점이라는 원리에 근거하여 엄하게 처벌 받는다. 스포츠에서는 이와는 달리 문명화 과정의 진행에서 사회제도의 무대 뒤편으로 옮겨진 폭력은 사회적으로 통제된 방식으로 계속 살아남게 된다. 대표적으로 권투를 볼 것.

스포츠의 건강 및 성과 약속과 관련이 있으며, 과시적인 기호와 상징으로 신체를 장식하거나 이것을 신체에 투사시키기 위함이다.

이러한 맥락에서 뮌히하우젠Münchhausen증후군에 주목할 필요가 있다. 잘 알려져 있듯이 수렁에 빠진 이 거짓말쟁이 남작은 자신의 머리카락을 위로 끌어올리면서 수렁에서 빠져나왔다고 한다. 스포츠에서도 이와 유사한 것이 기능하는 것 같다.[19] 사람들은 스포츠에서 신체 매체에 근거하여 경험과 진정성의 느낌을 수집하고, 자기안정성을 획득하려고 하며, 의미 위기의 수렁에서 자신을 구해내려고 한다. 훈련은 신체에 영향을 미치기 때문에 소득 증감을 기재하는 장부의 수입 항목으로 기재된다. 훈련은 특히 고유한 이력의 작업에 적합하다. 자기는 자아 성찰에서 안정과 평안을 찾지 못했을 경우에, 대안적 관찰을 허용하고 이를 통해 자신과 자신의 환경을 확인할 수 있는 상황으로 단호하게 들어설 수 있다.

스포츠 수행자들의 자기기술을 액면 그대로 받아들일 경우, 개인주의화된 행위자들은 위협적인 심리적 자기해체 과정에 이 방식을 통해 대처하려고 노력하는 것이다. 이들은 신체에 의지하여 자신과 세계를 의식적으로 동기화시키면서, 자기 자신으로부터 그리고 분주함과 무료함의 느낌을 통해 촉발될 수 있는 무한한 성찰 순환으로부터 도피한다. 이들은 자기주제화의 행위를 위해 지양할 수 없는 의식과 신체의 동시성을 이용하고 외부화 조처에 의지하여 심리적 연계 능력의 문제에 대비한다. 따라서 신체적 활동들은 높게 흥정된 의미론과 문화 프로그램을 통해 처방된 자신의 신체에 대한 책임을 완수하는 일에만 관련되어 있는 것이 아니다. 스포츠, 춤, 그 이외의 신체적 실행은 의식이 자기 자신에게 다가가기 위해 이용하는 우회로이기도 하다. 신체는 내면의 감정을 위한 보증인이자 담보의 근거로서 특화된 상황에서 명백

---

19) 리트너(Rittner 1986: 148), 리트너와 므라젝(Rittner & Mrazek 1986: 61)과 비교할 것.

한 반응을 이끌어내면서 진정성과 진실성의 느낌을 생산하는 과제를 갖는다.

인간은 신체 과정을 끌어들여 내부와 외부의 기초적 구별을 구성하고 보장하는 기관을 실행시킨다. 심리적 체계들은 신체적 실행을 기반으로 하여 의미처리 작업의 시간 차원을 다른 가능성들을 약화시키고 억제시키는 찰나적인 순간으로 수축시킴으로써 봉쇄를 풀고 탈역설화한다. 신체적 부담은 시간의 흐름에 마침표를 찍고, 관찰하는 의식이 지름길을 통해 개인과 세계의 동시성을 체험할 수 있도록 해준다. 신체지향적 활동들은 가속화하는 추상적 사회에서 여전히 동참하고 있다는 희소한 느낌을 이와 같은 방식으로 전달해준다.

사람들은 의식적으로 자신의 신체에 영향력을 행사하면서, 영속적으로 함께 진행하는 체험 현재에 자신을 연결시킨다. 물론 이들은 미래의 신체 현존에도 유념하고 있다. 그런 의미에서 신체 단련은 고통 메커니즘의 기능적 등가물이다. 신체 단련은 의식이 자신의 신체환경에 대한 무관심 문턱을 넘어서 바로 지금 시간의 의식과 신체의 동시성을 의도적으로 생산하도록 도와준다. 그렇게 행위하는 사람은 시간의 비가역성에 근거하여 저장 가능한 명백성의 체험을 만들어내려고 노력하는 것이다. 훈련과 경기는 극복된 자기극복 상황으로서 인간이 무한한 가능성 및 우연성의 바다에서 마치 시간이 진행하는 방향에서 등을 돌리고 자신의 개성과 정체성을 습득하려고 애쓰고, 자기확신의 도피지점으로 되돌아가는 계기들과 관련된다.

그밖에도 신체는 개별 인간이 자신이 기울여온 노력의 역사를 [관찰자들에 의해] 호의적으로 읽힐 수 있도록 자기주장 행위를 기록하는 일기장의 위상을 지닌다. 문자로 고정된 이력과 달리 신체 매체에 기입한 기록은 단련을 통해 계속해서 관리해야만 한다. 그렇지 않을 경우에 그 효력은 급속하게 사라져버린다. 정체성을 고정시키려는 시도는 필연적으로 위험 부담이 있으며 곤란한 상황에 빠진다는 점은 신체를 지닌 인간이 "시간의 이빨"에 무자비하게 물어 뜯길 수밖에 없는 기관을 이용하는 것과 관련이 있다. 고령자의 청소년

모방도 한계에 부딪힐 수밖에 없다. 생물학적 퇴화와 신체적 유한성이라는 장애를 피해 갈 수 없기 때문이다. 신체가 개인의 모든 욕구를 충족시켜줄 수는 없다(Hahn 1988: 669).

스포츠와 개인화는 높은 유사성을 지닌다. [개인은] 스포츠에서 그리고 스포츠를 통해서 신체에 또는 신체를 기반으로 하여 "미세한 차이"(Bourdieu 1979)를 나타낼 수 있기 때문이다.[20] 스포츠 신체는 근대의 숭배 대상으로서 구별 짓기, 자기차별화의 숭배에 투입된다. 스포츠 신체는 자신의 개인성을 관찰 가능한 것으로서 표시하고 사회적으로 큰 영향력을 행사한다는 점을 보여주기 위한 기관으로 나타난다. 개별 인간이 계속해서 개인화되는 시대에 신체는 특히 상징적으로 표현적인 기능을 담당하는데 적합하다. 다시 말해 사람들은 물리적으로 파악 가능하고 관찰 가능한 신체의 현존을 통해 말로 하지 않고서도 그들의 개인성을 표현할 수 있다. 그들은 신체의 형성을 수단으로 하여 자신의 상호작용 능력과 사회성 능력을 과시하려고 노력한다.

피트니스 개념은 순수하게 신체적인 것만이 아니라 사회적인 기대 명령도 지시한다. 그것은 개인화 추세를 통해 분화된 사회들을 구조적으로 풀어놓는 자기표현의 필연성에 주목하게 만든다. 근대사회를 통해 야기된 신체에 대한 위협에 대해 주로 "건강", "피트니스", "날씬함" 같은 향상 공식에 의거하여 신체로 반응하려는 시도 이외에, 내부 및 외부에 대한 신체적 개성을 증명하라는 요청이 스포츠에 제기된다. 사회적으로 보여줄 만하며 높게 평가된 사회적 가치들에 부합하는 신체는 외부 관점이 내부 관찰에 이용될 수 있게 하면서 자기를 안정화시킨다. [시계, 핸드폰, 넥타이핀과 같은] 멋진 물건들과 장신구를 몸에 두르고 다니면서 높은 신분에 대한 보호막을 갖추는 것은 사회적인 인정뿐만 아니라 거부를 일괄적으로 가능하게 하며, 그렇게 하는 사

---

20) 스타일 없음 자체가 하나의 스타일로서 나타내질 수 있다. 스타일의 역설에 대해서는 펑크의 하류층 멋쟁이주의의 예를 볼 것(Bette 1989: 118이하).

람의 주체성이 바뀌었음을 표현할 수 있게 만들어준다.

이러한 상황을 고려할 때 스포츠 의류가 유행하고 있고 스포츠 종목의 다양성이 증가하고 있다는 것은 그다지 놀랄만한 일이 못된다. 속도가 미학 속으로 침투하였다. 보다 높은 성과를 위한 금욕과 성과 비교를 위한 경쟁의 사상을 중심으로 하고 있는 전통적 스포츠의 기호 체계는 '개인-환경 관계'가 변화된 결과 더 이상 표현 욕구를 충족시켜줄 수 없게 되었다. 따라서 그것은 수정되어만 했다.

오늘날 다종다양한 사회적 장면에서 관찰할 수 있는 것과 같은 근대적인 신체 담론은, 아마도 사람들이 과거 높게 평가하였던 의미기준들의 상실을 보충해줄 것으로 생각하는 중심적 후속 담론으로 보아야만 할 것이다. 종교의 사후세계에 대한 약속이 "신의 죽음"과 "모든 가치의 전도"(니체) 이후 많은 사람들의 마음을 더 이상 사로잡을 수 없게 되면서, 현세의 중심적 대변자로서 신체가 근대적 의미 추구자들의 관심을 끌게 되었다. 유사 종교의 방식으로 사유하는 사람들과 이러한 이념을 제공하는 사람들이 이와 같은 조건 하에서 스포츠의 의미론에 관심을 갖는다는 점은 사실 충분히 기대 가능하다. 잠재적 추종자들을 모집하기 위해 "피트니스의 사도"를 지정하는 감정 작업은 내재성과 초월성의 차이를 필요로 하며, 규율화된 신체 활동을 통해 준-초월적 체험 상태에 도달할 가능성을 제안한다.[21]

만일 그 어떤 것도 더 이상 확정적으로 의미를 만들어내지 않는다면 아마도 신체가 설득력 있는 방식으로 자기에게 의미를 끌어올 수 있는 최후의 보루가 될 것이다. 이와 같은 평가를 받아들인다면 스포츠, 춤, 테라피, 예술 등에서 신체의 근대적 인용은 실재의 점진적 파편화에 대응하는 대항 전략으로 평가되어야만 할 것이다. 개인화된 인간들은 그들의 신체적 근린세계의

---

[21] 피트니스 훈련의 준-종교적 기능에 대해서는 에즐리, 터너, 터너(Edgley, Turner & Turner 1982)를 볼 것.

긴밀성에 대한 재해석을 통해 발달된 산업사회가 특수화된 기반으로 인해 점점 더 제공하기 어려워지고 있는 안정과 체험의 지지대를 얻으려고 애쓴다. 신체의 가치 상승은 근대의 기획에 의해 폐기되는 것을 막아내어야 할 개인의 의미 실현 시도로 보인다. 최근의 신체 유행에서는 하나의 급진적인 주관주의가 나타났다. 그 이념은 진정한 것을 궁극적으로는 자기 자신에게서, 즉 자기 관련에서 도출해낼 수 있다고 믿는다. 순간적으로 신체적이고 심리적인 것이 세력을 과시하며, 미래적인 것을 뒤쪽으로 밀어낸다.

사람들은 다양한 스포츠 종목과 신체 테크닉이라는 "개인화된 바늘 구멍"(Beck 1983: 45-46)을 통해 묻혀있던 것을 다시 활성화시키고 주관적인 확실성을 얻기 위해 많은 노력을 기울인다. 그들은 자기의심과 자기확신의 무한한 순환으로부터 고유한 자기를 이끌어내려고 한다. 개인화된 행위자의 정체성에 대한 물음이 줏대 없이 계속해서 표류하고 끊임없이 계속되는 위험에 처할 때, 의식은 마치 "나는 땀을 흘린다. 고로 나는 존재한다."라는 표어가 나타내주고 있듯이 분명하고 직접적인 신체연관을 통해 자신을 외부화함으로써 자폐증적 자기관계성과 순환성으로부터 벗어날 수 있다. 지난 몇 년간 관찰되어 온 스포츠 활동을 통한 땀을 숭고하게 생각하는 것은 점점 더 많은 사람들이 자신들의 방향설정과 관련된 문제와 자기성찰의 난제들을, 직접적으로 존재하는 그들의 신체적 근접세계에 방향을 맞춤으로써 해결하려고 노력한다는 점을 잘 보여준다. 그들은 물에서, 땅에서, 공중에서 이 일을 감행한다.

특히 이목을 끄는, "성찰적 주관주의"(Schimank 1985)를 회피하려는 조처들이 의식적으로 평범하지 않은 것을 계발하려는 스포츠 종목들에 서 진행되고 있다. 모험 및 극한 스포츠인들은 그들의 고양된 주체성에 표현을 부여하고 아울러 그들의 개인적 자기관계성을 탈-동어반복화하기 위해, 평범하지 않고 긴장감이 흘러넘치는 상황을 자발적으로 찾아다니는 전문가로 평가되어야만 한다. 모험스포츠 매니아들은 어떤 의미에서 현대의 신체지향적 멋쟁이들이다. 그들은 순수하게 본능적인 반응 동작을 통해 성찰의 심연을 벗어나기 위해 자연에서 심연을 찾는다. 그들은 막간 이벤트의 범위 내에서 합리성 이전의, 또는 전형적인 근대식 표현에 따르면 "직접적인" 체험을 합리적으로 결정한다. 특정한 스포츠 상황과 모험 상황을 찾아냄으로써 자발적으로 만들어낸 불안 감정과 존재의 위협은, 안정을 지향하는 사회에 결핍된 생동감 체험을 가능하게 해준다. 최신의 스포츠종목들, 예를 들면 수 미터에 달하는 파도 위에서의 윈드서핑, 안전장비 없이 수행하는 암벽등반 등은 그러한 행위로 인한 감각의 마비를 보상해주고 자기 각성에 적합한 행위를 가능하게 해준다.

세계여행, 산악등반, 탐험 등의 기술記述은 "성찰적 주관주의"가 이런 종류의 외부화 활동들을 통해 궁극적으로 차단될 수 없음을 분명하게 만들어준다. 오히려 그렇게 명명되는 극한 스포츠인들은 그들의 비범성 Unvergleichlichkeit을 지속적으로 나타내고 순수한 신체적 수행의 피상성과 쇠락으로부터 구출하기 위해 문자로 고착화된 소통 형식을 의식적으로 선택하는 것처럼 보인다. 주관적인 체험 향상의 시도를 기록 하고 있는 책자들은 특별한 방식으로 개인성의 역설을 시간화와 외부화를 통해 탈역설화하는데 적합하다.

스포츠에서는 자신을 타인과 구별 지워줄 수 있는 우월성의 표식을 얻기 위해 경합할 수 있다. 이러한 연관에서 스포츠는 사회적으로 무해한 방식으로 영웅들을 만들어내는데 있어서 거의 경쟁 대상이 없을 정도의 능력을 보유하고 있다.[22] 스포츠 영웅의 연출은 개인화된 성과 달성과 지금까지 달성한 것

---

22) 평가, 귀속, 측정을 명백하고 비교급적으로, 다시 말해 타자의 성과와 관련시켜 규정하는 성과 스포츠 같은 체계는 이와 같은 냉정한 선택 과정에 참가하는 자들을 극단적인 방식으로 사회적 차원에서 단수화한다. 이것은 설득력, 인정, 정당성뿐만 아니라 비판도 제공해준다. 성과에 근거한 개인화는 지금까지처럼 좋은 성과를 내지 못한 선수들에게 종종 큰 부담이 되는 결과를 갖는다. 탁월한 성과가 부각되고 그 개인을 특별한 자로 승인함으로써 선전되었지만 결국에는 달성하지 못한 성과는 용서받지 못하고 이전의 안정적이었던 자아 개념은 동요하게 되는 결과가 야기될 수 있다.

과의 차이에 근거하여 이루어진다. 똑같은 것과 연속적인 것은 원본 숭배에서부터 희소한 것, 특별한 것, 드문 것으로 전환되고, 이를 통해 평범함으로부터 벗어나야만 한다. 따라서 스포츠 영웅들은 역설적인 인물 모형이다. 그들은 일탈을 통한 적응을 통해 자신을 개인화한다. 기대된 성과를 통한 일탈은 기대에 반하는 일탈만큼 강력하게 개인화하지 못한다. 물론 이러한 전략을 통해서는 소통이 이루어질 수 없다. 왜냐하면 이런 시도를 하는 사람은 고유한 진정성의 인위적인 구성을 [소통의 시도를 통해] 무너뜨릴 것이기 때문이다. 필요한 것은 침묵의 공모이다. 스포츠 영웅도 자신이 그들 중 한 명이라는 것을 알아서는 안 된다. 그는 이 역설을 감추거나, 일탈의 순환을 더욱 가파르게 진행시킴으로써 이 역설에서 벗어나고자 노력해야 한다. 스포츠는 자신의 비범성에 대한 소망을 비교급적으로 표현하는데 특별한 방식으로 적합하다.

그럼에도 불구하고 유일무이함을 만드는 것만으로는 충분하지 않다. 개인으로서 자신의 특별한 자질을 인정받고 싶어 하는 사람은 이것을 과시해야만 하며 타인의 눈앞에서 증명해야만 한다. 따라서 개인성을 지향하는 스포츠인들은 관찰하는 대중을 기대할 수 있는 장소와 단체를 찾는다. 혼자서만 특별한 것에 몰두하려는 사람조차도 이것을 보여주거나, 보여준 것에 연계하여 다소간 세심하게 소통해야만 한다. 상응하는 신호를 환경에 보내기 위해서는 자동차에 붙은 스티커나 티셔츠에 찍힌 문구만으로도 이미 충분하다. 모두가 서로 다른 회원의 특별함을 입증해주고 강화시키는 동호인 단체에 가입할 수도 있다. 공동체적 성격을 갖는 모임은 특별함의 연출을 위한 방향의 토대로서 특히 적합하다. 개인성은 이제 역설적이게도 더 이상 개별 주체의 일만은 아니다. 개인성은 특별한 활동을 통해 다른 집단과 구별되고 개인성을 부여받으려고 노력하는 집단의 자기 징표가 된다.

3. 스포츠 유목민과 느슨해진 구속들

전통적인 스포츠에서처럼 한 종목에만 몰두하지 않고 완전히 자유롭게 떠도는 결합 가능성의 의미에서 여러 가지 신체 활동들을 이것저것 해보는 사람들이 많아지는 경향이 1980년대와 1990년대의 스포츠에서 특징적으로 나타나고 있다. 점점 더 많은 스포츠 참가자가 전통적 스포츠 종목들의 사전 규정에 의한 구속을 원치 않고 있다. 그들의 행동 강령의 본질은 현재 방향을 부여하는 목표를 아예 설정하지 않고 자신이 원하는 대로 결정하는 데에 있다.[23] 대부분의 스포츠 참가자가 예전처럼 전통적인 인기 종목에 참가하고 있지만, 오직 한 종목에만 몰두했던 예전의 스포츠 참여 방식은 의심할 나위 없이 크게 변화하고 있다.

스포츠 행동이 바뀌었다는 데서 알 수 있듯이, 브리꼴라주(손에 닿는 대로 아무것이나 이용하는 예술 기법: 역자 주)시대는 그새 스포츠의 주변부에서도 시작되고 있다.[24] 자신의 세계관과 체험 및 행위 프로그램을 스스로 편성하고, 공작해서 보여주는 사람(브리꼴레르)처럼, 개인화된 스포츠인은 텔레비전 시청자가 흥미진진한 사건들을 찾아 리모컨을 들고 여러 채널을 무료하게 돌려보

---

[23] 미셸 세르(Serres 1981)의 언어로 "새로운" 스포츠 종목과 "옛" 스포츠 종목의 관계에 대해, 기생충으로서 소음을 만들고, 분노를 야기하거나 적응을 자극하는, 배제된 제3자의 존재를 말할 수 있다. 새로운 신체가 중심이 되는 사회운동의 경우에 대해서는 베테(Bette 1989: 231이하)를 참고할 것.

[24] 브리꼴라주(bricolage) 개념은 프랑스 구조주의에서 유래하였다. 레비 스트로스(Lévi-Strauss 1966: 16이하)는 이 개념을 신화적 및 과학 이전의 사유 분석에 이용했다. 레비스트로스 자신의 이론적 접근 방식을 브리꼴라주로 해석하는 시도에 대해서는 메이버리루이스(Maybury-Lewis 1970)를 볼 것. 수작업 이력이라는 아이디어는 그동안에 개인화 논쟁의 견고한 주요 부분이 되었다. 타든(Thadden 1995: 30)은 다음과 같이 썼다. "만일 그 어떤 도시, 환경, 가정, 직업, 성, 이데올로기도 더 이상 이력에 지속성을 부여하는 믿을 만한 고향을 제공해주지 않고, 동시에 매체 시장에 근거하여 매 순간 새로운 기호 체계들, 자극, 해석, 구매 유혹이 발송된다면 정신적 장소 상실이 아니라 밤낮으로 가동되는 "나"라는 이름의 대규모 작업장이 출현한다".

듯이, 월요일에는 태극권, 화요일에는 숲에서의 조깅, 수요일에는 축구, 주말에는 남성 단체에서의 밸리 댄스 식으로 다양한 스포츠 종목들 사이를 왕래하며 각각에 부여된 상이한 의미를 빠르게 타진한다.

브리꼴레르는 사회에 적합하게 행위하려고 노력하는 정체성 유형을 대표한다. 그는 자신의 행위 원칙을 시간적 요청에 부합하도록 조정함을 통해, 복잡 사회의 속도 가치들과 시간부족 상황에 적응한다. 그는 다양한 주제들에 대해 열려있음을 통해 사안적으로 "적합"하다. 그리고 그는 상응하는 피상성을 가진 다양한 결합 형식들을 다루어낼 수 있는 능력을 통해 사회적으로도 적합하다. 브리꼴레르는 의식의 상황을 고려하여 근대의 등위 질서Heterarchy, 다맥락 영역성, 차이 등과 함께 공진화한다.

브리꼴레르의 목표는 대충 짜맞추는 것이지 장기적으로 결속력 있고 안정성 있는 확고부동하고 일관적인 것을 만드는 일이 아니다. 복잡성과 우연성이 상승할 경우에는 개인적 기동성과 적응 능력이 중요시된다. 많은 사람들은 오직 한 가지 활동에만 계속해서 매달리는 데에 관심을 기울이지 않는다. 짐멜과 벨쉬도 이 점을 과도하다 싶을 정도로 지적한 바 있다. 근대의 브리꼴레르는 다중정신활동적 둔감자[25], 즉 어느 것 한 가지에 깊숙하게 빠지지 않고 모든 것을 자신의 다양한 관여를 지향하는 생활양식 위에 구축하는 사람들을 말한다.[26] 그는 근대적 주체의 요구들과 복수화를 진지하게 받아들이고 이에 부합하는 심리 및 신체적 성향들과 행위증상들을 명백하게 드러내며 이를 위해 스포츠를 활동 영역으로 이용한다.[27] 그는 여가 및 문화 분야가 제공

---

25) 둔감자의 사회적 인물 모형에 대해서는 짐멜(Simmel 1957: 241)을 볼 것.
26) 켈너와 호이베르거(Kellner & Heuberger 1988: 329)는 이러한 연관에서 "세계존재의 전체 폭을 디자인"하는 성향에 관해서 말했다. 히쯜러(Hitzler 1991)를 참고할 것.
27) 이러한 생각을 계속해서 진행시킬 수 있다. 포스트모던 논쟁의 유래는 단어의 참된 의미에서 근대 사회의 자기 자신, 즉 복잡성, 등위질서, 다맥락영역성 등에 대한 반응이다. 만일 체계준거를 사회와 소통에서 심리와 의식으로 바꾼다면 전형적인 불만들이 정렬될 것

하는 의미들을 유연하게 이용하며 "존재의 가벼움"에 의지하여 제공된 것들 사이를 이리 저리로 배회한다. 개인이 추상적인 사회에서 현존재의 아노미와 해결 불가능성으로 인해 실패하기 전에, 행위의 다양성으로 도피함으로써 세계 해석의 미로에서 벗어나고 발밑에 견고한 바닥을 확보하는 것이 아마도 가장 견고한 대책일 것이다. 다양한 실천들 사이를 방랑하는 현대의 스포츠 유목민들은 많은 직접 해보기 운동Do It Yourself-Movement에서 관찰할 수 있는 것처럼, 자기의식을 강화하는 반-전문가적 특징을 드러낸다. 그들은 "내 운명은 내 손에 달려있다"는 좌우명에 따라 행위한다.

여전히 전통적으로 스포츠에서 사회화되었고 예전의 결속과 신의의 이상을 추종하는 외부 관찰자들에게 있어, 이렇게 다채롭게 "이것뿐만 아니라 저것도 [추구하는 경향]"은 신속하게 바뀌어가는 신체 유행의 풀에 혼란스레 참여하는 것으로 나타난다. 현대사회에서는 광범위한 사회의 변화 과정이 개인으로 하여금 그러한 변화를 참조해야 하고, 개별 인간이 위험한 결정론을 통해 안전을 생산해야 할 때가 많다. 그러한 경우에는 다양한 생활양식에 대한 의식적인 개방성은 결코 과소평가할 수 없는 생존전략일 것이다. 그러한 생활양식은 현존재의 강도를 향상시키고, 일상의 지루한 반복성에 의도적으로 마침표를 찍음으로써 그것을 깨부수려는 시도를 반영한다. 연관 범위는 의도적으로 유연하게 유지된다. 제공된 다양한 의미들을 동시에 충족시켜 줄 수 있기 위해서이다. 자신을 확정한 사람(그렇게 명백히 이와 같은 개인적 의미 부여 및 자기실현 조치들의 핵심)은 그렇지 않았다면 중요한 것과 다시 경험할

이다. 개인적 체험차원에서의 의미위기는 비선형적 효과들의 형식으로 영향력을 행사하는 사회의 재편과정에 대한 심리적 반응이다. 상호침투과정에 근거하여 주체 차원에서 방향상실, 피상성, 우연성의 느낌을 불러일으키는 자기준거적 특수 영역은 이것을 포착하여 향상시키는 철학의 개연성을 생산한다. 핫산(Hassan 1987: 159이하)은 "비규정성", "파편화", "탈(脫)경전화", "자기상실", "제시불가능성", "아이러니", "하이브리드화", "카니발화", "성과", "내재성" 같은 특징들에서 소위 포스트모던의 중요한 교차점을 보았다.

수 없는 것을 놓치는 위험에 빠진다는 것을 알게 될 것이다. 지금 여기서 누리는 재미는 지루하고 미래가 불투명한 시대에 근대적 아프리오리가 된다.[28]

개인화하는 것은 이런 종류의 스포츠 풍경에서 다양한 스포츠 활동들의 배열 및 조합의 종류에 그 본질이 있다. 주체는 콜라주 기술의 형태로 전통적 스포츠 종목들의 연속적인 것들에 이 낯선 것을 대비시킨다. 다양한 신체 활동들을 이것저것 해본다는 것은 다양한 자극들의 토대에서 체험 상승을 관철시키기만 하는 것이 아니다. 그것은 또한 개인화된 코드와 기호의 혼합에 자신을 투사시키는 것을 의미하기도 한다. 주지하다시피 유일무이성은 스포츠에서도 다양한 부분 복제의 콜라주에 가담함으로써 얻어질 수 있다. 이 혼합은 개인을 부각시키고 타자로부터 구별될 수 있게 해주는 것이다. 그러나 여기서 개인은 타자에 의해 다시금 따라잡힐 수 있다.[29]

자기 확신과 정체성 추구 전략들은 이리하여 스포츠에서도 그것들이 도달하고자 시도하는 것, 즉 순수한 개성의 생성을 그르칠 위험에 처한다. 유일무이성의 추구는 이 신체지향적인 사회적 체계에서 분명한 한계에 맞닥뜨리며 그것은 바로 스포츠가 자신의 대폭적인 성장과 변화의 속도를 이끌어내는 근원이 되기는 했지만, 결코 도달할 수 없는 한계로 보인다.

4. 개인성의 역설들

활동 분야를 선택함으로써 자신의 독특함을 드러내기를 원하는 사람은, 여가 및 문화 산업의 영향을 받은 스포츠가 이미 이러한 목적을 위해 상당한 정

---

28) 이에 대해서는 대도시의 광장과 대로에서 진행된 러브-퍼레이드의 성공을 참고할 것.
29) 간결하지만 빈틈없이 기술된 이론 구상에 근거하여 시도된 코헨과 테일러(Cohen & Tayler 1977)의 설명과 비교할 것.

도로 특화되었다는 점을 알게 될 것이다.[30] 근대화 과정의 결과들에 대항한 반작용으로서 개인성을 중시하는 경향은 사회의 외부가 아닌 내부에서 나타나고 있다. 유일무이한 존재가 되고자 하는 모든 노력은 사회 차원의 행위 기준과 반응 방식을 매개로 이루어질 때 정반대의 결과에 도달하게 된다.

스포츠의 경우에서도 상황은 마찬가지이다. 표준화되었을 뿐만 아니라 규칙을 통해 행위를 규제하는 스포츠는 유일무이함을 추구하는 개인의 노력을 방해할 뿐이다. 스포츠 신체는 각 종목별 전문화를 통해 여러 관점에서 표준화된 신체일 뿐이다(극단적인 사례: 보디빌딩을 통해 단련된 신체는 모두 대동소이하게 보임). 사람들을 뒤섞고 점점 더 서로에게서 분리하는 열광적인 개인화 추세에 직면하여 이런 차원에서 동질화는 최소한의 사회적 접속을 가능하게 해준다. 유일무이성은 집단적으로 영향력을 행사하는 문화 프로그램의 배경에서는 표현할 수 없는 것이다. 그럼에도 불구하고 스포츠를 통해 이것을 표현하려고 시도하는 **개인성의 역설**이 발생하고 있다. 유일무이성을 표현하고 평균성을 탈통속화시키려는 열망을 가진 개인적 행위자는 부지불식간에 동일한 목적을 지닌 개인들의 공동체로 편입된다.

자신이 유일무이하다는 주관적인 느낌은 지속되기 어렵다. 왜냐하면 비범성을 지향하는 활동들은 동일한 열망을 지닌 다른 사람들이 등장하면 금방 비교될 수 있게 되기 때문이다. 이에 대항하는 비순응 자체도 다수가 그와 똑같이 처신할 때 의미를 상실하게 된다. 자신을 드러내는 거친 원리로서 거부는 역설적 곤경에 빠지게 만든다. 신체와 행동의 획일화는 유일무이성을 연출하는 일에서 자신의 진정성과 솔직함을 소통하는 것을 어렵게 만든다.

사회의 통제와 영향을 받지 않고도 개인성을 실현할 수 있다는 주장은 18세기에 이미 의문시되었다. 에드워드 영(Young 1759)은 인간이 모방하는 삶을

---

[30] 호르크하이머와 아도르노(Horkheimer & Adorno 1947)가 계몽의 변증법에서 각인시켜준 "문화산업" 개념은 현재 매체 영역이 확장되면서 다시 주목받고 있다.

영위할 수밖에 없는 이유를 다음과 같이 썼다. "우리는 원본으로 태어났건만 어째서 복사본으로 죽을 수밖에 없는가".[31] 스포츠, 유행, 문화 및 여가 산업 전체는 개인성이라는 환상에 종사한다. 그것들은 포즈, 스타일, 종목 등의 형상으로 나타나며 그럴듯하게 보일뿐인 유일무이성의 형식들을 전달해준다. 그러나 그것들은 유일무이성을 흉내 내는 것일 뿐이다. 왜냐하면 그것들은 표준화와 집단화를 통해 유일무이성을 제거하는데 전문화되어 있기 때문이다. 자신의 고유한 비범성을 표현하기 위한 전략들은 대개 막다른 골목에 부딪히게 된다. 유일무이성은 사실상 소통되지 못한다(Luhmann & Fuchs 1989: 146).

진정한 자신과 고유한 비범성의 능동적 추구 역시 곤경에 빠지게 된다. 자신의 비교 가능성을 관찰하는 사람은 자신이 진정하지 못하다는 것을 다시금 깨닫게 된다. 개인화는 정확하게 오직 일탈을 통해서만 가능하다. 그러나 다수가 유일무이성을 증명하기 위해 일탈하는 곳에서 개인성은 오직 의식적인 순응으로서만 표현 가능할 뿐이다. 그리고 이것은 다시금 개인성에 대한 요청에 역행하게 된다.

이상과 같은 역설적 메커니즘이 구축되면서 **일탈은 나선형적 상승 과정을 거치면서 더욱 강화된다**. 자신의 고유한 신체성을 매개로 하여 주체성을 증명하려고 하며, 결과적으로 평균적 행동으로부터 벗어나고자 노력하는 사람은 복제하고 복제된다. 이로 말미암아 당사자들은 다시금 주어진 것, 지배적인 것으로부터 벗어나도록 압박을 받는다. 일탈로서 유지되기 위해 일탈이 계속 실행되어야 한다. 보편적인 평범성을 벗어나기 위해 일탈은 일시적인 것이 되어야만 한다.

이와 같은 진행의 형상을 피하려는 시도가 스포츠에서도 관찰되고 있다. 부지不知, 은폐, 극단적으로 수위가 높여진 상연, 신속한 변화, 격정적인 성

---

31) 1854년 런던 간행본을 1968년 힐데스하임에서 재 간행함. 이 책의 Bd. II, 547-561을 인용하였음. 루만(Luhmann 1987: 135)과 비교할 것.

과 추구를 통해 역설은 탈역설화된다. 유일무이성에의 의지가 예술의 영역에서 가끔씩 예술가의 자기파괴적인 행위를 자극하는 것과 마찬가지로, 자기파괴는 신체성의 영역에서 최소한 자기연출의 잠재적인 가능성으로서 함께 진행될 수 있다. 근대의 위험 스포츠 종목들이 이 점을 잘 보여주고 있다. 여기서는 행위자의 연출에 힘입어 개인적인 성찰의 나선에서 벗어나는 것만이 관건이 아니다. 그 전면에는 비일상적인 체험의 틀 속에서 긴장의 생성, 감각적 인상의 강화, 몰아적이며 신체 지향 활동에 대한 갈망의 해소만이 있는 것은 아니다. 모험 스포츠는 유일무이성의 역설에 대해 개인이 취할 수 있는 **하나의** 답변이기도 하다. 엄밀하게 말하면 모험가는 일상적 비일상성이라는 역설을 통해 유일무이성의 역설을 모면하려고 시도하는 정체성 유형과 사회적 유형을 재현한다.

사건은 원칙적으로 죽음을 통해 고귀해진다. 모험 스포츠는 예측 가능해진 문명화된 삶과 "평범한" 스포츠에 대한 주체의 문명화된 반항이다. 고도화된 서구 산업사회에서 기존 스포츠의 예측 가능성과 일상생활의 모험 부재는 사람들로 하여금 모험 스포츠에서 체험과 행위를 추구하게 만든다. 복지국가를 통해 안전이 보장된 사회에서 긴장의 결핍과 판에 박은 일상은 위험하기는 하지만 여전히 예측 가능한 상황들의 추구를 통해 반격 받게 된다. 최소한 번지점프 동호인들이 클럽을 결성하거나 이전에는 지극히 개인적인 활동이었던 번지점프가 놀이 공원에서 누구나 즐길 수 있는 활동으로 제공된 이후, 앞서 언급한 개인성의 역설은 다시금 그 효력을 발휘한다. 하지만 개인성을 증명하기 위해 낙하산을 메고 비행기에서 뛰어내리거나 고무로프에 의지해서 까마득히 높은 다리에서 떨어지는 일도, 언젠가는 개인성을 증명하는 데에 더 이상 충분하지 않게 될 것이다.[32]

---

[32] 다른 사회 영역에서도 이와 비슷한 효과를 관찰할 수 있다. 예를 들면 여행에서(여행사 네커만 휴양객 대 대안적 개별 여행자). 개인 여행자는 일반적으로 다른 단체 관광여행자들

개인적 행위자는 다른 사람들이 도저히 달성할 수 없는 성과를 달성하여 자기 자신의 개인성을 드러냄으로써 자신과 타인의 차이를 부각시키려고 시도할 수 있다. 이와 같은 목적을 달성하는데 스포츠는 매우 적합한 행위 영역이라고 할 수 있다. 매우 희귀한 스포츠 종목을 수행하거나 극단적으로 다양한 활동을 넘나드는 일도 구별짓기의 특성을 지닌다. 유일무이성의 역설을 잠시나마 모면하기 위한 방책으로서 스포츠가 적합한 이유는 새로운 종목들을 시험적으로 시도할 수 있도록 해줄 뿐만 아니라 심미적 기호의 차원에서 극단적 변화의 특성을 지니고 있기 때문이다. 경제는 민주화와 집단적 적응을 통해 다시 추월되고 일반화되기 전에, 일정한 시기동안 개인성을 증명할 수 있는 기술을 유행을 통해 제공한다.

그동안 일탈을 통해서도 더 이상 놀람을 만들어내지 않는 스포츠와 관련된 독자적인 산업도 출현했다. 이 산업은 오히려 복제를 통해 다시금 병합하려고 시도하는 놀람과 비모방의 추진력에 투자하고 근본 방향을 그쪽으로 설정한다. 이 산업은 스포츠적 일탈의 전위부대를 관찰하고 그것을 가격 언어로 전환하는 것이 이득이 되는지 점검한다. 스포츠의 사안적 자산에서의 혁신은 갈수록 자연성이 적게 나타나게 되는 것이다. 오히려 그것은 의도적인 상업적 고려의 결과이며, 그러한 고려는 이윤을 남기면서 스포츠 풍경에 들어맞을 수 있다(카빙 스키의 예). 시간화된 탈역설화의 원리는 여기서도 의식적이며 때때로 충격적인 구별 짓기를 의미한다.

그러나 충격은 계속 규칙적으로 발생할 경우에 더 이상 처음과 같은, 즉 경악시키고 기대를 무너뜨리는 효과를 거두지 못한다. 그것은 자주 발생하는 사고와 같다. 그것은 사람들이 목표로 삼을 수 있는 예측 가능한 경우가 된

을 무시하지만 동시에 차이를 강조한다는 점에서 공통점을 지니는 구별짓기 지향적 다수의 부분이기도 하다(Bruckner & Finkielkraut 1981: 39이하). 이러한 역설이 단지 맹점 또는 자만심을 통해 탈역설화된다는 점은 너무나도 자명하다.

다. 시간적으로 계속되는 쇼크는 그 효력을 상실한다. 이러한 조건 하에서 기껏해야 지속적 동요와 충격 효과의 포기를 통해 충격을 줄 수 있을 뿐이다. 그럼에도 불구하고 바로 이 점이 재차 우선적으로 소통되어야 한다. 왜냐하면 그렇지 않을 경우 그것은 이해되지 않은 채 남아 있을 것이기 때문이다.

예술작품의 기술적 재생산가능성의 시대에 예술작품의 아우라 상실에 관한 발터 벤야민(Benjamin 1936)의 테제에 기대어 아주 비슷한 방식으로 스포츠에서 유일무이성의 역설이 분명하게 드러나도록 해보자. 모든 개인성의 양식화는 자신의 일회성을 다회성과 복제를 통해 상실할 경우에 아우라 상실을 겪게 된다.[33] 특별한 것은 사회적으로 강점되고, 지속되고, 복제될 때, 탈단수화된다. 남는 것은 가상과 모방의 현실에 달라붙어 있는 진짜가 아닌 것의 아우라이다.

유일무이성의 역설은 스포츠, 예술, 과학, 정치, 경제에서 나타나는 특별한 전개 과정을 설명하는 공통적 토대이다. 작동 영역은 서로 다르지만 물음은 모두 동일하다. 개인은 개인적 정체성이 해체되고 있는 조건 하에서 어떻게

---

[33] 유일무이성을 표현하려는 욕망이 일상생활의 얼마나 확고한 부분인지, 동시에 모든 것을 소유하고자 하는 소비 민주화를 통해 얼마나 자주 따라잡히는지는 자동차 소비 스타일의 예가 보여준다. "햄버거 포르쉐 클럽에서는 그 비애가 지배적이다. 한 때 최전방이었던 것은 후방으로 밀려나게 된다. 고속도로에서의 속도제한, 위상과 교통정체, 현저하게 환경오염을 유발시킨다는 비난 이 모두는 스튜트가르트 쥬펜하우젠으로부터의 열정적 질주에 대한 즐거움을 반감시킨다. … 독일에서 가장 매력적인 스포츠카의 위엄에 흠집을 내는 것이 자동차를 꺼리는 일반적인 경향뿐이겠는가. 포르쉐의 신화는 특히 내부적 쇠약에 시달리고 있다. 여기서 사회적 평판의 기호로서 그 특징을 상실한 다른 상표들과 같이 포르쉐에게도 선고가 내려진다. 메르체데스는 터키 야채가게 주인이 몰로 다니는 것이 될 때 더 이상 고귀한 것이 못된다. 오리처럼 뒤뚱거리는 시트렝 자동차는 중산층 부인들이 즐겨 타는 차가 될 경우에 더 이상 무정부주의적 신선함의 증표가 되지 못한다. … 그럼에도 불구하고 행복해하는 소수의 선택된 포르쉐 운전자들이 이제 대중에게 적극 수용되지 못함을 한탄할 때 다소간 감동적이다. 그것은 모반과 똑같다. 왜냐하면 한 때 포르쉐 운전자는 자신의 배타성과 스스로 증오하고 멀리했던 평범한 사람들 위에 있다는 점을 자랑스러워하는 속물이었다"(FAZ 1991, 5. 1).

유일무이성을 증명하고 자신을 양식화할 수 있을까? 사회의 기능 영역들은 모두 공식적으로 개인성 숭배를 위해 응용될 수 있다. 스포츠, 예술, 과학, 정치는 이를 위해 서로 상이한 방식으로 적합하다. 개인성을 부각시키려는 시도는 제 각각의 매체에서 일어난다. 즉 고도 성과 스포츠 선수들은 승패의 코드에서 자신을 개인화하며, 예술가들은 쇼킹한 예술가로서 독특한 스타일 형성을 통해, 경제기업인들은 가격의 언어로, 정치인들은 희소권력의 지위를 다투는 투쟁에서, 학자들은 자기 구속적이며 구별 짓기를 분명하게 하는 어떤 입장을 취함으로써 개인성을 부각시킨다. 많은 것들이 자기 상연을 위한 작동 공간으로서 적합하지만 모든 것이 공론장에서 개인과 대중의 차이를 보편적이고 직접적으로 시각화하는데 적합한 것은 아니다. 보편적으로 신체 그리고 신체를 중심으로 하는 스포츠가 여기서 특별한 가능성을 제공해 준다.

은밀하게 이루어지는 개인적 탈역설화 전략은 스포츠 내부와 외부에서 평범한 것과 누구나 이용 가능한 것들을 의도적으로 기피하는 방식으로 구체화된다. 적지 않은 이들이 사치품 그리고 이를 통해 희소한 것 속으로 피신함을 통해 자신의 유일무이성을 증명하려고 시도한다.[34] 이러한 경향으로 인해 스포츠는 그와 같은 경향의 대상 문화이자 도구 문화가 되었다(Norden 1992). 값 비싼 로드용 사이클, 산악용 자전거, 운동화, 훈련복 등은 단체복이나 평범한 것을 회피하려는 관심을 잘 보여준다.[35] 모든 상품에는 사용 가치와 교환 가치 외에도 높은 개인화 가치와 구별짓기 가치가 부가되어 있다. 상품 미학은 강제되며 차별화를 생산해야만 한다. 왜냐하면 인간의 구별짓기와 유일

---

34) 스포츠에서 전통과 관습의 기피는 또한 그것이 기대에 대한 이탈로서 진행되고, 개인화 목적을 위한 기준통화로서 매우 유용하게 이용될 수 있다는 장점을 지닌다. "중요한 평준화 기제"(Simmel)로서 화폐는 여기서 역설적으로 새로우며 개인화를 약속하는 다수의 스포츠종목에 참가하기 위한 "열려라 참깨" 구호로서 드러난다.

35) 적지 않은 어린이와 청소년은 그것들이 그들의 탐욕을 일깨우기 때문에 스포츠의 도구문화에서 이와 같은 고급화 경향에 결국 희생자가 된다.

무이성에의 욕망은 평균화된 표현 양식의 동형성에서 채워질 수 없기 때문이다.

값비싼 스포츠 상품들은 특히 재현의 임무를 지닌다. 그것들은 자신의 효력을 일차적으로 상징적인 것의 영역에서 발휘한다. 소형 자동차 가격에 버금가는 자전거는 배타성과 구별짓기적 우월성을 화폐 매체로 표현하려는 의지를 시사한다. 최소한 이런 종류의 "상징 정치"를 위해 높은 비용을 지불할 준비가 되어 있음을 인식할 수 있다. 처음에는 단순히 기능적 목적을 위해 고려된 대상이 미학적 측면에서 고려되며 구별짓기 수단으로 이용된다. 원래의 동기는 사라지거나 뒤로 물러나게 된다. 즉 수단이 자신의 목적으로부터 해방되는 것이다. 왜냐하면 목적은 이미 경계 설정(구별 짓기)을 통해 충족될 수 있기 때문이다.

이것이 1980년대 초반까지 스포츠가 유행이 아니라, 스포츠에 특화된 기능 숙고와 관련되었던 이유인 것으로 보인다. 스포츠에서 과시적인 소비 스타일은 경제적인 능력뿐만 아니라 화폐를 통해 탈역설화를 시도하려고 노력하는 해방된 개인화를 지시한다. 상징적으로 일반화된 화폐 매체의 관여는 분화된 사회에서 개인성을 발달시키고 사회 전체로 확장시킬 수 있는 가능성의 중요한 조건이다. 화폐는 진입 문턱을 낮추고 유일무이성의 역설을 최소한 잠깐이라도 해소하는 데에 도움을 준다. 그것은 새로운 행위 공간을 열어주고, 동시에 시장의 익명성 논리에 의존하도록 만든다.

5. "지위재"로서 유일무이성

유일무이성은 프레드 허쉬(Fred Hirsch 1976)의 의미에서 지위재이다. 갈수록 더 많은 개인들이 개인성을 남보다 더 많이 얻기 위해 노력할수록 개인적 목표 달성이 실현될 가능성은 낮아지게 된다. 개인이 자신의 개인성을 보여줌으로써 충족시키고자 하는 것은, 아마도 강력한 사회적 요소들을 내포하고 있다. 그것은 다른 사람들이 한 것에 의존한다. 개인성은 사회적 확산을 통해 위협받는 재화이다. 예컨대 낯선 스포츠 종목을 수행하거나 특별한 신체적 성과의 달성을 통해 의식적으로 타인과 달리 보이고자 하는 욕망은 이와 동일한 관심을 지닌 사람이 많지 않아야만 비로소 충족될 수 있다. 충족은 그 대상이 희소한 것, 과잉 현상으로 나타나지 않은 것이라야 비로소 실현될 수 있다.

비범성은 안정적으로 유지되기 어렵다. [안정성을 훼손시키는] 선별의 시행만이 희소성을 구조적으로 보장해주기 때문이다. 락 콘서트에서 까치발을 딛고서 더 잘 보려고 애쓴 사람들은 콘서트 장면을 잠깐 동안만 만끽할 수 있다. 잠시 후 그는 모든 주변 사람이 까치발을 하고 있는 공동체 속에 있는 자신을 발견하게 될 것이다. 다같이 까치발을 하지 말자는 집단적 결정만이, 모두를 위한 (상황) 악화와 장딴지 근육의 경련을 막을 수 있을 것이다. 그러므로 개인화 전략은 모두가 자신들의 비범성에 대한 열망을 실현시키려는 노력을 동시에 할 경우에는, 스포츠에서도 한계에 직면하게 된다.

점점 심화되고 있는 스포츠의 내적 분화는 다수의 스포츠 참여자들이 그들의 활동으로부터 이끌어낼 수 있는 개인화의 이득이 극히 제한적이기 때문에 나타난 결과이다. 한 행위자가 아방가르드적인 스포츠 종목의 실행을 통해 얻을 수 있는 자기 만족감은 동일한 스포츠 종목의 실행이 타자에게 줄 수 있는 이득의 조건을 변화시킨다. 그는 동일한 열망을 지닌 사람들에게 있어서 상당한 정도의 보이지 않는 손실을 만들어 내는 것이다. 이상과 같이 개별적 개인화 노력과 자신 및 타자에 대한 한계효용 감소 사이의 연관은 사실 자기 행위에 대한 침묵, 차단, 관찰 불가능성 또는 개인화하는 혼합 행위(브리꼴라지)를 대변해준다. 이미 지적했듯이, 이것은 또한 쉽게 복제될 수 있다. 개인화란 결국 주체가 소통하기를 포기해야만 한다는 것을 의미하거나, 자신의 연출이 타자에 의해 실행되기 전에 재빨리 그것을 변화시켜야만 한다는 것을 의미한다. 자기 자신을 대놓고 특별한 것으로 표현하는 동시에 이것을 소통하고자 애쓰는 사람은 반드시 막다른 골목에 빠질 수밖에 없다. 의식적인 개인화 노력은 그 결과 그 개인이 만들어 내려고 애쓰는 바로 그것의 출현, 즉 순수한 유일무이성의 출현을 방해한다. 개인화 노력이 비교의 차원에서 추구될 때, 의도와는 달리 특수한 형식의 집단적 병합을 낳게 된다.

앞의 두 장에서 보여주었듯이 스포츠는 유일무이성의 역설과 개인성의 지위재적 성격으로부터 다양한 방식으로 이득을 얻는다. 그것들은 말하자면, 스포츠가 자신의 사안적, 사회적, 시간적 변형들의 대부분을 생산하도록 해주는 발전기와 같다. 자신의 사회 환경을 주도면밀하게 관찰하는 문화 및 여가 산업이 이 과정들을 포획하여 고유한 법칙성에 따라 증폭시킨다는 점은 너무도 명백하다. 근대 문학과 예술 영역에서 과거에 높은 평가를 받았던 표현 수단, 기술, 미학 전통이 계속 해체되고 있듯이 스포츠에서도 이와 동일한 방식으로 이전의 "정상적인 것"으로부터의 일탈이 현실화되고 있다.

새로운 것과 익숙하지 않은 것을 지금까지 잘 알려졌던 것으로부터 구별해 내고, 수용된 것과 구조적으로 정착된 것을 거부하는 행위의 배경에는 주류 스포츠에 저항하고 일탈에 동조하려는 의도가 도사리고 있다. 현재의 스포츠에서 평범하고 정상적인 것이 과거-현재의 스포츠에서는 쇼킹하고 일탈적인 것이었다. 그것은 재차 미래의 정상성이 차이로서 응축될 발판이자 도전의 계기가 될 것이다. 철인3종 경기, 산악 자전거, 패러글라이딩, 외발 스키, 자유 암벽등반처럼 그 동안 수용되고 대량 생산된 스포츠 종목들의 성공은, 고삐 풀린 개인의 구별짓기 및 자기주장 노력들이 개인화에 적합한 기도로 관찰되고 복제될 경우에, 일어날 가능성이 매우 희박한 선택들의 안정화에 기여할 수 있다는 점을 분명히 보여준다. 지금까지 수용된 이러한 기준들의 창의적 해체 과정은, 시간 흐름 속에서 올림픽 경기의 프로그램에서 배제되었

거나 새롭게 삽입된 스포츠 종목들의 역사가 보여주듯이 배제 경쟁을 초래한다.[36]

앞서 제시한 진척된 개인화에 관한 가설은 방법론적 개인주의나 사회생활 상황의 심리학화에 대해 말하는 것이 아니다. 사회학의 인식 프로그램은 주체 요소들의 분석을 통해 포기되는 것이 아니라 조금 더 엄밀해지는 것이며, 다른 과학 분야들을 위해 생산적이 되는 것이다. 의심할 바 없이 개인화된 주체들은 "자유롭게 떠다니는 지성"으로서 공간을 자유자재로 움직이는 것이 아니며, 주체성에 대한 자신의 열망을 비교 차원에서 그리고 무제한적으로 표현하기 위해 스스로 원하는 것을 할 수 있다. 가능해진 개인화를 추종하는 개별 인간은 비슷한 방식으로 개인화를 추구하는 동료들과 마주칠 뿐만 아니라, 개인화 요구의 방향을 자신들에게 적합하게 바꾸고 역설적으로 만드는 사회의 기능 영역들 및 구조들과도 조우하게 된다.

6. 다양성의 동일성으로서 스포츠: 전망

지금까지 서술의 목적은 개인화와 사회 분화의 연관을 명료하게 설명하고 그로부터 결과한 현대 인간의 체험 환경을 이념형적으로 약술하고, 신체와 스포츠 같은 사회학의 중심 주제를 그에 상응하여 정리하는 것이었다. 18세기 말 급격하게 시작된, 계급 사회에서 기능적으로 분화된 사회로의 전환은 주체의 체험과 행위를 극단적인 방식으로 변화시켰다는 점을 보여 줄 수 있었다. 이 과정은 아직 완결되지 않았으며 계속해서 그 세력을 확장시키면서

---

36) 배제의 몇 가지 예를 들어 보자. 제자리 삼단 멀리뛰기, 200m 장애물 수영, 투척경기 (25.4kg), 제자리높이뛰기, 곤봉체조, 높이뛰기와 멀리뛰기 승마, 살아있는 비둘기 사격, 줄다리기, 잠영, 스웨덴식 체조 등.

진행되고 있다. 자기관계적인 방향에 맞추어진 합리성의 관철은 인간의 생활 조건을 새롭게 정리하고, 시간 차원에서 가속화 및 시간 기근 경험을 초래했다. 지금까지 원칙적으로 폐쇄된 것으로 경험된 미래는 종교적 해석 기준에 의한 고정에서부터 해방된 이후 개방적이 되었으며, 이로써 위협적인 특징을 띠게 되었고, 체험의 상관 개념으로서 미래적인 현재를 위한 안전추구 경향을 부상시켜 주었다.

사안적인 측면에서 사회 분화는 결정의 선택 다양성을 증가시켰다. 근대적 인간은 이질적인 다수의 주체들과 조우하게 되며, 그 결과 무한한 가능성의 장에서 자신의 정체성과 생활양식을 위험부담을 감수하는 자발적인 결정에 의거하여 스스로 확정하도록 강요받는다. 운송과 소통 활동의 과학 기술화는 전근대 시대에 계속 지역에 묶여 진행되었던 인간의 공간 체험을 혁신적으로 변화시켰다. 공간 이동성이 향상됨으로써 생활 상황과 생활 환경의 분화가 가속화되었고, 변화된 생활 조건으로 말미암아 새로운 종류의 사회적 혼합과 생활 양식이 출현하였다.

사회적 차원과 관련하여 사회 분화로 말미암아 전통적으로 형성되어온 생활세계가 해체되었고, 주체가 역할들에 따라 부분들로 나누어졌다. 인간은 일련의 부분 정체성들을 드러내야만 하며, 이와 같은 다수의 모순적 개입으로부터 동질적인 자아 구조를 습득해야 하는 문제에 직면하게 되었다. 초개인적으로 수용되는 세계 해석이 부재한 상황에서 이상과 같은 변화는 문제가 많은 것으로 나타난다. 자유와 자아실현, 아울러 파편화, 방향 상실, 불안, 동일성을 부여하는 수단 결여 등의 느낌이 그 결과이다.

개인과 환경의 관계가 크게 변화하면서 개인의 성격과 주체의 체험도 대폭 바뀌었다. 복잡화되고 불투명해진 복합적 세계에 대한 인간의 관여가 심리적 내부 세계를 형상화하였고, 지속성, 일관성, 응집성에서 위험 부담이 따르는 정체성을 구축하도록 강요했다. 이상의 분석을 따르자면 개인화는 까다로운 과제이다. 주체에게 있어 피해갈 수 없는 것은 외면적으로 모순 있는 행동 기대들 및 가능성들과 더불어 사는 법을 배우는 일이다. 개인의 자유가 증가하면서 의존성도 함께 상승한다. 의식의 주체성은 지금까지 알려져 있지 않은 차원들로 진입하며, 동시에 보다 강화된 사회 제도들을 통한 외부 통제를 감수해야만 하고, 예기치 못한 압력과 평준화를 지닌 사람들과 부딪히게 된다. 근대의 주체는 높은 정도의 역설 능력과 역설 감수 능력을 갖추어야만 한다. 신체 및 개인을 지향하는 사회체계들의 등장은, 기능적으로 분화된 사회가 자신의 개인환경을 전적으로 무시하지 않기 위해서는 직접성, 진정성, 안전을 위한 도피 지점을 제공해 주어야 한다는 점을 잘 보여준다.

사회의 근대화가 계속해서 진행되면서 거의 모든 사회의 기능 영역들이 그 새 고삐 풀린 개인화 물결의 강력한 영향을 받게 되었으며, 자유롭게 부유하는 결합 능력들의 탈전통화 과정 및 그 결과들과 마주하게 된 것으로 보인다. 사람들은 바로 이 현존하는 기능체계들과 그것들의 기호 및 상징 세계를 그들의 대안적 시도의 실현을 위한 도약대로 이용한다. 이치적=値的으로 구조화된 사회의 사회적 체계들이 제3의 입장들을 효과적으로 배제하는 곳에서, 이 배제된 입장들은 노골적으로 구별짓기 지향적 개인화 추구를 자청하고 나선다. 그들은 포함되고 배제된 제3자로서 임의적인 혼합 상황을 승인해줄 수 있으며, 유일무이성을 만들어내려는 노력들을 이끌어 올 수 있다.

조직화된 스포츠는 이러한 과정의 결과로 인해 지지 기반이 있는 정당이나 교구 교회와 같이 상당한 정도로 개인화된 결정들과 예측 불가능성을 예측해야만 한다. 종교적 이단들의 출현, 항의 선거행동, 가족적 친밀성의 영역에서 전통적 생활형식 및 친교 형식에 대한 거리두기, 소비의 개인화 등은 빠른 결속의 수용과 다양한 의미 해석들 사이의 진동이 그동안에 개인에게 시간적, 사안적, 사회적 연계 능력을 보장해주는 사회적 덕목이 되었음을 입증해준다. 성과, 금욕, 전통적 가치들에 대한 순종을 후원하는 전래적 주도 프로그램들은 스포츠에서도 억압 당하고 있으며, 변화된 정체성 지형에 적응되어야만 한다. 사람들은 공급된 스포츠들을 관찰하고, 자기과시, 즐거움, 순수성, 건강, 자연성, 비구속성과 같은 새로운 의미 기준들에 친화력을 지니고 있는지 또는 이러한 의미 기준들을 허용하는지 점검한다. 그들은 또한 새로운 활동들을 고안해내거나, 지금까지의 활동이 충분하지 않을 경우에 옛 활동들을 소급하여 그 코드를 변경한다.

스포츠는 오랫동안 거의 독점적으로, 마치 경쟁 자본주의적 방식으로 개인적인 자기준거를 획득할 수 있었던 행위 영역을 대표한다. 유일무이성에의 접근은 일차적으로 성과에 근거하여, 즉 시합, 구조적 희소성, 영속적인 불평등의 생산에 근거하여 이루어졌다. 이념형적으로 순수한 형식에 있어서 성과 스포츠는 이와 같은 구별 짓기 지향적 개인화 개념을 대표한다. 성과 스포츠는 주체성의 양식화를 위하여 승리와 패배의 차이 도식을 이용한다. 예외 없이 '우월한/열등한'이라는 성과 코드에 근거하여 작동하는 이러한 구식 개인화 모형은 사회의 근대화 과정과 이 과정과 조응하는 심리적이며 신체적인 효과들이 나타난 결과 1970년대와 1980년대부터 같은/다른, 자연적인/인공적인, 재미/진지함, 건강/질병과 같은 차이들을 지향하는 전략들로 보완되었다. 전통적인 스포츠는 성과와 무관하게 개인성을 과시할 수 있는 기회를 거의 제공해주지 못했다. 한편 오늘날 육상 트랙이나 실내 경기장, 스키 슬로프 등지에서 관찰되는 현란한 색채의 차림새와 별난 옷차림은 신체에 고정된 유행과 상징을 수단으로 하여 지금까지 이런 차림을 허용하지 않았던 종목들에 독특성을 이전시키려는 시도를 나타낸다(사례: 1960년대 단거리 선수들의 옷차림 유행과 1980년대 단거리의 미학을 비교할 것).

그 이후에는 여러 조건들이 다양하게 뒤섞이는 관계들이 만들어졌다. 구별 짓기에 적합한 스포츠 종목들은, 다른 존재라는 점을 보장해주고 동시에 성과, 미학, 희소성을 기반으로 하는 개인화를 가능하게 해주었다. 새로운 시도는 먼저 스포츠의 주변부에서 시작되었고, 상응하는 수요가 창출되면 스포츠의 중심 영역으로 진입할 수 있었다. 그 이후 이 종목들은 거꾸로 오래 전부터 스포츠를 지원해 왔던 기관들에게 변화된 상황에 적응하도록 강요하기 시작한다.

그러므로 개인화 과정들은 의식의 층위에서만 표출되는 것은 아니다. 그것들은 그 동안에 조직의 층위에도 영향력을 행사했다. 체력 센터, 각양각색의 조야한 리그들, 달리기 모임들, 여러 가지 즉흥적인 야외 활동들은, 스포츠 클럽이 아닌 곳에서도 이미 구조 형성 특징들을 실현할 수 있음을 고려할 계기를 제공해 준다. 유럽 이외의 지역에서 유래한 운동 형식들과 명상 기술들 외에도 1970년대부터 고전적 스포츠 종목들 보다 더 강하며 주체성 과시의 이상과 밀접하게 관련된 종목들이 출현하였다. 조깅, 파도타기, 에어로빅, 보디빌딩, 산악자전거 타기, 그 밖의 신체 활동의 유행들은 그 수행자들에게 필요에 따라 집단 내에서도 외롭게 있을 수 있도록 허락해 준다. 이 종목들은 클럽에의 구속을 요구하지 않으며, 복잡한 사회들의 분할된 시간 구분과 쉽게 일치될 수 있고, 무보수로 함께 일해야 할 의무를 면제시켜준다. 이상에서 언급한 종목들은 다른 종목들보다 개인성의 코드에 더 근접해 있기 때문에, 높은 수요를 누릴 수 있게 된다.[37]

오랫동안 의문의 여지가 없었고 확고한 것으로 규정되었던 전통적 스포츠는 진척된 개인화 과정의 틀 속에서 다른 스포츠 종목들을 통해 보완되었다. 클럽과 협회는 이러한 상황에 내부적으로 적응해야만 했으며, 대안적인 스포츠 공급자들은 이로부터 직업과 돈벌이 기회를 얻을 수 있게 되었다. 기존의

---

37) 예컨대 에어로빅은 소리, 리듬, 에로틱한 복장, 자기상연을 극적으로 연결시키는 운동 종목이자 의미 해석을 나타낸다. 빠른 리듬과 음악을 배경으로 하는 일련의 연습 과정은, 관찰자로 하여금 리얼리티가 된 비디오 클럽 속에 자신이 있고, 이 스포츠 훈련이 영화 연출에 따라 진행되며, 광고의 이미지들과 동일해진 것이라는 인상을 갖도록 해 준다.

책임 기관(클럽과 협회: 역주)을 가까이할 지 멀리할 지를 결정하는 일은 결국 개인화된 행위자들의 자율에 속하는 문제가 되었다.

상업적인 스포츠 센터의 폭넓은 확산으로부터 유추해 낼 수 있는 것은, 바로 이 조직 형식이 시장에서 개인화된 인간들이 갖고 있는 느슨하고 자연스런 인간 관계에의 욕구나 심미성, 신체 양식화와 자기연출에의 욕구를 동시에 충족시켜줄 특별한 실행 기회를 제공해 준다는 점이다. 개인화된 인간은 이를 위해 그에 상응하는 비용을 지불할 준비가 된 것이다. 고객은 여기에서 클럽 중심적인 전통적 스포츠 도덕을 따를 필요가 없기 때문에 비용을 지불한다. 이러한 조직들 밖에서 관찰되고 있는 것과 같은 한시적인 공동체들은 전통적인 관심에서 해방된 행위자들을 숨겨줄 수 있는 신부족적인 사회 형식을 제공한다. 자신의 주체성을 펼쳐보이고자 하는 소망이 형식적 조직의 강요와 자발적 연합의 강요 저편에서 더 잘 성취될 수 있다는 점은 너무나도 분명하다. 소규모 그룹들이 생활세계와 사회의 상호 이탈을 유지시켜주는 과제를 떠맡는다.[38]

클럽 이외의 스포츠 조직들은 제도적 "매칭matching"의 틀 내에서 새로운 욕구들을 예민하게 지각하려고 노력하며, 이것을 시장성 있게 만들기 위해 특별한 성과의 형식으로 저장하려고 시도한다. 이와 같은 지엽적 경향에 대한 의미론은 그것 하나만으로도 이미 전통적 스포츠관으로부터의 이탈 경향을 충분히 보여준다. 이곳에 모인 개인들은 나중에 있을 시합을 준비하기 위해 훈련하는 것이 아니다. 라이프니츠Leibniz식으로 표현하자면 상업적 스포츠 시설은 근대적 단자들Monaden에게 하나의 새로운 경험 공간을 마련해준다. 그 경험 공간은 한편으로 미래주의적인 기계 기술과, 다른 한편으로 자기를 이상적으로 가꾸어나가는 작업을 수행할 수 있는 영리하게 설계된 주변세

---

[38] 일상적 사례들에 대해서는 크노브라우흐(Knoblauch 1988)와 비교할 것.

계의 종합이다. 공간적 환경의 신비화Auratisierung는 노력의 평범성Trivialität을 보충해준다.

여기에서 코드화된 문화적 제약들을 통한 자기 설계가 능숙하게 이루어지며, 신체 표현의 미학 역시 정당한 권리를 보장받는다. 이렇게 볼 때 피트니스 스튜디오 같은 조직들이 개인화 과정을 중지시키지 않고 오히려 가속화시킨다는 점은 분명하다. 피트니스 스튜디오의 사면 벽에 설치된 거울들은 공간이 넓어 보이도록 만들어주는 역할만 하는 것이 아니다. 그것은 오히려 말로 하지 않고서도, 일어나는 일들에 시각적으로 참여할 수 있게 해준다. 거울은 근대의 감각 위계에서 본다는 것과 눈의 우위를 말해주는 지표이다. 거울은 그것을 바라보는 사람들을 복제하여 여럿으로 만들어준다. 그것은 자기 자신에게 몰두하여 시간을 보내는 자아도취증의 중심적 은유로도 거론되는데, 그렇게 거론되는 데에는 합당한 이유가 있다. 거울 안을 들여다보는 통제의 시선은 이상상理想像과 존재의 차이, 자기와 집단적 모범 사이의 차이의 관점에서 자신의 외모를 검증하는 데에 기여한다.

피트니스 스튜디오는 그곳에 들어서는 사람들이 그들의 개인성을 서술하는 데에 있어서 확실하게 인정을 받을 수 있다는 것을 보장해준다. 갈색으로 몸을 태운 균형 잡힌 몸매의 여배우가 곱게 화장한 채, 땀을 흠뻑 흘리기 위해 이 공간에 들어섰을지라도 아무도 비웃지 않는다. 전통적 스포츠 미학으로부터의 일탈이 모두가 지향하는 규칙이 되어버린 이곳에서 이러한 행동은 전혀 조롱거리가 되지 않는다. 오히려 1960년대 스포츠를 지배했던 구식 스포츠 미학, 즉 "훈련복Blaumaun"이나 미국산 "땀복fruit-of-the-loom" 차림으로 스포츠센터에 나타나는 사람들이 웃음거리가 될 가능성이 높다. 피트니스 스튜디오에서 획기적인 유행의 옷차림이 등장하는 것에 대해 놀랄 필요는 없다.

스포츠 공급의 다양화는 이러한 맥락에서 여가스포츠참가자 역할의 특수성을 반영하고 있다. 여가스포츠참가자는 언제든 스포츠활동에서 탈퇴할 수 있다. 스포츠조직은 이와 같은 회원들의 요구에 반드시 적응해야만 한다(Schimank 1992:41). 적응하지 못할 경우에 스포츠 조직의 시장 점유율은 계속해서 유지되거나 향상되지 못할 것이다. 사회적 체계들에서 성과를 수행하는 역할이, 예를 들어 전문가가 아니라 아마추어에게 주어지는 곳에서는(반대 사례: 건강체계 내지 보건체계), [역할로부터] 도피하거나 벗어날 가능성들이 존재하며, 그러한 가능성들로 인해 협력 기관들의 차원에서 적응은 필수적인 것이 된다. 사안 차원에서 내적 분화 과정이 진행되면, 지금까지의 사안 관리자는 자신의 전문성 독점을 잃지 않고자 할 경우 재통합 압력을 받게 된다.

점증하는 스포츠체험의 개인화가 지불해야 할 대가는 일치 대신 불일치이며, 내적 다맥락 영역성과 등위질서화이고, 그것은 개별 스포츠 이해의 지배권 상실을 의미한다. 따라서 근대 스포츠를 구성하는 것이 무엇인가의 물음에 정확하게 대답하기가 점점 더 어려워지고 있다. 만일 이 행위 영역이 ― 자기실현의 다양한 희망을 관철시킬 영역으로서 등장하며 ― 주체성에 대한 요구들이 뚜렷해진 상황과 관련하여 분절적으로 분화되고, 그럼으로써 다양하게 나타나고, 항상 새로운 영향력 행사 가능성을 자신에게 부여할 수 있다면, 이 행위 영역은 이러한 새로운 의미 도약의 단계들 뒤로 사라질 위협에 처하게 된다.[39] 그 결과 많은 가능성 지평들이 동시적으로 나타남으로써 스포츠의 동일성을 파편화시킬 개연성은 상당히 커지게 된다.

스포츠는 이상에서 기술한 방향으로 발달하면서 더욱 다양해지고, 변화무쌍해지며, 더 많은 인기를 누리게 된다. 스포츠의 전통적 윤곽은 점점 더 희

---

[39] 비교불가능성에 대한 소망은 이목끌기 운동의 결과 공간 차원에서도 실행되면서 스포츠체험의 개인화는 자연에 대한 새로운 무리한 요구의 형식들을 위해 애쓴다(예: 산악자전거 타기, 윈드서핑). 공간 차원에서 탈-역설화의 시도는 그것이 외부 관찰자로부터 벗어날 수 없을 때 빠르게 민주화되고 독차지된다.

미해진다. 이용자들을 위한 대안적 가능성은 무한하게 커지면서, 선택 또한 때로는 고통이 될 수 있다. 복수성은 독일 스포츠협회 산하의 각 종목별 협회로 하여금 스포츠를 일관되지 않은 것으로 기술하도록 교란하고 강요한다. 복수성은 또한 스포츠가 어떤 방향으로 발전해나가야 할 것인지에 대해 아무런 대답을 주지 못한다. 스포츠 개념은 동일성이 이미 오래 전부터 존재하지 않거나 기껏해야 다양성의 동일성으로서 나타나게 되는 곳에서 동일성을 선포한다. 과거의 상황을 그리워하는 외침은 여러 곳에서 터져 나오고 있으며, 가끔은 독단적으로 들리기도 하지만, 이것은 조직화된 스포츠가 고삐 풀린 개인화의 조건 하에서 더 이상 역설적이지 않은 것으로 관찰될 수 없다는 사실에 대한 반응이다. 스포츠의 복잡성 상승은 위르겐 하버마스의 포스트모던 논의의 분석에 빗대어 표현하자면, 다시 주제로 다루어야 할 "새로운 불투명성"을 낳았다. [이러한 조건에서] 스포츠 사회학은, 이러한 신체지향적인 사회적 영역과 그 영역에 모여든 행위자들이 자기 자신을 관찰하고자 시도할 때 자기 자신에 관해 볼 수 없는 것을 관찰하는 분과로서 스스로를 추천한다.

참고문헌

Beck, Ulrich, 1983: "Jenseits von Klasse und Stand? Soziale Ungleichheit, gesellschaftliche Individualisierungsprozesse und die Entstehung sozialer Formationen und Identitäten". In: *Soziale Welt, Sonderband 2.* Göttingen: Schwartz & Co., 35-74.

――――, 1986: *Risikogesellschaft. Auf dem Weg in eine andere Moderne.* Frankfurt am Main: Suhrkamp.

Beck-Gernsheim, Elisabeth, 1986: "Von der Liebe zur Beziehung? Veränderungen im Verhältnis von Mann und Frau in der individualisierten Gesellschaft". In: *Soziale Welt, Sonderband 4.* Göttingen: Schwartz & Co., 209-233.

Bell, Daniel, 1973: *The Coming of Post-Industrial Society.* A Venture in Social Forecasting. New York: Alfred A. Knopf.

Benjamin, Walter, 1936: *Das Kunstwerk im Zeitalter seiner technischen Reproduzierbarkeit. Drei Studien zur Kunstsoziologie.* Frankfurt am Main: Suhrkamp, 1977.

Berger, Peter. L., 1994: *Sehnsucht nach Sinn. Glauben in einer Zeit der Leichtgläubigkeit.* Frankfurt am Main/New York: Campus.

Bertram, Hans und Reriate Borrmann-Müller, 1988: "Individualisierung und Pluralisierung familialer Lebensformen". In: *Aus Politik und Zeitgeschichte 13*, 14-23.

Bette, Karl-Heinrich, 1989: *Körperspuren. Zur Semantik und Paradoxie moderner Körperlichkeit.* Berlin/New York: de Gruyter.

Bilden, Helga und Angelika Diezinger, 1984: "Individualisierte Jugendbiographie? Zur Diskrepanz von Anforderungen, Ansprüchen und Möglichkeiten". In: *Zeitschrift für Pädagogik 30*, 191-207.

Bourdieu, Pierre, 1979: *Die feinen Unterschiede. Kritik der gesellschaftlichen Urteilskraft.* Frankfurt am Main: Suhrkamp, 1984.

Brose, Hanns-Georg und Bruno Hildenbrandt, 1988: "Biographisierung von Erleben und Handeln". In: Dies. (Hg.), *Vom Ende des Individuums zur Individualität ohne Ende.* Opladen: Westdeutscher Verlag, 11-30.

Bruckner, Pascal und Alain Finkielkraut, 1981: *Das Abenteuer gleich um die Ecke. Kleines Handbuch der Alltagsüberlebenskunst.* München/Wien: Knaur.

Bude, Heinz, 1990: "Das geschlossen-nervöse Selbst in der Welt des Sinns. Niklas Luhmann und Pierre Bourdieu im Vergleich". In: *Merkur, 44. Jg.*, Heft 5, 429-433.

Cachay, Klaus, 1990: "Versportlichung der Gesellschaft und Entsportung des Sports - Systemtheoretische Anmerkungen zu einem gesellschaftliehen Phänomen". In: Hartmut Gabler und Ulrich Göhner (Hg.), *Für einen besseren Sport... Themen, Entwicklungen und Perspektiven aus Sport und Sportwissenschaft.* Schorndorf: Hofmann, 97-113.

Cohen, Stanley und Laurie Taylor, 1977: *Ausbruchsversuche. Identität und Widerstand in der modernen Lebenswelt.* Frankfurt am Main: Suhrkamp.

Coleman, James S., 1982: *Die asymmetrische Gesellschaft. Vom Aufwachsen mit unpersönlichen Systemen.* Weinheim/Basel: Beltz, 1986.

Dreitzel, Hans Peter, 1968: *Die gesellschaftlichen Leiden und das Leiden an der Gesellschaft. Vorstudien zu einer Pathologie des Rollenverhaltens.* Stuttgart: Thieme.

Edgely, Charles, Betty Turner und Ronny Turner, 1982: "The Rhetoric of Aerobics: Physical Fitness as Religion". In: *Free Inquiry in Creative Sociology, 10. Jg.*, Nr. 2, 187-196.

Elias, Norbert, 1939: *Über den Prozeß der Zivilisation. Soziogenetische und psychogenetische Untersuchungen Bd. I und II.* Frankfurt am Main: Suhrkamp, 1978.

Gieseler, K., Ommo Grupe und Klaus Heinemann (Hg.), 1988: *Menschen im Sport 2000. Dokumentation des Kongresses »Menschen im Sport 2000«.* Schorndorf: Hofmann.

Guggenberger, Bernd, 1984: "Wenn Liebe zur Beziehung wird". In: *CIVIS*, Sept., 51-62.

Hahn, Alois, 1987: "Identität und Selbstthematisierung". In: Ders. und Volker Kapp (Hg.), *Selbsthematisierung und Selbstzeugnis: Bekenntnis und Geständnis.* Frankfurt am Main: Suhrkamp, 9-24.

———, 1988: "Kann der Körper ehrlich sein?" In: Hans Ulrich Gumbrecht und K. Ludwig Pfeiffer (Hg.), *Materialität der Kommunikation.* Frankfurt am Main: Suhrkamp, 666-679.

Hassan, Ihab, 1987: "Pluralismus in der Postmoderne". In: Dietmar Kamper und Willern van Reijen (Hg.), *Die unvollendete Vernunft. Moderne versus Postmoderne.* Frankfurt am Main: Suhrkamp, 157-84.

Heinemann, Klaus, 1989: "Der 'nicht-sportliche' Sport". In: Knut Dietrich und Klaus Heinernahn (Hg.), *Der nicht-sportliche Sport. Beiträge zum Wandel im*

Sport. Schorndorf: Hofmann, 11-28.

Herlyn, Ingrid und Ulrike Vogel, 1989: "Individualisierung: Eine neue Perspektive auf die Lebenssituation von Frauen". In:. *Zeitschrift für Sozialisationsforschung und Erziehungssoziologie 3*, 162-178.

―――, 1991: "Individualisierungskonzept und Analyse weiblicher Lebensformen". In: Wolfgang Glatzer (Hg.), *Die Modernisierung moderner Gesellschaften, 25. Deutscher Soziologentag 1990.* Opladen: Westdeutscher Verlag, 140-143.

Hirsch, Fred, 1976: *Die sozialen Grenzen des Wachstums. Eine ökonomische Analyse der Wachstumskrise.* Reinbek bei Hamburg: Rowohlt, 1980.

Hitzler, Ronald, 1985: "Und Adam versteckte sich. Privatheit und Öffentlichkeit als subjektive Erfahrung". In: *Soziale Welt, 36. Jg.*, 503-5I8.

―――, 1991: Der banale Proteus. "Eine »postmoderne« Metapher?" In: Helmut Kuzmics und Ingo Mörth (Hg.), *Der unendliche Prozeß der Zivilisation. Zur Kultursoziologie der Moderne nach Norhert Elias.* Frankfurt/New York: Campus, 219-228.

Honneth, Axel, 1988: "Soziologie. Eine Kolumne". In: *Merkur*, 42. Jg., Nr. 470, 315-319.

Horkheimer, Max und Theodor W. Adorno, 1947: *Dialektikder Aufklärung.* Amsterdam: Querido Verlag.

Inglehart, Ronald, 1977: *The Silent Revolution: Changing values and political styles among western publics.* Princeton: University Press.

―――, 1981: "Wertwandel in den westlichen Gesellschaften: Politische Konsequenzen von materialistischen und postmaterialistischen Prioritäten". In: Helmut Klages und Peter Kmieciak(Hg.), *Wertwandel und gesellschaftlicher Wandel.* Frankfurt am Main/New York: Campus, 279-316 (erstmals 1979).

Joas, Hans, 1988: Das Risiko der Gegenwartsdiagnose". In: *Soziologische Revue II*, 1-6.

Kellner, Hansfried und Frank Heuberger, 1988: "Zur Rationalität der »Postmoderne« und ihrer Träger". In: Hans-Georg Soeffner (Hg.), *Kultur und Gesellschaft. Soziale Welt, Sonderband 6.* Göttingen: Schwartz & Co., 325-337.

Klages, Helmut, 1988: *Wertedynamik. Über die Wandelbarkeit des Selbstverständlichen.* Zürich/Osnabrück:. Edition Interfrom.

Knoblauch, Hubert, 1988: "Wenn Engel reisen... Kaffeefahrten und Altenkultur". In: Hans-Georg Soeffner (Hg.), *Kultur und Alltag. Soziale Welt, Sonderhand 6.* Göttingen: Schwartz & Co., 397-411.

Lasch, Christopher, 1979: *The Culture of Narcissism. American Life in an Age of Diminishing Expectations.* New York: W. W. Norton &·Company.

Levi-Strauss, Claude, 1966: *The Savage Mind*. Chicago: University Press; deutsche Ausgabe: *Das wilde Denken*. Frankfurt am Main: Suhrkamp 1968.

Luhmann, Niklas, 1984: *Soziale Systeme. Grundriß einer allgemeinen Theorie*. Frankfurt am Main: Suhrkamp.

———, 1987: "Die gesellschaftliche Differenzierung und das Individuum". In: Thomas Olk und H.-U. Otto (Hg.), *Soziale Dienste im Wandel, I. Helfen im Sozialstaat*. Neuwied/Darmstadt: Luchterhand, 121-137.

———, 1989: "Wahrnehmung und Kommunikation sexueller Interessen". In: Ralf Gindorf und Erwin J. Haeberle (Hg.), *Sexualitäten in unserer Gesellschaft. Beiträge zur Geschichte, Theorie und Empirie*. Berlin und New York: de Gruyter, 127-138.

———, 1990: *Die Wissenschaft der Gesellschaft*. Frankfurt am Main: Suhrkamp.

——— und Peter Fuchs, 1989: *Reden und Schweigen*, Frankfurt am Main: Suhrkamp.

Lukacs, Georg, 1919: *Die Theorie des Romans. Ein geschichtsphilosophischer Versuch über die Formen der großen Epik*. Neuwied/Darmstadt: Luchterhand 1962.

Maybury-Lewis, David, 1970: "Science or bricolage?" In: E. Nelson Hayes und Tanya Hayes (Hg.), *Claude Lévi-Strauss: The Anthropologist as Hero*. Cambridge und London: The M. I. T. Press, 150-163.

Mozetic, Gerald, 1991: "'Der Mann ohne Eigenschaften' und die Zwänge der Moderne. Ein soziologischer Beitrag aus zivilisationstheoretischer Perspektive". In: Helmuth Kuzmics und Ingo Mörth (Hg.), *Der unendliche Prozeß der Zivilisation. Zur Kultursoziologie der Moderne nach Norbert Elias*. Frankfurt/New York: Campus, 153-171.

Münch, Richard, 1991: *Dialektik der Kommunikationsgesellschaft*. Frankfurt am Main: Suhrkamp.

Norden, Gilbert, 1992: "'Der Atter-Ski um 9000 Schilling verkauft sich gut - zum Schifahren wird er kaum verwendet.' Empirische Daten und Analysen zum Sportartikelkonsum am Beispiel Österreich". In: Roman Horak/Otto Penz (Hg.), *Sport: Kult & Kommerz*. Wien: Verlag für Gesellschaftskritik, 157-184.

Ostner, Ilona, 1986: "Prekäre Subsidiarität und partielle Individualisierung-Zukünfte von Haushalt und Familie". In: *Soziale Welt, Sonderband 4*. Göttingen: Schwartz & Co., 235-259.

Riesman, David, 1950: *Die einsame Masse. Eine Untersuchung der Wandlungen des amerikanischen Charakters*. Reinbek bei Hamburg: Rowohlt, 1968.

Rittner, Volker, 1986: "Körper und Körpererfahrung in kulturhistorisch-gesellschaftlicher Sicht". In: Jürgen Bielefeld (Hg.), *Körpererfahrung. Grundlage menschlichen Bewegungsverhaltens*. Göttingen/Toronto/Zürich: Hogrefe,

125-155.

——— und Joachim Mrazek, 1986: "Neues Glück aus dem Körper". In: *Psychologie Heute, H. II*, 54, 56, 57-59, 61-63.

Schimank, Uwe, 1985: "Funktionale Differenzierung und reflexiver Subjektivismus. Zum Entsprechungsverhältnis von Gesellschafts- und Identitätsform". In: *Soziale Welt, 36. Jg.*, H. 4, 447-465.

———, 1987: "Biographischer Inkrementalismus: Lebenslauf-Lebens-erfahrung-Lebensgeschichte in funktional differenzierten Gesellschaften". In: Jürgen Friederichs (Hg.), *Technik und sozialer Wandel. 23. Deutscher Soziologentag*. Opladen: Westdeutscher Verlag, 436-443.

———, 1988: "Biographie als Autopoiesis - Eine systemtheoretische Rekonstruktion von Individualität". In: Hanns-Georg Brose und Bruno Hildenbrandt (Hg.), *Vom Ende des Indiyiduums zur Individualität ohne Ende*. Opladen: Westdeutscher Verlag, 55-72.

———, 1992: "Größenwachstum oder soziale Schließung? Das Inklusions-dilemma des Breitensports". In: *Sportwissenschaft, 22. Jg.*, H. I, 32-45.

Schluchter, Wolfgang, 1996: *Unversöhnte Moderne*. Frankfurt am Main: Suhrkamp.

Serres, Michel, 1981: *Der Parasit*. Frankfurt am Main: Suhrkamp (erstmals 1980).

Simmel, Georg, 1957: "Die Großstädte und das Geistesleben". In: Ders., *Brücke und Tür. Essays des Philosophen zur Geschichte, Religion und Gesellschaft. Im Verein mit Margarete Susmann, hg. von M. Landmann*. Stuttgart: Koehler, 227-242.

Thadden, Elisabeth von, 1995: "Auf vielen Füßen leben. In: *Kursbuch 121*, Spt. 1995, 27-38.

Weber, Max, 1917: "Der Sinn der 'Wertfreiheit' der soziologischen und ökonomischen Wissenschaften". In: *Logos, Bd. 7*, 40-88.

Welsch, Wolfgang, 1991: "Subjektsein heute. Überlegungen zur Transformation des Subjekts". In: *Deutsche Zeitschrift für Philosophie*, 39, Jg., H. 4, 347-365.

Young, Edward, 1759: *Conjectures on Original Composition, zitiert nach: The complete works*. London 1854, Nachdruck Bildesheim 1968, Bd. II, 547-561.

제6장 | 아스팔트 문화:
도시 공간의 스포츠화와 축제화에 대하여

대도시의 거리공간은 인간과 화물의 빠른 운송만을 위해 존재하는 것은 아니다. 경제체계가 도시 내부에서 상시적으로 반복되는 리듬에 따라 열렸다 닫히면 퇴근시간을 전후하여 도시중심가도 사람들로 채워졌다가 비워지기를 반복한다. 그렇다고 공적 거리 공간이 오직 경제의 전유물만은 아니다. 이 점은 경제 이외에도 다수의 기능 영역들이 존재하고 있는 분화된 사회에서도 전혀 다르지 않다. 성축제일에 신도들에게 종교적 상징물을 친근하게 만들어 줄 목적으로 행렬을 준비 중인 종교 단체들은 거리와 광장을 활용한다. 도시의 공공성Öffentlichkeit은 이 경우에 현세에서 초월적인 것을 재현하기 위한 장이 된다. 정치적 동기를 지닌 파업은 원활한 교통의 흐름을 방해하며, 국가 기관의 결정에 대한 반대 의사와 저항 의지를 표명한다. 군부대의 행진은 군부의 권력과 폭력 가능성을 과시하기 위해 대로를 찬탈하며, 일사불란한 행진 가운데 개인적인 것을 소멸시킨다. 펑크족은 [페스티발이나 카니발 같은] 무질서의 날에 난동을 부리고, 진압 경찰에게 격렬하게 저항함으로써 휴식과 질서를 원하는 대중의 욕구를 방해한다. 수십만 명에 달하는 열광적인 청소년은 여러 날 동안 진행되는 러브-퍼레이드Love-Parde 동안, 테크노 리듬과 엑스타시 알약에 힘입어 미친 듯 춤을 추며, 도시 번화가에서 그 어떤 믿음도 따르고자 하지 않는 자신들만의 역설적 신앙을 과시한다. 그들에게 있어서 공개된 거리에서 실현되어야만 하는 근대적 아프리오리는 재미이다. 카니발 행렬은 현세의 권력자들이 풍자적 관점에서 전도되어 나타날 수 있으며 그에 부합하게 조롱의 대상이 될 수 있음을 매년 주지시켜 준다. 예술 부문 역시 가끔씩 거리 공공 영역을 장악해 고유한 소통을 이곳저곳 투사하여, 도시가 미래에 어떻게 나타나는 것이 바람직하거나 우려할 만한 지를 가령 풍자적이거나 계시록적인 서술 방식으로 지시한다.[1] 거리는 영화 속의 가상 세계에서 가장 선호될 뿐 아니라 종종 변화의 취향을 자극할 수 있는 주제이다. 역마차와 기차를 주제로 삼았던 영화의 계승자로서 로드무비는 영속적인 운동의 모험과 속도 탐닉에 대한 이야기를 전해준다(Heinzlmeier/Menningen/Schulz 1985). 로드무비는 길거리 싸움꾼, 트럭 운전자, 로크족(대개 검은 가죽옷 차림의 오토바이 폭주족 집단: 역자 주), 조직 폭력배, 일탈자로서 방랑 중이거나 인간과 기계의 공생체로서 공간을 종횡무진하는 자들의 삶과 애환을 그린다.

이상의 사례가 명시적으로 보여주듯이, 거리는 물질적으로 객관화된 근대의 묘사로서 단 하나의 주인에게만 봉사하지 않는다. 물론 특정 사회 영역들이 정복자적인 제스처와, 속도와 활용에 대한 상응하는 생각을 갖고 이 공간 차원을 점령한 후 [다른 사회 영역들에 의한] 재정의와 재점령에 맞서 완강하

---

[1] 1960년대 말과 1970년대 초 로스엔젤레스 예술 스쿼드(LA Fine Arts Squard)는 "예술을 도시 거주자의 대변자이자 생활의 일부로 만들려고" 노력했다. 로덴베르그(Rodenberg 1994: 101)를 볼 것.

게 저항하는 경우가 있을 수도 있다. 교통 통행로에서 게임을 하거나, 명상에 몰두하거나, 구조조정 반대 연좌봉쇄 시위를 실행하고자 하는 사람은 즉시 경찰에 의해 도로 밖으로 이끌려나온다. 이상에서 언급하였듯이, 도시공간은 사회의 근대화 과정이 진행되면서 늘 다시금 새롭게 정의되어왔다. 거리의 물질성은 의미 차원에 자리 잡은 갈등들이 반영되는 투사 지점이 된다. 서로 다른 견해들의 공존이 항상 성공적인 것은 아니기 때문이다. 거리가 상이한 사회적 영역에 속한 사회적 유형들을 통해 동시에 이용된다는 사실이 증명하는 것처럼, 거리는 방비책이 마련될 경우 동시성의 장소가 될 수 있다.

새로운 의미가 선호되거나 신기술이 등장하고, 과거의 취향과 정향들이 더 이상 반향을 얻지 못하면 공적 공간의 이용에서 축출과 상실 및 재평가와 이익이 생겨난다. 예컨대 세속화 과정이 전통적인 교구 교회에게서 경제적 힘과 정치적 힘을 박탈하여 약화시켰고, 그 결과 교구 교회의 공간 이용이 바뀌었다.[2] 세속적인 것이 성스러운 것을 추방시켰다. 20세기 초 자동차가 승전고와 함께 정복자로 등장하면서 도시에서 굽은 곳, 좁은 곳, 구불구불한 곳, 꾸물대는 곳이 가차 없이 내몰렸다. 그렇지 않았다면 속도에 대한 새로운 생각과 이동성에 대한 요청이 실현될 수 없었을 것이다. 최근에 일어나는 거리 교통의 탈가속화, 자전거 도로로 인한 차로의 협소화, 아스팔트 도로의 재 자연화 등에 관한 논의는 근대사회가 자기 자신에 대한 반응에서 자신의 공간 규정을 차별적으로 변화시킨다는 점을 분명히 보여주고 있다. "도시의 한적함"(Mitscherlich, 1965)에 관한 대화에서 상업과 자동차 문화의 지배 및 이로부터 결과한 도시 중심의 인구감소 및 황폐화가 거론되면서, 도시계획가들은 전통적으로 소란과 판매의 공간으로서 도시의 중심 도로와 시장 광장에 사회 통합 기능을 다시 부여하고자 애쓰고 있다.

---

2) 사회적으로 구성된 공간, 예를 들면 중세 순례 길의 시대 구분에 대해서는 하사우어(Hassauer 1985)를 볼 것.

도시 공간은 뒤늦게 스포츠 공간이 되었다. 도시 공적 공간의 스포츠 공간화를 증명해주는 사람은 조깅자들, 즉 달리기를 지향하는 전위부대로서 피트니스에 대한 관심을 실현하고자 메트로폴리탄 내부 구역을 발견한 조깅자들만이 아니다. 또한 간선도로에서 "행사"를 실행하는 마라토너들만이 도시 공간의 스포츠화를 설명해주는 것이 아니다. 지난 수십 년에 걸쳐 폭 넓고 고도로 분화된 운동 및 신체 문화가 도시에서 발달해 왔다. 도시화된 윈드서퍼로서 스케이트보드 매니아들은 교회와 공공건물 앞의 아스팔트 광장과 거리구조물을 이용하여, 관람 대중에게 뛰어난 솜씨와 신체 묘기를 보여준다. 인라인 스케이터들은 작은 고무바퀴에 의지해 보행자 전용 지역을 사람들 새로 빨리 헤쳐 나가면서, 보행자들을 살아 움직이는 슬랄롬 막대로 도구화한다. 비치발리볼 선수들은 여름철에 인위적으로 설치된 모래판에서 높이 솟아오른 공을 향해 뛰어 오르고, 바닥에 떨어지는 공을 쳐내기 위해 익숙한 솜씨로 슬라이딩한다. 태양, 해변, 삶의 향유의 생생한 종합이라고 할 수 있는 이 시설은 도시 중심의 아스팔트 지면 위에 설치된다. 도시 중심의 광장은 이 설비를 통해 도달 불가능한 것이 자연 공간의 시뮬레이션에서 도달 가능한 것이 될 수 있음을 보여주는 장소가 된다. 길거리 농구마니아들은 길모퉁이 지역에서 시원한 차림으로 배경 음악의 리듬에 맞춰 공과 골을 얻기 위해 경쟁하며, 남성성의 시나리오에서 미국식 게토에 거주하는 청소년의 자유분방함과 나태함의 숭배를 모방한다. 스포츠클라이밍 마니아들은 일상적 이동의 수평선을 떠나 교각, 건물 벽, 기념탑 등에 수직선 상에서의 체험의 긴장을 창출해낸다. 마운틴바이크 마니아들은 그 어떤 장애물도 용납하지 않는 이동 운동을 위해, 견고한 자전거 바퀴에 의지해 거리, 광장, 계단 등을 본래 목적에서 벗어나게 만든다. 그동안 스노보드 마니아들도 도시 내부를 발견했다. 그들은 겨울 "산"을 경사대와 인공눈의 형상으로 도심으로 가져왔다. 이제 관람자들은 눈이 귀한 시기에도 스노보드 묘기에 열광할 수 있게 되었다. 번지점프 마니아들은 국민 축제와 도시 경축일에 고무 밴드에 달린 인간 샌드백이 되어 아래로 곤두박질쳤다가 다시 높이 솟아 오르길 반복한다.

이 모든 행위자들은 고유한 스포츠 공간을 떠나 다양한 동기, 영향 정도, 활동 형식, 성별, 연령별로 대도시 중심의 공적 공간을 행위의 장으로 개척했다. 그들은 다양한 활동을 통해 거리, 광장, 중앙 대로를 도시계획가들이 예측할 수 없는 방식으로 재탈환하였다. 청소년들과 청소년기를 지향하는 성인들은 사회의 기능적 분화와 유사하게 실현된 도시 공간의 공간적 분할에 맞서 저항한다. 그들은 욕구에 있어서 공적 공간에서 쫓겨나기를 원하지 않으며, 전통적 놀이 및 스포츠 공간으로 추방되는 것도 원하지 않는다. 상당한 사회학적인 관심의 대상이자 변화된 개인과 사회의 관계에 관해 많은 것을 말해주는 동기들이 겉보기에 터무니 없는 이러한 행동들에서 분명하게 드러난다. 물론 다수의 대중은 여전히 이 활동들에 기껏해야 관람자로서 참여할 뿐이다. "2차 관점"(Luhmann 1981: 170)의 전문가로서 사회학자는 그렇게 발생한 길거리 문화를 이론적으로 분석할 수 있으며, 행위자들이 자신들의 행위에서 보는 것 저편의 것을 설명할 수 있다.

1. 신체와 공간의 증발

사회의 근대화는 인간과 신체 및 공간의 관계를 완전히 바꾸어 놓았다. 걷기에서 달리기와 동물 신체의 이용, 그리고 다른 방식의 이동 수단을 거쳐 로켓에 이르기까지 이동 운동의 발달은 점증하는 속도와 공간 인식의 혁신 과정을 기술한다. 증기기관의 발명은 철도의 형상으로 공간 횡단을 최초로 직선화하고 민주화하였다. 내연기관은 자동차를 만들어냈고, 여행을 개인화하였다. 비행기는 속도의 지속적인 향상 결과가 표현된 것으로서 대륙들 사이의 물리적 거리를 좁혀 주었고, 이동성과 분산 정도를 높였다. 그리고 그것은 예를 들어 말하면 관광을 통해 공간을 식민화시키는 결과를 낳았다. 오늘날 세계는 컴퓨터 전문가들이 반복해서 강조하듯이 "지구촌"이 되었다.

승객 이동의 기계화와 자동차의 대중화는 **신체와 이동의 분리**를 낳았다. 자동차, 지하철, 비행기를 이용하여 공간을 통과하려는 사람은 여행 동안 자기 신체를 계속 앉은 자세나 선 자세로 고정시켜야 한다. 개인은 이동의 신속성을 수동적인 상태로 체험하게 된다. 그는 스스로는 움직이지 않고 움직여진다. 눈동자의 미세한 움직임만이 유일하게 큰 운동이다. 도시나 국가의 언덕, 산, 강과 같은 곳을 땀 한 방울 흘리지 않고 통과하게 된다. 그밖에도 노동을 조직할 때 전형적으로 선택되는 신체의 자세만을 고려한다면, 20세기 인간은 특히 앉아서 지내는 인간이라는 가설을 부인하기 어렵다.

이와 같은 평가는 근대 대중매체의 작용 방식을 관찰할 경우에 더욱 힘을 얻게 된다. 텔레비전은 우리가 이동하지 않고서도 지평선 너머의 공간으로 진입할 수 있도록 해준다. 만일 거실 화면상에 세계가 출현한다면 **공간은 시각적으로, 그리고 청각적으로 수축한다**(Kruse & Graumann 1978: 193). 리모컨의 도움으로 일초 이내에 이 대륙에서 저 대륙으로의 "순간 이동"이 가능하다. 사람들이 서로에게 전화하거나 인터넷에서 정보를 교환할 때 면 대 면 상황에서 신체적인 등장을 통해 모일 필요는 없다. 그보다는 현대 컴퓨터 기술은 사람들을 가상공간에 포함시킨다.

기계화와 대중매체는 여전히 신체와 공간을 계속 주변화시키고 있다.[3] 오전에 프랑크푸르트를 출발해 오후에 샌프란시스코에 도착한 여행자는 자기 몸을 놀리지 않았으며 통과한 공간에 그렇게 많은 것을 경험하지 못했다. **사이 공간들이 제거되었고**Tötung der Zwischenräume **인간들의 지각 방식이 재구조**

---

[3] 상징적으로 일반화된 통제 매체들의 신체를 배제시키는 효과에 대해서는 베테(Bette 1987: 602)를 볼 것.

화되었다.[4] 여행자나 기계에 의존하여 소통하는 사람들은 사이 공간의 세부적인 내용에 대해서는 아무 것도 모르게 된다. 냄새, 색채, 지형적 차이, 기후적 특수성은 의미를 상실한다. 인간의 촉각 및 후각 기관은 단지 이동수단의 공간 안에서만 자극을 지각할 수 있을 뿐이다. 근대화를 통해 실제로 통과된 공간의 아우라가 배제되었고, 그로 인해 공간에서 자신과 신체를 체험할 수 있는 가능성이 사라졌다고 말할 수 있다. 그 결과 감각의 레퍼토리가 빈곤해졌다.

경제와 정치 같은 사회의 대규모 체계들의 기능방식에 대해서도 공간차원은 의미를 잃었다. 자본의 이동성은 더 이상 [현금 수송을 가능하게 하는] 도로가 존재한다는 데에 의존하지 않는다. 사람들이 분명하게 물리적인 교환행위를 하는 시장은 경제의 잔여범주가 되었다. 오늘날 엄청나게 큰 규모의 액수가 컴퓨터 케이블을 통한 디지털적 처치에 따라 순식간에 요동친다. 은행들은 전 지구적 금융거래에서 구체적인 인공물의 형식으로 이루어지는 금융의 재현을 갈수록 더 많이 포기한다. 마찬가지로 정치도 대중매체의 출현에 의지하여 권력 자원을 특정 공간에 대한 결속으로부터 해방시킬 수 있었다. 현대 사회에서 정당들은 길거리 정치로부터 벗어날 수 있게 되었다. 정치가에게 있어 운집한 군중들을 대상으로 한 연설은 매체의 전자화된 눈과 귀가 거기에 동참하고 있고, 그 소식이 현장에 직접 참석하지 못한 다수에게 전달된다는 전제 하에서만 의미를 만들 수 있다. 민주정치의 공간적 토대로서 의회 역시 이제 더 이상 찬성과 반대 논쟁을 통해 집단적으로 구속력 있는 결정을 내리는 가장 중요한 장소가 아니다.

빠른 속도, 시간 단위별 최대 효율성, 감정 통제 등에 대한 요청은 그동안 거의 모든 생활 영역에 스며들었으며, 명시적으로 신체지향적인 것들을 사회

---

4) 이 점에 대해서는 이미 18세기 중반 하인리히 하이네(H. Heine)가 근본적으로 서행하는 철도의 작용 방식에 반응하면서 관심을 기울인 바 있다.

적으로 보호된 좁은 공간들Nischen로 추방시켰다. 이 공간들은 퇴각이나 항거를 위한 보호구역으로서 또는 보상적 도피지점으로서 생겨난다. 다시 말해 위에서 기술한 과정들이 사람들에게 극단적인 방식으로 영향을 미쳐, 사회의 소통이 아무리 추상적으로 전개되고 승객수송 방식이 아무리 기계화될지라도, 사람들은 여전히 신체와 공간에 묶여있을 뿐이다. 사람들은 여기에 적응해야만 한다. 가상 현실로 빠져드는 일 조차도 최소한의 신체적 현전과 공간의 고정을 전제한다.

현대 사회의 신체 및 공간에 대한 상대적 무관심은 개인 및 신체 친화적으로 작동하며, 이를 통해 특별한 방식으로 공간 차원을 주제화하는 사회 영역들의 활동 기회를 높여준다. 신체를 배척하고 행동을 규제하는 지배적인 추세에 대항하여, 인간을 높게 평가할 뿐 아니라 실재하는 공간에서 움직이게 만들어주는 특화된 사회적 체계들이 여가 및 오락 산업의 특정 부문들과 스포츠에 힘입어 분화할 수 있었다.

2. 신체와 공간의 재점령

"후기 물질주의적 가치변화"(Inglehart 1977)에 따라 노동, 여가, 건강, 재미체험, 자기실현 등이 새롭게 정의되는 사회에서, 사람들이 고도로 분화된 사회의 추상성과 신체에 거리를 두는 경향이 일상화된 곳, 즉 도시 중심가에서 이러한 경향에 대항하기 위해 자신의 신체 자산을 이용하는 것은 그다지 놀라운 일이 아니다. 도시 중심가에서 개인, 신체, 공간에 대한 무관심은 가장 강력하게 작용한다. 도시 중심가는 신체를 오직 단편적으로만, 다시 말해 대부분 신체를 위해 특정화되지 않은 작동들의 처리를 위해서만 허용하는 지역이다. 도시 내부 공간은 전적으로 사전에 정의된 행위구역이자 소통 구역이다. 도시 중심에서 어떤 일이 일어날지, 언제, 누구에 의해서 일어날지, 얼마나 빨리 일어날지, 그리고 어떤 기능으로 이용될지는 함축적인 규범적 각본에 의해 결정된다. 개인은 쇼핑가에서 자의적으로 움직이는 것이 아니다. 그는 일반적으로 허용되는 방식에 따라, 즉 사전에 제약된 방식에 따라 걷고, 잠시 멈추고, 보고, 소통하는 것이다. 표면적으로 아무 이유없이 공적 공간에서 문명적인 행동 규칙을 위반하는 사람에게는 의심과 비판의 눈총이 쏟아진다. 이동 운동에 대한 사회적 평가에는 연령에 따라 특수한 선입견이 스며들어 있다. 어린이나 청소년이 공개된 거리나 광장에서 할 수 있는 행동은 40대 중반에게는 어울리지 않으며, 그렇기에 그런 행동을 할 경우에 나이 값을 하지 못한다는 비난을 받을 것이다. 자동차 통행이 제한되는 번잡한 쇼핑가에서 특이한 방식으로 방향을 바꿔 걷거나, 원형이나 지그재그 형식으로 앞으로 나가거나 이유나 목적 없이 배회하는 사람은 이목을 끌게 될 것이다. 이런 종류의 사람들은 기껏해야 술 취한 사람이거나 정신병자, 또는 어떤 해프닝을 공연하는 [행위]예술가, 또는 설치된 몰래카메라로 사회적 규범의 붕괴를 필름에 담아 오락산업의 자료로 사용하려는 방송제작자일 것이다.

도시 공적 공간에서의 스포츠 활동은 우선적으로 사회문화적 규범들의 훼손을 나타낸다. 그들의 이러한 "일탈"은 달리기 마니아, 스케이트보드 마니아, 산악자전거 마니아, 또는 인라인스케이트 마니아들이 특별히 스포츠다운 어떤 것을 의류들과 활동들을 통해 시사함으로써 약화될 수 있을 뿐이다. 대도시 거주자들은 대개 의도적으로 공간적, 시간적, 사안적, 사회적으로 거리의 공적 공간으로부터 격리된 특별한 상황에서 신체에 몰두하는 경향이 있다. 사람들은 숲에서 달리고, 스포츠 클럽의 스포츠 시설에서 운동을 하며, 스포츠 센터에서 땀을 흘리고, 공공 수영장에서 수영에 열중한다. 여가와 노동, 공적인 것과 사적인 것의 양극화, 아울러 스포츠체계의 자율화는 상응하는 공간 계획에도 분명하게 반영되어 있다.

신체와 운동을 지향하는 공간 활용을 도시에서 실현시킬 가능성은 조직된 스포츠 형식으로만 가능하다는 생각이 오랫동안 지배적이었다. 장방형의 수영장이나 체조 경기장 또는 타원형의 경기장은 특정한 형식의 달리기와 경기를 위해 고안된 공간이다. 이런 종류의 공간 구성은 목적 지향성, 향상, 비교를 지향하는 논리에 도움이 된다. 그 안에서는 성과 스포츠의 측정 합리성과 성과 합리성이 승리를 자축하고 있다. 전문화, 신체적 숙련, 진보, 목적합리성, 완벽성 같은 함축된 의미들이 이 공간에 상징적으로 스며들어 있을 뿐만 아니라, 행위 조종 구조를 구축하겠다는 시도의 흔적도 남겼다.

적지 않은 사람들이 이와 같은 전통적 신체활동 공간을 떠났으며, 도시의 아스팔트 문화 가운데서 운동 공간을 새로이 발견했다. 그 공간은 과거에 사람들이 운동 삼아 스포츠를 하면 조롱받던 그러한 장소였다. 그 결과 도시의 공적 공간에서 개인의 행동에 대한 사회적 정의가 변화하고 있다. 한 마라토너는 이에 대해 다음과 같이 말한다.

> "당시에 대한 오늘날의 도약은 매우 천천히 이루어졌습니다. 우리는 1960년대에 숲에서만 달렸으며, 하벨카우스 호수를 따라, 황태자비의 길을 따라 달렸습니다. 그곳이 바로 우리가 훈련했던 구간이었으며, 지금도 가끔 그곳에서 달립니다. 당시에는 그곳에서 경기가 열린 적도 있었습니다. 당시에 시가지에서 달리는 일은 생각조차 할 수 없었습니다. 사람들은 그것을 불안하게 생각했기 때문에 대개 숲에서 달렸습니다. [그럼에도 불구하고 시가지에서 달리는 사람은] 이웃 사람들의 조롱의 대상이 되었습니다. 최근 몇 년 사이 시가지에서 자발적으로 달리는 사람들이 많아졌지만, 1960년대에는 그렇지 않았습니다. 행인들이 '빨리, 빨리, 빨리, 하나, 둘, 셋'과 같은 멍청한 응원 구호를 외쳤을 때, 우리는 몹시 화가 났습니다. 사람들은 당시 이러한 편견에 저항하려는 용기를 갖지 못했으며, 적절한 구실도 준비해 놓지 않았습니다. 그러나 오늘날 어느 누구도 그러한 조롱에 의해 교란되지 않습니다."[5]

---

5) 우트(Uth 1985: 39)에서 인용.

거리의 공적 공간에서 이루어지는 스포츠 활동은 건강 및 체력을 중요하게 생각하는 경향이 나타나면서 점차 사회적으로 용인되어갔다. 스트레스 개념에 응축된, 잠재적으로 부담을 주는 사회적 상황들에 대한 감수성이 고양되면서 이와 같은 사고 전환의 계기가 되었다(Rittner 1986a; 1989). 강하게 억압된 심리 및 신체적 상태는 스포츠가 자연성과 순수성을 약속한다는 주장에 기초함으로써 해소되어야만 했다. 겉보기에 균형을 잃은 개인과 사회의 관계는 새롭게 조정될 필요가 있었다. 사람들은 스포츠의 의미 제안들, 즉 사회의 추상성에 맞서 구체적이고 명백한 신체적 성과를 내세우고, 이를 통해 신체 배제와 감각의 빈곤에 분명하게 저항하는 제안들을 사용한다. 스포츠 분야에서 — 이단적으로 — 활동을 하는 사람은 사회의 미로, 복잡성, 신체와의 거리두기 저편의 직접적이며 도취적인 행위의 의미 세계에 들어선다.

스포츠는 도시의 내부와 외부에서 성찰에 대한 부담을 매우 잘 해소시켜 준다. 스포츠를 한번 해보겠다는 사람들은 명시적으로 신체를 관련지음으로써 이득을 얻는다. 소통이 아니라 지각이 스포츠 행위의 중심에 있다. 이 의미 영역에 동참할 수 있기 위해서는 대개 "유기적 공감organische Empathie"이면 충분하다. 따라서 스포츠는 바로 주체의 "정신화"에 대한 항의로서 그리고 근대의 심리화에 대한 분노를 표현하는 것으로 간주된다. 스포츠는 아직 지성을 통해 훼손되지 않은 신체성이라는 허구의 토대에서 오늘날까지 일정한 문화 비판을 포함하고 있다. 스포츠에 적극적으로 참여하는 사람은 비록 고도로 합리적으로 생산된 스포츠 용구를 이용할지라도 순수하게 감각적이며 전-합리적인 행위를 찬양하는 것이다.

그동안 스포츠 활동이 대도시 공적 공간에까지 도달했다는 사실은 개인의 문제 인식과 처리의 절박성을 말해 준다. 퇴근 이후만이 아니라 언제라도 대도시 차로에서 만날 수 있는 길거리 스포츠마니아들은 신체와 공간을 원칙적으로 이용할 수 있다는 점을 활용하여, 하루 일정에서 틈만 나면 신체 중심의 활동을 한다. 누구나 달리거나 [보드나 자전거 따위를] 타는 상황을 거의 모든 시간과 장소에서, 신속하며 비교적 단순하고 복잡하지 않게 만들어 낼 수 있다. 아침, 저녁 또는 점심시간에 집이나 사무실을 떠나 거리에서 자신의 새로운 개성의 이상理想과 신체의 이상理想에 "뛰어서 도달"하거나 "경험"할 수 있다. 심장 박동이 고조되고, 땀이 쏟아지며, 생리적 적응 과정들이 진행을 시작한다. 개인은 최소한 자기 행위의 원인과 결과를 중간 정도의 수준에서 직접 조절할 수 있다고 느낀다. 스포츠 활동은 가속화된 상태에서 자신의 모습들을 기억해내는 데에 기여한다. 스포츠는 단순한 것, 구체적으로 존재하는 것, 실존적으로 중요한 것, 즉 고유한 신체를 다시 사용할 수 있게 해준다. 사람들은 신체와 관련된 가운데 명증성 체험을 공급받을 수 있다. 스포츠 행위는 현실 검증 절차로서, 신체-유기적인 근린 세계로, 사회적으로 무해한 도피를 가능하게 한다. 이차 경험과 삼차 경험이 빠르게 확산되고 일차 경험이 의미를 상실하는 사회에서 스포츠는 강도 높은 [1차 경험의] 느낌을 전달해 준다.

그렇게 인라인 스케이트를 타는 사람들은 스노보드나 스키를 타고 알프스의 스키 코스의 활주자들과 유사하게 도시의 도로를 활주한다.6) 의식은 스스로 속도를 조절하면서 발을 구르고 몸을 내맡기는 놀이를 반복적으로 진행하면서 가속과 지체의 느낌을 체험한다. [자동차에서처럼] 방풍용 전면 유리가 공기 저항을 차단시켜 주지도 않고 거리 소음을 약화시켜주지도 않을 때, 순수한 자연성 경험들을 모을 수 있다. 적지 않은 길거리 운동가들은 그들의 감각적인 체험에서부터 자유의 감정을 이끌어낸다. 특별히 스케이트보드를 타는 사람들은 자동차 운전자들이라면 멈추어야 하는 장애물들을 점프하거나 비켜서 지나치거나 단순하게 무시해버릴 수 있기 때문이다. 물론 이런 종류

---

6) 인라인 스케이터들은 알프스의 산비탈을 미끄러져 내려오는 스키나 스노보드 매니아들과 비슷하게 대도시의 아스팔트 거리를 미끄러진다.

의 느낌과 행복감을 위해서는 특히 이에 상응하는 운동 능력이 전제되어야 하는 것은 당연하다. 스케이트보드 위에서 계속 비틀거리거나 인라인 스케이트를 타며 뒤뚱거리다 넘어지거나 주변 사람들과 부딪히기만 하는 사람은 도시 공간에서 체험의 즐거움을 누릴 수가 없다. 그는 기껏해야 통증이나 고통의 감각으로 지각되는 느낌만 확실하게 얻을 수 있을 뿐이다.

규칙적으로 도시의 공적 공간에서 스포츠를 즐기는 사람들은 특수한 생활 감정을 자신들의 중심적 의미로 삼을 수 있게 되었고, 독자적인 공동체성들과 생활양식 집단을 형성했다(Schulze 1992: 471). 그들은 심미적인 신체 실천, 음악적이며 유행적인 취향, 스타일을 완전하게 갖춘 이동 도구들을 가지고 집중력, 능력 있음, 유연함, 특별함, 자유와 자연스러움의 느낌을 자기 자신에게 만들어준다.[7] 그들은 뚜렷하게 구별되는 행동을 통해 자신들의 내부 집단에 대해 사회적인 연계 능력을 획득하기도 한다.[8]

여러 차례 비판받아 온 청소년(과 성인)의 브랜드 선호는 그 동안 도시의 유행 스포츠 종목의 세계에까지 도달하였다. 어떤 종목에 매진할지, 어떤 다른

---

[7] 파묻혔고 추방된 경험 내용들을 능숙하게 재통합하거나 전근대적인 운동 기술과 이동 방식을 포함시킴으로써 자연스러움과 자유로움의 느낌을 사회적으로 구성해내는 경향에 대해서는 베테(Bette 1989: 32)를 참고할 것.

[8] 스스로에게 개성을 부여하는 방법은 스케이트보드 타기에서 차별화된 구별 짓기 관리에 근거하여 진행된다. 몬스터 스케이트보드 매가진(Das Monster Skateboard Magazine 1996:4)은 이에 대해 다음과 같이 쓰고 있다. "이와 같은 개인성, 그리고 이것과 결합되어 있는 자유는 지금까지 다행스럽게도 팀-유니폼과 국제올림픽위원회로부터 스스로를 지켜냈다. 왜냐하면 스케이트보드는 확실히 그런 것, 즉 즐거움 보다 최종적 성과를 중시하는 스포츠, 규칙과 성과 압력으로 인해 의미가 협소화된 스포츠가 아니기 때문이다". 이러한 주장과는 반대로 스케이트보드의 장면은 이미 더 이상 [즐거움만 추구하는] 동질집단적 성격을 유지하지 못하고 있다. 다른 길거리 스포츠 종목들에서처럼 즐거움을 추구하는 여가 예술가들 외에도, 스포츠용품 산업의 재정 지원을 받으며 실내체육관에서 많은 관중들 앞에서 승부를 다투는 성과스포츠의 열정을 지닌 사람들도 존재한다. 콘크리트 암벽에서 스포츠크라이밍을 즐기는 사람들이나 실내경기장에서 산악자전거를 타는 사람들, 또는 활강 시설에서 묘기를 선보이는 인라인스케이터들 역시 비슷한 상황에 있다. 거의 모든 대안 스포츠 종목들이 성과스포츠에 점령 당했다.

활동들에 참여할지, 어떤 옷을 입을지, 어떤 음악을 들을지는 결코 임의로 결정되지 않으며(예를 들면 스케이트보드 헤비메탈, 스프레이 벽 낙서 또는 랩 음악과 길거리 농구), 복제 가능한 기준을 따른다. 그래서 신체가 거리나 광장에서 스포츠 활동에 힘입어 움직이기 시작하면 비언어적 정보들이 도시 공간에 흘러 넘치게 된다. 확실성이 사라져가는 시대에 선택된 신체 실천과 사전에 규정된 행동 모형을 개인들이 수용하면, 자기를 지탱하는 동시에 단번에 사회적인 수용을 이끌어낼 수 있다.

3. 체험의 체험

거리와 광장은 하루 종일 빠르게 그리고 목표 지향적으로 공간을 뛰어넘는 사람들과 덧없는 것, 순간적인 것, 그럼에도 불구하고 대안적인 목적을 위해 항상 동일한 것을 필요로 하는 사람들이 만나는 장소이다. 다양한 종류의 스포츠 및 재미를 지향하는 운동 형식들은 도시의 생활을 총천연색으로 그리고 더욱 생기 있게 만들어준다. 그것들은 신체[의 활동]과는 거리가 있는 공간에서 신체의 가치를 격상시켜주기만 하는 것이 아니다. [하지만] 이러한 요소만을 고려하는 분석은 충분하지 않다. 만일 사람들이 번화가에서 조깅을 하거나 스케이트보드를 타거나 또는 도시 마라톤대회에 참가한다면, 그들은 거리의 공적 공간에서 또 다른 중요한 자원, 즉 "**재귀적 체험**"[9]의 가능성을 찾는 것이다. 여기서 중요한 것은 체험의 체험, 예컨대 뜻이 같거나 또는 동시에 자리를 함께 하는 타자들의 체험을 체험하는 일이다. 거리 상황에 함께 참석하는 일은 대도시의 중요한 문제 가운데 하나로 지적되어 온 개인적인 생활

---

9) 스포츠 관람자의 재귀적 체험에 대해서는 베테와 쉬망크(Bette & Schimank 1995: 72; 1996)를 참고할 것.

영위의 익명성과 무관심에 저항하는 것이다.

자아는 자기 자신을 자신의 느낌으로만 체험할 수 있는 것은 아니다. 자아는 타아를 자신의 느낌으로 인지할 수 있고 그 역의 경우도 성립한다. 만일 이것이 다시금 체험되고 이에 상응하여 인지될 때 이차 등급의 체험이 생겨난다. 사람들은 이런 종류의 체험에 의지하여, 반드시 소통으로 농축될 필요가 없는 가벼운 방식으로 정보 획득을 시도한다. "인지는 우선적으로 심리적인 정보 획득이지만, 인지됨이 인지될 수 있을 때 사회적인 현상, 즉 이중의 우연성의 표현이 된다"(Luhmann 1984: 560).

도심의 스포츠 활동은 그것이 지향하는 체험에 근거하여 종목에 따라 특수하게 변화하는 퍼포먼스적 성격을 갖는다. 거리는 이러한 활동을 통해 좁은 철판 다리가 된다. 대형 카세트라디오 음악을 배경으로 공연하는 스케이트보드 마니아들은 관중을 필요로 한다. 관중이 없다면 그 공연은 지루해질 것이다. 좁은 롤브렛 위에서 균형을 유지하고 벌이는 절묘한 묘기는 주목을 받을 것이고, 공개적으로 개인성을 상승시키는 활동으로 전환될 것이다. 남부 독일 대도시의 인라인스케이트 마니아의 사례와 관련하여, 한 신문은 다음과 같은 보도를 게재하였다(Süddeutsche Zeitung 1996년 4월 2일의 78번 기사):

> "봄은 더 이상 멀지 않은 것 같다. 도시 어디서나 스케이트 타는 사람들이 활주하면서 거리와 광장에서 지난번 내린 눈보라에 저항하고 있다. 그것은 자동차 운전자들과 보행자들에게는 즐거움을 주는 일이 아닐 것이다. 롤러 스케이트를 타고서 공연할 수 있는 사람은 자신을 대중 앞에 뽐내고 싶어 할 것이다. 가장 인기 있는 공연장은 국립오페라 극장 앞의 플라텐호수(Platten-See)이다. 유럽 특허청 앞 지역도 많은 즐거움을 준다. … 경찰들은 봄을 알리는 롤러 스케이터들을 보고서 그렇게 열광하지 않는다. 경찰들은 과속 운전을 하는 시민들만을 걱정할 뿐이다."

이러한 자기표현 욕구는 공적인 것과 사적인 것의 도시적 분리를 기생적으로 이용하며, 자기 방 안에 공간적으로 분리되는 것으로부터 이득을 얻는다. 사람들은 "친밀성의 폭정"(Sennett 1983)을 떠나 스스로를 관찰될 수 있도록 만들어주고, 다른 사람들의 체험과 행위를 통해 그들을 "읽어낼" 수 있는 상황들을 찾아 나선다. 스포츠는 이것을 위해 가장 인기 있는 계기이다. 도시의 공적 공간은 하나의 책의 위상을 갖게 된다. 그 책의 텍스트는 움직이는 육체들을 통해 항상 새롭게 기록되고 해석될 수 있다. 함께 참여하여 도시적 상황에서 보행하기, 둘러보기, 운동하기에 관해 수용된 규범을 준수할 뿐만 아니라 복잡한 공간에서 스스로 움직이기 시작하는 사람은, 도시의 공적 공간의 다른 참여자들에 대해 인지의 대상과 소통의 계기로서 자리 잡게 된다. [이러한 소통 상황에서 참여자들에 의해] 인지될 것을 [스포츠 수행자들이] 인지하고자 하는 욕구는 해명 의무의 부담이 없고 철회할 가능성을 갖고 있으며, 이러한 욕구는 연극적 차원으로까지 승화될 수 있다.

"모두가 목격자이자 행위자이다"(FAZ 191호 1988. 8. 18). 한 언론인은 몇 년 전 로마 광장을 관찰하고서 다음과 같이 적절하게 논평하였다.

> "그 광장은 스타인지 단역 배우인지 역할들을 분배한다. 볼거리들은 다채롭게 변화한다. 롤러스케이트 묘기는 방금까지 구경꾼들의 주목을 끌었지만, 이제는 늘씬한 다리에 핫팬츠를 입고 산책을 하는 금발 미녀가 구경꾼들의 시선을 사로잡는다. 무대는 고유한 법칙을 갖는다. 배우는 한 사람도 없지만, 모두가 연기하고 있다. 관객은 한 사람도 없지만, 모두가 구경한다. 누구를? 다른 사람들을. … 원형 경기장의 마법의 원 안에 들어선 사람은 모습이 바뀌며, 그의 걸음은 느려지고, 눈동자는 재빨리 왔다갔다 한다. 모두가 타자의 관심의 중심에 있다. 그는 유일하다. 그는 광장에 있기 때문이다."

도시의 내부 공간은 이 맥락에서 특별한 방식으로 사람들을 유인한다. 건물, 거리, 신체, 광장에 저장된 기호들은, 그렇게는 자연에 존재하지 않는 사회적 참여 가능성들을 제공한다. 메시지를 보내고서, 다른 사람들에 의해 자신들이 몰입한 신호들로 인지되고자 하는 사람들도 마찬가지로 공적 공간을 찾아가야 한다. 개인은 자연에서보다 여기에서, 자신의 육체를 가지고 연기를 더 잘 하고 더 잘 읽힐 수 있다. 그는 외적 관찰자에게, 인지되고 소통의 대상이 되는 사건이 될 수 있다. 그는 스스로 한마디도 말하지 않고 "말할 수 있다."

4. 새로운 축제 문화

길거리에서 이루어지는 스포츠는 비록 [올림픽이나 월드컵과 같은] 대규모적 사건이 아닐지라도 일상의 탈축제화에 대한 저항 운동의 부분이다. 중세 시대까지 주로 교회의 특권이었던 축제 문화의 대부분은 오늘날 세속적인 방식의 스포츠로 대체되었다. 이것은 도시 마라톤 경기에서 명료하게 드러나듯이 문명화 및 합리화 과정의 진행에서 야기된 축제 상실의 대체물로서 나타난다.[10] 이와 같은 축제화의 중심적인 요소는 집단적인 공동체 체험을 연출하고 가능하게 만드는 일이다(MacAloon 1984). 스포츠 행사들은 특수한 연출법을 통해 개인적인 체험의 대규모 동시화Synchronisation를 제공한다. 그러한 동시화는 모든 참여자들이 흥미 있어 하는 주제로 소급됨으로써 동시화로서

---

10) 베어킹과 헤켈(Berking & Heckel 1988)은 도시마라톤의 사건적 성격을 기술했다. 정치의 기능으로서 축제화에 대해서는 하우저만과 지벨(Hausermann & Siebel 1993)을 참고할 것. 아이히베르그(Eichberg 1995)는 새로운 스포츠 반란에서 시간과 공간의 사회적 구성을 주제화하였다.

의식된다. 하지만 참여자들은 이때 관람자로서 스스로는 고유한 성과 제출의 요구를 받지 않는다. 이런 점에서 합의는 일반화된 것으로 전제될 수 있다. 공동체의 연출은 개별 주체를 고도로 개인화시키고 고립시키는 사회에서 집단적인 정체성 확신을 위한 중요한 자원이다.

거리와 광장은 경쟁적인 볼거리들이 상연되는 공적 무대의 기능을 담당한다. 고전 연극에서 의례와 제식들이 사건을 틀 지우는 것처럼, 스포츠경기의 시간적, 사안적, 사회적, 공간적 경계들은 공적 거리공간에 특별함과 비일상성의 아우라를 제공해준다. 덴진(Denzin 1995: 24)은 주로 흑인남성 청소년이 즐기는 미국의 길거리 농구가 공동체를 유지시키고 개인적 자아를 강화하는 기능을 한다는 점을 증명했다. 속임수 및 관철능력과 결합된 거리에서의 생존투쟁은 3:3 경기에서 극적으로 새롭게 상연될 수도 있을 것이다.

> "LA의 길거리 농구 코트에서 끊임없이 계속되는 카니발은 희망, 가족, 공동체에 관한 카니발이다. 농구는 아프리카계 미국인 주민을 위한 공동체이다. 그것은 볼거리로서 공적 생활이다. 농구를 하는 가운데, 생존으로 바뀌는 깊고 실천적인 허슬 문화의 요소들이 실행된다. 거리의 허슬처럼 코트에서도 허슬이 실행된다. 그리고 많은 허슬이 같은 이유에서 실행된다."

도시 마라톤 역시 피상성과 개인주의와 경쟁 태세와 같은 지배적인 사회 가치들을 피상적인 방식으로 보여준다. 도시 마라톤은 영웅들의 이야기를 말해준다. 승자뿐만 아니라, 공간을 정복했거나 거리에서 자신을 주장한 패자들도 영웅담의 주인공이 된다.

광장과 거리는 이러한 이유에서 사람들의 낯섦에도 불구하고 사회적 밀집의 장소가 된다. 여기서는 그렇지 않으면 차이를 통해 서로 분리된 것이 한데 모인다. 역할, 타이틀, 신분, 돈의 소유 또는 특수한 이력 따위가 여기서는 의미를 갖지 못한다. 축제는 참석자들을 평준화하며, 그들을 신체의 가까움과 공동의 체험을 통해 한 곳으로 묶는다. 좁은 공간에서 합쳐짐을 통해 가까이 있다는 감각이 다시 살아나게 된다. 축제의 열기 속에서 '나'는 '우리'로 녹아 든다. 모여 있는 사람들이 모든 감각을 독점하고, 지금 여기에 체험을 고정시킨다. 일상의 고통은 집단적 자기망각을 통해 사라진다.

도시의 스포츠 사건에 참여한 관람자들의 공동체 체험은 사랑하는 사람들이나 친구들의 친밀한 공동체를 구성하지 않는다는 특징을 갖는다. 관람자들은 오히려 공적인 공동체를 형성하고 그 안에서 프라이버시의 지속성 기대와 일관성 기대를 [일시적으로] 벗어날 수 있다. 스포츠는 사안적 관점에서 개인들을 묶어주는 주제이며, 그 주제는 동시대인들의 사회적인 복잡성을 상당히 덜어준다. 공동의 체험은 함께 체험하는 다른 사람들의 내면 세계가 중요하지 않은 것으로 유지될 때도 가능하다. 앞으로도 계속해서 그런 관계로 남아 있기를 원하는 생면부지의 사람들은 그럼에도 불구하고 함께 공감하고 열광할 수 있다. 도시의 공적 공간은 이를 통해 지향해야할 고정된 지점을 제공해주는 공간이 된다. 사람들은 여기에서 자신이 그곳에 있고 다른 사람들도 그곳에 있다는 점을 확인할 수 있다. 이미 단시간의 몰입만으로도, 그밖에 도심지에서 일요일 산책을 할 때 보통 그러한 것처럼, 이러한 현실 검증을 위해 이미 충분하다.

스포츠에서 겪을 수 있는 비슷한 대규모 공동체 체험은 그밖에는 카니발, 민속 축제, 또는 몇몇 대규모 정치집회에서도 겪을 수 있다. 대규모 스포츠 사건들은 빠르고 연속해서 이어지는 중세의 종교적 경축 행사 같은 시민축제 시리즈의 성격을 띤다. 이런 관점에서 스포츠는 사회의 합리화 및 규율화 효과가 경직된 시간 기대와 다중적 역할 의무의 형상으로 개인의 체험 관리에 냉정하게 영향을 주는 곳, 즉 대도시에서 배제된 축제를 보상해준다. 익명성, 추상성, 감정적 중립성을 통해 자아를 각인시키는 공간에서 스포츠는 자신의 특별한 가능성을 통해 정체성의 잠정적인 입증을 제공할 수 있으며, 가까움과 공동체의 느낌을 중개해준다.

5. 상상된 상호작용 공간으로서 거리

근대 스포츠는 도시의 공적 공간에 맞추어진 버전에서 상호작용과 사회의 변화된 관계를 유익한 방식으로 성찰한다.[11] 공통의 상황에서 상호 인지함의 미시 세계와 개인과는 무관하게 작동하는 사회의 소통 영역 사이의 간격이 커지고, 커진 간격이 사람들에 의해 문제 있는 것으로 인지될수록, 진척된 근대성의 단계에서 분리 표류의 조화와 보상을 약속하는 사회적 상호작용 관념들은 좋은 평가를 더 많이 받게 된다. 사회 차원의 발전을 살펴보면 문제의 본질을 분명하게 알 수 있다.

분절적 사회들은 부족, 씨족, 대가족과 같은 사회의 요소들이 평등하거나 유사하다는 특징을 가지고 있다. 하나의 (요소) 단위에 속한 구성원들 간의 소통은 면 대 면 상호작용의 성격을 갖고 있었다. 모두가 모두를 개인적으로 알고 있었고 개인적으로 접촉할 수 있었기에 상호작용과 소통의 관계는 일치되는 것으로 체험되었다. 달리 표현하면 분화가 경미하게 이루어진 사회들은 상호작용에 가깝게 구성되어 있었다. 동일 계층의 구성원들 사이에는 평등이, 비구성원들과의 관계에서는 불평등이 지배적이었던 계층적 분화 단계에 들어서면서 상호작용과 사회의 관계는 새로운 특징을 지니게 되었다. 모두가 모두를 개인적으로 알지 못하고, 미래에 대한 사회의 시간 지향이 증가하고, 막 시작된 전문화를 통해 물적 자산이 더 복잡해지고, 문자가 발생하는 곳에

---

11) 루만(Luhmann 1975; 1984: 551-592)을 볼 것.

서, 사회는 오직 상류 계층에서의 상호작용을 통해서만 인간친화적인 것으로 재현되고 연출된다.

근대의 기능적으로 분화된 사회는 상호작용과 사회의 관계를 한 번 더 변화시켰다. 두 체계 차원은 갈수록 서로 분리되었고 포괄적인 자율을 획득한다. 인간을 "오직" 구성원의 역할로만 포함하고 모든 구성원들이 한 상황에 함께 참여함을 통해 더 이상 조종될 수 없는 추상적인 조직들이 출현하여, 상호작용과 사회 사이에 끼어들었다. 이를 통해 근대사회는 모여든 사람들과는 무관한 자질을 얻게 되었다. 그리고 그 결과 개별 행위자는 직접 체험하는 고유한 생활세계를 사회로부터 분리된 것으로 체험하고, 자기 자신을 점점 더 소외된 것으로 인지하며, 사회를 상호작용 기대와 친밀성 기대를 기준으로 비판하기 시작했다.

사회 층위에서의 변화에 부합하고자 시도하는 의미론들이 상호작용의 차원에서 생겨났다. 피트니스는 보편적 덕목이 되었다. 주체는 바로 이 덕목을 가지고, 자신의 신체성과 심적 상태를 조절하여 상호작용 차원에서 사회에 참여할 능력이 있음을 증명해야 한다. 피트니스의 이상에 부합하는 개인은 가속화와 시간 부족의 상황에서도 붕괴되지 않는다. 그는 사안 목록과 주제 목록이 경쟁으로 인해 팽창될 때도 뒤처지지 않고, 특별히 애를 쓰지 않고도 [근대사회의 다양한 기능체계들에 참여하기 위해 필요한,] 빈번한 공간 변화를 이겨낼 수 있다. 따라서 피트니스는 인간의 모든 체험 및 행위 차원과 관련된 공식이다. 20세기 말의 경영자들은 20세기 초의 배불뚝이 사장의 전형을 더 이상 따르지 않으며 오히려 스포츠로 단련된 몸을 추종한다는 사실은, 사회가 극적으로 변화되었다는 점과 그러한 변화가 개인 생활에 미친 결과를 잘 보여준다. 그 동안 주체 및 상호작용 차원을 위해 구상된 피트니스 개념이 체계 형성의 다음 차원에까지 도달하였다. 오늘날 스포츠로 단련하는 일이 인간에게만 중요한 것은 아니다. 조직들도 튼튼하게 훈련되고 군살을 빼야 한다. 조직의 의미론은 성과 능력, 효율성, 신속한 적응 능력의 이상을 [조직으로] 운반하기 위해 신체 의미론을 참조한다.

　추상적인 사회에서 행위자들은 자신들의 활동으로 인해 유발된 영향의 사슬들이 갈수록 길어지고 갈래가 많아지며 더 이상 개괄할 수 없게 된다는 점을 염두에 두어야 한다. 믿을만한 타자와의 상호작용을 통해 생성된 개인의 감정적 구속력은 사회가 참석자들 사이의 상호작용 연관들을 넘어선 어떤 것이 됨으로써 약화되었다. 도심의 공적 공간에서 이루어지는 운동과 스포츠 중심의 활동은, 상호작용이 없는 상황의 점진적 증가와 정착에 대한 반작용으로 평가될 수 있다. 이러한 상황에서는 예를 들어 책, 컴퓨터 화면, 거실의 텔레비전 앞에서처럼, 움직임을 생각할 수 없는 고독한 인지와 행동이 점점 더 많은 사람들에게 정상이 된다. 도시의 새로운 스포츠 활동들이 일종의 포스트모던적 공론장을 만들어낼 것인지는 기다려 볼 일이다.[12] 오히려 세네트(Sennett 1983: 226)가 작업해낸 "가시성과 고립의 역설"이라는 새로운 개념에서 출발할 수 있을 것이다. 비록 사람들이 [그러한 스포츠 활동들] 거리의 공적 공간에서 개최된 후 다시 외롭게 이리저리 다니고, 그래서 공간적인 가까움이 이어지지는 않을지라도, 거리와 광장은 상호작용이 잠재적으로 발생할 수 있는 공간으로서 매우 중요한 것으로 남게 된다.

---

[12] 육체 배제와 지성화의 의미 상象으로서 문자 문화는 스포츠와 춤의 중요한 출발점이다. 문자는 직접적 상호작용의 영역을 넘어서 참석한 자들 간의 직접성을 선동적으로 포기하고, 이를 통해 읽고 쓰기를 통한 체험의 고독함을 가능하게 만들어주는 소통 형식을 재현한다. 소통의 공간은 문자를 통해 확장된다. 상호작용에 구속받지 않는 고독한 행위는 "그럼에도 불구하고 사회의 행위일 수 있고, 그럼에도 불구하고 소통일 수 있는" 기회를 갖게 된다(Luhmann 1984: 581). 각급 학교의 미성년자들이 읽고, 쓰고, 계산하는 것을 배워야만 하는 곳에서 추상성이 허락되며, 이에 상응하여 사회로 확장된다. 확산 매체의 육체 배제 효과에 대해서는 엘스너 등(Elsner u.a. 1994: 172이하)을 보라. 춤에 대해서는 사회적으로 과소평가된 공간이 중심적인 체험 및 공연 차원이 된다. 여기서 육체는 다시금 화제가 된다. 박스만(Baxmann 1988)을 참고하라.

스포츠는 진화상 상당한 성과를 거둘 수 있었다. 스포츠는 개인에 대한 가까움과 신체에 대한 가까움을 통해, 우연성과 의미 유예의 바다에서 상호작용과 사회 사이의 간격이 그렇게 많이 커지지 않았음을 알려주었기 때문이다. 스포츠는 두 가지 관점에서 이것을 가능하게 한다. 첫째, 주로 성과 스포츠의 영역에서 관람자 역할의 분화를 통해서, 둘째 여가스포츠 및 대중스포츠 영역에서 대중들이 적극적인 역할에 참여할 수 있도록 해줌으로써 이것을 가능하게 해준다. 관람 스포츠는 참석자들 간의 재미있고 무해하며 긍정적인 상호작용 경험 자체를 혼자서 하는 사적 관찰에, 달리 말해 읽기와 듣기에 활용할 수 있게 해준다. 스포츠는 공동의 체험 장에서 사람들을 동기화시키며, 이와 연계하여 대화의 가능성이 생겨난다. 성과 스포츠가 연극, 특히 드라마의 요소들을 갖추고 있다는 점은 그다지 놀랄 일이 아니다. 왜냐하면 드라마는 상호작용과 사회의 비대칭성이 사람들에게 점차 더 많이 의식되기 시작했던 시대에 나타났기 때문이다(Schwanitz 1990: 99이하).

사회는 스포츠의 다양한 상호작용 관념들을 통해 상호작용과 사회의 분리에 대해 반응하는 것으로 보인다. 그러나 이러한 반응은 상호작용과 사회의 분리를 지양하고자 하지도, 할 수도 없으며, 그보다는 이것을 "존중하고", 특별한 배열을 통해 보정할 뿐이다. 스포츠는 공동체 체험과 긴장 체험을 제공해주고, 갈등의 역사와 억압의 역사를 이야기한다. 여기서 중요한 것은 배제된 욕구들의 단순한 보정과 단순한 복제가 아니라, 소홀하게 다룬 것과 주변화된 것의 근대화이다. 즉 근대화 과정과 멘탈리티 변동이 진행되면서 생성된, 선택적으로 인지된 상실의 경험들을 새롭게 처리하고 연결시키는 일이다.

6. 배제된 것의 포함

　도시중심가의 스포츠화와 축제화는 사람들이 사회적 근대성의 진전된 단계에서 특히 대도시에서 감수해야만 하는 특정한 경험을 지시한다. 사회의 분화에 따른 심리적, 신체적, 사회적, 생태적 비용은 이 공간들에서 특히 지속적으로 발생하고 관찰된다. 사회가 복잡해졌고 그로 인해 개인적인 생활방식도 복잡해졌다는 사실이 이 공간들에서 응축되어 드러난다. 예를 들면 공적인 것과 사적인 것의 철저한 분리, 생활환경의 공간적 분할과 고립화, 사회적 관계의 형식화와 익명화의 결과 심리적인 부채와 같은 증상이 나타난다. 다른 한편 사람들은 시골의 환경에서라면 엄격한 통제에 내맡겨져 있을 강박관념들Obsessionen과 자유들을 도시에서는 발산할 수 있다. 따라서 "근대 기획"은 바로 대도시에서 상응하는 양가성Ambivalence 경험을 유발시킨다. 진보 이념과 같은 "근대적 이상"의 몰락, 그리고 자기실현 요구와 개인화 희망의 실현과 결합된 기대 압력은 여기서 특별히 강렬하게 체험된다. 농업적으로 규정된 생활형식이 아니라 도시적 생활형식이 근대성의 총체 개념이 된 데에는 다 그럴만한 이유가 있다. 새로운 종류의 '개인-환경 관계들'이 생성됨으로써 심성들이 바뀌었다면, 이것은 도시의 공간 구성을 이용하는 데서도 모종의 영향을 미쳤을 것이다. 공간들은 재해석되며 새롭게 공급된 의미들이 그 위에 덧씌워진다.

　진전된 근대성의 표현으로서 도시성은 다양한 활동적인 운동의 출현 형식을 위해 전략적으로 중요한 출발점이다. 도시와 결합된 생활방식을 경험한 사람들은 재충전, 모험, 반문명 등을 생각하면서 도시를 떠나며, 덜 복잡한 사회에서의 삶을 체험하려고 한다. 1970년대부터 점점 더 많은 사람들이 도시의 내부 지역에서 신체 및 체험을 중심에 두는 기능 및 모험 욕망을 강력하게 충족시키고 있으며, 전통적 스포츠 공간의 저편에서 진짜 경험을 추구한다(Bette 1989: 63-108). 겉보기에 서로 달라 보이는 아웃도어 스포츠와 길거리 스포츠는 동전의 양면일 뿐이다. 도시 밖에서 하는 아웃도어 스포츠 활동이 점점 더 많이 도시를 점령하고 있으며, 도시에서 의역되고 수정되어 상연된다. "길거리 신뢰성Street credibility"은 그렇기 때문에 스포츠용품 생산자들이 자신들이 생산한 상품의 시장성을 검증할 수 있게 해주는 결정적인 기준이 되었다.

사회의 근대화 과정은 인간과 인간, 인간과 신체, 시간, 공간의 관계를 결정적으로 변화시켰다. 바로 대도시에서 개별 행위자들은 자신들의 체험과 행위의 지향이 강력하게 전환된 상황에 익숙해져야만 한다. 근대적 조건 하에서 새로운 조정 가능성의 조건들에 대해 알고 싶다면 사회적 기능체계들의 자기관계성과 그 결과들을 자세히 살펴볼 필요가 있다. [자기관계성으로 인한] 추방은 재 포함의 계기가 될 수 있다. 배제된 것은 소멸되지 않고 포함될 수 있다.[13] 제도권 정당, 오래 전에 도입된 교구 교회, 자본주의적 화폐 경제, 학교 교육, 신 유럽적 핵가족의 친밀성 등이 시민 발의, 종파들, 경제, 학교, 사교 모임, 새로운 생활 방식의 계기가 될 수 있었듯이, 승부, 경쟁, 우월성을 지향하는 스포츠는 자기 자신에 대한 불만과 대안 모형을 만들어내었다. 특히 스포츠의 엄격한 승리/패배 코드화, 그에 상응하는 훈련과 코드화에 조응하는 훈련과 승부의 관행, 시간 차원과 공간 차원의 이용 규제, 상승과 성장에 맞춘 지향의 결과들은 다른 사회의 기능 영역들이 비슷한 방식으로 의문시 되고 있는 시대에, 더 이상 비판으로부터 자유롭지 못하다.

전통적인 성과 스포츠 종목들과 관련 협회 조직들은, "더 적은 것이 더 많다"는 의미에서 구조 조정과 같은 감축 움직임이 거의 모든 영역에서 일반적으로 진행되고 있는 현 시대에 의심과 회의懷疑의 대상이 되었다. 그 결과 독

---

[13] 이에 대해서는 루만(Luhmann 1995)을 참고하고, 배제된 제3자의 복귀로서 배제된 것의 포함에 대해서는 베테(Bette 1989: 231)를 볼 것.

립 분화된 사회의 사회적 영역들이 추구하는 상승 지향에 대해서는 제동이 걸린다. 그러한 사회적 영역은 자신의 가능성을 거칠게, 그리고 자기준거적으로 편협하게 실현하고 향상시키려 노력하고, 그 결과 보다 빠르고, 보다 높고, 보다 합리적이고, 보다 경제적인 것에서만 의미를 찾는, 독립 분화된 사회의 사회적 영역들이 추구하는 상승지향에 거리가 삽입된다. 통일된 운동 규범을 갖추고 있으며, 선택과 서열화를 실행하는 성과 스포츠는 건강을 위협하고 해를 끼칠 정도로 신체에 무관심하다. 이와 같은 성과 스포츠의 포함과 배제로 인해 야기된 결과는 스포츠 내적 내부 분화 가능성의 중요한 조건이 된다. 배제된 것이 그새 새로운 종류의 체험과 행위 형식을 위해 다시 이용된다.

예컨대 여가 시간에 사람들을 조직적으로 에워싸고 규제하는 스포츠는 조직과 규제에 따르기를 원하지 않는 사람들을 배제시킨다. 스포츠를 지향하는 신체를 높게 평가하는 활동들이 도시의 아스팔트 문화를 갈수록 더 많이 필요로 한다는 사실은, 동기와 가능성이 개인화, 자아실현, 체험상승 같은 방향으로 변화했다는 증거이다.[14] 스포츠는 불과 얼마 전까지만 해도 오직 클럽 스포츠로만 운영되었다. 하지만 그동안 스포츠 풍경은 대폭적인 변화를 경험했다(Rittner 1986b). 오늘날 대학의 평생교육원이나 상업적 스포츠 시설 같은 다른 종류의 스포츠 조직들이 존재할 뿐 아니라, 조직적 상부 구조를 필요로 하지 않고 도시 내부 및 외부의 공간을 자의적이며 마치 아나키스트적으로 활용하는 "자유로운" 스포츠도 있다.

체육학의 전통주의자들에 의해 "탈 스포츠화"로 비판받는 스포츠의 복수화는 다양한 형상으로 나타나고 있다. 그것은 사안적으로는 새로운 주제, 규칙, 활동의 출현에서, 사회적으로는 지금까지 스포츠를 멀리 했던 사람들의

---

[14] 스포츠와 개인화의 관계에 대해서는 5장을 볼 것.

통합에서, 시간적으로는 스포츠 참여가 전통적인 스포츠 시간대로부터 이탈하는 경향에서 다양하게 나타나고 있다. 그리고 공간 차원 역시 대안적인 변혁의 기로에 서있다.[15] 여기에는 분화에 저항하는 현상이 나타난다고 말할 수 있다. 바로 청소년들이 전통적인 스포츠 공간이 변화된 자기표현의 이상과 신체의 이상에 더 이상 부합하지 않기 때문에, 이 공간을 떠난다. 전통적인 스포츠 장소와 실내 경기장은 체험의 상승을 위해 사용될 수 있을 정도로 넓은 공적 공간을 갖추고 있지 않다.

이상의 논의를 통해 분명해진 것은 다음과 같다. 계몽시대부터 추구해 온 미래관과 진보관에 대한 의심이 정당하게 제기되고 사회의 개별 기능 영역들이 전체 사회에 대해 갖는 무관심의 결과들이 점점 소통의 주제가 되는 [요즘 같은] 시기에, 그러한 기능 영역의 주변부에서는 탈분화와 생활세계에 의한 재병합이 시도되고 있다. 스포츠에서 이와 같은 경향을 확인할 수 있다. 거리와 광장을 [스포츠 공간으로서] 다시 발견하게 됨으로써, 그동안 파묻혀 있던 것들이 드러나게 된다. 지루하고 아무 일도 일어나지 않는 생활에 대한 두려움, 운동부족, 외로움, 질병, 자기실현 실패에 대한 두려움과 같은 것들 말이다. 뒤집어 생각하면 이 상황으로부터 어떤 것들을 획득할 수 있을 것이라는 희망을 이끌어낼 수 있다. 그러한 희망은 놀이의 의미 순간들, 비선형적인 이동 방식, 뽐낼 수 있는 멋진 신체, 순간적으로 이루어진 과정 지향의 재미에서 나타난다. 그리고 그 희망은 기술화技術化로 인해 상실된 도시 틈새 공간들을 즐겁게 재발견하는 일에서도 드러난다.

사람들이 신속한 기술적인 이동수단을 이용하여 도시의 공간을 이동하고

---

15) 최신의 도시적 스포츠 유행은 운동행동의 보충과 구조적 변화를 지시한다. 오늘날 다시금 다른 종류의 활동을 위한 시발점으로 이용되고 있는 산업혁명을 통해 생산된 운동모형에 대해서는 아이히베르그(Eichberg 1975)와 디트리히(Dietrich 1989)를 볼 것. 수영문화도 이 과정에 휩쓸리고 있다. 수영장에서 체험장으로의 변화에 대해서는 브링크만(Brinckmann 1989)을 볼 것.

근대 대중매체가 인간의 실제 운동을 갈수록 불필요하게 만들면, 우리가 확인한 것처럼, 사이 공간은 인간들의 지각에 대한 자신의 특별한 아우라를 상실한다. 신체를 직접 움직이는 이동 운동은 사라졌던 사이 공간을 다시 되찾고, 개인적 체험을 할 수 있도록 그 공간에 다시 아우라를 부여한다. 조깅하는 사람, 산악자전거를 타는 사람, 인공 암벽을 기어오르는 사람, 인라인스케이트를 타는 사람, 비치발리볼을 하는 사람, 마라톤을 하는 사람은 사회의 근대화가 도시에서 사라지게 만든 것들을 특수한 방식으로 다시 가져온다. 관찰하거나 환대하는 사람들은 더 이상 불분명하게 서로 뒤섞이는 윤곽 없는 대중의 구성요소들이 아니다. 그들은 자신만의 개인성, 즉 키, 얼굴, 피부색, 차이들과 유별난 개성을 되찾는다. 근대 자동차 조립에 구현된 방음기술로 인해 포괄적으로 차단되었던 길거리 소음도 청각을 통해 다시 경험할 수 있게 되었다. 길거리 공간에서 강하게 풍기는 냄새 역시 많은 문제가 있긴 하지만, 다시 맡을 수 있게 되었다.

 상실과 획득은 다른 관점에서도 분석해낼 수 있다. 개인의 사회적 지위가 갈수록 그 개인의 지적 능력에 따라 결정되고 직업 활동에서 신체적인 능력이 갈수록 덜 요구되는 추상적 사회에서 청소년과 젊음을 쫓는 성인은 거리 스포츠에 참여함으로써, 보란 듯이 지성을 포기하고 차별화된 근육의 미세한 운동 능력을 잠시나마 선택할 수 있음을 보여줄 수 있다. 근육의 운동 능력이란 스스로 설정한 과제를 신체 활동에 의존해 처리하는 데에 필요한 숙련도, 용기, 위험부담 감수 능력 등을 뜻한다. 몇몇 행위자들의 찬사를 받기 위한 자기상연에서 볼 수 있듯이, 거리 스포츠의 공연성에서도, 근대성이 도시 중심에서 이전에 배제시킨 것을 다시 포함시키려는 시도가 이루어지고 있다. 자기규율화와 감정 억제는 대개 거리 공공장소에서 사람들의 태도를 특징짓는 지배적 행동 규칙이다. 사람들은 그 어떤 방식으로든 타인의 이목이 자신에게 집중되는 것을 염려했다. 그러나 이제 이렇게 되도록 하는 사람은 일차 및 이차 등급의 체험을 단번에 만들어낸다.

도시 중심 지역에 저장된 시간 논리와 관련해서도 스포츠의 도움을 받아 반대 경험이 축적될 수 있다. 조깅을 하거나 롤러블레이드를 타고 도시 공간을 가로지르거나 길거리 공적 공간을 유유자적 배회하는 사람은 시내 중심에서 지배적으로 나타나는, 사회적 복잡성의 가속화와 미래화 저편으로 일시적인 "탈출"을 감행할 수 있다. 비록 신체 지향적인 응답 자체도 가속적으로 나타난다는 한계를 지니지만, 보통 때는 시간 부족과 속도로 특징지어지는 일상을 고려할 때, 여기서 중요한 것은 순간의 재발견, 도시의 분망함에서 잠시 멈추는 일일 것이다. 스포츠가 사회의 근대화 결과에 대항하여 직접적 행위, 신체성, 축제 등의 세계를 만들어낸다는 것은 상호작용과 사회의 불균형이 이미 많이 심화되었다는 점과 사회가 참석자들 간의 상호작용을 통해서는 더 이상 실현되거나 묘사될 수 없다는 다소 교훈적인 반대 결론에서 분명하게 드러난다. 스포츠는 이러한 불일치 상태가 지속된 결과에 관심을 집중시키기 위해, 항상 대도시를 배경 화면으로 이용해 왔다. 스포츠는 그 와중에 스포츠 경기장과 체육관 너머에 있는 [도시의] 내부 구역들을 발견한 것이다.

참고문헌

Baxmann, Inge, 1988: "Die Gesinnung ins Schwingen bringen'. Tanz als Metasprache und Gesellschaftsutopie in der Kultur der zwanziger Jahre". In: Hans Ulrich Gurubrecht und K. Ludwig Pfeiffer (Hg.), *Materialität der Kommunikation*. Frankfurt am Main: Suhrkamp, 360-373.

Berking, Helmut und Sighard Neckel, 1988: "Stadtmarathon. Die Inszenierung von Individualität als urbanes Ereignis". In: Klaus R. Scherpe (Hg.), *Die Unwirklichkeit der Städte. Großstadtdarstellungen zwischen Moderne und Postmoderne*. Reinbek bei Hamburg: Rowohlt, 262-278.

Bette, Karl-Heinrich, 1987, "Wo ist der Körper?" In: Dirk Baecker, Jürgen Markowitz, Rudolf Stichweh, Hartmann Tyrell und Helmut Willke (Hg.), *Theorie als Passion. Niklas Luhmann zum 60. Geburtstag*. Frankfurt am Main: Suhrkamp, 600-628.

―――, 1989: *Körperspuren. Zur Semantik und Paradoxie moderner Körperlichkeit*. Berlin/New York: de Gruyter.

――― und Uwe Schimank, 1995: *Doping im Hochleistungssport. Anpassung durch Abweichung*. Frankfurt am Main: Suhrkamp.

――― und Uwe Schimank, 1996: "Auszeit vom Alltag, Freistoß für die Seele. Acht Gründe, warum wir von den vielen Sport-Spektakeln gar nicht genug bekommen können". In: *Psychologie Heute*, H. 7, 60-65.

Brinckmann, Andreas, 1989: "Das Schwimmbad geht baden - Von der Badeanstalt zur »Karibikidylle«, vom Schwimmbad zum Freizeit-sportzentrum". In: Knut Dietrich und Klaus Beinemann (Hg.), *Der nicht-sportliche Sport*. Schorndorf: Hofmann, 225-238.

Denzin, Norman K., 1995: "White Men Can't Jump? The Politics of Postmodern Sport". In: Karl-Heinrich Bette und Alfred Rütten (Hg.), *International Sociology of Sport: Contemporary Issues. Festschrift in honor of Günther Lüschen*. Stuttgart: Naglschmid, 15-32.

Dietrich, Knut, 1989: "Raumarrangements in Sportinszenierungen". In: Knut Dietrich und Klaus Beinemann (Hg.), *Der nicht-sportliche Sport*. Schorndorf: Hofmann, 186-198.

Eichberg, Henning, 1975: "Der Umbruch des Bewegungsverhaltens. Leibesübungen, Spiele und Tänze in der Industriellen Revolution". In: August Nitschke (Hg.), *Verhaltenswandel in der Industriellen Revolution. Beiträge zur Sozialgeschichte.* Stuttgart: Kohlhammer, 118-135.

―――, 1995: "The Societal Construction of Time and Space as Sociology's Way Horne to Philosophy. Sport as Paradigm". In: Karl-Heinrich Bette und Alfred Rütten (Hg.), *International Sociology of Sport: Contemporary Issues. Festschrift in honor of Günther Lüschen.* Stuttgart: Naglschmid, 111-129.

Elsner, Monika, Hans Ulrich Gumbrecht, Thomas Müller und Peter Spangenberg, 1994: "Zur Kulturgeschichte der Medien". In: Klaus Merten, Siegfried J. Schmidt und Siegfried Weisehenberg (Hg.), *Die Wirklichkeit der Medien. Eine Einführung in die Kommunikationswissenschaft.* Opladen: Westdeutscher Verlag, 163-187.

Häußermann, Hartmut und Walter Siebel, 1993: "Die Politik der Festivali-sierung und die Festivalisierung der Politik. Große Ereignisse in der Stadtpolitik". In: Dies. (Hg.), *Festivalisierung der Stadtpolitik. Stadtentwicklung durch große Projekte. Leviathan, Sonderheft 13.* Opladen: Westdeutscher Verlag, 7-31.

Hassauer, Friederike, 1985: "Eine Straße durch die Zeit. Die mittelalter-lichen Pilgerwege nach Santiago de Compostela". In: Hans-Ulrich Gumbrecht und Ursula Link-Heer (Hg.), *Epochenschwellen und Epochenstrukturen im Diskurs der Literatur- und Sprachhistorie.* Frankfurt am Main: Suhrkamp, 409-423.

Heinzlmeier, Adolf, Jürgen Menningen und Bernd Schulz, 1985: *Road Movies: Action-Kino der Maschinen und Motoren.* Hamburg/Zürich: Rasch und Röhrig.

Inglehart, Ronald, 1977: *The Silent Revolution: Changing Values and Political Styles among Western Publics.* Princeton, New Jersey: University Press.

Kruse, Lenelis und Carl Friedrich Graumann, 1978: "Sozialpsychologie des Raumes und der Bewegung". In: *Kölner Zeitschrift für Soziologie und Sozialpsychologie, Sonderheft 20,* Hg. von Kurt Hammerich und Michael Klein. Opladen: Westdeutscher Verlag, 177-219.

Luhmann, Niklas, 1975: "Interaktion, Organisation, Gesellschaft". In: Ders., *Soziologische Aufklärung Bd. 2.* Opladen: Westdeutscher Verlag, 9-20.

―――, 1981: "Unverständliche Wissenschaft. Probleme einer theorieeigenen Sprache". In: Ders., *Soziologische Aufklärung Bd. 3.* Opladen: Westdeutscher Verlag, 170-177.

―――, 1984: *Soziale Systeme. Grundriß einer allgemeinen Theorie.* Frankfurt am Main: Suhrkamp.

―――, 1995: "Inklusion und Exklusion". In: Ders., *Soziologische Aufklärung Bd. 6.* Opladen: Westdeutscher Verlag, 237-264.

MacAloon, John J., 1984: *Rite, Drama, Festival, Spectacle. Rehearsals Towards a Theory of Cultural Performance.* Philadelphia: Institute for the Study of Human Issues.

Mitscheilich, Alexander, 1965: *Die Unwirtlichkeit unserer Städte.* Frankfurt am Main: Suhrkamp.

Rittner, Volker, 1986a: "Körper und Körpererfahrung in kulturhistorisch-gesellschaftlicher Sicht". In: Jürgen Bielefeld (Hg.), *Körpererfahrung. Grundlage menschlichen Bewegungsverhaltens.* Göttingen: Hogrefe, 122-155.

―――, 1986b: "Sportvereine und gewandelte Bedürfnisse". In: Gunter A. Pilz (Hg.), *Sport und Verein.* Reinbek bei Harnburg: Rowohlt, 43-55.

―――, 1989: "Körperbezug, Ästhetik und Sport". In: *Sportwissenschaft,* H. 4, 359-377.

Rodenberg, Hans-Peter, 1994: "Defining Human Space in the Early Postmodern City: Die Wandmalereien der L. A. Fine Arts Squad". In: Bernd-Peter Lange und Hans-Peter Rodenberg (Hg.), *Die neue Metropole. Los Angeles - London. Gulliver, Deutsch-Englische Jahrbücher Band 35,* 100-123.

Schivelbusch, Wolfgang, 1977: *Geschichte der Eisenbahnreise. Zur Industrialisierung von Raum und Zeit im 19. Jahrhundert.* München/Wien: Hanser Verlag.

Schulze, Gerhard, 1992: *Die Erlebnisgesellschaft. Kultursoziologie der Gegenwart.* Frankfurt am Main/New York: Campus.

Schwanitz, Dietrich, 1990: *Systemtheorie und Literatur.* Opladen: Westdeutscher Verlag.

Sennett, Richard, 1983: *Verfall und Ende des öffentlichen Lebens. Die Tyrannei der Intimität.* Frankfurt am Main: Fischer (erstmals New York: Alfred A. Knopf, 1977).

―――, 1994: *Flesh and Stone.* New York: W. W. Norton & Company.

Uth, Heinz, 1985: "In Berlin dabei". In: H.-J. Usko (Hg.), *Marathon.* Berlin: Quadriga, 39.

Zahn, Thomas, 1995: *Sport-Erleben und Modernität. Soziologische Beobachtungen zur System/Umwelt-Differenz des Sports und seiner Semantik. Dissertation,* Universität Konstanz.

제7장 고도 성과 스포츠에서 도핑: 일탈의 사회학적 연구

현대 고도 성과 스포츠의 전문화 및 자립화의 결과로 볼 수 있는 도핑 현상에 대한 강한 비판이 제기되고 있다. 도핑은 사회의 공론장에서 환영받지 못하는 것으로 여겨지고 있음에도 불구하고 명맥을 유지하고 있으며, 그것을 설명하고 근절시키려는 모든 노력을 무력화시키고 있다.[1] 도핑은 의미론적 생략 기호로서, 공식적인 행동 표준으로부터의 일탈을 지시하는 고도로 복잡한 문제 연관을 대변하고 있다. 선수들이 경기에서 높은 성과를 내기 위해서는 탁월한 기술과 전략, 강한 의지력과 체력, 적절한 제도적 지원만으로는 충분하지 않다. 도핑은 사회적으로 금지된 수단을 이용하여 사회적으로 허용된 목표를 달성하려고 시도하는 특수한 행위 유형을 가리킨다. 사실 승리는 고

---

1) 이에 대해서는 베테와 슈망크(Bette & Schimank 1995)를 참고할 것.

도 성과 스포츠에서뿐만 아니라 [예를 들어 경제나 정치와 같은] 스포츠 주변 영역들에서도 매우 가치 있는 것으로 평가받고 있는 목표이다. 이러한 불법적인 수단의 투입은 전형적으로, 드러나지 않도록 은폐되어야 한다.

지난 수년간 여러 스캔들이 보고되면서 금지된 도핑 전략들이 세세하게 밝혀졌고 공론장의 논의로 옮겨졌다. 그 결과 이와 같은 특별한 유형의 일탈이 우연적이며 일회적인 것일 뿐이라는 믿음이 여지없이 무너졌다. 환상에서 깨어난 신문 구독자들과 TV 시청자들은 과거에 긍정적인 가치들을 이행할 의무가 있던 스포츠가 거짓과 기만, 질병, 죽음의 맥락에서 논의되는 상황에 익숙해져야 했다. 경기 결과의 미확정성, 행위자들의 형식적 평등, 행위의 규칙 순응과 추체험 가능성의 원칙들을 근거로 삼는 스포츠의 매력은 이제 사라질 위기에 처하게 되었다.

이점에 있어서 도핑은 스포츠의 분위기뿐만 아니라 스포츠와 주변 영역들과의 관계까지 바꾸어놓았다. 도핑은 스포츠 선수와 그 후원자들의 솔직함에 대한 신뢰를 파괴시켰을 뿐만 아니라 이 신체 및 개인을 지향하는 사회적 영역을, 그 결과를 전혀 예측할 수 없는 신뢰성 위기와 정당성의 위기에 빠뜨렸다. 후원자들은 [자사의] 이미지 전달을 위해 스포츠의 긍정적인 면을 이용하려고 계속 노력해야 할지 말지를 망설이게 되었다. 교란된 정치가들도 각 종목별 협회를 계속해서 지원해야 할지 말아야 할지 진지하게 고민하게 되었다. 그리고 성과 스포츠를 좋지 않게 생각해온 교육행정가들은 자신들의 판단이 옳았다는 확신을 갖고 체육 수업에서 성과 스포츠를 배제할 것을 권고하고 있다. 스포츠가 아이들의 필수적인 사회화 기관이라고 믿어왔던 학부모들은 이 믿음에 의문을 갖게 되었으며, 조기 스포츠 훈련을 위해 포기할 수 없는 자원인 아동을 협회에 보내는 것을 거부하고 있다. 특별히 과거에 스포츠에 우호적이었던 사람들조차도 최근의 스포츠 변화와 자신을 동일시하고자 하지 않기 때문에 스포츠로부터 등을 돌리고 있다.

도핑 문제의 분석적인 관찰은 도핑이 전형적으로 직접 관찰할 수 있는 범위에서 발생하는 것이 아니라는 점으로 인해 어려움을 겪을 것이다. 도핑을 자행하는 선수들은 심판을 매수하지도 않으며, 스포츠 용구와 기구를 조작하지도 않고, 페널티 킥을 얻을 목적으로 상대방의 발에 걸린 것처럼 넘어지는 기술을 연출하여 이목을 끌려고 하지도 않는다. 선수들이 경기에서 불법적 방식으로 이득을 얻기 위해 활용하는 이러한 전략들은 상당한 귀결을 갖기는 하지만, 고도 성과 스포츠를 총체적으로 위협하지 않는다. 이러한 일탈들은 중립적인 제삼자인 심판의 통제만으로도 제어할 수 있다.

그러나 도핑은 이러한 전략들과 질적으로 다르다. 도핑의 특수성은 스포츠 성과의 운반자인 신체가 일탈의 중심에 있다는 점에 근거한다. 신체는 불법적 약물로 무장하고 상승된 성과 스포츠의 요청에 적응하기 위해서만 이용되는 것이 아니다. 아나볼릭 스테로이드를 복용했거나, 성장호르몬 주사를 맞았거나, 채혈해 둔 혈액을 시합 전에 다시 주사하는 사람은 신체 깊이 일탈을 숨겨 사회통제를 벗어나는 것이다. 따라서 도핑을 자행한 선수는 정상성과 규칙 준수를 가장하며, 거짓, 속임수, 침묵을 통해서만 안정시킬 수 있는, 가상(Schein)의 현실을 연출한다.

일탈은 발생할 경우에 내부뿐 아니라 외부에 대해서도 소통의 장애물을 세우고 불투명성을 만들어낸다는 점에서 분석을 어렵게 만든다. 금지된 수단을 선수로서 이용했거나, 의학자로서 처방했거나, 트레이너로서 권했거나, 행정가로서 묵인한 자는 자신의 성공과 지금까지 얻어온 평판이 위험에 처하는 것을 원치 않을 것이다. 따라서 도핑은 그 어떤 사회연구 방법에 의해서도 밝혀질 수 없도록 은폐될 필요가 있다. 은밀성이 일탈 자체를 위해 전략적으로 중요하고, 스포츠에서 통상적인 침묵의 공모가 깨지는 경우에 대비해 [개인에게] 희생양 역할을 할당하겠다는 위협이 있는 곳에서는 연구에 필수적으로 요구되는 개방성은 비개연적인 것이 된다. 연구자들은 직접 당사자에게서 그러한 개방성을 특수한 조건에서만 기대할 수 있다. 예를 들어 선수 경력이 이미 끝났거나, 스포츠 영역 바깥에 대안적인 지위가 보장되어 있거나, 법치국가적 수단에 근거한 위협이 현실화될 때에만 기대할 수 있다.

성급한 일상이론적 평가들과는 달리, 성과 스포츠에서 도핑은 쉽게 이해하고 설명할 수 있는 주제가 아니다. 도핑을 개인의 탓으로 돌리고, 트레이너, 선수, 스포츠 행정가의 행위 차원에서 누구에게나 한 번쯤은 실수로 일어날 수 있는 현상으로 축소시키려는 상투적인 시도들은 만족스러운 설명이라고 할 수 없다. 개별 행위자를 목표로 삼는 설명들은 당사자들을 인과 사슬의 출발점에 두며, 서로 뒤얽힌 사태들을 주관적인 상태들, 동기들, 허약함으로 축소시켜 버린다. 이러한 보기를 따르는 격리된 설명은 사회학적으로 만족스럽지 못하다. 이 설명에서는 바로 행위자의 사회적인 것, 제각기 다른 관점들의 쌍방 관련지음, 개인적인 행위가 집단적인 의미 전형의 영향을 받는다는 점이 고려되지 못하기 때문이다. 시선을 일차적으로 개인에 고정시키는 조처가 개인 중심적 활동이라는 스포츠의 특성을 고려할 때 이해될 수 없는 것은 아니지만, 문제를 분석하는 데는 큰 도움이 되지 않는 것으로 드러난다. 이런 종류의 접근은 기존의 구조와 과정을 불투명하게 만들며, 비판으로부터 방어하는 데에 도움이 될 뿐이다.

더욱이 사회학자들은 신체를 매개로 한 일탈을 증명하기 위하여 인간의 신체 분비물을 판독하는 일만으로는 만족할 수 없다. 그들은 이와 같은 일을 하기 위하여 적절한 능력을 갖추고 있지도 못할 뿐만 아니라, 그런 종류의 처치 방식은 그들의 특별한 지적 관심에도 부합하지 않는다. 만일 우발이 더 이상 예외적인 경우가 아니라 일상적인 일이 됨으로써 예측 가능한 경우들이 된다면, 스포츠에서 일탈행동을 구조적으로 조장하고, 초개인적으로 지속시키는

기제의 내적 논리와 기능 방식을 분석하는 일은 사회학자들의 몫이 된다.[2)]

사회학자들은 그런 한에서 개별 선수들의 일탈을 폭로하거나, 스포츠 행정가들을 체포하거나, 당사자들에게 교육학적으로 동기 지워진 도덕적 호소를 제기함으로써, 이 사람들이 자신들의 일탈적 행위들을 자제하고 좋은 스포츠 덕목을 준수하도록 촉구하는 데에는 관심이 없다. 사회학은 도덕을 포기하고 정책 결정에 사용될 수 있는 예리한 분석에 착수할 때, 역설적으로 도덕적으로 중요한 능력을 발휘하게 된다.

일탈행동을 가능하게 하는 사회적 조건은 무엇일까? 이 물음에 대한 적절한 답변을 얻기 위해서는, 서로 연결되어 있고 다양한 차원에서 서로에게 영향력을 행사하는 다양한 변수들의 상호작용을 총체적으로 고려해야만 한다. 도핑은 이와 같은 다양한 요인들이 결합된 결과이기 때문에 도핑을 자행하는 선수들을 자의적으로 일탈하는 자유로운 사회적 유형으로 보아서는 안 된다. 도핑을 자행하는 선수는 오히려, 도핑을 할 수 있도록 해주지만 동시에 도핑을 은밀하게 하도록 권유하는 사회적인 교류 노선들의 교차 지점에 위치한 행위자일 뿐이다. 개인의 행위 가운데 공식적 행동 기대에 부합하는 행위만이 사회적으로 조건 지워지는 것은 아니다. 규범적 요구를 위반하는 개인의 행위도 사회적으로 조건 지워진다.

도핑 현상에서는 명백하게 개별 운동선수, 트레이너, 행정가 등의 인성 특성들만으로 설명하기 어려운 법칙들이 작동하고 있다. 도핑은 개별 사례들의 우연한 집합이 **아니라**, 스포츠의 발달 과정에서 나타나는 스포츠의 노화 현상으로 평가되어야 한다. 고도 성과 스포츠 행위의 경제화, 정치화, 과학화, 매체화의 결과로서 사회화가 진전된 결과, 행위자 차원에서 감당하기 힘든 무리한 요구가 생겨났으며, 적지 않은 선수들이 일탈을 통해 이러한 요구

---

2) 실제로 오늘날 일어나지 않아서 놀라움을 주는 도핑사례들도 있다.

에 부응함으로써 자신의 선수 생명과 관련된 위기 상황을 모면하려고 시도한다(Bette & Schmank 1994). 도핑 현상은 조직화된 스포츠가 영속적 향상을 지향하는 자체 논리의 내적 무한성뿐 아니라 외부 세계의 강요와 유혹으로부터 자신의 구성원을 보호해 줄 수 있는 방법을 아직 배우지 못했음을 교훈적으로 보여준다.

이하에서는 생각할 수 있는 질문들의 목록으로부터 두 가지 주제 영역을 이끌어내어 조명할 것이다. 첫 번째 절에서는 일탈 집단들과 네트워크들이 사회 차원의 여러 조종 원칙들의 배경 하에서 어떻게 구성되는지에 관해 다룰 것이다. 두 번째 절에서는 국내의 도핑 논의에서뿐만 아니라 국제적 도핑 논의에서 항상 나타나는, [규범의 효력을 순간적으로 무너뜨리는] 중화기술들Neutralisationstechniken과 미화하는 수사들의 유형학을 보여줄 것이다.

1. 일탈 집단과 네트워크

도핑은 운동선수들이 경기력 향상을 위해 자유 의지에 따라 자발적으로 약물을 남용하는 예외적인 경우를 제외하고, 결코 전제조건 없이 그리고 준비 없이 개별 운동선수의 행위 가능성으로부터 만들어지는 현상이 아니다. 도핑 네트워크와의 접속은 일탈 가능성의 필수적인 전제조건이다. 고차원적으로 속이려고 하는 모든 사람들이 이러한 속임수를 혼자서 행할 능력을 갖추고 있는 것은 아니다. 개별 스포츠 선수들은 할 수 있는 불법적 수단들 가운데 하나를 자유롭게 선택하여 실행할 수 있는 처지에 있지 않다. 일탈을 준비하고 수단을 알선하고 노하우를 제공해주고 모든 것을 은폐시켜주는 환경 없이는 도핑이 일어나기 어렵다. 특히 지금까지 도달한 높은 수준의 기술적 및 생화학적 조처와 방법의 섬세함과 이에 보조를 맞춰 발전한 통제방법과 감시 능력을 고려할 때 개인적 차원의 도핑 감행은 매우 비개연적 사건이다. 전문적인 지도가 일어나지 않는 곳에서는 내부자의 조언이나 막연한 안내 서적에 의존하며, 그로 인해 신체와 생명에 치명적인 결과가 유발될 수 있다. 조력자 없이 작동하는 우둔한 자나 게으른 자는 쉽게 발각된다.[3]

만일 도핑이 스포츠의 중심적 교차 지점으로, 즉 중요한 기관으로 정착되었다면 경기력 향상을 지원하는 다른 방편은 쉽게 마련할 수 없다. 왜냐하면 일탈 집단은 [도핑 가담에의] 적지 않은 순응 압력을 행사함으로써 도핑 기피자들의 선택 가능성을 제한하기 때문이다. [이 상황에] 적응 준비가 되지 않은 사람들은 서구 국가의 스포츠에서 미묘한 차별을 당하는 것으로 보인다. 일탈을 통한 적응을 거부하는 스포츠 선수들은 단순히 "지원해줄 가치가 없"거나 "발달 잠재력이 없는" 사람으로 규정되고, 경기력을 향상시키겠다는 의욕이 없거나 생각이 잘못된 사람으로 비난받으며, 성과를 기준으로 사람들을 선택하는 원리에 따라 냉정하게 배제된다. 이와 같은 조건 하에서 도핑은 운동선수들이 지원을 받거나 지원 체제 내에 머물기 위해서 반드시 통과해야만 하는 바늘 귀가 된다. 이러한 조건들이 도핑 참여를 강제하는 압력으로 작용할 것임은 더 이상 부연 설명할 필요가 없을 것이다.

경기력이 다소 떨어지는 선수들에게 도핑이 미치는 소용돌이 효과는 명백하다. 이 효과는 한편으로 도핑으로 달성한 성과로 인한 축출 효과로부터, 다른 한편으로 성공을 통해 얻을 수 있는 분명한 보상으로부터 기인한다. 예컨대 어떤 종목에서 성공적인 도핑 가담자만이 제도적 지원의 순환에 참여할 수 있고, 이러한 순환을 통해 어떤 행위가 가능하다는 것이 매개될 수 있다면, 그와 같은 행위 가능성들은 일탈에 대한 강력한 자극으로 작용할 것이다.

---

[3] "벤 존슨은 내가 생각할 때 1988년 서울 올림픽 결승전 진출 선수 가운데 가장 멍청이였다. 그는 자신의 위치를 그대로 유지할 수도 있었다." 헬무트 메이어(H. Meyer) 독일 육상연맹 회장이 퇴임 직전에 했던 말이다(Sports 1993. 4. 1).

그래서 도핑에 적응하지 못한다는 것은 지속적으로 패배자로서 낙인찍힌다는 것을 의미한다.

만일 도핑이 어떤 종목의 협회 차원에서 핵심적인 경기력 향상의 방편으로 실행될 수 있었다면, 일탈을 용인하지 않는 트레이너는 직업을 유지할 가능성이 낮을 것이다. 트레이너들이 자기 선수들과 함께 충분한 성과를 만들어 내지 못한다면, 그 자리를 잃거나 한직으로 밀려나게 될 것이다. 클럽과 협회의 트레이너는 이 이유에서 고전적인 스포츠 도덕의 기준을 충족시킬 수 없다. 교육학적 이상을 높게 평가하는 다수의 트레이너들은 일탈을 서슴지 않는 냉소주의적인 트레이너들에 의해 밀려나게 될 것이다. 그래서 교육학적 이상을 추구하는 것은 트레이너의 입장에서는 부정적인 선택이 될 것이다.

일탈적인 집단과 네트워크들은 해당 국가별 스포츠 체계의 조건과, 동구권과 서구에서 각각 상이한 방식으로 스포츠에 제시되는 전체 사회 차원의 조종 원칙들에 따라 상이한 형식을 가진다. 전체주의 사회는 다른 모든 사회의 부분체계들 보다 정치체계에 우선권을 부여하며 강력한 권력투입을 통해 그 우선권을 유지시키고, 동일 맥락에서 스포츠와 그 기능 관심도 정치적 상부구조에 복속시킨다. 특히 전체주의 사회는 일탈적 방법을 동원해서라도 자국 운동선수들이 국제무대에서 성공하기를 바라며, 이를 위해 권한위임가능성과 조종가능성을 활용한다. 그렇게 스포츠는 구 동독에서 높은 평가를 받았다. 왜냐하면 스포츠는 전체 사회의 우월성을 대외적으로 증명해주었고, 대내적으로 동일시 가능성을 보장할 수 있었기 때문이다. 개인이 혼자서 책임을 지고 일탈 행위를 하는 것은 스포츠, 국가, 사회의 대표기관이 서로 밀접하게 얽혀 있다는 점을 고려할 때 위험부담이 너무 크다. 그 배경에 확실한 지원체계를 갖춘 국가 차원의 도핑은 결과적으로, 조율되지 않은 개별 일탈을 통해 비방을 받게 되는 것을 회피하기 위한 해결책이 되었다. 국가 도핑은 집단적인 해결책으로서, 모든 참여자들이 서로 협조하고, 개별적인 도핑 사용과 이익 극대화를 포기할 것을 그 내용으로 하고 있다.

상응하는 수단들의 개발, 전달, 적용이 국가 차원에서 지원받을 수 있게 됨으로써, 도핑은 폐쇄된 사회에서 큰 마찰 없이 기존의 지원체계에 통합될 수 있다. 이를 통해 트레이너와 선수들은 끊임없이 자신의 한계를 어떻게든 다루어내야 하는 노력을 기울이지 않아도 된다. 간단히 말하면, 일탈은 **위로부터의 위계적 조종**hierarchische Steuerung von oben을 통해, 전체주의 체계에서 익숙해져 있는 것처럼 큰 문제없이 조직될 수 있다. 일탈은 내부적으로 허용된 정상성이 된다. 공적으로는 규칙을 준수하는 것처럼 보이는 상태를 유지하기 때문이다. 거부하는 자는 이 영역을 떠나야만 한다.

이런 조건에서 작동하는 일탈 집단들은 결과적으로, 민주주의 사회에서 일탈을 지향하는 집단들과는 전혀 다른 가능성과 윤곽을 갖게 된다(Franke 1993). 기능적으로 분화된 부분들이 수평적 관계를 맺고 있는 서구 국가들에서 정치는 다른 사회의 기능 영역들에 비해 우월권을 지니고 있지 못하다. 이러한 사회의 스포츠는 국가를 통해 오직 부차적 지원만을 받을 뿐이다. 일탈의 실행에 관심이 있는 사람은 자기 스스로 알아서 일탈을 감행해야 하며 은밀하게 조직해야만 한다. 도핑을 지탱하는 사회적 단위들은 결국 전체주의에 기원을 둔 국가들의 도핑 네트워크와는 전혀 다른 형태를 지니게 된다. 민주화된 사회에서 도핑은 **일탈의 탈-중심적 자기조직의 원칙**Prinzip der dezentralen Selbstorganisation der Abweichung의 토대 위에서 기능한다.

서구에서 일탈행동을 실행하고자 하는 스포츠관계자는 자신의 일탈을 동료선수들, 클럽들, 협회들의 공식적인 견해에 반하여 마치 무정부적으로 은밀하게 해결해나가야 한다는 점을 감안해야한다.[4] 그들은 "체험을 통해 힘겹

---

4) 독일육상연맹의 회장 헬무트 메이어는 동구권과 서구권에 도핑의 폭넓은 확산에 대해 다음과 같이 말했다. "명확하게 말하자면 동구권의 트레이너와 행정가들은 도핑과 관련하여 과거에 우리 서구권에서보다 더 좋거나 더 나쁘지 않았다"(Sports 1993. 4. 1).

게 나아가기muddling-through"(Lindblom 1959) 기술을 습득하고, 통달해야만 한다. 이러한 특수한 조종 형식은 특별한 도핑 관심자들과 종목 협회 대표자들 사이의 비공식적인 사회적 연결망과 연대 관계들의 수립을 배제하지 않으며, 오히려 그러한 현상들이 나타나도록 촉진하기까지 한다. 일탈을 계획하는 사람들이 조직의 아래에서 위계의 최정상까지 침투하여 동조자들과 협력자들을 찾아내야 하는 곳에서는, 일탈을 확장하겠다는 노력이 적절한 수위에서 조심스럽게 나타날 것으로 기대할 수 있다.

이러한 구조적 조건의 범위에서 수립된 일탈 집단들은 구성원 자격의 권리와 의무의 측면에서 상당히 변이가 크고 신축적이다. 일탈 집단들의 윤곽은 각각의 고유한 생성과 발전의 역사를 가지고 있으며, 대개 트레이닝 과정을 직접 지탱하는 사회적인 관계들에서부터 생성된다. 달리 표현하면, 도핑은 에드워드 밴필드(Banfield 1958)가 남부 이탈리아에서 발견한 "무도덕적 가족주의amoral familialism"의 보기에 따라, 스포츠 체계들을 소수의 개별 운동선수들을 중심에 둔 트레이너, 후원자, 의사들의 소집단들로 분할한다. 이 집단들은 모두 외부, 즉 경합을 벌이고 있는 집단들과 국가 또는 국제 스포츠연맹과 같은 상위의 전담기관들을 매우 의심하며 그렇기 때문에 협력하지 않는다. 그리고 이러한 상태는 집단의 높은 내적 응집으로 인해, 제대로 조정되지 않는다.

협회 소속 의사들, 스포츠 마사지사들, 클럽과 협회의 약사들 또는 스포츠의 성공에는 관심이 없는 마약밀매업자들은, 서로를 반드시 개인적으로 알 필요가 없이 도핑을 지원하여 실현해내는 장을 [공동으로] 만들어낸다. 그 장에서는 비밀을 공유하지만 서로 격리된 소수만이 내적 집단을 형성할 뿐이다. 핵심적인 일은 일탈에 잠시 동안만 참여하거나 단편적으로만 참여하는 주변부의 협조자들이 도맡는다. 도핑물질의 생산자들, 중개자들, 구매자들, 사용자들은 서로 같지 않으며, 어떤 의미에서는 노동 분업적으로 분리되어 있다. 그 주변에는 개별 일탈집단의 개별 구성원에 인적으로ad personam 속해 있지 않은 동조자들이 포진해있다. 이들은 산만하지만 그럼에도 불구하고 효과적이며 일반화된 충성심을 갖고 일탈 집단의 활동을 지원해준다. 이러한 침묵의 참여자들은 반드시 스스로를 일탈 네트워크의 활동적인 구성원으로 정의하고 그렇게 느낄 필요가 없다. 이렇게 스케치된 사회적 구조는, 테러 집단이 넓게 펼쳐져 있고 단계화된 주변 환경에 뿌리를 두고 있다는 사실을 상기시킨다(Neidhardt 1988).

도핑 도당들은 스포츠 종목의 위계적 협회들 사이와 다른 스포츠 종목의 협회들 사이를 가로지르며 형성된다. 그들은, 국가가 도핑을 명령하고 제도적으로 보호하는 동독의 몇 가지 경우를 제외하면, 일탈행동의 핵심 추진자이다. 이와 같은 비공식적 패거리들은 중요한 기능담당자가 거기에 아주 은밀하게 속해있기 때문에 연맹의 공식적인 정책들을 효력 없게 만들고, 그들의 윤리관을 방해하며, 그것을 외부에는 공식적으로 표출할 수 없는 파괴적 기능도덕으로 대체한다. 이러한 비공식적 도당들은 중요한 체육행정가들과 긴밀하게 관련되어 있기 때문에 협회의 공식 정책들을 무력화시키고, 협회의 윤리 강령이 실행되지 못하도록 방해하며, 그것을 공식적으로 외부에 밝힐 수 없는 파괴적인 기능 도덕으로 바꿔버린다. 도핑을 통한 일탈은 갈수록 도덕적인 숙고와 주저함을 떨쳐버리게 되었으며, 그렇게 될수록 점점 더 자기관계적 과정의 성격을 갖게 된다. 일탈은 일탈을 생산하며, 그 일탈이 다시금 새로운 일탈을 생산한다. 일탈 집단은 승리에 집착하기 때문에, 승리/패배 코드라는 이미 존재하는 자기준거성을 통해 자신들의 합법성을 정당화한다. 외부의 조정압력은 내부에서 도핑에 가담하는 자들의 지속적인 밀착을 생산한다. 외부로부터의 통제 압력은 도핑가담자들이 내적으로 결속하도록 만들어준다. 이러한 내부 영향요인들과 외부 영향요인들이 조합됨으로써 일탈은 안정화된다. 패배도 위협적이고 도핑이 드러나는 것도 위협적이다. 그 둘은 상이한 방식으로 낙인을 찍는다. 이렇게 자기관계성이 양면적으로 강화되어, 이 영역에서 빠져나오는 일은 어렵게 된다. 공동의 일탈은 단단하게 결속되어 외부에서 깨뜨릴 수 없게 된다.

2. 중화기술들

정당하지 않은 혁신Innovation으로서의 도핑은 규범으로부터의 일탈과 심리적, 신체적, 사회적 관점에서 위험 부담 상승을 대가로 치르는 조건에서만 소기의 성과를 달성할 수 있다. 일탈 집단들은 전통적인 페어 플레이 도덕과 고도 성과 스포츠의 급진적인 자기관계성 사이에 충돌이 일어나지 않도록, 약물 의존적 도핑과 위중한 결과들을 숨겨야만 하며, 그렇지 못할 때에는 최소한 상대화시키기라도 해야 한다. 그들은 이 점에 있어서 자신들의 일탈행동을 자기 자신과 외부자들[의 개연적인 비난이나 비판]로부터 방어해낼 수 있는 전략들과 정당화 논거들을 만들어내야 한다.[5]

이 맥락에서 흥미로운 질문들이 떠오른다. 개인들은 자신의 일탈을 어떻게 정당화하며, 자신의 현실을 어떻게 구성해낼까? 죄책감을 느낄까? 스포츠 선수들, 아울러 트레이너들과 행정가들은 자신들의 모순을 어떻게 다루어낼까? 그들은 자신들의 행위 지탱의 동기를 어떻게 제시할까? 가장 중요한 미화 기술과 중화 기술을 분석하고자 하는 아래 논의는 도핑이 ― 의식적으로 실행되었고 비밀리에 제안된 것이 아니라면 ―, 주관적으로 의미가 수반된 행위를 나타낸다는 가정에서 출발한다. 기본적인 미화 기술들과 중화 기술

---

[5] 기준에서 벗어나는 행동의 사회학은 예전부터 일탈자들이 그들 자신의 일탈에 대해 어떤 사회적 반응을 보이는지에 대해 큰 관심을 기울여왔다. 사익스와 맛차(Sykes & Matza 1957)의 고전적 분석과 비교할 것.

들에 관한 아래 분석의 출발점은, 도핑이 의식적으로 실행되고 비밀리에 주사된 것이 아니라면, 주관적인 의미를 수반하는 행위라는 것이다. 도핑은 하늘에서 떨어진 것이 아니라 자신의 정당성을 찾으며 구실을 만들어낸다. 이렇게 관찰할 수 있는 [중화] 주장들에 대해서는 하나의 보편적인 상위 논리가 작용한다. 이 주장들은 어떤 의미에서 표현과 내용을 공급하는 소통의 급진성에 따라 단계적으로 강화될 수 있다. 그러한 단계적인 강화는 결과적으로 점차 증대하다가 정점에 이른다. 그 정점에서는 참여자들이 고전적 스포츠 도덕과 점점 거리를 둔다는 것을 표현하고 정당화한다.

(1) 언어적 사소화: 도핑을 행하는 스포츠 선수들은 자신들의 일탈을 자기 자신과 다른 사람들 앞에서 정당화하기 위해 언어 매체를 이용한다. 이들은 일탈행동으로부터 폭발력을 빼앗는 개념들을 이용한다. 이 전략은 기만의 비일상성을 피해를 발생시키지 않는 것, 일상적인 것으로 만들며, 전혀 나쁘지 않은 것으로 생각하도록 하는 것을 목표로 삼는다. 금지 물질 복용이나 불법 수단 투입을 "대체", "의약적 처치", "훈련에 필수적인 지원 조처" 등으로 표현하는 사람은 도핑 개념과 연맹 규정집에서 일탈로 분류되는 것을 은폐시키기 위해 애쓰는 것이다.

이러한 사소화하는 개념들은 내부적인 소통을 쉽게 성사시키고 외부적으로 "인상관리impression management"(Goffman 1969)를 수행하는 과제를 갖는다. 또한 이 개념들은 도핑 장려자들이 [능력과 목표 사이의] 불일치의 처리 능력이 있음을 인정하는 기능을 담당한다. 일탈을 의미론적으로 유연하게 만들어주는 이러한 미묘한 전략의 중심 수행자는 특별히 도핑을 다루는 스포츠 의학자들이다. 그들은 "약물 처방"이나 "지원조처" 같은 개념들을 사용함으로써 자신들의 주관적인 역할 스트레스를 줄인다. 그들의 역할스트레스는 직업윤리 코드를 준수해야 하면서도 성과 스포츠 관점이라는 직업 외적 관점에 대해서도 성실해야 한다는 의무감에서 생겨난다.

(2) **불이익 회피 주장**: 이 중화 기술은 그때그때 어떤 일탈을 한 것으로 정의된 다른 운동선수들을 염두에 두는 가운데 만들어진다. 평등과 정의의 원칙에 근거한다면 스스로도 도핑함으로써 경쟁자들의 도핑에 적응하는 것이 마땅하다는 것이다. 요점을 말하면 모든 선수들이 도핑을 하는 경우에는 하지 않는 선수는 특별히 멍청하다는 것이다. 과거 독일의 최고 투포환 선수 중 한 사람의 말을 인용하면, 이 점이 분명해질 것이다. "[남성호르몬 테스토르테론 유도물질인] 아나볼리카는 내게 건강의 문제가 되었을 뿐, 페어플레이, 윤리, 도덕의 문제가 되지는 않았다. 나는 아나볼리카 복용을 결코 금지된 이득을 취하는 것으로 생각하지 않았다. 그것은 경우에 따라 생길 불이익 회피를 위해 당연한 일이었다".6)

페어플레이는 이 배경에서 보면 성공을 가로막는 기제인 것으로 나타난다. LA올림픽 투원반경기 우승자였던 독일의 롤프 다넨베르Rolf Danneberg는 이와 관련하여 통일 직전 한 인터뷰에서 다음과 같이 말했다(Sports H. 3 1989: 118).

> "페어플레이는 내게는 관심 밖의 개념일 뿐이다. … 그것은 아마추어 기수의 시대에 생겨난 것이다. 그것은 이제 완전히 배제되었다. 이제 중요한 것은 기회 평등이다. 만일 내가 동구권 출신 선수들과 동등한 기회를 가질 수 있다면 나는 매우 기쁠 것이다. 그러나 나는 이러한 기회 평등을 보지 못했다.… 그들은 전적으로 우대받고 있다. 그들은 어떤 면에서는 더 훌륭하며, 더 많은 트레이너와 더 나은 훈련 가능성, 훌륭한 시설을 이용하고 있다. 그들은 또한 생리학적 지원, 회복 지원, 의학적 지원에서도 양질의 서비스를 받고 있다. 그들은 그 어떤 윤리적 고려도 하지 않는다. … 만일

---

6) FAZ(1986. 1. 16)에 기고된 게르드 슈타이네스(Gerd Steines)의 글 "투포환 선수 슈타이네스의 고백"을 볼 것.

내가 더 좋은 성과를 원한다면 다른 사람들이 하는 방식을 따라야만 한다. 그렇지 않으면 그냥 생활체육에나 종사해야 할 것이다. 나는 기회 평등을 원한다."

종목 협회 차원에서 도핑 통제를 담당했거나 담당하는 사람들조차도 이 주장에 찬동한다. 독일육상연맹 의사분과위원회 위원장은 이에 대해 다음과 같이 말했다.

"공정함을 어쩌면 우리나라에서만 실행하고(포괄적인 도핑 검사), 전 세계가 이런 검사를 소홀히 한다면, 공정함이라는 것이 도대체 어디 있는지 궁금해진다. 그렇게 되면 우리나라 운동선수들에게만 공정이 있는 것인가? 그리고 다른 한편 이러한 약물을 통제하며 처방하는 경우 운동선수들의 피해를 대체로 방지할 수 있음을 동독의 보기에서 알 수 있다."[7]

(3) **통제 결핍 명제**: 일탈을 통해 평등을 실현하겠다는 요구는 도핑 검사에 대한 평가가 관건인 설명에서 일정한 간격을 두고 규칙적으로 나타난다. 운동선수들, 트레이너들, 관심 있는 주변 행위자들은 도핑 사용을 정당화하거나 어느 정도 눈 감는 선에서 묵인해주는데, 평등하고 엄격한 세계 차원의 통제 시스템이 부재하기 때문이다. 일류 선수였으며 도핑 옹호자였던 과거 독일의 대표적인 육상선수는 다음과 같이 언급하고 있다.

"현재와 같은 상황에서 스포츠를 결코 신뢰할 수 없다. 훈련할 때에 또는 경기 중에 이루어지는 도핑 검사가 전 세계적으로 볼 때 매우 제한된 지역에서만 실시되고 있다는 점은 누구나 알고 있다. 아시아 국가들, 남미 국가들, 아프리카 국가들은 도핑 검사를 잘 받지 않는다. 검사기관으로부

---

[7] 독일 육상연맹 도핑의사분과위원회 위원장은 ZDF(1992. 2. 12) 방송에서 말했다. 육상의 친구들(Freunde der Leichtathletik Nr. 1, 1992: 7)을 볼 것.

터 멀리 떨어져 있기 때문이다. 그러나 미국의 경우 운동선수들은 도핑 검사 기관에서 아주 가까운 곳에 살면서 훈련하고 있다. 독일 내에서도 모든 선수들은 동등한 대우를 받고 있지 않다. 독일육상경기연맹 소속 선수들은 2주에 한 번 꼴로 검사를 받는 반면, 축구선수들은 거의 검사를 받지 않으며 테니스선수들에게 도핑검사는 낯선 단어일 뿐이다"(Westdeutsche Allgemeine Zeitung 1993. 4. 6.).

1993년 세계육상선수권대회장에서 당시 독일육상연맹회장이었던 헬무트 디겔Helmut Digel은 이 점을 다음과 같이 확인해 주었다.

> "194개국이 참가했는데 이중 10개국의 대표자들만이 이 문제(도핑과의 전쟁)를 알고 있었습니다. 다른 나라에서 온 대표자들은 훈련 중에 한 번도 도핑 검사를 받은 적이 없었으며, 무엇에 관해 이야기하고 있는지조차 모르고 있었습니다"(FAZ 1993. 8. 13).

도핑 통제에서의 사실상 불평등은 도핑 의사가 있는 선수들에게는 자기들 편에서의 도핑 실행의 계기로서 작용한다. 카트린 크라베Kartrin Krabbe는 이에 대해 다음과 같이 말했다: "검사 실행을 이미 오래 전부터 알고 있는 선수들이 있다. 하지만 나는 그렇지 못했다. 그렇다면 정의는 도대체 어디에 있는가?"[8] 이러한 주장의 고리를 따라가면 세계 차원의 통제 지원 체계의 불평등과 비용 요인들을 이유로 들면서, 일탈을 위해 가치 위계를 전도시키는 것도 정당화된다.

(4) **헛수고 전제**: 국제적인 통제 영역에서 통제력 부족과 지속적인 불평등이 있다는 명제에서 출발하면서, 도핑과의 전쟁이 전체적으로 헛수고라는 결

---

8) 카트린 크라베 인터뷰(Zeitmagazin 1993. 3. 26)를 볼 것.

론이 도출된다. 그리고 이것은 도핑을 통제하면서 허용해야 한다는 요구로 이어진다. 국제육상경기연맹 회장이었던 프리모 네비올로Primo Nebiolo조차도 도핑과의 전쟁을 "승산 없는" 것으로 생각했다.

> "우리는 승산 없는 전쟁을 하고 있다는 것과, 그 작업의 수행 자금이 별로 없다는 것을 알아야 합니다. … 도핑 검사에 이용할 수 있는 스포츠 실험실이 전 세계적으로 너무 부족합니다. 예를 들면 아프리카에는 실험실이 한 곳 밖에 없고, 아시아 전역에는 두 곳 밖에 없습니다"(FAZ 1993. 8. 20).

과거 독일수영연맹의 반도핑업무관련 실무자였던 함 베이어Harm Bayer는 이 사실에 대해 다음과 같은 의견을 표명했다.

> "만일 더 이상 도핑을 방지할 수 없거나 방지하기를 원하지 않는다면 도대체 그것을 금지해야 하는 이유는 무엇입니까? … 고도 성과 스포츠는 도덕이나 페어플레이와 상관이 없습니다. 제발 좀 솔직해집시다! … 그것은 속임수입니다. 나는 그 문제를 해결할 수 없습니다. 우리는 정당한 수단으로는 결코 획득할 수 없는 메달을 찬양하고 있는 셈입니다."[9]

일탈은 일탈의 존재를 통해 자기관계적으로 자신을 정당화시킨다. 그것은 스스로를 정상적인 것으로 설명하며, 정상적인 것으로서 정당화되기를 바란다. 일탈자들은 사실적인 것의 규범성을 통해 규범으로부터의 일탈을 합법적인 정상성으로서 설명한다.

(5) 정당한 보상이라는 생각: 스포츠 선수의 이력은 예측이 어렵고 위험 부담이 크기 때문에 정당한 보상과 공정한 균형이 필요하다는 의미에서 도핑을

---

[9] Sports(Nr. 9, 1991: 85-86)

정당화하는 논리이다. 예를 들면 성공과 성공의 제한적 조건이 경로 의존성(스포츠 이력의 경로가 일단 정해지면 이후의 선택이 그로 인해 제한되는 경향성: 역주)을 지닌다는 점을 알고 있는 선수는 중요하고 결정적인 경기 직전에 부상으로 오랜 훈련의 투자가 수포로 돌아가게 되었을 때, 그는 이미 쏟은 노력과 경기력을 향상시켜주고 회복을 도와주는 도핑의 효과를 지적하면서 금지된 약물의 투입을 정당화한다. 수 년 동안 열심히 훈련한 사람들은 마치 자신의 사회적, 사안적, 시간적 투자들이 불확실한 결정 상황에서는 일탈적 방법을 통해 성공으로 현실화되어야 할 권리를 갖고 있다고 주장한다. 오스트리아의 육상 선수 하나가 이에 대한 사례를 제시해 준다.

> "베르거Berger는 공개적으로 자신의 도핑 사실을 언급했다. 그는 바르셀로나 대회에서 이중 출발파울 규정을 범해 탈락했고, 실내 시즌을 망쳤고 여러 차례 부상을 당한 후, 엄청난 압박을 느꼈다. 훈련에서는 '아무 것도 제대로 되지 않았다'. 당시 그에게는 육상을 그만 두느냐 아니면 도핑을 하느냐라는 두 가지 가능성만 남아 있었다. '나는 허용되지 않은 물질을 이용하기로 결정했다!'"(FAZ 1993. 7. 28).

(6) **상급 기관에의 호소**: 도핑은 일탈자들이 큰 의미를 부여하는 초개인적 조정자들Stellgrößen을 행동의 근거로 삼음으로써 발생할 수 있다. 특정한 상위 가치와 개념들은 — 중화이론에 따르면 — 일탈행동을 거의 강요하다시피 요구한다는 것이다. "행위자 배후"의 어떤 기관을 근거로 삼는 것은 일탈의 탈개인화를 가능하게 하기 때문에 "일탈행동에 유리한 상황을 만들어준다". 구동독에서의 국가 도핑이 하나의 고전적인 사례가 될 수 있다. 국가 도핑은 실제 존재하는 사회주의의 명성을 고양하자는 요구가 선수들, 트레이너들, 스포츠 의학자들과 행정가들의 동의와 함께, 그에 부합하게 정당화되었던 것이다.

특별히 갈등을 대리적이며 상징적으로 수용하는 능력을 통해 사회 차원에서의 수요를 만들어내는 고도 성과 스포츠와 같은 사회적 영역은 보다 높은 이해 관심들과 기관들을 끌어와서 합법적으로 활용할 막대한 가능성을 가지고 있다. 이러한 상황은 무한한 동기 형성 가능성이라는 말까지 할 수 있도록 해준다.

(7) **책임의 거부**: 당사자들은 전통적인 스포츠 도덕으로부터의 일탈을 정당화하기 위해 자신들의 행위가 구조적으로 조건 지어져 있음을 강조하는 주장을 근거로 삼는다. 일탈자는 자기 자신이 [마치 당구대 위의 당구공처럼] 전체 체계에 의해 좌우되는 피결정물이라고 본다. 이러한 합리화는 주로 트레이너들과 선수들에 의해 적용된다. 여기서는 국제대회 출전 자격에 관해 종목협회들이 확정한 성과 규범들이 비판의 초점을 이룬다.

독일 내 토론에서는 국가대표 선발 기준과 결승 시합에 참여할 기준이 문제라는 생각이 점점 더 뚜렷해지고 있다. 이 기준들이 일탈을 부추긴다는 것이다. 최고의 투포환 선수였던 한 선수는 다음과 같이 고백하고 있다.

> "공식적으로 아나볼리카 반대 입장을 취하는 국가올림픽위원회, 스포츠 지원 단체, 고도 성과 스포츠 연방위원회, 상급 협회들 모두가 아나볼리카 복용을 통해서만 도달할 수 있는 특혜 기준들과 성과 규범 기준들을 결정하는 한, 아나볼리카와 관련해 윤리 도덕적인 토대에서 공적인 분노를 표현하는 토론들은 성찰할 줄 모르는 위선자들의 놀이 방식일 뿐이다"(FAZ 1986. 1. 16).

이 논의와 함께, 1960년대의 사회화 논쟁과 "구조적 폭력" 개념을 둘러싼 정치적 논쟁에서 유명해진 동기 하나가 변형된 형식으로 출현한다. 즉 도핑하도록 부추기는 것은 사람들이 아니다. 바로 체계에 의해 설정된 규범적인 규정이 평상시라면 결코 사용하지 않았을 약물을 복용하도록 부추긴다. 설득력 있게 들리는 이러한 주장은 성과 스포츠에 있어서 전형적인 희소성 관행과 선택 원칙을 비판하고 있다. 운동선수들은 이러한 비판을 통해 스포츠 조직들이 높은 성과를 기대할 수 있는 사람들만을 특정 경기에 허용하는 냉혹한 선발 절차들을 탄핵하는 것이다. 이 비판은 올림픽 정신의 이데올로기적 상부 구조에 내재된, "참가에 의의가 있다"는 이념을 근거로 삼는다.

이 합리화 유형의 핵심은 문화 비판에 근거를 두는, 인간과 체계의 대립이다. 도핑을 실행하는 사람은 체계에 의한 강요의 엄격함에 단순히 맞받아치는 행동을 한 것일 뿐이다. 도핑은 주체의 무력함에 가해지는 스포츠 기구들의 가공할 협박을 저지하기 위한 정당한 방어조처라는 것이다. 운동선수들은 부당하게 높은 종목별 연맹의 선발기준을 충족시키기 위해 일탈의 혁신적인 힘을 사용하도록 강요된다는 것이다.

(8) 문제 유예를 통한 중화: 고도 성과 스포츠에서 종종 만나는 중화기술은 사익스와 맛차(Sykes & Matza 1957)가 청소년 범죄자들의 분석에서 발견해낸 "비난자들을 비난함"이다. 이 기술은 도핑을 폭로하고 공개하는 사람들을 공격하고 조롱거리로 만드는 데 그 본질이 있다. 도핑을 자행하는 운동선수들과 그들을 지원하는 주변 행위자들은 자신들의 일탈행위에 쏠리는 주목을 그런 식으로 일탈 비난자들에게 돌려 놓는다. 그렇게 생각하는 행위자들은 항상 불평하며 자기 집단을 욕하는 사람들로 낙인찍히거나, 패배한 자신들이 승리자들의 희생양이라고 둘러내는 사람들로 일컬어진다. [도핑을 비난하는] 도덕주의자들이 부도덕하다는 것을 보여주고, 그들이 이기적인 목적을 위해 자신들의 주장을 사용하거나 세상 실정을 모른다고 비난한다.

도핑에 반대한 과거의 성공적인 운동선수들은 자신들이 이기적인 생각만을 했으며, 스포츠에 있어서는 부수적인 도구에 불과했을 뿐이며 "아무 것도" 모르기 때문에 잠자코 있는 것이 더 낫다는 말을 듣게 된다. 독일국가올림픽위원회 위원장이었던 빌리 다우메Willi Daume는 도핑 사실을 공표한 바 있는 과거의 여성운동선수를 "노쇠한 프리마돈나alternde Diva"로 표현했다.

비판적인 관찰자에게 관심을 돌리고 그의 발언권을 무력화시킴으로써 비판 받는 행동을 정당화하는 이러한 시도는 나쁜 소식을 알려주는 사람은 부끄러움을 느껴야 했다는, 그리스 신화를 통해 알려진 반응 모형을 근거로 삼는다. 이 관점에서는 일탈이 비난 대상이 되지 않고, 일탈의 고발자가 속죄양이 된다. 도핑을 행하는 선수들과 지원하는 트레이너, 의사들, 행정가들은 이를 통해 승리에의 의지를 우선시하는 생각을 과시한다. 도핑 누설은 승리를 기피하고, 성과 의욕을 잠재우며, 국가 위신을 위태롭게 하며, 불가피한 불법성을 밀고하는 부수 효과를 갖는다는 것이다.

(9) 자유 요구와 자기가해 허용 요구: 이 합리화 방식은 주체의 개인적 권리들이 중요하다는 점을 강조한다. 이 주장은 최초의 버전에서 일상생활에서 약물을 통해 성과에 영향을 미칠 수 있음을 고려하면서 이른바 성과 스포츠 영역을 떠나서, (a) "정상적인" 생활세계에서의 중독 행동과 약물 남용 현상을 주장의 근거로 삼는다. 만일 경영자나 과학자, 정치가 또는 예술가들이 그들의 직업적 성과를 향상시키기 위해 약물을 이용하는 것을 허락한다면, 직업적 선수들에게도 같은 내용이 허용되어야만 한다는 것이다. 경영자들은 힘겨운 협상이나 회의 후에 비슷한 종류의 검사를 받지 않고 귀가할 수 있는 반면, 성과 스포츠선수들은 경기가 종료된 후에 소변검사를 받아야만 한다. 왜 그래야만 하는가?

여기에서 이미 자유 가설의 또 다른 유형이 드러난다. 이 가설은 (b) 누구나 자신의 신체를 자유롭게 처분할 수 있어야 하며, 자신의 신체 요소를 아무런 제재를 받지 않고 조작할 수 있는 권리를 지닌다는 점에 초점을 맞춘다.

이 중화기술은 약물 및 낙태 논쟁을 통해 잘 알려져 있는 '모든 인간은 자신의 신체를 자신이 원하는 대로 할 수 있다'는 원칙적 권리 요청의 유형 가운데 하나이다(예를 들면 나의 복부는 내 것이다!). 이상의 논변으로부터 운동선수들은 특히 알면서도 자기 신체에 해가 되는 행동을 할 권리가 있다고 주장할 수 있다.

(10) **불법성의 부정**: 도핑 의존자들은 도핑 목록에 명시된 금지 물질 및 조처 목록을 언급하면서, 이 목록에 등재되지 않은 모든 것을 합법적으로 사용할 수 있는 것이라고 자신 있게 생각한다. 운동선수가 검사에서 발각되면, [그는 이러한 것들을 내세우며] 자기 행위의 합법성을 주장하면서 일탈행동을 사소한 일로 만들고자 할 것이다. 다른 약물, 예컨대 호흡기질환 약물에서 간접적으로 발견되는 비육 송아지 추출물 자체는 명백하게 근육을 증강시키는 효과를 지니지만 그것의 사용은 합법적이다. 카트린 크라베의 말을 들어 보자. "금지된 도핑 물질의 목록을 꼼꼼하게 점검해 보았으며, 우리가 사용하는 약물은 거기에 등재되어 있지 않다는 점을 확인했다. 이 도핑 목록은 운동선수들을 보호하기 위해 존재하는 것 같다. 의사들은 이 목록에 근거해 어떤 약품을 처방할 수 있고 어떤 것은 처방할 수 없다는 것을 살펴보고 말할 수 있다. 만약 어떤 약물이 그 목록에 없다면 나는 아무 문제 없이 그것을 사용할 수 있다".[10]

이상의 다양한 중화에 대해 다음과 같이 일반화하여 부연할 수 있다. 성과 스포츠의 사회적인 유형은 자신들의 규범 저촉을 관찰한 반응으로 특수한 미화기술들을 만들어낸다. 그들은 자기 일탈행동을 미화하는 정당화 구실을 생

---

10) 카트린 크라베 인터뷰(Zeitmagazin 1993. 3. 26)를 볼 것.

각해 두고 있다. 이러한 수사학은 일탈자 집단에 그들의 행동이 규범에 일치한다는 점을 믿게 해주는 편리한 가능성을 제공해준다. 그것은 지배적이며, 그들에게 중요한 기회의 평등과 공정성 같은 규범들을 중화시켜주고, 동시에 규범들로부터의 일탈에 대한 그럴듯한 이슈들을 이용하도록 만들어준다. 도핑[의 부당성]을 부정함으로써 도핑을 정당화하는 일은 이제 더 이상 낯설지 않게 되었다. 이런 종류의 사고 수법들 Denkvolte은 인지적 부조화를 적절하게 다루어낼 수 있도록 해준다(Festinger 1978).

[중화기술을 통한 도핑 설명에서] 다양한 중화들이 과도하게 결정된다는 점이 돋보인다. 개별 주장들만 가지고서 일탈을 설명할 수 있다[고 주장한다]. [이러한 조건에서] 정당화들은 스스로를 강화하는 조밀한 미화의 연관으로 농축됨을 통해 특별한 설득력을 갖게 된다. 고도로 복합적인 미화 매트릭스가 출현하며, 그 매트릭스에서는 하나의 정당화 경로가 다른 정당화 경로와 거의 임의적으로 연결될 수 있다. 개인적이며 집단적인 행동은 이를 통해 합리성, 의미 수반성, 일상성의 면모를 갖게 된다. 그래서 스포츠 규칙을 무시하고 발각 위험을 감수하는 일은 개별 행위가 뚜렷한 동기만 갖는다면, 그렇게 어려운 일이 아니다.

책임 면제는 특별히, 성과 스포츠에 핵심적인 평등 동기와 정의 동기를 조절하고 변이시킨다. 그것들은 자신의 신체를 자유롭게 처분할 수 있는 주체의 권리를 강조하고, 통제의 결핍과 헛된 노력의 가정, 불법성의 부정을 참조하며, 일탈행동을 행할 자신의 권리의 근거를 마련해준다. 자신의 규범 저촉을 정당화시키는 주장 방식들은 쉽게 발견될 수 있다.

도핑을 행하는 사람들은 자신들의 행위를 다른 개인들의 행위에 대한 반응으로 생각함으로써 부담을 던다. 그들은 스스로를 일탈을 통해 "다른 사람들에 뒤이어 일탈을 저지르기만 했을" 뿐이라고 자신의 입장을 생각한다. 고도 성과 스포츠의 전 지구적 연결망과 그 사건들이 동시에 발생할 수밖에 없는 상황에서 이러한 방식의 인과적 사고는 모든 참여자들이 스포츠에서 자가 설정된 규칙을 위반했을 때 자신이 옳은 편에 있다고 믿을, 예상될 수 있는 결과를 낳는다.

참여 개인들의 편에서 기대할 수 있는 양심의 가책은 개별 중화기술들이 다양하고 서로 강화하기 때문에 실제로는 기대하기 어렵다. 오히려 현실에서는 정반대의 상황이 발생한다. 도핑을 행한 사람은 자신의 일탈을 전혀 부끄러워하지 않는다는 인상을 준다. 그들은 자신들의 일탈을 직업 역할에 따른 필수적 요청으로 생각하며, 공식적인 성과 스포츠의 자기기술에 내재된 정직한 운동선수라는 규범적 상 대신, 변화된 주변 환경 조건과 성과 기대로 인해 일탈이 필연적이라는 생각을 갖는다.

[죄책감을] 없애주고 미화시켜주는 수사들은 난해하게 들리지도 않으며 일탈적 행동 방식을 개인적 성격 결함이나 욕망 또는 허약함으로 소급하여 설명하려고 시도하지도 않는다. 그것은 그 자체로 모순이 없기 때문에 외부에서, 즉 다른 관점에서 볼 때만 그 정당성이 반박될 수 있다. 이런 식으로 이루어진 중화기술과 일탈행동 사이의 연결이 논증적으로 쉽게 반박될 수는 없지만, 성과 스포츠에서의 교육화 희망들에 장애가 된다는 점은 이해가 될 것이다. 이런 논의가 도덕에 무관심한 이유는 분명하다. 이론적으로 설명하자면 이런 논의는 무시Mißachtung를 당하지 않기 위해 '좋은/나쁜'의 차이를 자기 자신에게 적용하고, 그럼으로써 방어 벽을 쌓는다. 도핑 거부의 선함이 나쁠 수 있고, 이와 달리 도핑 이용의 해악이 좋고 이익이 될 수 있다는 점을 자신과 다른 선수들에게 보여주는 운동선수는 관찰자의 도덕 기준을 혼란스럽게 만들며 도덕성을 높게 평가하는 사람을 인정하지 않는 것이다.

설득력 있게 구성된 중화기술은 다른 종류의 주장에 비해 높은 유연성을 갖추고 있다. 그것은 현실에서 "정당한" 근거를 만들어내며, 그렇게 **거대이론**의 질을 갖게 된다. 그것은 모든 반대 주장들과 도핑 사례를 자신의 가정을 정당화시켜주는 증거로 활용하는 법을 알게 됨을 통해 힘을 얻는다. 거대 이론은 **지극히 안정적이다**. 그것은 스포츠와 스포츠 추문의 관찰로부터 자신의 에너지를 끌어오며, 이 에너지를 자신의 목적을 위해 활용하는 방법을 안다. 사실 여기서 돋보이는 것은 다른 운전자들의 과속 행위를 구실로 자신의 과속행위를 정당화하고자 시도하는 교통법규 위반자와 유사하게, 추정되거나 밝혀진 다른 스포츠 선수의 일탈에서 자기 일탈의 정당성 근거를 찾으려는 선수들의 노력이다. 도핑을 범한 다른 선수들의 적발이 [이후의 일탈을] 억제하는 효과를 갖기만 하는 것은 아니다. 그것은 오히려 [다른 선수들이 도핑하고 있다는] 자신의 추측을 확인시켜줄 뿐만 아니라 자의적인 논리적 추론 속에서 지속적으로 도핑행위를 정당화시키는 논리적 근거로서 기능하게 된다.

[이러한 상황에서] 정의와 평등 편에 분류될 수 있는 일종의 '반대 도덕'이 손해를 피하겠다는 구실 하에 만들어지게 된다. 이러한 주장이 악하다는 점은 경쟁자들이 서로를 관찰하는 가운데 어떤 무한한 나선 상승이 생성될 수 있다는 데에 있다. 그러한 나선은 자신이 계속되어야 한다는 이유에 근거하여 "자기 충족 예언"의 의미에서 항상 되풀이된다(Watzlawick1985). 다음과 같이 달리 표현할 수 있을 것이다. 도핑 성향을 서로의 탓으로 돌리고 [그로 인해 자신의 죄책감을] 완충시키는 합리화들을 통해 비로소, 도핑은 개별 사례들을 넘어서서 [운동선수들에게 있어서] 대중화된 현상이 되어버린다. 전 세계적으로 도핑이 자행되고 있다고 생각하고, 뒤처지지 않으려고 자신도 동일한 방식으로 행동하는 사람은 이를 통해 이미 문제 있고 혐오스러운 것으로 규정된 현실을 함께 생산하는 것이다. 중화의 수사학과 진정의 수사학은 이를 통해 미묘한 방식으로 도핑 현실의 안정화에 기여한다. 그것은 일탈이 중단되지 않고 계속 진행될 수 있도록 만들어주는 중요한 윤활유인 것이다.

참고문헌

Banfield, Edward, 1958: *The Moral Basis of a Backward Society.* New York: Free Press.

Bette, Karl-Heinrich und Uwe Schimank, 1994: "Doping und Sportler_karriere". In: Karl-Heinrich Bette (Hg.), *Doping im Leistungssport - sozialwissenschaftlich beobachtet.* Stuttgart: Naglschmid, 29-47.

Bette, Karl-Heinrich und Uwe Schimank, 1995: *Doping im Hochleistungssport: Anpassung durch Abweichung.* Frankfurt am Main: Suhrkamp.

Festinger, Leon, 1978: *Theorie der kognitiven Dissonanz.* Bern; Stuttgart: Huber(erstmals 1957).

Franke, Werner, 1993: *Funktion und Instrumentalisierung des Sports in der DDR: Pharmakologische Manipulationen (Doping) und die Rolle der Wissenschaft. Eine Expertise für die Enquete-Kommission des Deutschen Bundestages zur "Aufarbeitung von Geschichte und Folgen der SED-Diktatur in Deutschland"* (Vorsitzender: Rainer Eppelmann MdB). Heidelberg.

Goffman, Erving, 1969: *Wir alle spielen Theater.* Die Selbstdarstellung im Alltag. München.

Lindblom, Charles E., 1959: "The Science of 'Muddling Through'". In: *Public Administration Review 19*, 79-88.

Neidhardt, Friedhelm, 1988: *Gewalt und Terrorismus. Studien zur Soziologie militanter Konflikte.* Berlin: Wissenschaftszentrum für Sozialforschung.

Sykes, Gresham M. und David Matza, 1957: "Techniques of Neutralization: A Theory of Delinquency. In: *American Sociological Review 22*, 664-670.

Watzlawick, Paul, 1985: "Selbsterfüllende Prophezeiungen". In: Ders. (Hg.), *Die erfundene Wirklichkeit. Wie wissen wir, was wir zu wissen glauben? Beiträge zum Konstruktivismus.* München. Piper: 91-110.

III

관찰과 자문

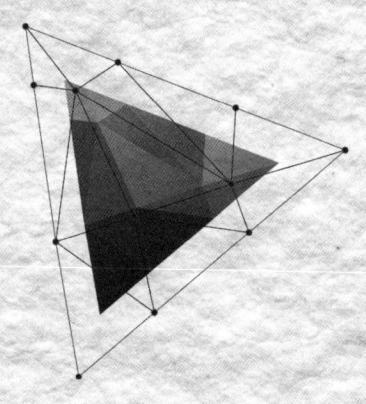

제8장 관찰자의 관찰: 체육학의 새로운 인식론 탐색

제9장 과학의 스포츠 자문: 가능성, 한계, 전제

제 8 장 | 관찰자의 관찰:
체육학의 새로운 인식론 탐색

　체육학 연구는 관찰과 별도로 존재하는 세계를 연구 대상으로 삼고 있는 전통적 존재론에 기반하고 있다. 전통적 존재론에 따르면, 스포츠는 자신을 관찰하는 과학이 없어도 홀로 존재할 수 있다. 이런 관점에서 보면 현실은 자신을 관찰하는 관찰자와 무관하게 이미 주어져 있는 것이기 때문에, 과학 연구에서 중요한 것은 그것을 바르게 인식하는 일이다. 스포츠 사회학도 줄곧 주체와 객체, 인식과 대상이라는 고전적 차이에 근거하여 계몽적 연구 업무를 성실하게 수행해왔다. 그런 의미에서 스포츠 사회학은 사회학 이론에 의지해 외부에서 스포츠를 분석하는 과학 영역이라고 할 수 있다. 이것이 일반적으로 받아들여지고 있는 스포츠 사회학의 자기 이해이다. 스포츠 사회학은 스포츠의 현상 형식과 조직 특성을 철저하게 규명하려고 노력해왔으며, 스포츠 참여자들의 구성적 특성과 현황을 주제로 삼았고, 그 분화 유형을 탐구해 왔다. 스포츠 사회학은 지시하고, 구별하며, 재구성하고, 평가하면서 불투명한 곳을 투명하게 만들기 위해 노력해 왔다. 그리고 스포츠 사회학은 일탈, 혼돈, 사고들, 비선형적 연결들에 관해 보고할 때에도 구별함을 통해서 자신과 다른 사람들을 위해 질서를 만든다고 보충 설명할 수 있을 것이다. 스포츠 사회학자들은 관찰자와 관찰 대상을 임상적으로 깔끔하게 나누면서, 이론과 방법을 가지고 조사하는 사람들보다 스포츠체계의 사회적 차원과 그것의 사회에서의 위상에 관해 더 많은 것을 알 수 있다고 주장한다. 스포츠 사회학자들은 스포츠에서 어떤 일이 일어났는지 질문 받을 때 자신의 관찰 내용을 소개하고 이와 함께 관찰 결과의 정당성을 입증해줄 수 있는 경험적인 자료들을 제시한다. 스포츠 사회학은 이와 같은 조처와 방식을 통해 체육학 내에서 상당한 정도의 성공을 거두었으며, 체육학적 지식을 생산하는 중요한 과학 분과로 자리 잡게 되었다. 스포츠 사회학은 체육학의 다른 분과 과학들이 정체되고 있고, 사고 전제를 개발하기 위해 여전히 노력하는 상황에서 자신의 지식 차원을 더한층 확장해 나가고 있다. 제도권 대학들이, 규범적인 것을 지키고자 하며 기술적인 과학 이해에 힘입어 실천 이성을 관철시키려 애쓰기만 할 뿐, 그밖에는 스포츠의 사회적 실재를 파헤치는 데에 크게 기여하지 못하는 과학을 선호한다면, 이것은 그 과학의 성찰 수준 때문이 아닐 것이다.

스포츠 사회학은 자신의 인식 관심이 오직 경험적이며 기술-방법적인 측면에만 치중하고 있기 때문에, 이론적으로 더욱 추상화되어야 한다. 물론 이렇게 진행되고 있는 스포츠 사회학적 연구에서도 복잡한 주제들을 다룰 수 있다. 그러나 그것은 어디까지나 일차 등급의 분석 차원에서만 이루어질 뿐이며, 그런 의미에서 비성찰적인 과학 자질을 지닐 뿐이다. 스포츠 사회학자들은 스스로 신체 지향적인 사회 영역의 과학화를 위해 노력해 왔다고 주장하지만, 이 일을 부적절한 관찰자 위치에서 진행했을 뿐이다.

연구자들은 대개 연구 진행에서 대상만을 주제로 다룰 뿐 자기 자신을 주제로 다루지 않는다. 이러한 자기주제화의 포기는 실천적인 일상적 작업에서 모든 과학에게 여러 장점을 제공해준다. 그리고 이런 맥락에서 이론과 실천의 관계에서 음모 이론을 수립한다면 빗나간 일이 될것이다. 자신의 기능 방식의 조건들과 귀결들을 계속해서 함께 성찰하는 사람은 자신의 계몽 업무를 제대로 진행시켜 나가지 못할 것이다. 자신이 생산한 복잡성에 의해 질식될 수 있는 위험에 처하게 될 수도 있기 때문이다. 스포츠 사회학 연구가 기능하는 이유도, 연구 진행 순간에 그 기능 방식의 전제와 영향을 무시할 수 있기 때문이다. 더욱이 이러한 접근 방식은 연구되는 것의 자기 관점과 세계 관점에 높은 연결 능력을 보장해준다. 일상적 행위자 역시 일반적으로 자신의 행위를 주체와 대상의 확고한 분리의 틀에 따라 수행하기 때문이다.

자신이 관련되어 있음을 보지 못하는 것은 물론, 여러 체육학 분과 과학들이 스포츠를 관찰할 때 자기 자신은 보지 못하게 되는 결과를 낳게 된다.[1] 그 결과 중요한 물음들이 답변되지 않은 채 남아있게 된다. 체계이론적인 관점의 스포츠 사회학은, 관찰과 성찰을 포기한 토대에서 안정화된 과학의 이러한 자기 이해가 스포츠의 과학화가 진전된 단계에서는 더 이상 충분하지 않다는 것을 환기시킨다. 이 장에서는 체계이론적으로 계몽된 스포츠 사회학의 관점에서 이와 같은 체육학의 자기이해가 충분하지 않은 이유를 다음과 같은 세 가지 관점에서 설명하고자 한다. 첫째, 그것은 자신의 특별한 문제들을 지닌 스포츠를 이해하는 데에 충분하지 않다. 둘째, 그것은 체육학의 여러 분과

---

[1] 우리는 과학적 관찰자들이 관찰된 체계에서 더 이상 함께 주제화되지 않는 경향을 모든 개론서와 논문에서 확인할 수 있다. 스포츠심리학에 대해서는 에버슈페허(Eberspächer 1982: 226이하), 스포츠사회학의 상황에 대해서는 리가우어(Rigauer 1982:13이하)와 하이네만(Heinemann 1983), 스포츠교육학의 자기기술에 대해서는 모이젤(Meusel 1976), 마인베르그(Meinberg 1984), 디트리히와 란다우(Dietrich & Landau 1990: 61이하)를 참고할 것. 체육학이나 과학이론을 주제로 삼고 있는 논의들도 성찰적 요구가 제기되었음에도 비성찰적으로 이루어지고 있다. 이에 대해서는 그루페(Grupe 1971; 1980), 리트너(Rittner 1974), 빌림칙(Willimczik 1985), 그리고 쿠르츠(Kurz 1990a)를 참고할 것.

과학들 내에 스포츠 사회학의 위치를 적절하게 설정하는 데 충분하지 않다. 셋째, 그것은 고유한 연구 방법의 맹점을 인식하는데 충분하지 않다.

'스포츠에서 무엇이 일어났는가?'와 같은 "무엇"에 대한 물음은 '누가 이 사회 영역을 관찰했으며, 그로부터 어떤 결과가 나타났는가?', '관찰을 주도하는 구별들은 어떻게 생겼는가?', '현실을 예측하거나 특정한 문제를 관찰하고 처리할 자유는 어떤 맹점을 선택한 조건에서 얻을 수 있는가?'와 같은 물음을 통해 보충되어야 한다. "어떻게" 관찰하는가의 물음에 대한 답변은 미묘한 방식으로 "무엇"에 대한 물음으로 다시 이끌어간다. 관찰의 작동 방식(어떻게)을 재구성할 수 있는 사람은 인식의 성과에서 기대할 수 있는 것(무엇)도 알아낼 수 있기 때문이다. 그는 특히 지식의 습득에서 무엇이 가능하지 않은 지를 이해할 수 있다.

관찰자의 자기관계성, 그의 이론 및 방법적인 도구들, 그에 의해 야기된 영향들을 함께 고려하라는 요청은 과학이론이나 과학사회학적인 이유에서만 제기되는 것은 아니다.[2] 이것은 스포츠를 포괄적으로 분석하기 위해서도 요구되는 일이다. 이러한 관점에서 흥미로운 인식 성과를 올릴 것을 약속하고, 역설, 순환논법, 자기관계성 등에 직면해서도 당황하지 않는 사고의 시도, 즉 자기준거적 체계이론은 적지 않은 도움이 될 수 있다. 체계이론은 논리학, 인식론, 정보이론, 그리고 사회이론에 대한 새로운 고찰들로 이루어진 혼합체이다. 자기준거적으로 방향을 정한 학자들은 모든 관찰의 맥락 의존성을 강조하며, "특수한 고리들"(Hofstadter 1985)이나 내부 모순들에 직면해서도 두려워하지 않으며, 오히려 이것을 창조적으로 사고하려고 시도한다.

이하의 논의에서 자주 언급하게 될 관찰은 연구방법론이나 사회학 개론서에서 말하는 참여/비참여 또는 공개적/비공개적 같은 개념들과 관련된 관찰

---

[2] 물음 방식의 전환에 대해서는 루만(Luhmann 1990: 62이하)을 참고할 것.

이 아니다. 새로운 관찰 개념의 유래에 관심이 있는 사람은 그레고리 베이트슨(Batesons 1983)의 정보이론, 조지 스펜서브라운(Spencer-Brown 1969)의 논리학, 마투라나(Maturana 1982)의 자기생산 제안, 푀르스터(Foerster 1985)의 이차 등급의 사이버네틱스, 그리고 니클라스 루만(Luhmann 1984)에 의한 이러한 접근들의 통합 노력과 같은 이론적 갈래들을 참고하라.

여기서 소개하는 탈주체화된 관찰 개념 버전은 현실을 파악하기 위해 감각적 지각을 투입하는 일과는 상관이 없으며, 변화된 정보 및 소통 이해를 이론적 토대로 삼고 있다. 인간에게 귀속시킬 수 없는 이 개념은 체계가 정보 획득을 목적으로 구별을 이용하고 배치함을 의미한다. 구별의 단위 및 형식 자체는 관찰에서 벗어나 있다. 사회학적 체계이론에서 사회적 체계는 소통을 기본 요소로 하는 단위이다. 따라서 모든 관찰은 소통을 통해 진행된다. 인간 의식은 오직 구조적 연동을 통해서만 소통에 관여할 수 있다. 과학은 진리/허위라는 주도적 구별의 틀 내에서 이론과 방법의 도움으로 자신과 환경을 관찰한다.

이하의 논의에서는 이러한 사유 방식의 이론적 전략을 천착하지 않을 것이다. 여기서는 자기준거적 체계 이론을 통해 스포츠 사회학이 지금까지의 인식 프로그램에서 이끌어낼 수 없었던 성찰 능력과 관점을 갖게 된다는 점을[3] 보여주는 것으로 만족하겠다. 스포츠 사회학은 자기관계적 체계들의 이론에 의지하여 자신의 인지적 구조에서 지금까지 보지 못했던 것, 즉 자기 자신과 다른 과학적 관찰자를 보게 될 것이다.

이상의 관점을 적절하게 펼쳐나가기 위해서, 첫째 단계에서는 관찰자와 관찰 대상이 분리되는 배경을 탐구하고 고전적인 '이론-실천 이해'를 재구성할 필요가 있다는 것을 제안할 것이다. 두 번째 연구의 중점은 탈역설화 기술을

---

3) 지금까지 이루어진 체육학적 문제제기에서 자기준거적 체계들의 이론을 개입시킨 예에 대해서는 베테(Bette 1989; 1992a)를 참고할 것.

다루는 것이다. 이런 종류의 전략은 과학이 스포츠에서 자기 자신을 만나고, 타자관찰 과정에서 자기관찰을 필요로 하는 사회체계로서 자신을 기술해야만 할 때 중요하게 된다. 세 번째 단락에서는 여기서 도출된 스포츠 사회학의 기능, 즉 스포츠에서 뿐만 아니라 과학에서 관찰자를 관찰하는 기능을 논의할 것이다. 네 번째 단락에서는 이에 대한 두 가지 예를 제시할 것이다. 다섯 번째 단락은 관찰을 지향하는 스포츠 사회학에 필수적으로 요구되는 자기상대화의 설명에 할애할 것이다. 다른 과학공동체가 맹점에 의지하여 작동하는 것을 볼 수 있는 과학 분과는 자기 자신도 크게 다르지 않다는 점을 염두에 두어야만 한다. 여섯 번째 단락에서는 자신의 토대를 조화의 관념에서 찾는 체육학의 이미지가 아니라, 관찰자들의 상호적 관찰에 관한 재귀성Reflexivität을 연구하여 이해하려고 시도하는 체육학의 이미지를 묘사할 것이다. 먼저 "재회"라는 주제 하에서, 자신의 대상에서 필연적으로 자기 자신과 만나게 되는 과학적 관찰자에 관한 논의부터 시작해 보자.

1. 재회

스포츠 사회학의 기존 이론프로그램을 확장시키기 위해서는 전통적 인식론에서 관찰자로서 대상 세계에 속하기를 거부했던 사람들을 대상 세계에 포함시킬 필요가 있다. 특히 구성주의적 인식론이 이와 같은 관점의 전환에 계기를 제공해 준다. 구성주의적 인식론은 스포츠나 사회학과는 관련성이 적은 이론 영역이다.[4] 이 사유 방식은 모든 관찰이 관찰된 대상에 관한 진술뿐만 아니라 동시에 관찰자 자신에 관한 진술도 함께 포함하며 전달해 준다는 점

---

4) 발츠라비크(Watzlawick 1981), 슈미트(Schmidt 1988), 세갈(Segal 1988)에 있는 여러 논문들과 비교할 것.

을 주지시켜준다.

왜냐하면 관찰자로서 나타나며 구별의 도움으로 세계를 표시하는 어떤 것과의 자기관련성 없이는 어떤 관찰도 성립할 수 없기 때문이다. [관찰을] 결정하는 행동은 무엇이 관찰될 것이며 그 결과 어떤 결과가 나타날 것인지를 규정한다. 하나의 구별을 적용하지 않고서는 어떤 지식도 얻을 수 없다. 현실은 언제나 관찰자의 현실에 불과할 뿐이지, 유일하게 참된 해석 행위에서 모사될 수 있을 객관적이며 독립적인 어떤 것이 아니다. 조지 스펜서브라운에 따르면 모든 관찰은 표시되지 않은 공간의 절개를 표현한다. 따라서 해독 업무를 수행하는 학자들은 항상 "아이러니한 관찰" 기술을 연습하는 것이다. 발터 벤야민의 아니러니 개념에 기대어 말하자면 그들은 모름 가운데서 더 잘 알려고 노력할 뿐이다.[5]

사회 현상들을 연구하고 분석하여 진리 주장을 도출해내는 스포츠 사회학자들 역시 오직 그들과 다른 관찰자들이 사회현상에 접근할 목적으로 사전에 "실재"에 투입한 것만을 볼 뿐이다. 그들이 제시한 진술의 타당성은 그들에 의해 표시된 영역 내에서만 제한적으로 유효할 뿐이다. 그들은 자신과 타자가 사전에 구상한 것만을 측정하며, 언젠가는 "올바른" 끼워 맞추기가 이루어졌는지 결정해야만 하는 문제에 직면하게 된다. 구성주의에 의해 투사된 실재 이미지에서 세계를, 일대일 대응관계의 의미에서 존재와 사고의 관계로 재현하는 일은 가능하지 않다.[6] 관찰의 자기관계성 현상이 이러한 요구를 방해하기 때문이다. 실재에 관해 진술하는 사람은 언제나 자신이 진술한 실재의 부분이기도 하다.

---

5) 발터 벤야민에 따르면(그에 따르면 아이러니는 "모름에서 더 잘 아는 것"을 의미한다) "아이러니한 관찰"이라는 말은 다를 수도 있을 가능성만을 지시하는 것이 아니다. 그것은 또한 상당한 정도의 자기상대화를 포함한다. 그렇지만 디어크 베커(Baecker 1990: 27-28)는 만일 그가 모름에서 더 많이 알았다면 그는 결국 무엇을 더 많이 알았는가라고 묻는다.

6) Foerster(1981)를 보고 다른 우선성과 논증에 의한 것은 루만(Luhmann 1988)과 비교할 것.

이차 등급의 사이버네틱스는 현실을 그 본질로 포착할 수 있다는 진리 근사이론의 가정을 관찰자가 실재라고 여긴 것만을 볼 수 있을 뿐이라는 관찰이론적 관점으로 대체한다. 현실의 존재론적 상태가 어떻게 생겼는지에 대해 보고하는 일은 철학자와 현상학자들에게 맡기자. 그러나 그들 역시 자신들에 의해 시도된 설명 노력이 다시금 다른 관찰자들에 의해 관찰될 수 있고 비판받을 수 있다는 점을 감수해야만 한다.[7] 실재에 관한 진술은 구별에 근거해서만 가능하기에 여기서는 구별을 함께 성찰하는 일이 유익할 것이다.

비유적으로 표현하면 미시사회적 차원에서 진행되고 있는 것이 과학 분과들 사이에서도 동일하게 진행된다고 할 수 있다. 어떤 관찰자가 특정인에 대해 그가 일탈하고 있다거나 잘 적응하고 있다고, 또는 그가 매력적이라거나 추하다고 일컬을 경우에 그 표현은 이 사람에 관해서는 어떤 진술도 하지 않는다. 그 표현은 그러한 속성 부여를 통해 작동하며 현실을 만들어내는 사람의 가치관과 심미관에 관한 정보를 줄 뿐이다. 사회의 근대화 과정에서 급속하게 변화하고 있는 미 개념은 미의 현실에 관한 진술이 항상 관찰 의존적이라는 점을 분명하게 보여준다.

기존 스포츠 사회학 이론 프로그램을 보충해야 하는 이유는 관찰자를 개입시키라는 인식론적 이유들 때문만은 아니다. 이 이유 외에도 또 다른 이유가 있다. 그것은 스포츠에서 진행되는 변화 과정이 과학에 의한 분석, 간섭 시도, 자문 제공 등에 대한 반응이라는 사실의 확인으로부터 도출된다. 조직

---

[7] 스포츠의 본질에 대한 가장 선호되는 물음, 즉 "스포츠란 무엇인가?"라는 물음은 구성주의적으로 해석할 때 막다른 골목으로 이끌어간다. 관찰하는 체계의 이론에서 이미 서론에서 도입했듯이 관건은 "무엇에 관한 물음"이 아니라 "어떤 특정한 사회영역을 누가 어떻게 관찰했느냐?"이다. 이는 자기관찰의 과정뿐만 아니라 타자관찰의 작동들과도 관련이 있다. 관찰자들은 스포츠를 어떻게 다른 소통 영역 및 행위 영역들과 구별하는가? 만일 그들이 예컨대 우세한/열세한 업적, 신체지향적/비-신체지향적, 재미/비-재미, 상업적/비-상업적 등과 같은 구별들을 다루고 이에 상응하여 귀속을 실행할 경우에, 그들은 무엇을 보게 될까?

화된 스포츠는 정치와 경제뿐만 아니라 과학 같은 사회의 여러 기능 영역들과 밀접한 관계를 맺고 있다. 따라서 스포츠 사회학이 연구 대상으로 삼는 스포츠는 과학으로부터 자유로운 스포츠, 순수한 스포츠, 스포츠 그 자체가 아니다. 스포츠 사회학은 클럽과 협회의 프로그램 차원에서, 그리고 트레이너, 운동선수, 행정가 등의 자기기술에서 스포츠 사회학 자신과 다른 체육학 분과 과학들의 영향을 만나게 된다. 과학적 지식들이 스포츠 행위자들의 주문을 받아 만들어진 것은 아니지만 과학은 스포츠에 영향을 미친다. 일정하게 처방된 거리에서 스포츠를 관찰하는 사람도 스포츠에 영향을 미칠 수 있으며 그것의 변화를 촉발시킬 수 있다.

정보 획득을 위해 투입할 특정 구별들을 확정하는 행위로 이해될 수 있는 관찰은 과학의 기초적 작동일 뿐만 아니라 조직화된 스포츠의 기초적 작동이기도 하다. 클럽이나 협회처럼 집단을 구성하는 행위 대행자들은 그들 자신뿐만 아니라 환경도 함께 관찰한다. 그들은 이 과정에서 정치의 대리인이나 경제적 후원자만을 관찰하지 않는다. 그들은 스포츠를 관찰하는 체육학을 동시에 관찰한다.

구성주의적으로 계몽된 체육학이 스포츠도 관찰자의 자질과 관찰 능력을 갖추고 있음을 인정하고 이에 의거하여 현실에서 경험적이며 영속적으로 진행되고 있는 과정을 실감나게 체험하는 순간에 체육학은 스포츠에서 필연적으로 자기 자신과 재회할 수밖에 없다. 체육학이 관계를 맺고 있는 것은 자신의 사회적 환경을 관찰하고, 지지를 요청하며, 자신만의 고유한 역동성을 지니고 있고, 구조가 결정되어 있는 소통 및 행위 영역(스포츠)이기 때문이다.

몇 가지 예를 들어보자. 만일 스포츠 행정가가 "2000년대 스포츠에서의 인간"에 관하여 이야기하거나, 스포츠에서 나타나는 사회적 문제들에 대한 입장을 표명하거나, 스포츠 행위로 야기된 생태학적 결과의 문제를 논의할 경우에 그들의 의견 표명에는 이미 체육학적 분석이 상당한 정도로 침투되어 있다. 스포츠 자문을 목적으로 설립된 학술위원회의 기능은 외부적 관찰(스포츠가 외부에서 과학을 관찰하는 경우)을 위해 내부적 포럼(과학, 학술적 논의)을 마련하는 데에 그 본질이 있다. 스포츠라는 사태에 있어서 독점적 위치를 차지하는 국립체육단체(예를 들면 독일올림픽체육회)는 말하자면 외부(과학이나 기타 사회의 기능체계들)로부터 내부(스포츠)를 관찰할 수 있게 해준다(과학, 교육, 보건 담당 국가부서). 이러한 통합 메커니즘에서 진행되는 관찰들은 전형적으로 이차 등급 또는 삼차 등급 관찰이다.

관찰된 체계에서 과학적 관찰자의 영향은 스포츠와 테크놀로지의 관계도 설명해준다. 과학은 스포츠의 전형적인 에피소드들, 즉 훈련과 경기를 특별한 조처들로 둘러싼다. 과학은 스포츠의 목적에 유용한 수단을 테크놀로지의 형태로 제공해준다. 선수 훈련소나 스포츠 센터는 이러한 연관에서 과학적으로 안내된 조처들로 신체를 치장하는 사회적 상황을 적절하게 이용한다. 사람들은 원래 의학 실험실에서 사용되었던 트레드 밀 위에서 흠뻑 땀을 흘리고, 실제 공간에서의 이동 운동을 시뮬레이션하며, 인공 태양 아래서 몸을 태우고, 트레이닝 방법론과 운동학의 최신 지식이 권장하는 방식에 따라 훈련한다. 체육학이 제공하는 기구, 의약품, 각종 조처들은 그 작용에 대한 과학적 정당화 과정을 함께 성찰할 필요 없이 그저 "단추만 누르면 곧바로 작동하는 테크놀로지"처럼 활용할 수 있다. 이렇게 과학은 그 배경으로 숨어버리지만 그 영향력은 계속 발휘된다.

과학은 스포츠의 중요한 매개 변수들에도 영향을 미치며 방법적 권고와 행위 지침의 형태로 개인적 차원에 이르기까지 영향력을 행사한다. 자연스럽게 보이는 신체도 이러한 조건 하에서는 더 이상 자연적인 것이 아니다. 스포츠 의학, 영양학, 생체역학, 스포츠심리학 등은 개인이 자신의 신체를 그 자체로 직접 인식하지 않고, 과학적 해석 도구들과 의미론이라는 필터를 통해 인식하도록 만든다.

지금까지 과학적 관찰자가 스포츠에서 어떤 영향을 미칠 수 있는지 몇 가지 예를 통해 알아보았다. 우리는 이와 관련하여 더 많은 예를 제시할 수도 있다.[8] 이 예들을 통해 전체적으로 분명해진 점은 스포츠에 과학이 등장함으로써 스포츠의 복잡성이 엄청나게 상승했다는 것이다. 스포츠 행위는 가속화되었으며 철저하게 합리화되었고 과학에 의해 침투되었다. 체육학은 이를 통해 스포츠와 이중적인 관계를 맺게 되었다. 체육학은 스포츠라는 사회 영역의 현실을 관찰하고, 경청되거나 무시되기도 하는 조언을 해주면서 불가피하게 이 현실의 부분이 되었다. 그렇게 체육학은 스포츠의 관찰과 기술에서 자신에게도 책임이 있는 문제들을 만나게 되지만, 여기서 분석적으로 자기 자신을 배제시킨다. 체육학은 문제의 뒤로 숨어버리며, 주목받지 않은 채 배경에 머물러 있다. 체육학은 스포츠의 타자준거적 조건화와 스포츠의 성취 관계 및 '체계-환경 관계'를 주제화함에 있어서 스포츠의 과학화에 대한 일반적인 암시만을 주는 데에 그쳐서는 안 된다. 체육학은 인식론적인 추론을 통해 자신과 스포츠의 관계를 계속해서 분석해야만 한다.

따라서 스포츠 사회학자들은 관찰자들 자체를 예의주시하기 위해 특별한 능력을 발휘해야만 한다. 자신의 이론과 방법에 관해 고려할지라도 이러한 고려에서 자신이 끼친 영향을 함께 성찰하지 않는 과학은 일차 등급 관찰의 과학 차원에만 머물고 있을 뿐이다. 이런 종류의 과학은 오직 관찰자와 관찰된 대상만을 구별할 뿐이다. 이런 과학은 자기 자신이 자신의 전염되지 않은 시선에 함께 떠오르지 못하게 한다. 일차 등급 관찰은 자기 자신이 자신이 관찰한 것의 한 부분이라는 사실을 깨닫지 못한다.

만일 학자들이 이러한 접근 방법을 자신들이 생각하는 실재를 계측하기 위

---

[8] 과학적 지식의 스포츠 침투에 대한 다른 예들: 과학적 스포츠 의미론의 풍부화, 자아-구조들의 심리학화, 단체 행위들의 자기관찰과 자기기술의 사회과학화. 베테(Bette 1992b: 201이하)와 비교할 것.

해 이용하고, 그들의 구별 작업과 지시 작업이 다른 관찰자들에 의해 다시금 관찰될 경우에, 완전히 새로운 질의 작동이 생겨난다. 하인츠 폰 푀르스터는 이런 종류의 작동을 이차 등급 관찰로 표현했다. 관찰자는 현실의 세부적인 모습을 인식하기 위해 특별히 잘 닦은 안경에만 의지해 관찰하지 않는다. 이어서 다른 관찰의 중심에 있는 것은 그 안경이다. 왜냐하면 안경은 자기 자신을 볼 수 없기 때문이다. 안경 자체는 안경 자신에게 맹점일 뿐이다. 칼이 자신을 자를 수 없고, 신체를 관찰하는 눈이 자기 자신을 관찰할 수 없는 것과 같은 이치이다. 관찰자는 자신의 관찰을 가능하게 하는 구별들을 자신의 관찰 자체에서 보지 못한다. 그것을 볼 수 있기 위해서는 다른 구별에 의지하여 작동해야만 한다. 모든 관찰자는 구조적으로 특정한 맹점에 묶여있다.[9] 단지 다음 관찰자만이 그의 맹점을 드러내주고 그에 관해 보고할 수 있다. 즉 관찰자는 외부적 관찰의 도움을 통해서만 자신이 보지 못하는 것을 볼 수 없다는 것을 보는 법을 배울 수 있다.

이차 등급 사이버네틱스는 관찰자를 관찰된 대상 속에 함께 투사해 넣으며 관찰자를 맥락화하고 이를 통해 그 관찰자의 관점들과 관심들에 대한 물음을 계층에 따라 특정되지 않은 새로운 토대 위에 세워놓는다. 이차 등급 사이버네틱스가 관찰된 관찰자에게 있어서 그때그때의 구별 선택의 기능과 한계가 어디에 있는지를 연구한다면, 그것은 새롭게 주목받게 될 것이다. 스포츠사회학에 대해 말하자면 이것은 스포츠 사회학이 스포츠만 관찰해서는 안 된다는 것을 의미한다. 그것은 자신의 이론과 방법들을 회귀적rekursiv으로 관찰해야만 하며, 재귀적reflexiv 요소들을 통해 보충해야만 한다. 단지 그렇게 해야만 스포츠 사회학은 비성찰적 과학의 층위와 성찰적 과학의 층위 사이를 진동할 수 있으며, 한 층위에서의 인식 획득을 다른 층위에도 유용하게 활용할 수 있다.

---

[9] 제임스(James 1983: 132-149)는 이미 그렇게 말했다.

2. 탈역설화

과학이 조직화된 스포츠에 의해 관찰된다는 것은 필연적으로 회귀적 과정을 촉발시킨다. 왜냐하면 자기 자신이 관찰된다는 것을 깨닫는 과학은 자신이 스포츠의 부분으로서 이렇게 스포츠에 의해 관찰된다는 것을 수용해야 하기 때문이다. 과학이 스포츠에서 다시 나타나는 이러한 현상은, 자기준거가 타자준거에 특수한 구조로 굴절된 반영으로 나타난다. 체육학자들은 자기 자신을 자신의 관찰 대상의 부분으로서 진지하게 받아들이는 법을 배워야만 한다.

과학 안에서 과학을 프로그램의 대상으로서 제기하는 것은 불가피하게 역설과 무한순환에 빠져들게 만든다. 인식 과정이 계속되기 위해서는 이 역설과 무한순환이 해소되어야 한다. 자신을 관찰하고자 시도하는 관찰자는 자기주제화의 무한순환에서 벗어나기 위해 자기 자신 안에서 자기 자신에 대해 거리를 두고, 그 자신이 바깥에서부터 온 것처럼 처신해야 한다. 고유한 이론 전제들을 해명하고자 애쓰는 모든 과학분과는, 내적 무한성의 문제에 직면하게 된다.[10] 그러면 그 분과들은 자신의 사고 전제들을 기술하고자 시도하는 하나의 분과로서 자신을 기술해야 하는데, 원칙적으로 이 접근 방법을 가지고 그것을 할 수는 없다.

인간들이 자신의 정체에 대해 의문을 제기하고 자기 자신을 이러한 분석 작업의 주체이자 객체로 설정할 경우에 유사한 방식으로 이런 종류의 역설과 진기한 순환 고리가 나타난다. 로렌스 슈테른(Laurence Sterne 1761)의 작품에 나타난 트리스트람-샌디Tristram-Shandy 증후군이 이 상황을 잘 설명하고 있다. 18세기 영국문학 작품의 주인공인 트리스트람-샌디는 자신이 어디서 왔

---

10) 성찰의 반복 구조와 이중적 반복에서 출발하는 성찰의 비생산성에 대해서는 루만과 쇼어(Luhmann & Schorr 1988: 40)를 참고할 것.

는지를 설명하려고 시도하며, 그때마다 이러한 목표를 논리적으로 추구한 결과 자기자신, 즉 이야기꾼, 말하자면 자신의 고유한 출신을 기술하고자 하지만 시작의 불가능성에 직면한 이야기꾼에게 되돌아오게 된다. 이 유명한 소설의 주인공은 몇 년에 걸쳐 집중적으로 집필 작업에 몰두하지만 자신의 생애를 기술함에 있어서 단 한 번도 자신이 어디에서 왔는지의 기술에까지 거슬러 올라가지 못한다. 아마도 그는 자신의 전기를 집필하는 문제만 갖고 있지는 않았을 것이다. 그는 집필할 때 [바로 그] 기술을 회귀적으로 함께 기술해야 하는 어려움을 해결해야 했던 것이다.[11]

과학이 스포츠를 관찰할 때 스포츠에 의해 이루어진 타자관찰에서 자신을 마주치고 자기관찰을 요구받게 될지라도, 과학은 자기 자신의 바깥에서 자신을 관찰할 수 없다. 외부에서 이루어지는 관찰은 과학의 관찰이 아니다. 사회의 다른 기능체계들만이 외부에서 과학을 관찰할 수 있을 뿐이다.[12]

이제 체육학은 이러한 내적인 외적 관찰의 역설에서 어떻게 빠져나올 수 있을까? 이론에 자기관계성의 역설적 덫을 설명해주는 것은, 첫째 이론의 재귀화Reflexivwerden이다. 과학은 관찰자들의 내적 구별이라는 책략을 통해서 이론의 탈역설화 작업에 성공할 수 있다. 과학은 그 작업에 성공하기 위해, 다른 관찰자를 관찰하며 관찰자들이 각각 자기 작동을 실행할 때 자기 자신에게서 보지 못하는 것을, 번갈아가며 보고자 시도하는 관찰자들의 내적 구별의 책략을 사용할 수 있다(Stichweh 1987; 1988). 다른 관찰자들의 맹점의 관찰은 자기 자신을 다루는 일을 중단시킨다. 그래서 그 관찰은 내적 자기준거 중단의 기능을 가진다. 따라서 과학적 자기관찰은 [자신을] 사실적으로 단념하

---

11) 설명자의 자기관계성의 문제에 대해서는 슈바니트(Schwanitt 1983: 183이하; 1990: 158이하)를 참고할 것.
12 법 또는 종교의 주관기관이 각자 제각기의 관점에서 유전자조작 테크놀로지를 주제로 삼을 경우에 이것은 외부에서 이루어지는 학문의 관찰을 전제한다.

는 것이 아니라 가상적으로 단념함으로써 실행된다. 자기관찰은 이 전략에서 결국 과학의 실행이 관건이기 때문에, 가상적으로 이루어진다고 할 수 있다.

과학은 하위 분과들의 형태로 비대칭적 관찰 관계들을 장치함으로써 스스로를 사건으로 만든다. 과학은 그런 식으로 자신의 소통 연관의 폐쇄성 속에 머무를 수 있으며, 자신의 맹점을 번갈아가며 조명할 수 있다. 여기서 개괄된, 관찰자를 관찰함의 필연성은 하나의 내적인 자기포함적 작동이다. 자기포함적 작동이 뜻하는 것은 관찰함의 관찰함이다. 또는 그것은 자기 자신과 자신의 연구 행위에 관한 인식을 회귀적으로 연결하여 끌어들임을 뜻한다.

3. 관찰자를 관찰함

과학이 관찰자들의 내적 분화와 이론의 재귀화를 통해서만, 스스로 관찰자로서 만들어낸 결과를 볼 수 있다는 것이 옳다면, 이러한 근거 위에서 스포츠 사회학의 기능에 대한 질문은 새롭게 답변될 수 있다. 스포츠는 여전히 스포츠 사회학이 관심을 갖는 주요 관련 지점이다. 스포츠 사회학이 자신의 분석 작업을 포괄적으로 수행하고자 한다면, 스포츠와 그것의 다양한 행위 분야들에서 어떤 일이 일어나는지에 대해서만 관심을 기울여서는 안 된다. 관찰자로서 스포츠에서 영향력을 행사하는 분과 과학들에도 관심을 기울여야 한다. 만일 과학이 스포츠에서 과학 연구의 외면성에 직면하면, 그로부터 지금까지 무시되었던 두 번째 주안점이 생겨날 것이다. 즉, 스포츠에서 과학적 관찰자이자 조언자로서 활동하고, 과학적 인식 생산의 내적 무한성을 이러한 사회적 영역에 직면시키는 자들을 관찰하는 일이 그 주안점이다.

과학의 특수한 "해체와 재조합 능력"(Luhmann 1990: 184)은 이 설명이 암시하는 것처럼, 학자들이 자신의 사회 환경을 관찰할 때에만 계속 추진될 수 있는 것이 아니다. 그 능력은 관찰자들이 어떤 가능성들과 한계들을 가지고 있는지를 번갈아가며 볼 때에도 마찬가지로 향상될 수 있다. 과학 내부의 전선에서도 맹점을 계산해내는 일이 가능하다. 이를 통해 가능한 관찰 관계의 행렬을 만들어 낼 수도 있다. 스포츠 사회학은 스포츠 교육학이나 스포츠 심리학 또는 체육학의 다양한 분과 과학들을 관찰할 수 있다. 스포츠 사회학에서 스포츠 사회학 자체를 주제화할 수도 있다. 사회학자는 일차 등급 차원에서 작동하는 다른 사회학자를 관찰할 수 있다. 사회학자는 그 경우 다른 사회학자가 스포츠를 어떻게 관찰하고, 만일 그가 특정한 구별들에 의지하여 연구 작업을 수행한다면 무엇을 위해 그렇게 관찰하는지 관찰할 수 있고, 동시에 그가 그렇게 작동하는 자기 자신을 보지 못한다는 것을 관찰할 수 있다. 스포츠 사회학이 체육학 하위 분과들을 내적으로 관찰하려는 계기는 지식 독점을 다투는 전문직 내부의 경합에서 만들어지는 것이 아니다. 그 동기는 체육학이 지금까지 분화를 대가로 얻은 경험으로부터 결과한 것이다.

　이런 종류의 접근 방식은 다른 분과와 관련된 가운데 무엇을 수행할 수 있는가? 일단은 지금까지의 연구 프로그램의 보충 작업이 중요한데, 그것은 모든 과학 분과들이 자신의 연구가 초래한 사회적 결과를 분석적으로 파헤치지 못하기 때문이다. 이 일을 하는 데에 요구되는 지식, 방법, 예민한 감각이 결여된 곳에서, 이러한 배타적 관점에 전문화된 사람들을 위한 작업 가능성이 생겨날 것이다. 스포츠 사회학은 이 맥락에서 다른 분과에 중요한 구별들을 확인하고 분석하는 과제를 떠맡아야 한다. 다른 체육학 분과들은 무엇을 볼 수 있으며, 그들의 주목 지평에 떠오르지 못하는 것은 무엇인가? 그렇게 되면 사회학자들은 자연과학과 정신과학이 그들의 방법론과 현실 인지를 통해 스스로에게 부과한 제한들에 맞닥뜨리게 된다.

　일반적으로 말해 그들은 사회적, 사안적, 시간적 차원에서 다른 관찰자들의 맹점을 보며, 이 관찰자들이 자신들의 맹점을 거의 보지 못할 것임을 깨달게 된다. 관찰자들을 관찰할 때라야 비로소 그 관찰자들의 맹점을 설명할 수 있는 가능성이 열린다. 하지만 이 말이 관찰자들의 관찰자는 맹점 없이 관찰할 수 있다는 뜻은 아니다. 오히려 정반대이다. 그저 단순하게 이용된 맹점 없이는 그 어떤 관찰도 가능하지 않다. 관찰은 오직 구별이 구별로 재진입하는 것을 막음으로써 역설을 피할 수 있다. 자기 자신의 차이도식은 자연적이고 필연적인 것으로 전제되어야만 하며 다른 관찰자의 차이도식은 인위적이고 우연적인 것으로 전제되어야만 한다.

사회학은 스포츠와 과학을 관찰하는데 있어서 다른 분과 과학들이 이용하지 않는 구별들을 이용하기 때문에, 이 분과 과학들이 보지 못하는 잠재력과 영향력을 이용한다는 통찰을 통해 이들을 교란시켜야만 하는 과제를 떠맡게 된다. 사회학적으로 계몽된 스포츠 교육학 또는 스포츠 역사학은, 예컨대 지금까지 고려해 본적이 없는 관점들을 함께 고려한다는 의미에서, 이처럼 불일치 관점들이라는 제안을 이용할 수 있다.

자신이 보지 못한다는 것을 보지 못하는 과학 분과가 자신이 보지 못하는 전개 과정들과 위험들에 대해 경고할 수 없음은 자명하다. 이 과학 분과는 자기 자신을 외부에서부터 관찰하기 위해 외부의 도움을 필요로 한다. 단지 그렇게 해야만 자신의 맹점을 인식하고 그것에 적절하게 대처할 수 있는 법을 배울 수 있다. 이차 및 삼차 관찰들이 비로소 과학분과들의 관찰 방식을 제한적인 현실 인식 및 정보 처리 패턴으로 이해하고 상대화 할 수 있다. 그들은 과학의 방법들과 작동들이 지닌 제한들을 보며 모든 과학 분과에 붙박여 있는 제한된 인식 지평을 깨닫게 된다. 그들은 관찰자가 결과들을 야기시켰으며 스포츠에서 발견되는 문제들에도 관여했다는 점을 알게 된다. 스포츠 사회학적 성찰을 통해 함께 부각시켜야만 하는 것이 바로 이러한 요소들이다.

관찰자들의 관찰이 실행되었다면, 그것은 우연성 경험이라는 중요한 자원의 경험을 제공해줄 것이다. 이차 등급과 삼차 등급 관찰자는 관찰이 다르게도 가능하다는 것을 알게 된다. 나아가 자신도 이러한 가능성에 근거하고 있다는 점을 알 수 있다. 스포츠에 자문하고자 하며, 외부 관찰자의 도움으로 자신의 일을 성찰하는 자는 이와 같은 급진적인 관점의 전환을 통해 자기 자신을 비교적 객관적으로 바라볼 수 있게 된다. 이것은 과학적 관찰자들에게 흔히 일어날 수 있는 범주가 아니다. 체계이론적 개념으로 표현하자면 현실의 우연성 요소를 전제하고 있는 관찰은 "아이러니한 것"으로 기술되어야만 할 것이다. 아이러니한 관찰은 관찰된 관찰자에게 다르게도 관찰될 수 있다는 느낌을 전달해준다.

일반적으로 연역적, 선형적 이론-실천 구상의 틀에서 이해되고 있는 스포츠와 체육학의 관계는 따라서 귀납적, 비선형적 관점으로 대체되어야만 한다. 자신을 중립적인 관찰자의 입장에 세워놓았지만 이어서 스포츠가 과학을 관찰하고 이용한다는 것을 보는 사람은 자기 자신에 대해 의문을 갖고 자신이 지금까지 견지해온 인식론적 전제들을 수정할 필요가 있다는 점을 깨닫게 된다.

관찰자들의 관찰은 사회적 및 사안적 맹점들의 고려 이외에도 시간적인 잠재성의 주제화를 가능하게 해준다. 이차 등급 관찰자는 비동시적 관찰들을 통해 출현과 동시에 사라지면서 빠르게 요동하는 사건들을 느리게 진행시키거나, 느린 진행 과정을 자신의 관찰 시간의 틀에서 가속화된 방식(예컨대 진화이론)으로 분석하는 시간 차원을 요구할 수 있다. 관찰자들의 관찰자는 관찰된 관찰자의 변화 속도에 스스로 얽매이지 않도록 자신의 시간을 명확하게 드러내야 한다. 이차 등급 관찰자는 동시적 작동에서 벗어나야만 한다. 그럴 경우 느리게 응집된 체계의 문제들이 자기 관찰을 방해하며, 그로 인해 체계의 결함들이 인식되지 못한 채 지속적으로 남는다는 점이 관찰자의 시야에 드러날 것이다(Dörner 1989: 156이하).

기업 자문가들은 그들의 의뢰인에게 시간이라는 변수의 중요성을 일깨우기 위해 쉽게 납득할 수 있는 예를 이용한다. 뜨거운 물이 담긴 냄비 속의 개구리는 가능하면 빨리 밖으로 뛰쳐나오려고 노력할 것이다. 이와 같은 체계 상황의 변화에서 변화 속도(오래된/새로운, 따뜻한/차가운의 차이)는 매우 빠르고, 자신의 생명이 위협받는다는 점을 바로 깨달을 수 있다. 반면에 천천히 더워지는 물속의 개구리는 다가올 위험을 깨닫지 못하고 결국 죽음을 맞게 될 것이다. 수온이 서서히 높아지기 때문에 앞으로 다가올 위험을 감지하지 못하기 때문이다.[13]

따라서 시간을 옮겨가면서 다른 관찰자를 관찰하는 관찰뿐만 아니라 체계 과정들의 시간성 자체를 주제화하는 관찰도 존재한다. 자신을 관찰하는 자기 관찰자는 여러 과정들의 동시적 작동들과 불시에 일어나는 그것들의 영향을 깨닫기 어렵다. 이차 등급 관찰과 삼차 등급 관찰만이 비선형적이며, 고유한 역동성을 지닌 요소들의 동시적 발생을 시간화 조치를 통해 순차적인 것으로 바꾸고 분석적으로 해석해낼 수 있다. 시간이론적 관점에서 스포츠를 철저하게 규명하려고 시도하는 사람은 사실 이와 같은 속도 조절을 통한 성찰의 결핍 상황과 만나게 된다. 그는 동일한 방식으로 스포츠에 몰입해 있는 응용을 지향하는 과학들의 시간적 맹점들을 깨닫게 된다. 이 과학들은 그들에 의해 스포츠에 가해진 조합적 효과들과 인과의 사슬을 감지할 수 있는 센서를 갖추고 있지 않다.

이와 같은 관찰들의 관찰이 어떻게 나타날 수 있는지 이하의 글에서 짧게 소개하겠다. 첫 번째 예는 체육학적 연구의 응용 지향의 문제와 관련이 있으며, 두 번째 예에서는 인문과학적 스포츠교육학에 대한 분석을 시도하겠다.

(1) 체육학에서 응용 지향적인 연구를 자세하게 관찰한 관찰자는 이런 종

---

[13] 이 점을 지적해준 헬무트 빌케(Helmut Willke)에게 감사한다.

류의 연구가 높은 반향을 얻기 위해 어떤 전략을 구사하고 있으며, 스포츠체계에서 성공하기 위해 어떤 대가를 지불해야만 하는지 보게 될 것이다. 특히 관찰자는 이런 종류의 연구가 특별한 자기과시 형식을 이용하고 있음을 보게 될 것이다. 응용 지향적인 연구는 자기 자신을 함께 관찰해서는 안 되며, 오직 자신의 관찰 대상에만 전적으로 몰입해야 한다. 그러나 겉으로는 대상에 일정한 거리를 두고 그것을 객관적으로 관찰하고 있는 것처럼 행동해야 한다. 그렇게 해야만 자문을 구하는 의뢰인들의 (단일맥락 영역에 관련된) 세계관과 일상적 존재론에 쉽게 접속할 수 있다. 학자가 의뢰인에게 자신의 분석이 관찰-의존적이라는 점을 깨닫게 해주고, 그런 의미에서 자신이 제공한 지식들은 매우 제한적인 타당성만 지닌다고 솔직하게 털어놓는 경우는 거의 없다. 만일 그렇게 한다면 그는 학자로서의 권위를 잃게 될 수 있으며, 의뢰인으로부터 계속해서 연구비를 수주 받을 수 없다.

또한 관찰자는 응용지향적 연구자들이 실천 영역에 속한 스포츠의 명성을 쫓는다는 점을 보게 될 것이며, 스포츠 관련 단체에 자신의 유능함을 과시하기 위해 진리 매체를 남발하는 점을 보게 될 것이다.[14] 이들이 진리 매체를 남발하는 이유는 스포츠를 위해 진리를 생산한다고 생각하기 때문이다. 이들은 진리를 생산함에 있어서 과학의 규칙을 소홀히 함으로써 스포츠체계의 요구에 적응한다. 이런 경우 이들은 의뢰자의 관심에 부합하는 말만 하게 되며, 복잡한 이론적 전제들과 사고 연관들을 소홀히 다루거나 단순화시켜야만 한다. 관찰자는 또한, 응용지향적 연구자들이 자신들에게 정확성, 이론적 엄밀성, 자기비판 같은 과학의 기본적 기준이 결여되어 있음을 감추거나 교묘한 논리로 정당화하는 것을 보게 될 것이다.

응용 지향성을 떠벌리는 과학적 연구는 새로운 상호주관적 진리를 만들어

---

14) 응용지향적인 스포츠 연구에서 진리매체의 인플레이션에 대해서는 베테(Bette 1991: 76)와 루만(Luhmann 1990: 623)을 참고할 것.

내기가 어렵다. 그들은 오직 오래 전부터 잘 알려져 있는 지식들을 계속 반복할 뿐이다. 응용 지향적 연구 영역의 작업이 인플레이션되는지, 디플레이션되는지, 아니면 스태그플레이션되는지에 대한 물음은 오직 응용 지향적으로 연구하지 않는 과학, 이러한 상황의 압력을 받지 않는 과학만이 답변할 수 있다. 관찰자들의 관찰자는 또한 스포츠 단체가 과학이 제공해 준 진리 약속을 이용한다는 것을 알게 될 것이다. 그러나 이들에게 진리 약속을 제공해준 과학은 대개의 경우 이와 같은 진리 약속을 이행할 수 있는 능력을 지니고 있지 못한 경우가 태반이다.

이차 등급 관찰자의 관점에서 볼 때 과학의 스포츠 자문이 효력을 나타내기 위해서는 과학이 그 어떤 적응 조치를 취해도 소용이 없으며, 개인적 및 집단적 스포츠 행위자가 과학이 제공해준 정보를 계속해서 가공할 수 있는 적절한 센서를 갖추고 있어야만 한다. 투입된 힘으로서 상호주관적 진리의 연결은 과학의 간섭 의지가 아니라 스포츠의 연계 능력에 달려있다. 관여된 자기준거와 이로부터 도출 가능한 간섭의 문제에 직면하여 응용지향적 체육학 연구에 관한 언급이 사회과학 및 인문과학적 과학 분과들에게도 여전히 의미가 있는 것일까의 의문이 생겨난다. 만일 과학이 마지막으로 규정하는 힘이 아니라면, 즉 과학적 지식의 수용과 이용을 결정하는 최종적 힘이 아니라면 응용의 의미론은 오히려 오해의 방향을 지시할 수 있다. 스포츠와 그 행위자가 자기조직 능력을 갖추고 있음을 수긍하는 사람은 과학적 행위의 우월성을 전제하고, 지식을 스포츠로 전이하는데 별 문제가 없다고 제안하는 개념을 선택할 수 없을 것이다.

(2) 모든 과학은 각기 나름의 고유한 이론적 전통을 지니고 있으며, 지식을 생산하기 위해 특별한 방법과 관찰 방식을 동원하여 작동한다. 이론사회학적 관점에서 인문과학적 스포츠 교육학을 관찰할 경우에 이러한 연관에서 이 과

학 분야가 행위 개념을 오직 주체에 고정시키고 있으며, 이를 통해 이미 지식 획득의 전방에 특정한 관점을 투사시키고 있음을 알게 될 것이다.

이러한 고정이 일어나는 이유에 대한 물음은, 행위를 특별한 주체관과 성급하게 연결시키는 것이 이 과학이 자신의 사회적 연계 능력을 증명하기 위해 시도하는 하나의 전략이기도 하다는 점을 이해할 수 있게 만들어준다. "옛 유럽"의 주체에 관심을 집중하는 일과 행위 개념을 인간에게 붙들어 매는 일은 의미를 붙잡기 위한 취해진 안정화 방법일 것이다. 스포츠 교육자들은 인간적인 것에 관한 담론을 통해 자신을 외부로 드러내고, 인간학적인 것의 재수용을 통해 까다로운 성찰 작업으로부터 벗어날 수 있다.[15] 인간을 환기시키는 것은 존경할만한 의도의 소통에 봉사한다.

외적 관찰자는 스포츠 교육학이 맹신적인 주체 지향을 통해 역설적이게도 개화된 실천의 형성에 중요할 수도 있는 지식을 획득할 가능성을 얻게 된다는 점을 보게 된다. 스포츠 교육자들은 바로 이를 통해 주체를 소홀히 하게 되는 것 같다. 스포츠 교육자들은 주체를 만물의 척도로서 과대평가하고, 사회적 체계들의 영향력을 제대로 분석하지도 않고서 인간 적대적이며, 기계적이고, 차가우며, 추상적인 것이라고 단순하게 표현하기 때문이다. 그들은 소통이 진행될 때 필연적으로 체계가 형성된다는 점을 은폐한다. 뿐만 아니라 그들은 언어에 기초한 인간의 현존 방식은 사회적 체계의 형성이라는 토대 위에서만 가능하다는 점을 망각하고 있다. 스포츠 교육자들은 그들의 보지 못함을 통해 변화에 필요한 변수들을 간과하며 결국 의도와는 무관하게 가끔 내키지 않는 실천의 발전을 촉진시킨다. "선한" 의도가 드물지 않게 장기적으로는 반생산적인 역효과를 불러일으키는 경우도 많다.[16] 관찰자의 관찰

---

15) 새로운 체계이론의 해체작업에서 인간학은 이론의 문제를 피해가는 상투적인 기술임이 드러난다. 루만(Luhmann 1981: 201)을 참고할 것.
16) 다수의 사례를 언급한 되너(Dö이허)를 볼 것.

로서 구상된 스포츠 사회학은 이와 같은 연관에서 스포츠 교육학에 역설적인 자기간섭을 권고할 수 있다. 다시 말해 근대에 있어서 보다 현실적으로 주체의 가능성과 제한에 부합할 수 있도록 하기 위하여 자신의 인식 프로그램의 탈주체화를 실행하도록 권고할 수 있다.

관찰자는 개인 차원과 체계 차원 간에는 그 어떤 차이도 존재하지 않으며 더 나은 생활 실천은 향상된 개별적 실천들의 응집으로부터 얻어질 수 있다는 "소박한" 믿음으로부터 주체 지향이 나타났음을 깨닫게 된다. 그러나 현실은 달리 나타난다. 사람들은 자신들이 배우로서 출연하는 사회적 체계들이 동시에 그리고 반드시 함께 배우지 않았는데도 배울 수 있다. 그러므로 스포츠 사회학은 직업적으로 기형화된 스포츠 교육학, 즉 관련 영역을 학교 스포츠만으로 제한하고 사실상 존재하지 않는 "두 개인 사이의 게임"으로 교육 업무를 축소시킨 스포츠 교육학을 만나게 된다. 스포츠 사회학은 스포츠 교육학의 영향력 가능성에 대한 과대평가와 문제를 생산하는 과학이 아니라 문제 해결 과학으로서 스포츠 교육학의 자기이해를 발견하게 된다(Bette 1992b).

사회학적 관점에서 볼 때 인간에게 시선을 돌려 인간의 인간학적 특징들을 밝혀내는 일만이 중요한 것은 아니다. 이보다 훨씬 중요한 것은 개인의 등 뒤에서, 스포츠의 현실에서 뿐만 아니라 거기에 몰입한 개인들에게도 막대한 영향력을 행사하는 소통의 구조를 규명하는 일이다. 주체에게만 시선을 고정시킨 사람은 인간의 행위를 전폭적으로 규정하는 통제 변수를 놓친다. 따라서 사회학자는 '만일 내가 나의 관심을 오직 인간에게만 집중할 경우에 나는 무엇을 보지 못하게 되는가?'를 물어야 한다.

체계이론을 통해 정확하게 볼 수 있게 된 스포츠 사회학은 인문과학적 스포츠 교육학의 관찰에서 스포츠 교육학에 의한 주체 지향의 이면인 사회이론에 대한 외면과 만나게 된다. 통제 변수인 사회에 대한 고려는 일반적으로 전前 과학적인 일상이론적 유형으로만 일어나며, 그 결과 조직화된 복잡성의 문제가 고려되지 못한 채 남아 있게 되고, 자기관계성, 상호의존성, 창발 같은 현상이 인지되지 못한다. 계속하여 관찰자의 관심을 끄는 것은 스포츠 교육학이 엄격한 의미에서 스스로 고유한 연구를 수행하지 못한다는 점이다. 최근까지 이 과학의 사고를 자극하는 가장 중요한 것은 내부적으로 생산되지 않았으며 외부에서 수입되었다.[17]

규범적 규정들로 이루어진 교육학의 독단적 신념은 이와 같은 연관에서 지식을 생산하는 과학들에 대한 분리규칙으로 해석해야만 한다(Tenorth 1987). 간략히 말해 구태의연하게 한물간 텍스트의 해석에만 빠져있는 스포츠 교육학자들은 인문과학적 이념사로 거슬러 올라가서, 이 무궁무진한 다양성의 보고variety pool를 다른 과학의 새로운 지식들과 결합시킨다. 서사와 요청을 토대로 하고 있으며, 가끔은 순수한 역사화, 도덕화, 인간학화로부터 탈피하지 못하고 있는 스포츠 교육학은 결국 20세기 후반의 스포츠를 18세기와 19세기의 이론을 동원하여 적절하게 분석해낼 수 있을까라는 의문을 갖게 만든다.

외부적 관찰자가 보기에 이와 같은 연구 방법은 부지불식간에 사고를 막다른 골목으로 몰아갈 것이다. 고도 성과 스포츠의 문제를 칸트의 초월적 존재론에 입각해서 논의할 수도 있을 것이다. 그러나 스포츠가 갈수록 상업화되고, 정치화하며, 과학화하고, 대중매체에 의해 점령되고 있는 상황에서 이와 같은 논의가 얼마나 적절할 수 있는지 해명되어야만 할 것이다. 이와 같은 논의가 스포츠를 상세하게 분석하는데 어떤 도움을 줄 수 있을까? 마퀴드(Marquard 1986: 105)가 인문과학자들에게 요청했듯이 사회의 근대화 과정의 비용을 보상하려는 자는 이론적 분리주의에 머물러서는 안 된다. 옛 지식들을 새로운 틀 속에서 다시 구성해야 하며 원자화된 것들을 보다 큰 사고연관

---

[17] 이 점은 스포츠 교육학이 일차적으로 다른 과학들에 의해 생산된 "경험적 연구 결과들을 수용해 교육학적 논의 연관에 끼워 넣는" 통합 과학이라는 디트리히 쿠르츠(Kurz 1990b: 250)의 평가에서 확인할 수 있다.

속에서 종합해야만 한다.

과학적 관찰자들을 관찰하는 관찰자는 전문화의 열망과 독점화에 대한 관점, 그리고 교묘한 위상 및 평판 관리 형식들을 보게 될 것이다.[18] 이러한 연관에서 스포츠교육학의 관찰자는 이 과학이 전문화를 목적으로 스포츠에서 그리고 스포츠를 통한 교육의 실행 가능성 개념을 구상했지만 이와 같은 접근 방법의 전제들과 제한점을 동일한 강도로 주제화하지는 않았음을 보게 될 것이다. 스포츠 교육학자들은 그 어떤 내부적 정지 규칙도 갖추고 있지 못한 비목적론적 개념들을 이용하며, 교육, 도야, 자아실현, 해방, 성과, 건강 같은 의미론에 기대어 자신의 직업에 대한 영구적 기대의 정착과 정당화를 위해 노력한다. 또한 스포츠 교육학은 자신의 테크놀로지 결핍을 은폐하고 스포츠 수업의 교수법 뒤로 숨어 버린다. 그들이 내세우는 강령은 만일 스포츠가 실제로 어떤 교육의 가능성과 장애요소를 제공해주는지 증명하기가 어려울 경우에 성적에 따라 검증 가능한 대체 테크놀로지를 이용한다는 것이다.

스포츠 수업에서 진행되는 과정들은 아무리 해석을 시도하려고 해도 상당 부분 베일에 가려져 있다. 관찰자들은 스포츠 교육자들이 그들의 학생들을 어떻게 사소한 기계로 취급하고 있는지를 볼 수 있다. 또한 그들은 사소하지 않은 체계들의 사소화가 어떤 기능을 하는지 보게 된다. 즉 이를 통해 잡음과

---

18) 스포츠 사회학자는 스포츠 심리학이 전문화를 위해 노력하고 있고, 이와 함께 스포츠에서 중요 역할을 담당하려고 시도함을 알고 있다. 즉 스포츠 사회학자는 트레이너들의 반응을 보며, 무엇보다 스포츠와 과학 내에서 스포츠 심리학이 기울이는 직업화 관심이 초래한 결과들을 관찰한다. 스포츠 사회학자는 스포츠 심리학이 스포츠에 수용되고자 노력하며 자발적으로 결론지으려고 얼마나 애를 쓰는지 그리고 모든 이론 전통을 외면하는 대가를 치르면서까지 자료들을 생산하고 명료성을 제시하는 자연과학적 연구 방법에 접근하고자 노력하는 이유를 본다. 양적 자료 및 생리학에의 점진적 접근에 힘입어 지식들이 수집될 뿐만 아니라 고도로 우연적인 직업 영역에서 존경심을 불러일으켜야만 하는 대체 기술이 마련된다. 스포츠 사회학적 관찰자는 계속해서 스포츠 심리학자들이 자기관계성, 자기생산 등의 주제에 대한 체계이론의 쇄신된 이론 공급을 참고하지 않으며, 이로써 자신의 작업에 요긴한 인식 가능성을 사용하지 않은 채, 자문하고 간섭한다는 점을 안다.

소음을 회피하고 사전에 부여된 목표의 도달에 대한 신뢰성이 높여진다는 점을 보게 된다. 결국 스포츠 수업의 조직화된 혼돈에서 중요한 것은 교육이 아니라 능력의 점검, 즉 학생들이 자신에게 부여된 특정한 행위 과제를 똑같이 복제할 수 있는지 또는 없는지의 점검이라는 점을 깨닫게 된다.[19]

이러한 사실에 직면하여 실제로 관찰 가능한 인문과학적 스포츠 교육학의 쇠락과 그것이 사회학 또는 심리학적 관점을 통해 대체되어가는 것은 결코 놀라운 일이 아니다(Kurz 1990a; 1990b). 이 고전적 과학이 점진적으로 사라지고 있는 현상은 그 이론적 방어주의와 고립주의가 반영된 결과이자, 그로부터 유발된 스포츠를 근대사회의 맥락에서 그 복잡성에 부합하게 파악하려는 과정에서 겪을 어려움을 반영한 결과이다. 이제 남은 것은 낡은 이념들의 관리, 스포츠 종목 별 지도 방법으로의 편류, 도덕화하는 스포츠 관찰 등의 위험이다.

스포츠 사회학은 다른 과학들을 목표로 삼음으로써 포함된 채 배제된 관찰자의 기능을 부여받는다.[20] 이러한 과제를 하도록 초대받지 못했다고 스포츠 사회학이 자신의 자기이해에 불쾌해 할 필요는 없다. 특별한 시각을 통해 교란을 불러일으키는 과학은 거절을 통해 유익한 성찰 업무로부터 거리를 두어서는 안 된다. 미셸 셰르(Serres 1981)의 의미에서 기식자寄食者도 충분한 소음을 생산한다면 체계적 학습의 중요한 조건이 될 수 있다.

이 점을 보는 관찰자는 물론 이런 종류의 관찰 결과에 직면하게 된 사람들의 분노를 확인한다. 스포츠 사회학은 이 연관에서 이 과학이 계몽 업무를 통해 스포츠에서 어떤 결과를 초래했는지 만을 관찰하는 것이 아니다. 스포츠 사회학은 또한 자신이 체육학 내에서 다른 과학들을 관찰하고, 다른 과학들

---

19) 체계이론의 교육학 관찰에 대해서는 루만과 쇼어(Luhmann & Schorr 1982; 1986; 1988; 1990; 1992)를 볼 것.
20) "타자관점의 분화"에 대해서는 이 책의 9장을 볼 것.

은 스포츠 사회학자들이 자신들의 행위를 관찰하고 있으며 자신들에게 습관화된 사고 범주의 전제에 대해 의문을 갖는다는 것을 깨닫게 될 때, 어떤 교란이 야기될 수 있는지 확인할 수 있다. 예를 들면 스포츠 교육학은 자신의 이념사에서 유래하지 않고, 오히려 오래된 잘 알려진 지식들의 전제에 의문을 제기하거나 급진적으로 의문을 제기하는 정보들과 어떻게 교류할까? 외부의 관찰자들에 대한 그리고 이론 구상에 있어서의 도전과 혁신에 대한 반응들은 가정되는 것처럼 반드시 과학체계의 공식적인 소통 행위로서 출판물에 반영되는 것은 아니다(Stichweh 1987: 459). 평판이 문제되는 곳에서는 오히려 비공식적일 뿐만 아니라 파괴적인 상호교류 형식들의 개연성을 기대할 수 있다. 만일 세계의 인간학적 해석이 체계이론적이며 구성주의적인 관점들을 통해 해체되고, 그 결과 비성찰적인 과학 단계의 선험화 테크닉으로 밝혀졌다고 해도, 이러한 분류가 이 관점들에 의지해 과학을 수행하는 사람들의 인정을 받지는 않는다. 스포츠 사회학자들이 자연과학자들의 응용 지향적 스포츠에 대한 몰입의 맹점에 근거해 그들을 계몽시키고[21], 문제 없고 결과 없는 지식 전이에 대한 믿음을 자기관계성과 의도되지 않은 부작용을 지시함을 통해 문제 삼는다고 해서[22], 자연과학자들이 바로 과학의 진보에 대해 고민하지는 않을 것이다.

이렇게 기대되고 이해될 수 있는 반응에 직면하여 과학적 관찰자의 관찰이 남의 약점을 들춰내거나 불신하거나 폭로하거나 조롱하기 위한 것이 아니라는 점이 지시되어야 할 것이다. 오히려 관찰의 목적은 반대로 이와 같은 처치 방식의 구성적인 요소를 드러내는 일이다. 관찰자들의 관찰은 스포츠사회학

---

[21] 과학이론적 성찰에 대한 명백한 회피는 응용을 지향하는 연구를 자신의 과학적 자기기술의 핵심부분으로 삼고 있는 자들에게서 발견된다. 이러한 회피는 특히 자연과학적 체육학 분과들에서 강하게 나타난다.

[22] 스포츠를 자기생산체계로 기술하는 사회학은 이 점을 쉽게 입증할 수 있다.

자신을 포함한 모든 과학이 맹점에 의지하여 작동한다는 사실로부터 과학들의 한계를 도출해낸다. 과학적 관찰자들의 상호적 관찰에 근거해서만 과학특수적 가능성들이 다른 차이 형성의 빛에 반영되고, "고윳값들"이 형성되며, 잠재적 경험들이 수집된다. 그렇지 않을 경우에 개별적 과학들의 전문화에 기인한 편파적 관심사들이 아나키스트적으로 서로 피해가며 작업하고, 위험 부담이 높아지는 토대에서 스포츠에 중대한 결과들을 초래할 위험이 지속될 것이다.

4. 자기상대화

구성주의적 체계이론의 관점에서 볼 때 세계에 도달할 유일하게 옳은 접근 방법이란 없다. 이러한 견해를 체육학 내에서 스포츠 사회학의 기능에 대한 물음에 적용한다면 다음과 같은 결론을 이끌어낼 수 있다. 중요한 점은 스포츠의 현실을 존재론화하는 진리 요청으로 감싸는 일이 아니라 이 영역에서 나타나는 관찰자들을 그 관찰의 구성 원리에 따라 탐구하는 일이다. 이것은 관찰하는 체계로서 스포츠에게만 해당되는 것이 아니라 이런 일과 관련되고 이를 통해 다른 관찰자들에게 인식 가능성을 열어주는 관찰자에게도 해당된다. 이런 종류의 통찰은 필연적으로 분과 과학의 자기상대화로 이끌어간다. 다른 관찰자가 보지 못한다는 것을 보는 관찰자는 자기 자신도 스스로 보지 못하는 것을 보지 못한다는 사실 확인에서 출발할 수 있다. 다른 체계들이 복잡한 자기 자신을 온전하게 관찰할 수 없다는 것을 깨달은 사람은 자기 자신을 우연적인 것으로 고려해야 하고 그렇게 취급해야만 한다.

구성주의적 인식론과 체계이론적 사회이론의 결합은 세계를 기술함에 있어서 동질적인 계층 개념이 아니라 이질적인 관찰 관계들의 개념에 의존하도록 권하며, 개별적 관찰 위치에 근거한 배타적인 요청을 철회할 것을 요구한다. 참되며, 초시간적이고, 관찰-비의존적인 세계 해석의 의미에서 절대성 요청은 결코 이차 사이버네틱스의 토대로부터 도출해낼 수 없다. 오히려 그 정반대이다. 관찰자 의존성의 지시를 통해 자기 한계가 과학적 이론 프로그램의 진리 요청 내부에 구축될 수 있다. 이차 사이버네틱은 다른 이론들처럼 결정하는 행위로 시작하며 정보들을 만들어내는 경우 특정한 맹점을 이용한다.

이차 등급과 삼차 등급 관찰이 인문과학과 자연과학 분과 과학들에 대비해 스포츠 사회학에게 그 어떤 특권화되었거나 서열적인 상위 지위를 만들어 주지 않는다. 스포츠 사회학은 자신의 특별한 인식 수행의 "안경"이 보도록 허용하는 것만을 볼 수 있을 뿐이다. 내부적 분화를 통해 생성된 다양성을 개별 분과 과학의 진리 요청에 근거하여 서열화하는 일은 체육학의 관건이 아니다. 관찰자들을 관찰하는 스포츠 사회학은 자기 자신이 예외적인 입장에 있다고 주장하거나 사물이나 사태보다 높은 곳에 떠 있는 관찰자 위치에 있다고 주장할 수 없다. 스포츠 사회학은 현실에서 단지 자신의 도구, 방법, 이론 등이 볼 수 있게 만들어 준 것만을 관찰할 수 있을 뿐이다.

자기상대화에도 불구하고 스포츠 사회학은 관찰된 관찰자가 그들의 코드 및 프로그램 특수적 관찰 방법으로 인해 관찰할 수 없는 것을 관찰할 수 있다. 그렇다고 스포츠 사회학이 체육학 내에서 교통 정리를 해주는 경찰관 기능을 담당하지는 않는다. 그것은 경고하고 교란시키며 다른 분과 과학들이 줄 수 없는 정보들을 이용할 수 있게 만들어 주며 창조적인 소동을 일으키고 고전적인 의미에서 계몽시킨다. 그렇다고 스포츠 사회학이 더 훌륭하다거나 월등한 성찰 능력을 이용할 수 있다는 말은 아니다(Luhmann 1990: 87, 110). 스포츠 사회학은 다른 분과 과학들과는 달리 볼 뿐이다. 왜냐하면 관찰된 관찰자들과는 다른 구별에 의지하여 연구하기 때문이다. 그리고 일치하지 않는

견해들에 의지하고 서로 비교하는 관점을 도입함으로써 습관화된 집단적 행위 지향을 방해하고 관점의 다양성을 증가시켜줄 수 있다.

복잡한 사회적 조건 하에서 진리는 단지 관찰 상대적인 것일 뿐이다. 그것은 급진적 의미에서 아직 한 번도 상호주관적이지 못하며 기껏해야 주관적으로 상호주관적일 뿐이다. 과학공동체에 위임된 진리에의 합의는 우선적으로 금지 규칙을 통해 개정되어야만 한다. 진리에의 합의가 참석한 의식들과 참석하지 않은 의식들의 동시 접속을 통해 자동적으로 생겨나는 것은 아니다.

5. 소박한 전제에 반하여

관찰의 재귀성과 회귀성의 조건 하에서는 관찰로부터 자유로운 관찰이란 존재하지 않는다. 체육학의 모든 분과 과학들은 자신의 연구 작업이 기꺼이 다른 관찰자에 의해 관찰되도록 해야 한다. 이러한 견해는 많은 체육학자들이 스포츠의 번영을 위해 만들어낸 스포츠와 과학의 통일상을 뒤흔들어 놓을 것이다. 체육학 분과 과학들의 균형 잡힌 조화에 대한 생각 역시 미심쩍은 것으로 생각해야 한다. 이런 종류의 투사는 비성찰적 과학 단계에서 나타나는 전형적인 특징이다. 이것은 관찰자와 관찰 대상의 급진적인 분리에서 출발하는 고전적 인식론의 세계상으로부터 유래하였다.

스포츠가 과학화하면서 이와 같은 명료한 경계 설정은 점차 설득력을 상실하고 있다. 이런 종류의 현실 진단은 단일 맥락 영역으로 이해된 사회에게나 가능한 인식 단계의 결과일 뿐이다. 만일 과학이 스포츠에 출현했고 거기에 만연하고 있다면 무슨 일이 일어날까? 이 문제는 전통적 체육학의 인식론이 적절하게 복잡성을 갖춘 인식론으로 재무장해야만 대답할 수 있다. 스포츠에서 발견할 수 있는 문제들은 과학을 통한 순수한 진보는 불가능하다는 점을 일깨워준다. 오히려 역설과 틈, 불화가 동시에 생산된다. 이러한 조건 하에서 진보는 재귀성의 토대에서만 정당화될 수 있다. 체육학은 자신이 부지불식간에 유발한 관찰과 자문의 영향들 자체를 함께 고려하는 법을 배워야만 한다.

따라서 조화의 이상은 잘 다듬어진 논쟁 및 담론 문화에 대한 요구로 교체되어야만 한다. 오직 그렇게 해야만 서로 다른 분과 과학들의 다양한 방향 설정과 모순들이 진지하게 취급되고 이해될 수 있다. 학제적 및 융복합적 과학 소통의 기능은 의심의 여지없이 존재하는 "고윳값들"에 대한 접근을 차이들의 지명과 과정화를 통해 파악하는 데에 그 본질이 있다. 이러한 연관에서 부정은 비난받아 마땅한 호의적이지 않은 행위의 실행이 아닌, 동일성이 아니라 차이 위에 구축된 결코 포기할 수 없는 통합 가능성의 조건으로 나타난다.

과학적 관찰자들의 상호적 관찰은 "질문의 외설성"(Bodenheimer 1985)의 기술을 포함하고 장려한다. 이것은 섹슈얼리티, 비웃음을 살 만한 친밀성, 또는 이와 유사한 사태와는 무관하다. 여기서는 내용의 표현이 중요한 것이 아니라 질문 자체의 방법이 중요하다. 외설성은 과학적 관찰자가 자신의 특화된 관심과 차이 형성을 직접적이고 즉흥적으로 외부에 내맡기는 것처럼 보이고 이를 통해, 그동안 자기 자신과 타자에게 은밀하게 숨겨졌던 자신의 복잡성 차원들이 누설되어 밝혀질 때 모습을 드러낸다. 질문의 돌발성, 맹점에 대한 관심두기, 도발적이며 공공성을 생산하는 의혹 제기와 타자관찰의 성격은 실제로 외설적이며 악마적인 속성을 지녔다. 질문의 외설성에 의거한 번갈아가면서 밝게 비추기와 상호적 대비의 중요성은 질문의 지배적 속성과 질문 받은 자와 피관찰자의 체험 상관개념으로서 수치심을 탈독점화하고 질문자와 관찰자로 역투사할 필요성으로부터 도출된다.

체육학자들이 자신들의 연구 작업에 관해 정답게 서로 주고받는 사교적인 모임을 상상하는 사람이 있다면 그는 학술모임의 성격을 잘못 이해한 것이다. 왜냐하면 여기서는 언어적이며 합의를 지향하는 이해와 연구결과의 상호

통보의 전달이 관건이 아니기 때문이다. 보다 근본적인 것은 오히려 상호적 관찰에 근거하여 제각기 타자를 인지하고, 자기 문제화를 위한 사고의 단초로서 이용해야 할 필요성이다. 그렇게 해야만 체육학 연구를 통해 야기된 창발, 역생산성, 득과 실의 조합을 이해할 수 있다. 물론 특정 과학의 소통적 및 인지적 폐쇄성의 이득이 전문화에 대한 관심을 이유로 개방성의 장점 보다 높을 수 있다. 다른 관찰자를 관찰하는 관찰자만이 이 점을 확인할 수 있다.

체육학 분과들 사이에 분명한 쌍방 비판이 존재하지 않는다는 것은 개인적 무능함과는 관련이 없다. 기존의 (비판) 금기는 오히려 과학적 관찰자를 배제하는 전통적 체육학의 존재론의 상관 개념이다. 인식과 대상을 분리시키는 세계관은 체육학의 자기 주제화를 강력하게 방해했다.

체육학의 빈곤한 자기 주제화 논의를 개인적 행위자 차원으로 옮기면, 연구자들이 서로 상이한 관점에서 연구를 진행하고 있다는 점과 함께 이처럼 연구에 종사하는 연구자 규모가 매우 작다는 점이 돋보인다. 아울러 비판이 나타났다면 대체로 개인화되는 경향이 있다. 체육학 내에는 고유한 비방의 문화가 비공식적으로 남아 있으며 상호 비판하지 않는 공존의 문화가 정착되어 있는데, 이것은 각 개별 과학의 발달에 치명적인 결함으로 작용한다. 사람들은 서로 대화를 나눌 때는 서로서로 칭찬하기 일색이거나 핵심을 빼고 이야기한다. 심각한 논의를 방해하는 분위기가 위원회들을 지배한다. 핵심을 찌르는 비판이 부족하기 때문에 학생들은 필요한 과학과 불필요한 과학을 스스로 구별해야만 한다. 체육학에서 축소 이론이 반향력을 지니며 성공적이라는 점은 그다지 놀랄 일이 아니다.

이런 이유에서 개별 체육학의 과학들 상호 관계에 있어서 "교훈적 상호작용"으로 표현할 수 있는 자질이 절실하게 요구된다(Willke 1989: 80). 여기서 스포츠 사회학에 특별한 의미가 부여되는데, 그 이유는 스포츠 사회학에 의해 선택된 특별한 관점 때문이다. 사회적인 것을 전면에 내세우는 스포츠 사회학은 연구 과정에서 스포츠를 만날 뿐만 아니라 과학으로서 자기 자신도 만나게 된다. 만일 스포츠에서 과학의 사회적 영향에 관한 정보들을 얻기 원한다면 이와 같은 정보들은 다른 곳이 아니라 바로 이와 같은 일에 특화된 사회학에서 얻을 수 있다. 사회학적 지식은 다른 과학들의 성찰을 가능하게 만들어주는 중요한 조건이 될 수 있다.

 학교, 직장, 가정의 관심들과 관련하여 적절한 환경이 되라는 요청이 스포츠의 성과 영역에 제기된 것과 마찬가지로, 스포츠에 집중하는 과학에도 제기되어야한다. 체육학 역시 잠재적인 과중 부담 가능성을 조절하기 위해 상호주관적인 진리 생산의 범위에서 내부적 제한을 구축해야 한다. 스포츠 사회학은 이러한 과학적인 자기성찰 과정을 위해 특별한 기능을 부여받은 것처럼 보인다. 즉, 주로 자신의 활동에만 몰입하는 다른 과학적 관찰자를 관찰하는 관찰자의 기능이 그것이다. 여러 차례 제안된 체육학의 동일성은 따라서 호소와 조화의 이상에 근거해 처방되거나 위로부터 질서 잡히도록 해서는 안 된다. 그것은 중앙집권적이고, 위계적으로 조직된 의미에서 작동하지 않는다. 만일 통일이 전국 체육학자 통합대회에서 호소하며 언급하는 것처럼 규정되지 않은 채 머무르는 이상理想 이상의 것이어야 한다면 '어떻게?' 라는 물음이 제기되어야 할 것이다. 이에 대해 저자는 관찰자들의 상호적 관찰과 불일치의 생산적 고려를 통해서라고 답변하겠다.

참고문헌

Baecker, Dirk, 1990: "Die Kunst der Unterscheidungen". In: Ars Electronica (Hg.), *Im Netz der Systeme*. Berlin: Merve Verlag, 7-39.

Bateson, Gregory, 1983: *Ökologie des Geistes*. Frankfurt: Suhrkamp.

Bette, Karl- Heinrich, 1989: *Körperspuren. Zur Semantik und Paradoxie moderner Körperlichkeit*. Berlin/New York: de Gruyter.

────, 1991: "Wissenschaftliche Sportberatung. Probleme der Anwendung und Anwendung als Problem (Hauptreferat, gehalten auf dem 9· Sportwissenschaftlichen Hochschultag der Deutschen Vereinigung für Sportwissenschaft, Freiburg 1989). In: M. Bührle und M. Schurr (Red.), *Leistungssport: Herausforderung für die Sportwissenschaft*. Schorndorf: Hofmann, 67-82.

────, 1992a: *Theorie als Herausforderung. Beiträge zur systemtheoretischen Reflexion der Sportwissenschaft*. Aachen: Meyer & Meyer.

────, 1992b: "Reflexive Sportwissenschaft". In: Ders., *Theorie als Herausforderung. Beiträge zur systemtheoretischen Reflexion der Sportwissenschaft*. Aachen: Meyer & Meyer, 176-211.

Bodenheimer, Aronould, 1985: *Warum? Von der Obszönität des Fragens*. Stuttgart: Reclam.

Dietrich, Knut und Gerhard Landau, 1990: *Sportpädagogik. Grundlagen, Positionen, Tendenzen*. Reinbek bei Hamburg: Rowohlt.

Dörner, Dietrich, 1989: *Die Logik des Mißlingens. Strategisches Denken in komplexen Situationen*. Reinbek bei Hamburg: Rowohlt.

Eberspächer, Hans, 1982: *Sportpsychologie. Grundlagen, Methoden, Analysen*. Reinbek bei Hamburg: Rowohlt.

Foerster, Heinz von, 1981: "Das Konstruieren einer Wirklichkeit". In: Paul Watzlawick (Hg.), *Die erfundene Wirklichkeit. Wie wissen wir, was wir zu wissen glauben? Beiträge zum Konstruktivismus*. München: Piper, 39-60

────, 1985: *Sicht und Einsicht. Versuche zu einer operativen Erkenntnistheorie*. Braunschweig: Vieweg.

Grupe, Ommo, 1971: "Einleitung in die 'Sportwissenschaft' (Oder: Über die

Schwierigkeit, eine neue Publikation zu planen)". In: *Sportwissenschaft, I.* Jg., 7-17.

―――, 1980: "Zu diesem Heft. Der Sportwissenschaft zum zweiten Jahrzehnt an den Rand geschrieben". In: *Sportwissenschaft, 10.* Jg., 332-336.

Heinemann, Klaus, 1983: *Einführung in die Soziologie des Sports.* Schorndorf: Hofmann.

Hofstadter, Douglas R., 1985: *Gödel, Escher, Bach: ein endloses geflochtenes Band.* Stuttgart: Klett-Cotta (erstmals 1979).

James, William, 1983: "On a Certain Blindness in Human Beings". In: *Talks to Teachers and to Students on Some of Life's Ideals, Neudruck* (The Works of William James). Cambridge, Mass., 132-149 (erstmals I899).

Kurz, Dietrich, 1990a: "Wohin treibt die Sportwissenschaft?" In: Ommo Grupe (Hg.), *Kulturgut oder Körperkult? Sport und Sportwissenschaft im Wandel.* Tübingen: Attempto, 254-269.

―――, 1990b: "Sportpädagogik - eine Disziplin auf der Suche nach ihrem Profil". In: Hartmut Gabler und H. Göhner (Hg.), *Für eine besseren Sport ...: Themen, Entwicklungen und Perspektiven aus Sport und Sportwissenschaft.* Schorndorf: Hofmann, 236-251.

Luhmann, Niklas, 1981: "Identitätsgebrauch in selbstsubstitutiven Ordnungen, besonders Gesellschaften". In: Ders., *Soziologische Aufklärung Bd. 3.* Opladen: Westdeutscher Verlag, 198-227.

―――, 1984: *Soziale Systeme. Grundriß einer allgemeinen Theorie.* Frankfurt am Main: Suhrkamp.

―――, 1988: *Erkenntnis als Konstruktion.* Bern: Benteli.

―――, 1990: *Die Wissenschaft der Gesellschaft.* Frankfurt am Main: Suhrkamp.

――― und Karl E. Schorr (Hg.), 1982: *Zwischen Technologie und Selbstreferenz. Fragen an die Pädagogik*, Frankfurt am Main: Suhrkamp.

――― und Karl E. Schorr (Hg.), 1986: *Zwischen Intransparenz und Verstehen.* Frankfurt am Main: Suhrkamp.

――― und Karl E. Schorr, 1988: *Reflexionsprobleme im Erziehungssystem.* Frankfurt am Main: Suhrkamp (erstmals 1979 im Verlag Klett-Cotta).

――― und Karl E. Schorr (Hg.), 1990: *Zwischen Anfang und Ende. Fragen an die Pädagogik*, Frankfurt am Main: Suhrkamp.

――― und Karl E. Schorr (Hg.), 1992: *Zwischen Absicht und Person.* Frankfurt am Main: Suhrkamp.

Marquard, Odo, 1986: "Über die Unvermeidlichkeit der Geisteswissenschaften". In: Ders., *Apologie. des Zufälligen.* Stuttgart: Reclam, 98-.116.

Maturana, Humberto, 1982: *Erkennen: Die Organisation und Verkörperung von Wirklichkeit*, Braunschweig: Vieweg.

Meinberg, Eckhard, 1984: *Hauptprobleme der Sportpädagogik*. Darmstadt: Wissenschaftliche Buchgesellschaft.

Meusel, Heinz, 1976: *Einführung in die Sportpädagogik*. München: Fink.

Rigauer, Bero, 1982: *Sportsoziologie. Grundlagen, Methoden, Analysen*. Reinbek bei Hamburg: Rowohlt.

Rittner, Volker, 1974: "Zur Konstitutionsproblematik der Sportwissenschaft". In: *Sportwissenschaft, 4*. Jg., H. 4, 357-371.

Schmidt, Siegfried J. (Hg.), 1988: *Der Diskurs des Radikalen Konstruktivismus*. Frankfurt am Main: Suhrkamp.

Segal, Lynn, 1988: *Das I8. Kamel oder Die Welt als Erfindung. Zum Konstruktivismus Heinz von Foersters*. München

Schwanitz, Dietrich, 1987: "Zeit und Geschichte im Roman — Interaktion und Gesellschaft im Drama: zur wechselseitigen Erhellung von Systemtheorie und Literatur". In: Dirk Baecker u. a. (Hg.), *Theorie als Passion. Niklas Luhmann zum 60. Geburtstag*. Frankfurt am Main: Suhrkamp, 181-213.

―――, 1990: *Systemtheorie und Literatur*. Opladen: Westdeutscher Verlag.

Serres, Michel, 1981: *Der Parasit*. Frankfurt am Main: Suhrkamp (erstmals Paris 1980).

Spencer Brown, George, 1969: *Laws of Form*. New York/London: George Allen and Unwin Ltd.

Sterne, Laurence, 1983: *The Life and Opinions of Tristram Shandy, Gentleman*. Oxford: University Press (erstmals 1761).

Stichweh, Rudolf, 1987: : "Die Autopoiesis der Wissenschaft". In: Dirk Baeker u.a. (Hg.), *Theorie als Passion. Niklas Luhmann zum 60. Geburtstag*. Frankfurt am Main: Suhrkamp, 447-481.

―――, 1988: "Technologie, Naturwissenschaft und die Struktur wissenschaftlicher Gemeinschaften." In: *Kölner Zeitschrift für Soziologie und Sozialpsychologie, 40*. Jg., 684-705.

Tenorth, Heinz-Elmar, 1987: "Dogmatik als Wissenschaft-Überlegungen zum Status und zur Funktionsweise pädagogischer Argumente". In: Dirk Baeker u. a. (Hg.), *Theorie als Passion. Niklas Luhmann zum 60. Geburtstag*. Frankfurt am Main: Suhrkamp, 692-719.

Watzlawick, Paul (Hg.), 198I: *Die erfundene Wirklichkeit. Wie wissen wir, was wir zu wissen glauben? Beiträge zum Konstruktivismus*. München: Piper.

Willimczik, Klaus, 1985: "Interdisziplinäre Sportwissenschaft-Forderungen an ein erstarrtes Konzept". In: *Sportwissenschaft*, 15. Jg., 9-32.

Willke, Helmut, 1989: *Systemtheorie entwickelter Gesellschaften. Dynamik und Riskanz moderner gesellschaftlicher Selbstorganisation*. Weinheim/München: Juventa.

제9장 과학의 스포츠 자문: 가능성, 한계, 전제

분화된 사회에서는 어느 누구도 모든 것을 알 수 없다. 사실 언제나 시대에 뒤처지며 현재 지식이 어떤 정도의 수준에 미달한다는 경험은 사회의 근대가 결정적으로 규정한 모든 과정들이, 즉 상이한 생활세계들의 분리와 행위의 전문화가 초래한 결과이다. 앎과 모름은 그렇게 동전의 양면이 된다. 특정한 것에 관심을 기울이면, 동시에 그리고 필연적으로 특정하지 않은 것에 대한 일종의 일반적 얼치기 애호, 즉 그가 자신의 직업적 역할에서 벗어났을 때 그리고 문외한이나 상식인 역할에 나타날 때 누구나 쉽게 실감할 수 있는 그런 경험을 생산한다.

앎과 모름이 동시에 증대되는 사회에서 계속 살아남고자 하는 개인과 조직에게 중요한 것은 자신이 모르거나 알 수 없는 것들과 창조적으로 교류할 수 있는 전략을 개발하는 일이다. 달리 표현하면, 자신의 전문성을 강화하고 다른 분야의 지식에 대한 감수성을 개발하기 위해 외부에서 내부로 지식 이전을 가능하게 만들어주는 능력이 여기에 속한다. 이 점은 새로운 시장을 개척해야 하는 경제 기업들에게도 해당된다. 이 점은 전체 사회를 총괄적으로 책임지며 새로운 종류의 조종 문제에 마주칠 국가 전담기관들에도 해당된다. 스포츠 클럽들과 스포츠 단체들도 사회 변동에 추월 당하지 않고, 적극적으로 함께 참여하기를 원한다면 외부 지식의 내부 유입에 소홀해서는 안 된다. 무보수 명예직 같이 여전히 전통적인 방식의 전근대적 조종 원리가 지배하는 사회적 맥락에서, 외부에서 [유입된 지식에 의해] 창출된 부가적 능력은 불확실성을 완충시켜주는 중요한 메커니즘이 된다.[1]

20세기 초기의 스포츠는 20세기 중반의 스포츠와는 전혀 달랐다. 현재의 스포츠는 사안 차원에 있어서, 즉 그 의미 연관에 있어서 갈수록 다양화하는 특징을 지닌다. 그것은 시간 차원에서 갈수록 다양한 연령 집단으로 확장해 들어가고 있으며, 지금까지 스포츠를 멀리 했던 사람들과 특수 집단을 점점 더 많이 끌어들이고 있고, 공간 차원에서 도시 내부 및 외부에서 스포츠 활동을 위해 점점 더 많은 공간을 발견해 나가고 있다. 그리고 마지막에 언급하겠지만 매우 중요한 사안인 독립된 스포츠의 최정상, 즉 고도 성과 스포츠는 오늘날 경제, 정치, 대중매체, 스포츠 관중 등을 통해 표명된 높은 관심으로 인해 지금까지와는 전혀 다른 프로필을 갖게 되었다. 그 결과 스포츠 조직들에게 스포츠의 내부적 관계뿐 아니라 외부적 관계가 본질적으로 더욱 복잡하게 되었다. 이에 대해 몇 가지 문제들을 간략하게 소개하겠다. 스포츠와 생태학의 관계, 존속되고 있는 스포츠의 전통적 의미에 대한 고도 상업화의 결과, 스포츠에 대해 갈수록 커져 가는 대중매체의 영향력, 도핑 스캔들을 통한 성과 스포츠의 명예실추 경향, 어린이 고도 성과 스포츠의 문제, 트레이너 역할

---

[1] 스포츠단체가 겪고 있는 전문지식 조달의 어려움에 대해서는 샤이블(Schaible 1990: 81 이하)과 비교할 것.

의 전문화에서의 어려움, 대중 차원 클럽 스포츠와 고도 경쟁 차원 올림픽 거점 스포츠 간의 일치점 부재, 명예직과 상근직 간의 알력, 점점 벌어지는 대중 스포츠와 성과 스포츠의 간격, 새로운 스포츠 제공업자의 등장을 통한 스포츠 클럽의 적응 압력 등이 그것이다.

이 모든 잠재적 갈등의 장을 그대로 방치하거나 자연적으로 해소될 수 있도록 내버려 둘 경우에 위험 부담이 커진다. 스포츠 조직은 자기 자신을 관찰하고자 시도할 경우 자신에 관한 모든 것을 보지 못하게 될 것이며, 이로 인해 결정들을 계획하고 실행하는 데서 많은 문제가 발생하게 된다. 중요한 것은 눈에 띠지 않은 곳에 있다. 왜냐하면 그것은 사각지대, 관행, 더 이상 의문시되지 않는 운영 이데올로기 등에 의해 가려 있기 때문이다.[2] 만일 그런 것이 있다면 유능한 자문이란 어두운 곳을 조명하고, 행위 효과를 상승시키며, 잘못된 발전 방향에 경고 신호를 보내는 일이다. 외부로부터의 자문을 철저하게 거절하고, 지식의 창출을 오직 명예직 메커니즘에 위임하는 스포츠 조직은 계속 변화하며 소란스런 주변 조건들에 적절하게 반응하는 일에 어려움을 겪을 것이다. 그리고 스포츠 단체가 틈새 실존Nischen-Existenz을 자신의 목표로 설정했다면 매우 빠르게 사회문화적 틈새Nische에서 자신을 재발견할 수도 있을 것이다.

현재 스포츠를 괴롭히는 다양한 문제들에 직면해, 과학에 의한 스포츠 자문의 가능성, 한계, 그리고 전제를 검토하는 일은 매우 유익할 것이다. 먼저 첫째 단계에서는 과학에 의한 스포츠 자문이 실행할 수 있는 것을 제시하기 위해 두 가지 상이한 자문 개념을 분명하게 구별해야 할 필요가 있다. 만일 자문기관들이 너무 단순한 자문 개념에 기초해 자문 이론을 수립하거나, 정치나 스포츠 전담 기관으로부터 아무리 해도 충족될 수 없거나 결과적으로

---

[2] "부지의 예방효과"에 대해서는 포피츠(Popitz 1968)와 비교할 것.

더 많은 문제들을 유발할 수 있는 기대 효과를 요구받았을 경우 문제가 더욱 심각해질 것이다. 그런 의미에서 자문 철학의 해명은 중요하다. 왜냐하면 자문 철학은 문제를 보는 관점과 진단, 대상 영역에 접근하는 종류와 방법, 간섭 권고 등에 큰 영향을 미치기 때문이다. 둘째 단계에서는 체육학에 대한 비판적이며 근본적인 의문을 몇 가지 제기할 것이다. 성공적인 자문은 결과적으로 지식 수용자의 규모Format를 지시할 뿐만 아니라 지식 생산자에게 필요한 능력도 지적해 준다. 셋째 단계에서는 나가는 말과 함께 맥락조종 개념을 설명할 것이다.

1. 자문 개념

먼저 전통적인 자문 개념에 대해 알아보도록 하자. 전통적인 자문 개념은 뉴턴 역학과 데카르트 철학이 가정하는 세계관을 그 바탕에 깔고 있다. 따라서 세계의 모든 현상들을 연역적 처치를 통해 파악하고 설명할 수 있다고 가정한다. 형식논리학의 가정들, 원인과 결과의 선형적 관련성과 사건들의 예측 가능성 및 진단 가능성의 가정들은 이와 같은 기계적 우주관에 상응한다. 전통적 자문 개념에 따르면 과학적 지식은 원칙적으로 다른 지식보다 높은 가치를 지니며, 세계는 이에 상응하여 위에서 아래로 철저하게 합리화되어야만 한다. 과학이 지닌 능력의 강조는 전문가의 역할과 문외한의 역할을 분명하게 구별해 줄 뿐만 아니라 과학 이외의 지식을 평가절하하는 결과도 유발시킨다. 또한 전통적인 자문 개념은 의뢰체계의 원칙적 개방성과 조종 가능성을 전제한다. 예컨대 스포츠는 그 외부에 있는 과학에 개방되어 있으며, 그런 이유에서 과학은 특별한 전문 지식, 즉 자문을 의뢰하는 체계가 원하는 상태에 틀림 없이 도달할 수 있도록 제공할 수 있는 지식을 가지고 있다. 진단과 문제 해결은 그 의뢰체계의 능력에 달려있다. 그 목표는 **외부로부터의 내적 최적화**interne Optimierung von außen이다.3)

이러한 이론과 실천의 고전적인 예는 의사와 환자 사이의 관계에서도 발견된다. 양자의 관계에서 의사는 전문가 역할을, 환자는 의뢰인 또는 문외한 역할을 맡는다. 조금 과장하여 표현하면 의사에 의해 미성숙한 인간으로 취급받게 될 문외한(환자)은 지식의 자문 과정과 이행 과정에서 능동적으로 함께 영향을 미칠 수 있는 상황에 있지 못하게 된다. 이와 같이 확실하게 규정된 역할의 비대칭성은 자문가의 중요성을 높여주고 불평등과 그에 따른 의존을 장기화시킨다. 자기 직업의 특징이 결국에는 문제 해결을 위한 올바른 지식을 생산하고 독점할 권리를 강화하는 것이다.4) 자문 의뢰 체계는 이 지식을 오직 바르게 적용해야만 한다. 만일 이 과정에서 문제가 발생해 자문 결과가 효력을 발휘하지 못한 것으로 나타났을 경우에 그 원인은 대부분 외부의 탓으로 돌려진다. 예컨대 지식을 잘못 적용했거나 문외한 또는 의뢰인의 측면에서 원칙적으로 문제가 있기 때문에 자문이 효력을 발휘할 수 없게 되었다고 설명한다. 예컨대 자문가인 선생님은 제대로 가르쳤지만 의뢰인인 학생이 배운 것을 수용하는 데에 지적으로 부족했다든가 자문 의뢰인이 과학적 자문을 잘못 이해했기 때문에 자문이 효력을 발휘하지 못했다는 설명이 이 경우에 해당된다.

---

3) 상이한 자문 시도에 대해서는 엑스너, 쾨니히스비저, 티쳐(Exner, Königswieser, Titscher, 1987: 265-284), 본스(Bonß 1990), 위머(Wimmer 1991), 밍거스(Mingers 1995) 등과 비교할 것.
4) 의사는 개별 인간에게 매우 중요한 건강과 질병의 구별을 부각시켜 만일 ~이라면 ~이 된다는 인과 구조(Wenn-Dann-Gefüge)에서 확고한 자리를 차지할 수 있다. 의사는 환자에게서 높은 수락 용의를 예측할 수 있는데, 그 이유는 환자가 의사에 의해 과거의 상태(건강)를 회복하기를 원하기 때문이다. 이와 달리 조직 대상의 자문가는 나중에 다시 보게 되는 바와 같이 [조직이] 아직 수용 태세를 갖추지 않은 새로운 상태가 도달되도록 기여하기 위해 노력한다. 이를 통해 해당 직종의 전문화 가능성이 직접적인 영향 받을 것이라는 점은 명백하다. 의학과 교육학의 비교에 대해서는 마코위츠(Markowitz 1987: 151-155)를 볼 것.

체육학의 하위 분과들 중에 주로 자연과학 분과들이 이와 같은 연역적 자문 개념에 근거하여 처신하는 경향이 강하다. 이 분야들은 이러한 처신을 통해 과학과 스포츠를 매개하는 중간 영역에서 큰 성공을 거두고 있다. 예컨대 체육학의 자연과학 분야들은 스포츠가 자신의 지식을 **테크놀로지** 형상으로 이용할 수 있도록 해준다. 테크놀로지는 이용자가 결코 이해할 필요가 없는 문제 해결사로 기능한다. 이용자는 이와 같은 테크놀로지의 생산을 위해 필요한 과학적 성찰 과정에 참여할 필요가 없다는 점에서 부담을 면제받는 장점을 지닌다. 스포츠 의학자에게서 주사 처방을 받고 훈련을 재개한 선수는 주사약의 성분이나 생체 내 작용과 관련된 생화학적 지식을 알 필요가 없다. 역학 및 공학적으로 최적화된 창을 가지고 세계신기록을 달성한 투창 선수가 창의 금속 재료나 공기 저항과 마찰 같은 전문 지식을 알 필요가 없다. 알약이나 주사약, 공학적으로 생산된 스포츠용·기구는 과학이 스포츠에 직접적으로 간섭할 수 있도록 해주는 객관적 묘사$_{Objektivation}$이다. 이런 종류의 테크놀로지는 성찰 부담을 면제해줄 뿐만 아니라 일상적인 생활세계에서 높게 평가되고 있고, 과학의 이미지가 강력하게 각인된 성과들, 즉 단순한 이용 가능성, 정확성, 그리고 빠른 성공을 신호로 알려준다. 이와 같은 전문가 중심의 간섭기술을 폴 왓츠로익(Watzlawick 1988)의 말로 표현하면 "이해 대신 처방"이라고 할 수 있다. 테크놀로지를 지향하는 체육학의 분과 과학들은 스포츠에서 높은 수요를 유발하고 있으며, 이에 상응하는 자기의식과 행동 양식을 개발한다. 이 과학 분야들은 여러 지원 기관으로부터 재정적인 우대를 받고 있다. 왜냐하면 이 분야들이 금메달 획득에 크게 기여하는 것으로 보이기 때문이다.

전통적인 자문 개념은 그동안의 명백한 성공에도 불구하고 최근 들어 점점 더 의문시되고 있다. 과학에 힘입어 생산된 테크놀로지는 실험실을 떠나 사회의 역동적 상황에 맡겨질 경우에 부담 경감 효과 외에도 부담 가중 효과도 유발할 수 있다는 점이 밝혀졌기 때문이다.[5] 테크놀로지가 만든 결과에 대한 평가 및 근대화의 위험 부담에 관한 논의에서 이러한 점이 밝혀졌다. 전통적 자문 개념은 실제 있을 수 없는 일, 즉 조건화된 행위의 프로그램화, 확실하게 예측 가능한 수단 투입과 목표 달성 간의 인과 관계(만일 ~이라면 ~이 된다)를 기대하도록 해준다. 이를 통해 느슨한 연동만이 가능한 곳, 즉 유기체(신체), 심리적 체계, 사회적 체계의 중첩 영역에 견고한 연동이 설정된다.[6] 다수의 자연과학자들이 공공연하게 가정하는 것처럼 스포츠는 땀에 젖은 신체와 성찰하지 않는 심리의 소박한 결합이 아니다. 운동선수들은 평범한 기계가 아니다. 그들은 오히려 잘못되기 쉬운 신체를 지닌 존재이기 때문에 부상을 당하거나 병에 걸릴 수 있으며, 심리적으로 약해질 수도 있고, 경기에서 다른 선수들에 의해 위축될 수도 있다. 또한 경기에서 다른 선수들이 우세할 가능성도 배제할 수 없다. 거미줄처럼 얽힌 관계 속에서 의도적인 행위를 통해 의도하지 않은 결과와 통제되지 않았거나 의도에 반하는 결과가 함께 산출될 가능성은 언제나 있다.[7] 자연과학자들은 투입한 테크놀로지가 유발한 결과

---

[5] 후설의 의미에서 "모든 의미 함축의 구체적 동시 실행에서 작동적 실행들의 분리"를 가능하게 만들어주는 기계화를 통한 우연성과 면제의 상호적 상승에 대해서는 루만(Luhmann 1981c: 114)을 볼 것.

[6] 도핑의 영역에서 자연과학적 테크놀로지들의 견고한 연동에 대해서는 베테와 쉬망크 (Bette & Schimank 1995: 174)를 볼 것.

[7] 성과 스포츠에서만 이미 그것의 경쟁 지향을 통해, 문제가 많은 결과가 상승적 나선의 형상으로 성사된다. 한 국가가 다른 국가들과의 경쟁에서 이득을 취하기 위해 과학적 노하우를 활용한다. 다른 국가들도 이것을 눈치 채고, 군비확충 경쟁에서 나타나는 상승 나선 효과와 유사하게 이에 상응하는 과학적 공세를 퍼붓기 시작한다. 과학 투입의 차원에서 대등함을 피하고 최소한 단기적으로라도 앞서 갈 수 있는 이득을 얻으려면 더 많은 예산이 연구에 투입되어야만 한다. 재정 지원은 점점 강화되어야 한다. 지식을 생산하는 과학에게 중요한 것은 스포츠적 경쟁만이 아니다. 관련 과학분야의 발전도 중요하다. 만일 운동선수의 신체가 스포츠적 향상 열망뿐 아니라 과학적 향상 열망에 의해 추동되는 상승나선 속으로 휩쓸려 들어갔다면 그것의 현재 위치를 심사숙고하여 계산해낼 수 있어야만 한다. 그럴 경우에 과학의 경쟁은 너무나 쉽게 모든 참가자들이 높은 수준에서 제자리걸음하고 그 외

들 가운데 반대의 결과가 함께 산출될 가능성은 언제나 존재한다. 자연과학자들은 투입한 테크놀로지가 유발한 결과들 가운데 자연과학적으로 중요한 결과만을 볼 뿐, 이 테크놀로지에 의해 초래된 사회 및 심리적 결과들을 보지 못한다. 왜냐하면 이것들은 그들의 전문화된 영역, 즉 그들이 볼 수 있는 영역이 아니기 때문이다. 이것들은 분화된 사회에서 다른 과학 분야들에서도 통용되는 메커니즘을 따른다. 모든 전문가들은 특정한 결과에만 집중적으로 관심을 기울이며, 그 이외의 다른 결과들을 고려하지 않아도 되는 외부적 요소로 처리해 버린다. 만일 전통적인 자문 개념이 스포츠가 개방되어 있으며, 외부로부터 스포츠의 개방성 및 통제가능성, 원인과 결과의 선형적 관계, 외부의 자문가가 제공하는 지식의 높은 가치 같은 자신의 특별한 전제들을 성찰하지 않은 채, 그리고 그 가능성과 한계를 외면한 채, 사회과학과 인문과학의 성과를 학문에 의한 스포츠 자문의 범위 내에서 정의하기 위해 동원할 경우에 매우 부정적인 결과가 나타날 수도 있다. 자원과 수단이 줄어감에 따라 스포츠업무를 담당하고 있는 행정가들과 정부부처 공무원들은 효력 있는 스포츠 자문의 필요성을 절실하게 느끼고 있으며, 한편으로 학문적 지식과 다른 한편으로 스포츠에서의 직접적인 효과 사이의 견고한 결합 가능성을 언제나 염두에 두고 있다. 이들이 이와 같은 자문 모형을 선호하는 이유를 충분하게 이해할 수 있다. 스포츠와 정책 업무를 담당하고 있는 행위자들은 강력한 정당화 압력을 받고 있기 때문이다. 그러나 이러한 기대에 매달리고 있는 자들은 그들이 세계를 너무 단순하게 보고 있다는 것을 스스로 인정하는 것이다.[8]

면은 엄청나게 상승하는 "무모한 경주"〔경제의 경우에 대해서는 히르쉬(Hirsch 1980: 96)와 비교할 것〕가 될 것이다. 과학의 투입은 모두 제각기 다른 쪽의 과학 투입의 효과에 대한 조건을 변화시킨다.

8) 다수의 체육학자들이 이렇게 도핑의 단순한 실현 가능성을 보면서 그것을 지지한다는 점을 물론 시인해야만 할 것이다. 바로 재정에 관심 있는 건강연구는 스포츠를 통해 목적에 적합하게 더 많은 건강을 국민에게 제공해 줄 수 있다는 잘못된 가정으로 인해 호경기를

교육학자나 사회학자 또는 경제학자들이 스포츠와 관련하여 관심을 기울이고 있는 대상은 선수들의 경기력 향상과 관련된 기술적인 부분이나 세포 또는 기관이 아니다. 그들의 관심사는 자연과학자들이 소홀히 하고 있는 것, 그렇지만 그들도 점차 알게 되는 것, 즉 사회 및 심리적 연관의 의미와 작동 방식이다. 이를 통해 그들은 성찰하는 동일성들과 마주치게 된다. 개인과 조직은 과학이 제공한 자문에 대해 아니라고 말하고 그것을 거절할 수 있으며, 과학적 결과들을 단순히 자기 나름대로의 기준에 따라 다시 정의할 수 있는 특징을 지니고 있다.9) 스포츠전문가 단체의 문제를 주사 처방으로 치료할 수는 없다. 올림픽지원 거점 기관의 문제점을 그 구성원의 혈중 젖산농도를 통해서 알아낼 수는 없다. 사회적 체계들은 전혀 다른 토대 위에서 기능한다. 조직에 대해 자문하려면, 언어 매체를 이용하여 소통적으로 행위해야 하며 설득 작업을 수행해야만 한다. 종종 조직의 학습 장벽이나 견고한 운영 이데올로기, 변화 및 수행기능 향상이 아니라 권력의 유지가 관건인 사회적 상황에 부닥치게 된다. 사회적 맥락에서는 A의 상태에서 B의 상태로 선형적 변화를 유발하기 위해 자문가가 단순히 투입할 수 있는 테크놀로지가 존재하지 않는다. 이러한 사실이 스포츠 관계자들을 크게 좌절시킬지도 모른다. 그러나 오히려 그렇게 생각하는 것은 사회의 현실과 그 기능 방식에 대해 완전히 잘못된 이미지를 가정하는 것이다.

교육학자들과 사회학자들은 스포츠를 성찰의 부담으로부터 면제하는 것이 아니라, 길잡이 지식을 제시함으로써 오히려 성찰을 자극한다. 따라서 스포츠는 이 학자들을 종종 꺼려하고 부담스러워 한다. 정치적 실천과 경제적 실

누리고 있다. 따라서 진지한 학문은 스포츠영역과 정치영역에서 나온 과장된 기대와 몇몇 응용을 지향하는 체육학자들의 잘못된 약속에 대해 경고해야만 한다.

9) 이것은 자연과학과 공학의 테크놀로지 이용에 대해서도 동일하게 해당된다. 이것은 또한 만일 그 일상적 경험에 너무 크게 위배되는 경우에 자신의 특별한 효력을 전개시킬 수 있는 상황을 맞이하기 전에 스포츠연맹들에 의해 외면 당할 수 있다.

천의 변화를 제안하는 정치학자나 경제학자와 마찬가지로 교육학자들과 사회학자들은 자신들의 연구 성과에 기초해 교육 현실과 사회 현실의 변화를 제안한다. 그러나 그들의 노력에도 불구하고 제안이 수용되는 경우는 별로 없다. 그렇다고 그들의 자문이 불필요하다거나 중요하지 않다는 의미는 아니다. 오히려 정반대이다. 그들이 제안하는 지식은 매우 느리게, 그리고 관찰하기 어려운 방식으로 스포츠에 스며들지만 장기적으로 볼 때 언젠가는 스포츠의 문제 해결에 매우 중요한 역할을 담당할 수 있다. 예컨대 체육학자들에 의해 수행된 정책 프로젝트 연구의 결과는 수년이 지난 후에야 비로소 스포츠에 의해 감지되는 경우가 많다. 즉 스포츠 단체나 스포츠 관련 행정기구는 업무 진행 과정에서 한계에 부딪히고 당황하게 되었을 때에야 비로소 그동안 소홀하게 취급했던 지식들, 즉 사회과학이나 인문과학적 연구 결과들에 관심을 갖는다.

왜 과학의 스포츠 자문은 특히 비기술적인 지식을 전달해야 하는 경우에 어려움에 처하게 되는 것일까? 최근 이론들은 스포츠와 과학 간의 소통 장벽이 자문가의 능력, 즉 그의 지적 및 언어 구사 능력과 관계 있을 뿐만 아니라, 더 중요한 점으로서 스포츠와 그 행위자들의 자기관계성 및 고유 논리와도 관계있다는 점을 분명하게 보여주고 있다. 여기서 체계이론의 자문 개념을 잠시 소개할 필요가 있는데, 이것은 다수의 이론들을 배경에 두고 있다. 1980년대 이후 학계에서 부각된 생물학, 사회학, 이차 등급 사이버네틱스, 카오스 연구, 가족치료 이론 등에서 출현한 이론들이 그것이다.[10] 이 자문 개념은 전통적인 자문 이해가 전제하는 것과는 상반된 가정에 근거한다. 예컨대 과학적인 지식은 지식을 만들어내는 다른 방법들보다 '더 좋은' 방법을 통해 생산되는 것이 아니라 '다른' 방법을 통해 생산된다는 것이 이 자문 개념

---

10) 이 점에 대해서는 베테(Bette 1990; 1991; 1992a; 1992b)를 볼 것.

의 기본 전제이다. 스포츠가 보지 못함(맹점)을 통해 볼 수 있다(기능)는 것을 아는 과학적 관찰자는 이러한 원리를 자기 자신에게도 동일하게 적용해야 한다. 즉, 타자가 고유한 맹점에 의지해 관찰하기 때문에 자신이 볼 수 있는 것만 볼 수 있고 볼 수 없는 것은 보지 못한다는 점을 보는 관찰자는 자신 역시 구조적인 맹점을 이용하여 관찰(과학의 경우 진리 주장)하고 있다는 점을 인정해야만하며, 이렇게 자신의 한계를 인식하고 나서야 비로소 자신의 고유 업무를 시작해야 한다. 체육학이 이러한 관점에 근거해 자문 업무를 진행하고자 한다면 과학적 오만과 아르키메데스적인 진리 요청을 포기해야 한다.[11] 또한 선수와 코치 또는 행정가 같은 스포츠전문가는 학자들에 의해 과학적으로 계몽되어야할 "멍청한 실천가"가 아니라 나름대로 특별한 행위 지식을 이용하는 전문가, 존중받아야 할 전문가로 드러난다.[12] 학자가 지닌 장점은 다양한 관점들을 동원할 수 있고, 자신의 행위를 스포츠적인 목적에 고정시키지 않아도 된다는 점이다. 자문가인 학자와 의뢰인인 스포츠 관계자의 관계는 원칙적으로 평등한 관계이지 일방적인 관계가 아니다. 학자가 담당할 자문의 목적은 필연적으로 대립할 수밖에 없는 견해들을 조율하고 조화롭게 하는 일이다. 자문은 합의의 가능성이 아니라 생산적인 모순과 상호 대립에 기초한다. 실천적 경험과 이론적 해석은 서로가 서로에게 이득이 될 수 있는 방식으로 관계를 맺어야만 한다.

---

11) 학자들의 지식이 원리적으로 "더 낫다"는 가정에서 출발하는 관점은 거만할 뿐만 아니라 "실천가들"을 통한 지식의 변환이 관건일 경우 매우 문제가 많을 수 있다. 오히려 필요한 것은 종합적 결합을 목적으로 하는 실천적 경험과 이론적 평가 사이의 상호 존중이다.
12) 스포츠의 기량 및 스타일의 발달 과정에서 나타난 수많은 발전은 스포츠 전문가들과 현장 경험이 많은 사람들이 체육학의 도움 없이도 얼마나 혁신적일 수 있는지 잘 보여준다. 예컨대 높이뛰기의 포스베리 도약기술, 스키점프에서 V자 스타일, 장거리 스키경기와 삼종경기 선두의 스케이팅 기술이 이 발전들에 해당한다. 체육학자들은 스포츠 실천가들의 혁신력을 실험적으로 증명하면서 비로소 이와 같은 발달 과정에 후발적으로 참여했을 뿐이다. 이 점을 환기시켜 준 에버스페허(Eberspächer)에게 감사한다.

체계이론의 자문 모형에서 보면 스포츠는 그 근본 구조의 면에서 원칙적으로 폐쇄체계이다. 이 체계는 과학이 제공하는 정보에 대해 오직 자신의 고유한 원리 및 구조의 척도에 준거해서만 반응할 수 있다. 이렇게 볼 때 과학이 정보와 지식의 제공을 통해 스포츠에 직접 간섭할 수 있고, 이것을 자신의 의도에 따라 최적화할 수 있다는 고전적 자문 이해의 전제는 잘못된 것이다. 과학은 자문을 통해 스포츠를 자극하려고 시도할 수 있지만, 이것을 자극으로 받아들일지의 여부, 그리고 자극으로 받아들였을 경우 그것을 가공하여 내부적 최적화의 요소로 구성해낼 것인지의 여부는 철저하게 스포츠 자신이 결정한다. 즉 자문의 관건은 **외부적 자극에 의해 내적 최적화를 유발하는 일**이다.[13]

과학적 자문의 기능은 스포츠가 스스로 변화할 수 있도록 적절한 정보들을 제공하는 일이다. 그 밖의 모든 시도들은 스포츠와 그 조직의 자율성, 즉 스포츠의 자기준거성과 자기 규제력을 파괴시킬 뿐이다. 과학의 자문은 이렇게 어려운 일이지만 그럼에도 불구하고 시도해 볼만한 일이다.[14] 체계이론의 자문 개념에서 이용되는 소통 개념은 스포츠와 과학 간의 성공적인 소통이 비개연적이라는 점을 보여준다. 소통이 이루어지기 위해서는 세 가지 서로 다른 작동이 발생해야만 한다. 먼저 정보들이 통보되어야 하며, 다음으로 통보된 정보가 이해되어야 하고, 마지막으로 수용되어야만 한다. 스포츠와 과학의 관계에 있어서 소통의 문제는 작동의 세 차원 모두에서 나타난다. 스포츠는 종종 과학적 지식들을 인지하지 못한다. 왜냐하면 스포츠는 그것을 인지

---

13) 능동적 송신자와 수동적 수신자를 구별할 경우에 자문의 진행은 이해되기 어렵게 된다. 이런 종류의 전달은유는 "수신자"를 조용히 놓아두고 그의 능동적 의미를 은폐시킴으로써 사실을 오도한다. 오히려 여기에서는 학문의 자문소통이 지니는 제공적 성격만이 강조된다.

14) 분화이론에 근거하여 스포츠와 과학의 원리적 이종성(異種性)을 논증한 베테(Bette 1991), 베테와 쉬망크(Bette & Schmank 1995: 101-106)를 볼 것.

할 수 있는 인지 기관을 갖추고 있지 못하기 때문이다. 과학적인 지식들(정보들)이 스포츠에 의해 인지되었을지라도 그것들은 대부분 이해되지 못한 채 남아 있다. 그리고 이해되었을지라도 수용되거나 스포츠 내부의 결정으로 이어지지 못한다. 지금까지 이루어진 스포츠에 대한 자문의 역사가 이에 대한 명백한 예를 제공해준다.

이와 같은 구조적 소통 장벽에도 불구하고 스포츠와 과학은 상호 이익을 강화시키는 형식으로 상호 관심의 합의에 도달할 수 있는 기회를 갖는다. 양측 모두 우선적으로 그들이 서로 원리적으로 다르다는 점을 인정해야만 하며, 자신이 원하는 바를 상대방의 관심 지평에 투사함으로써 각각의 목적 달성을 위한 수단으로 나타나게 해야 한다. 과학의 목표는 진리를 생산하고 평판을 상승시키는 일인데, 스포츠는 이 일을 자신의 목표, 즉 경기에서 승리하거나 패배를 모면하는 일을 이루기 위한 수단으로 또는 스포츠의 고유한 조직 구조를 최적화하는 수단으로 이용할 수 있다. 이상의 예는 과학과 스포츠 양측의 이해와 관심이 하나로 합의되지 않고,[15] 과학의 스포츠 자문의 기능은 스포츠와 과학의 원리적 다름 간에 구조적 연동을 조직하는 데에 그 본질이 있다. 결실 없이 양자가 평행하게 머무르게 될 가능성도 있다. 체육학은

---

[15] 서로 다른 양자의 관심 방향이 그대로 존속한다는 점을 보여준다. 약 30년 전 동서 양대 진영이 성과 스포츠에서 각축전을 벌일 당시 체육학은 정부의 재정 지원에 힘입어 제도적으로 비상할 수 있었다. 당시 체육학은 실기로부터 출발하여 실기를 위해 연구하기를 원했던 과학으로서 스스로를 응용을 지향하고 자문을 목적으로 하는 과학으로 소개했다. 이러한 행보는 정치에서 반향을 생산해내기 위한 광고로서 이미 충분한 효과를 나타냈다. 과학적 로비스트의 측면에서 유익한 전략을 구사한 셈이다. 그들은 정치가들로 하여금 성과 스포츠에서의 성공이 정치 및 경제적 부수 효과를 촉발하고, 경기력이 과학을 통해 향상될 수 있다는 점에 주목 함으로써 체육학에 대한 지원을 이끌어냈다. 상이한 이해관심들이 그렇게 서로 결합하게 된 것이다. 학자들은 평판 및 경력 상승과 관련 있는 진리 주장을 염두에 두었으며, 정치가들은 스포츠적 성공이 가져다주는 부수적 이득에 희망을 걸었고, 조직화된 스포츠는 과학의 도움을 받아 경기력이 향상될 수 있다는 점을 노렸다. 일반적 차원에서 서로 상이한 행위자 이해관심의 교차에 대해서는 쉬망크(Schimank 1995)와 비교할 것.

과학공동체, 즉 대학 내에서 확고한 기반을 잡은 이후 조직화된 스포츠에 대해 비교적 무관심할 수 있는 권리를 내세우게 되었다.[16]

지금까지 설명한 두 가지 자문 개념에 관한 논의로부터 다음과 같은 결론을 이끌어낼 수 있다. 체육학의 분과 과학들은 스포츠에 응용할 수 있는 두 가지 방법을 개발하였다. 첫째, 체육학은 스포츠에 유용한 테크놀로지를 제공해 줄 수 있게 되었다. 과학은 이를 통해 스포츠의 신체 영역과 기구 영역에 직접 간섭할 수 있게 되었다. 둘째, 체육학은 스포츠 관계자들에게 더 나은 자기 조절 및 조정에 요구되는 길잡이 지식을 제공해 줄 수 있게 되었다. 후자는 테크놀로지를 생산하지 않는 모든 분과 과학들에게 해당된다. 따라서 체육학은 상이한 방법으로 스포츠에 영향력을 행사할 수 있게 되었다. 한편으로 테크놀로지 공급을 통해 직접적으로 영향력을 행사할 수 있게 되었다. 이 방법은 성찰의 부담을 면제시켜주고 제공된 테크놀로지를 단순하게 사용할 수 있도록 해주는 장점을 지니지만 의도하지 않은 부작용과 예측 불허의 위험이 따를 수 있다는 점을 염두에 두어야만 한다. 다른 한편 [체육학은 스포츠와 그 조직에게] 거부될 수 있으며 장기간의 학습 과정에서 충분히 고려되어야 하는 설명을 소통을 통해 제공해 줄 수 있다. 인문과학 및 사회과학 지식을 스포츠에 직접 전달해 줄 수 있을 것이라는 생각은 매우 비현실적이다. 두 종류의 자문은 각각의 가능성과 한계를 지닌다. 양자가 서로를 폄하하거나 상호 뒤섞인 채 제공될 경우에 그 결과는 매우 비생산적이 될 것이다. 자연과학의 테크놀로지적인 응용 연구만을 배타적으로 강요하는 자문은 체육학의 핵심적인 측면을 도외시하는 결과를 유발할 것이다. 여기서 도외시되는 것이 바로 스포츠와 그 조직들의 사회적 차원이다.

---

16) 비록 종교에 관해 연구할 수 있고, 정치에 빌붙어서 자기 위치를 만들어내는 데에 교구교회들이 도움을 준다 할지라도 여러 부류의 교구교회에게 충성 의무를 다할 필요가 없는 대학의 종교사회학자와 비슷하다.

2. 자문에서 특수한 전제들:
   체육학에 제기된 비판적이며 근본적인 의문들

응용과 자문을 주요 목표로 삼는 과학 분과들은 자신이 장담하는 능력을 실제 발휘할 수 있을 것인가의 질문을 잘 고려해야 한다. 기업 연구가 말해주듯이 자문은 자문 대상 체계의 구조뿐만 아니라 자문자의 특성, 즉 자문하는 사람이 갖추고 있는 전문적 자질, 기꺼이 협조하려는 태도, 대상 영역에서 가능한 대립과 충돌을 피하려는 성향, 조직으로부터 또는 사회적으로 독립성을 보장받도록 해주는, 의뢰자에 대한 거리두기와 같은 특징들에 그 성공 여부가 달려 있다. 체육학에 대한 비판적, 구성적인 질의는 이러한 전제에서 출발해야 하며, 세 가지 중심적인 관계 지점을 명료화시킬 필요가 있다. 이 질의가 주제로 삼고자 하는 것은 **첫째**, 체육학과 모과학의 관계, **둘째**, 체육학과 스포츠의 관계, **셋째**, 체육학과 체육학 자신 및 그것에 의해 스포츠에서 야기된 결과의 관계이다.

(1) 관찰자는 체육학이 합법적인 자율성과 모과학에 대한 필연적 개방성 사이에서 균형을 잡지 못하고 있음을 쉽게 볼 수 있다. 불균형의 정도는 체육학 분과 과학별로 서로 상이하게 나타난다. 예를 들면 스포츠의학에서 나타나는 불균형 정도는 스포츠 교육학에서 나타나는 그것과 매우 다르다. 양자 간의 불균형은 최근 들어 점점 더 우려스런 방향으로 나아가고 있다. 그 결과 체육학의 자문 능력이 중장기적으로 볼 때 심각한 어려움을 겪을 가능성이 커지고 있다. 이러한 실상은 체육학이 자율화됨에 따라 각 모과학으로부터 거리가 갈수록 멀어지고 있는 상황과 관련이 있다. 정착된 체육학은 이 과학 분야 교수직 채용을 위한 필수조건으로서 체육학 전공자이면서 동시에 실기 종목 지도가 가능한 실기 능력자를 명시하고 있다. 몇몇 대학의 체육관련 학

과는 교수들이 이론 수업뿐만 아니라 실기 수업까지 담당하도록 규정하고 있으며, 새로 임용된 교수들에게도 동일한 요구를 하고 있다.

　이러한 체육학의 현실이 도대체 자문 능력과 어떤 관계가 있느냐고 반문할 수 있을 것이다. 각 종목별 실기 기술의 전달이 완전히 전문가의 일이 되어버린 시대에 이런 종류의 조처는 명백히 겸무에서 이론 연구와 실기 지도의 통합을 과시하거나 특정한 직업적 전체성 이해를 표현하는 기능을 한다. 그러나 체육학이 실천에 가깝다는 점을 실기수업 담당을 통해 증명할 필요는 없다. 농학자가 농사일을 잘할 필요는 없으며, 정치학자가 뛰어난 정치가일 필요도 없다. 정치학자의 과학적 평판은 그가 정치를 잘하느냐 못하느냐에 따라 결정되는 것이 아니다.[17] 비판적인 관찰자는 이로부터 지성 중심의 문화에 대항하는 스포츠적인 땀 문화의 은밀한 결탁을 추정해낼 수 있으며, 실기를 통해 이론적 열등성을 보완하려는 의도를 읽어 낼 수 있다. 그러나 이렇게 해서는 발전이 없다.

　체육학 관련 학과의 규모가 작고, 전공 분야 가운데 학교 실기수업과 관련된 분야가 있다는 점은 어느 정도 수긍이 간다. 그럼에도 불구하고 이러한 태도는 모과학과 분명한 경계를 긋고, 자신의 영역을 지키고자 하는 밥그릇다툼 행위로밖에 보이지 않는다. 따라서 체육학을 전공하지 않았지만 체육과 스포츠에 관해 높은 연구업적을 보유한 지원자들은 기회를 잃게 된다. 달리 표현해 보자. 종합과학으로서 체육학은 자체가 실천에 근거한 과학이며 스포츠 연구에 있어서 모과학보다 훨씬 전문화되어 있다고 주장하고 있다. 그러나 이와 같은 고립화 전략은 장기적으로 볼 때 매우 부정적인 결과를 야기시

---

17) 사회학 이론가와 그가 관찰한 실천의 관계에 대해 루만(Luhmann 1970b: 256)은 다음과 같이 상술했다. "이론가는 탐구 행동이 필요할 뿐이지 스스로 반복해서 행해야 할, 이론의 층위에서 원칙이나 스타일을 복제해야 할 행동을 필요로 하는 것은 아니다. 바꿔 말해 갈등이론가가 이론의 실천에서 투쟁적으로 행동할 경우, 그것은 순전히 우발적인 것이다. … 스캔들의 사회학이 … 스스로 스캔들일 필요는 없다".

킬 수 있다. 모과학에 대한 강경한 차단은 장기적으로 동종교배로 이어질 것이며, 그 결과 관련자들의 사고는 폐쇄적이 되어갈 것이다. 이런 상황에서 질 높은 자문을 기대하는 것은 무의미할 수밖에 없다. 왜냐하면 멋진 고립은 결국 체육학의 점진적인 주변화와 변두리화를 조장할 뿐이기 때문이다.

어떤 과학 분야가 전문화되는 과정에서 다른 분야에 대한 개방성과 구조적 연동을 고의적으로 불가능하게 만들 경우에 그 과학 분야는 오직 자기준거적으로만 작동하게 될 것이며 그 결과 과학적으로 자폐적이고 자급자족적인 성격을 갖게 될 것이다. 장기적으로 볼 때 이와 같은 고립과 자율화는 해당 과학 분야의 발전에 도움보다는 걸림돌이 될 가능성이 크다. 왜냐하면 다양한 자양분을 공급받을 수 있는 길이 차단되기 때문이다. 이와 같은 추측은 경제학자들이 수행한 고립된 국가의 경제 발달에 관한 연구 결과가 잘 보여주고 있다. 한편 이와 달리 체육학이 체육과 스포츠에 관해 한 번이라도 학술적인 연구 경력이 있는 자를 모두 체육학자로 인정하고 이들이 체육학 분야에서 자유롭게 활동할 수 있도록 보장할 경우, 체육학은 그만큼 양적으로 다양하고 질적으로 우수한 영양분을 공급받게 될 것이며, 이를 기반으로 더욱 발달할 수 있는 가능성이 열릴 것이다.[18]

체육학은 모과학 배척을 대가로 얻게 되는 정체성과 자율성에 매달리지 말아야만 한다. 스포츠 의학이나 운동역학이 의학이나 공학으로부터 영양을 공급받지 않는다면 고사枯死할수 있으며, 스포츠 교육학이나 스포츠 사회학에서도 상황은 마찬가지이다. 따라서 체육학은 자신의 위상 형성과 다른 학문 분야와의 접목 가능성을 늘 염두에 두어야만 한다. 자문 능력과 관련하여 체육학은 어떻게 그리고 어떤 위치에서 한편으로 합법적인 경계 긋기와 다른 한편으로 모과학의 지식에 대한 개방성 사이에 균형을 발견해야 하는지를 미

---

[18] 이 점에 대해서는 스포츠에 특화된 주제에 대한 질적으로 가치 있는 연구들의 다수가 "외부 애호가"에 의해 생산되었다는 그루페(Grupe 1994: 29)의 평가와 비교할 것.

래에는 결정해야 한다. 양자 간에 균형을 잡으려는 노력이 사회학 분야에서 관찰되고 있다. 현재 스스로를 체육학회 회원으로 규정하고 있는 스포츠 사회학자들뿐 아니라 소속을 모과학에 두면서 스포츠를 과학, 종교, 법, 정치, 예술처럼 사회 현상의 하나로 다루는 사회학자들도 스포츠에 관한 사회학적 분석을 수행하고 있다. 이와 같이 출신 성분이 서로 다른 학자들은 이제 조직적으로 두 개의 상이한 분야에 소속되어 있다. 한 쪽은 독일체육학회 소속 회원이고, 다른 쪽은 독일사회학회 소속 회원이다. 체육학 출신의 스포츠 사회학자들은 그들의 연구 범위에서 스포츠를 실기적인 내부 관점에서 뿐만 아니라 스포츠 교육학이나 스포츠 지도법, 스포츠 심리학처럼 체육학 하위 분과의 관점에서 접근할 수 있는 장점을 지닌다. 그들은 스포츠 사회학적 지식 이외에도 토대가 탄탄한 영역 특수적 지식을 이용한다. 이와는 달리 모과학인 사회학 소속 학자들은 사회학적 이론 형성과 방법론을 폭넓게 사용할 수 있으며 이런 배경에 상응하는 방식으로 스포츠를 다른 방법으로 분석할 수 있다. 두 집단의 형성은 중요한데 그 이유는 그들이 제각기 서로 다른 전문화와 출신 성분을 대표하기 때문이다.

  체육학의 중요한 관계 집단으로서 조직화된 스포츠는 이러한 사태에 대해 매우 역설적으로 반응한다. 질적으로 높은 자문에 강한 관심을 나타내고 있는 스포츠는 바로 그런 이유 때문에 너무 빠르게 자족적이 되어버리고, 이러한 토대 위에서 성과 독점 기제를 구축하려고 노력하는 체육학에 관심을 기울이지 말아야 한다. 경제로부터 알 수 있듯이 독점자는 성과 능력을 억누를 수 있다. 라이벌과의 경쟁은 사업에 활기를 불어넣기 때문에 연맹이나 협회는 자문 의뢰에 있어서 체육학이 아닌 다른 과학 분야의 학자 전문가에게도 기회를 주는 개방적 태도를 보여줄 필요가 있다. 필요한 곳에서 연구의 질적 수준을 향상시키기 위해 이러한 경쟁을 이용할 수 있으며 그렇게 해야 한다.

(2) 체육학은 자기 자신뿐 아니라 과학 내에서 자신의 위치를 심사숙고하고 적절한 균형을 유지할 수 있어야만 한다. 체육학은 조직화된 스포츠와의 관계를 정리해야만 한다. 다수 체육학자와 스포츠 행정가는 스포츠에 대한 과학적 자문이 스포츠 세계에 대한 친밀한 관계와 스포츠 목적과의 동일화를 전제해야만 한다고 생각한다. 그러나 최소한 사회과학의 관점에서 볼 때 이것은 오히려 자문을 어렵게 만들거나 방해할 수 있는 기대일 뿐이다. 왜냐하면 과학적 자문가가 갖추어야 할 중요한 자질은 세계에 대한 낯섦, 스포츠에 대한 낯섦이기 때문이다. 늘 강조되고 있는 실천과의 근접성이나 현장과의 친화성을 생각한다면 이러한 말이 쉽게 이해되지 않을 것이다. 왜냐하면 양자는 서로 상충되기 때문이다. 자신이 알지 못하는 낯선 영역에 대해 어떻게 자문할 수 있겠는가? 그렇지만 자문가에게 낯섦이 필요하다는 주장은 생각보다 쉽게 해명될 수 있다. 사회학자 루돌프 슈티히베(Stichweh 1991: 169)가 언급했듯이 과학은 낯섦의 관점이 분화한 것이다. 즉, 과학은 일상적인 자명성과 인과 관계에 대한 추정을 의심하며 오랫동안 익숙했던 것들을 전혀 가능하지 않은 것으로 또는 전혀 이해될 수 없는 것으로 취급한다. 루만(Luhmann 1970a: 68)은 실재에 대한 "불일치 관점"을 개발하는 과제를 사회학적 계몽의 중요한 과업으로 설정한 바 있다. "스포츠에 대한 낯섦"이 스포츠에 대한 무관심이나 스포츠의 특수성과 관련하여 자문가의 부지와 혼동되어서는 안 된다.

자문가로서 학자는 자신의 **내부** 문제영역의 **지도**地圖에 의존하여 행위 위기에 처한 실천가의 내적 견해를 관찰한 후, 시간적, 사안적, 사회적으로 거리를 두는 자유를 취해야만 한다. 그래야만 그는 스포츠 현실을 다르게, 즉 이론을 주도하는 안경을 끼고 분석할 수 있고, 대안적인 해결 전략을 만들어 낼 수 있다. 따라서 "스포츠에 대한 낯섦"은 요구되어야하고, 제도적으로 보장되어야 할 중요한 과학적 자질이다. 신속한 자문의 효과를 위해 이와 같은 요청이

거절될 경우에 문제가 발생할 수 있다. 자문가가 그쪽 분야를 잘 알고 있을지라도 스포츠에 대한 낯섦을 지속할 수 있는 태도를 유지하고, 그것의 문제가 직접적으로 해결 가능할 것이라고 기대하지 않게 만드는 일이 실현될 때 역설적이게도 스포츠가 자신의 사각지대를 잘 보고, 그것을 개선하는데 필요한 지식을 만들어낼 수 있다.[19] 결과를 함께 만들어낼 필요가 없는 자문가는 그럴 때라야 비로소 실재를 더욱 복잡하게 볼 수 있는 능력을 발휘할 수 있다.

이상에서 언급한 **거리 두기를 통한 다가서기** 가설을 수용할 경우에, 스포츠 단체나 조직에 자문 또는 행정 자문을 해주는 체육학자들이 참된 의미에서 이 단체나 조직의 관찰에 어려움을 겪고 있는 이유, 가까이 있음에도 불구하고 중요한 문제점들을 보지 못하는 이유를 이해할 수 있다. 이들은 스포츠 또는 스포츠 단체에 규범적으로 얽매여 있으며, 이에 부합하게 이것들을 확인해주는 능력을 발휘하고 있을 뿐이다. 즉, 스포츠 단체가 바라는 것을 조금 더 세련된 방식으로 표현할 수 있을 뿐이다. 이들은 스포츠에 속한 자들이다. 자문에 필수적으로 요구되는 낯선 시선은 스포츠와 관련되어 있고, 이것에 몰입해 있을지라도 여기에 속하지 않은 사람들만이 지닐 수 있다. 어떤 방식으로든 가시적인 성과를 보여주어야만 하고 정당화를 시켜주어야만 하는 관련자 또는 행위자는 그와 같은 행위를 목적으로 하지 않는 관찰자와는 다르다. 심리학적 속성 연구는 이러한 상황과 관련하여 많은 사례를 제공해주고 있다(Jones & Nisbett 1971). 관련자 또는 행위자는 그들이 속해 있는 체계의 구별에 의지하여 사태를 관찰하며, 그들이 그러한 구별에 묶여 있다는 점을 보

---

[19] 난해한 이론언어는 때때로 과도한 요구로부터 보호해주고 사용할 수 있게 하는 데에 기여하는 것으로 보인다. "세련되게 보전된 의미론"으로 표현할 수 있는 자는 이 표현을 통해 이따금 중요한 거리를 생산한다. 그는 그렇게 이론 및 개념 층위에서 추상을 통해 행위에 대한 부담 경감을 생산한다. 루만과 푹스(Luhmann & Fuchs 1989: 215)와 비교할 것. 이론에 고유한 언어의 기능에 대해서는 루만(Luhmann 1981b)을 볼 것. 행위에 대한 부담경감의 구상에 대해서는 하버마스(Habermas 1973)를 볼 것.

지 못한다. 그러나 관찰자는 그들의 관찰이 여러 가지 관찰 가능성 가운데 하나일 뿐이라는 점을 관찰한다. 스포츠 단체에서 문제가 발생한 후 그 단체 관계자들은 문제를 분석하고 해결하기 위해 과학적 자문가를 물색하게 되는데, 이 과정에서 외부인이 아닌 그 단체 자체에 소속된 내부 학자에게 자문을 의뢰할 경우에 적지 않은 문제가 발생할 수 있다. 이 경우에 내부 학자는 참된 의미에서 관찰자가 될 수 없다. 그는 무엇인가를 해야만 하는 행위자 또는 관계자일 뿐이다. 단체가 이와 같은 결정을 내릴 경우, 사회과학이나 인문과학 분야의 자문가가 스포츠에게 유용하게 이용될 수 있도록 해주는 중요한 자질, 즉 불일치 관점, 인지적 유연성, 분석적 비구속성 등의 자원을 자발적으로 포기하는 것이다.

응용 과학인 체육학이 조직화된 스포츠에 적절하게 거리를 두는 일, 그리고 이와 함께 스포츠로부터 인정받는 일을 잘 해내지 못한다면, 체육학은 순전히 로비 과학으로 타락할 위험이 생겨난다. 스포츠가 철저하게 과학적으로 식민화되기를 바라지 않듯이,[20] 과학 역시 스포츠를 통해 강점되는 것을 경계해야만 한다. 기업이나 정치 단체에 소속된 학술연구소 같은 사회 영역을 관찰하면 위임의 효과가 어떻게 나타나고 학자의 역할이 어떻게 왜곡되는지 잘 알 수 있다. 특히 학자들이 자문을 바라는 사회 영역에 너무 깊숙이 개입되어 있는 경우, 즉 그 체계에 소속되어 있어 그들의 이익을 대변하는 경우에, 학자의 역할이 쉽게 왜곡될 수 있다. 그런 경우에 과학적으로 매우 흥미로우며 현대화를 위해 절실한 요구지만 스포츠를 불편하게 만들 수 있는 주제들이 스포츠 조직의 암묵적인 요구에 따라 체계적으로 배제되거나 논의되지 않거나, 그에 대한 비판적 논의가 비공식적인 금기로 남아 있을 가능성이

---

[20] 조직화된 스포츠가 과학적 연구결과를 의문의 여지없는 진리로 수용하고, 이것을 충분히 성찰하지 않고 자신의 고유한 행위파노라마에 포함시킨다는 이유에서 스스로를 비하시킬 필요는 없다.

매우 높다.[21] 체육학에서는 그동안 파블로프의 개처럼 순종적이라는 의미에서 방어적 성찰 내지 회피적 성찰이 과학적 성찰을 대신해 왔다는 인상을 여러 곳에서 받을 수 있다. 스포츠 친화적인 자문가가 의도적으로 회피하거나 미화하거나 침묵하는 방식으로 스포츠 문제에 접근하는 곳에서는, 스캔들이 분출하거나 은밀하게 스포츠를 오염시키려는 압력이 장기적으로나 단기적으로 나타난다. 도핑 현상을 다루는 방식은 이런 관점에서 매우 안타까운 사례이다.[22]

일반적으로 응용 연구에서 현실에 거리를 두는 일은 매우 어렵다. 왜냐하면 이러한 연구는 스포츠와 지속적으로 좋은 관계를 유지함을 통해 연구비와 다양한 혜택을 제공받기 때문이다.[23] 먹이를 주는 손은 물지 않기 때문에 스포츠에의 근접성은 언제나 과학의 중립성을 훼손할 위험을 안고 있다. 이론적으로 다음의 과정이 진행된다. 현대사회에서 상호주관적인 진리 생산을 목적으로 자율화될 수 있었던 과학은 성과 스포츠의 승패 코드에 직접 봉사하기 위해 고유한 주도적 방향을 온전히 그쪽으로 맞추었다.[24] 조직화된 스포츠는 결국 이러한 과학들에 — 적어도 사회과학 분야 및 인문과학 분야의 과학들과 관련하여 — 아무런 관심을 갖지 않을 수도 있다. 왜냐하면 스포츠의

---

21) 스포츠단체와 친밀하게 지내는 학자들은 자기 자신이 체육학 전체를 위해 일한다고 믿는 경향이 있다. 이와 관련하여 엘리아스와 스캇슨(Elias & Scotson 1965)은 체육학이 거리 유지가 쉽지 않은 응용지향을 통해 스포츠가 필요로 하는 집단과 필요로 하지 않아 그 주변에 머물러 있는 집단으로 분할될 것이라고 언급한 바 있다.
22) 상징적 진정시키기와 스포츠 단체의 층위에서 말과 행위의 분리에 관해서는 베테와 쉬망크(Bette & Schimank 1995: 347이하; 1996)와 비교할 것.
23) 스포츠와의 지속적인 친화를 통한 연구비 수주, 여행, 그 밖의 과학적 평판 상승 가능성에 대한 사례들이 여기에 속한다.
24) 이점에 대해서는 뵈메, 반달랜, 크론(Böhme, van den Dale, Krohn, 1973)의 종결화 개념(Finalisierungskonzept)과 비교할 것. 체육학 상황에의 적용에 대해서는 베테(Bette 1991: 167-173)를 볼 것.

목적을 자기 목적으로 만든 과학, 즉 스포츠의 목적으로 환원된 과학을 통해 스포츠에 불편한 진리는 은폐될 위험이 생겨난다.

너무 많은 비판을 통해 자기 자원의 토대를 위험에 빠뜨리고자 하지 않는 응용과학자는, 미국의 사회학자 로버트 머튼(Merton 1942)이 가장 중요한 학자의 역할 요인으로 보았던 조직화된 회의주의라는 행동 규범을 무력화시킨다. 이 규범은 이론적인 호기심을 지속적으로 유지하고 자신의 토대 및 결과를 끝까지 의심할 것을 그 내용으로 한다. 그런 의미에서 이런 규범은 부패와 자기 독단으로부터 과학을 지켜주는 당위적 요청이라고 할 수 있다.

그런 의미에서 실천 영역(예컨대 스포츠)에 너무 근접하는 일은 응용 과학으로서 자신을 규정하는 모든 과학의 직업적인 위험 부담으로 작용할 수 있다. 예컨대 스포츠 의학자가 응용 연구를 수행하며 스포츠계의 경기력 향상에 대한 바람을 적극적으로 수용한다면 자신의 연구 행위를 '결코 누구에게도 해를 끼치지 말라!primum nihil nocere!'나 건강/질병의 차이를 지향하지 않고, 성과 스포츠의 '보다 빠르게, 보다 높이, 보다 힘차게citius-altius-fortius'를 지향할 위험이 생겨날 수 있다. 테크놀로지의 개발에 특화된 자연과학만이 스포츠에의 근접을 통한 과학적 중립성 상실을 조심해야 하는 것은 아니다. 현실 스포츠계에서 자라고 뼈가 굵어 그 분위기에 푹 빠진 사회과학자와 인문학자들 역시 "당파성 딜레마Parteilichkeitsdilemma"[25])에 빠질 수 있으며, 스스로가 상징적 정치, 달래기, 이데올로기 생산의 전문가라는 것을 깨닫게 될 것이다. 그들은 더 이상 그 어떤 길잡이 지식도 만들어내지 못할 것이며 스포츠 조직의 홍보와 방어를 전담하는 대변인 역할만을 담당하게 될 것이다. 이것이 체육학의 현재 모습이다. 이들은 과학적 논변을 통해 과학과 여론으로부터 제기

---

25) "자신의 독자적인 개혁 의지를 이루기 위해 자문가를 조직 안으로 끌어들인 의뢰체계의 권력자와" 결탁하는 조직발전 자문가의 "당파성 딜레마"에 대해서는 윔머(Wimmer 1991: 103-106)를 참조할 것.

되는 비판으로부터 스포츠를 보호하며 스포츠 단체의 면역체계의 주요 부분이 된다.

중립성이 제도적으로 보장된 과학의 스포츠 자문은 여전히 다른 이유에서 필수불가결하다. 조직은 자신의 확고한 목적을 과학적으로 정당화하거나 내부 경쟁을 과학적 논변을 통해 무력화시키기를 원한다. 따라서 조직은 자신이 도구화할 수 있는 연구 결과를 생산하는 전문가에게 연구 용역을 위임하는 경향이 있다. 만일 그렇게 될 경우 자문은 순수하게 알리바이 기능을 담당하게 된다. 그 결과를 사전에 미리 예견할 수 있는 체육학적 응용 연구는 의심할 바 없이 이런 목적에 단기적으로 봉사할 수 있다. 그러나 이러한 연구는 질병의 증상만을 치료하는 격이기 때문에 장기적으로는 무가치하다. 낯설고 차이가 있는 과학적인 자문가의 시선이 기회주의적으로 약화되지 않을 때라야 곤란한 발달 역동성으로부터 도약에 성공할 수 있다. 더 이상 자사 상품을 판매할 수 없는 경제기업이나 선거에서 표를 얻지 못한 정당은 이미 사람들이 알고 있는 것을 그럴싸한 말로 둘러대는 식으로 설명하고 문제 원인을 은폐하는 자문을 더 이상 신뢰하지 않는다. 위기에 처한 스포츠 단체에게 뻔한 이야기만 반복하는 자문가의 도움을 통해 문제를 은폐시키는 일 보다 파괴적인 일은 없다. 천천히 뜨거워지는 냄비 속의 개구리는 따뜻해지는 물이 마냥 좋게 느껴지지만 경고 감지기가 없기 때문에 자신이 서서히 익어간다는 점을 깨닫지 못한다.

조직화된 스포츠에 대한 일정한 거리두기는 과학의 문제 진단이 실천의 문제 정의를 벗어나도록 보장해준다. 자신을 응용과학 연구자로 생각하는 사람은 자신의 연구 의뢰자들로부터 압력을 받게 될 것이다. 즉, 그는 사전에 스포츠에서 만들어진 실용주의적으로 환원된 문제 의식을 갖게 될 것이며, 체육학은 만일 그가 더 복잡하게 작업하기를 원하면 스포츠 실천가의 행위에서 실현된 의미의 가공으로부터 벗어나야만 한다. 연구 물음의 정의를 오직 스포츠 실천에 위임하는 일은 불손함의 다른 형식이다. 여기서도 협정과 공통의 문제 발견이 있어야만 한다.

(3) 스포츠는 지난 반세기 동안 과학화의 길을 걸어왔다. 그런 만큼 체육학은 스포츠의 자문에서 특수 자질을 길러나가야만 하며, 이에 상응하여 부가적인 관점과 연구와 관련된 다양한 문제를 제기해야만 한다. 오늘날 스포츠를 관찰하는 학자는 어디에서도 과학화의 흔적을 만날 수 있다. 다른 과학 분야의 전문가나 간섭자가 스포츠에 끼친 다양한 효과들을 쉽게 만날 수 있다. 예컨대 관찰자는 특정한 심리적 상담을 받았거나 스포츠 의학의 혜택을 입은 운동선수를 만날 수 있다. 또한 운동역학적으로 최적화된 스포츠 기술과 인체공학적으로 설계된 스포츠 기구들을 볼 수 있다. 또한 스포츠 단체에 고용되어 과학 공동체의 전문적 통제를 벗어나 경기력 향상만을 연구하는 스포츠 전문가를 만날 수 있다. 또한 사회학적 자료에 의지해 고유한 조종 과정을 최적화시키고자 애쓰는 스포츠 단체들을 볼 수 있다. 즉, 관찰자는 총체적인 과학적 노하우를 자신의 원리에 따라 활용하고, 자신에게 적합하지 않은 지식을 거절하는 스포츠를 만나게 될 것이다.

체육학은 응용 지향적이며 포괄적인 자문을 행하고자 한다면, 자신이 스포츠에서 영향력 행사 요인이라는 것을 깨닫고, 자신을 함께 관찰해야 한다. 체육학은 성찰적이 되어야 하며, 고유한 발달의 2차 단계에 들어서야 한다. 스포츠에는 의도적으로 성찰 부담을 줄여주는 자연과학적 테크놀로지가 투입되었기 때문에, 그런 이유만으로도 성찰적 체육학(Bette 1992a; 1992b)은 중요하다. 과학적 통제의 중단은 과학에게 가장 위험한 일이다. 지금까지 체육학은 다른 응용 과학들과 마찬가지로 스스로를 문제 해결사로서 정의해 왔다. 이러한 자아 인식은 너무 단순하다. 과학이 만들어낸 지식들은 스포츠에서 위험 부담을 증가시킬 수도 있다. 위험 부담은 역설적이게도 과학의 도움으로 그것을 제거하려고 노력할 경우에 오히려 증가할 수도 있다. 나쁜 사람들 때문에 그런 것이 아니다. 오히려 지극히 정상적인 체육학의 전문화가 그 원인이다.

자연과학의 기술적인 간섭을 통한 위험 부담으로 인해 사회과학과 인문과학을 통한 보호적인 자문을 정착시키는 일이 반드시 필요하다. 테크놀로지화의 결과에 관한 평가와 관련된 논의로부터 다음과 같은 점들을 배울 수 있다. 원래 시나리오는 먼저 기술적인 지식을 투입하고, 그 후 문제가 생기면 자문 능력을 지닌 인문사회과학자들이 개입을 한다는 것이다. 스포츠에서도 교육학자와 사회학자에게 사후 약방문의 기능이 주어지는 것으로 보인다. 그러나 이러한 방법 보다는 이들의 노하우를 사전에 기술적 지식의 투입 순간에 이용하도록 하는 것이 좋다.26) 자문 및 응용 지향적 체육학의 기능을 새로운 테크놀로지, 도구들, 약품들, 조직 관련 데이터를 조직화된 스포츠에 공급하는 하청업자의 역할로 국한시킬 필요는 없다. 이렇게 규정할 경우 언젠가는 스포츠 단체에게 꼭 필요할 수 있는 관점들이 제한되는 위험이 발생할 수 있다.

오히려 스포츠의 사회적 복잡성을 주제로 다루고 스포츠에서 과학의 영향을 투명하게 만들어주고, 스포츠로 다시 투사하는 비기술적인 지식을 활용할 수 있도록 만드는 일이 중요하다. 이런 일은 오직 실천과 일정한 거리를 유지하는 과학, 빠른 선전과 경기력 향상의 약속을 남발하지 않는 과학만이 할 수 있다. 만일 인간적인 성과 스포츠 구호가 단지 현실을 호도하기 위해 구사하는 허언이 아니라면 미래에는 응용 지향성에 관련된 다양한 견해들을 연구정책에 적절하게 허용하는 일이 중요할 것이다.

---

26) 이미 우물에 빠진 어린이는 구조하기에는 너무 늦었을 수 있다. 이 말이 암시하는 바는 과학이 조직화된 고도 성과 스포츠의 지원 조처에 함께 참여하는 경우에도 해당된다. 독립적이며, 단체의 이해관계를 통해 간섭받지 않는 사전 연구나 동시진행 연구의 틀에서 이루어지는 올림픽경기지원 거점센터의 어려움과 수용 문제에 대한 사회학적 연구는 재원이 절약될 수 있거나 적어도 효율적으로 투입될 수 있다는 점에서 장점이 있다.

3. 결론: 맥락 조종

　과학에 의한 스포츠 자문의 가능성, 한계, 그리고 전제에 관한 지금까지의 사유로부터 도출해낼 수 있는 결론은 이런 일들이 가능할 수 있도록 제도적인 장치를 안정적으로 마련하는 일이다. 잠시 생각해 볼 수 있는 보기는 국립체육과학연구원이다. 이 기구가 열성적이지만 중립을 유지하는 제3자의 기능을 구축하기 위해 자신의 정치적인 배경을 활용한다면, 그것은 스포츠와 체육학의 중개자로서 뚜렷한 영향력을 행사할 수 있다. 스포츠가 근본 구조에 있어서 폐쇄적인 사회적 체계라고 한다면, 즉 스포츠가 일단은 자기 자신에게만 반응하고 외부에서의 개입이 간단치 않고 또한 부작용 없이 개입하기 어려운 그런 사회적 체계라면, 이 제도에 대해서는, 과학의 자율도 스포츠의 자율도 모험에 내밀기지 않으면서 스포츠를 지원할 방안이 있을까라는 질문이 제기된다.

　연방 정부 기관은 이른바 "맥락조종"을 위한 하나의 포럼으로서 사용되는 데서 자신의 중요 과제 하나를 실행할 수 있을 것이다(Teuber& Willke 1982; 1984). 지난 10여 년 동안의 조종이론 논쟁을 통해 도출된 이 생각은 대중적이고 단순 유치한 생각, 즉 자문 의뢰 체계가 과학적으로 정의된 더 나은 상태로 자문에 의존하여 바뀔 수 있다는 생각과는 다르다. 과학의 직접적인 개입이 스포츠의 자율 상실 및 비성숙성으로 이끌어가는 것이라면, 자문은 스포츠와 그 조직의 자기변화를 목표로 설정하는 것이다. 바로 이러한 자기변화는 맥락조종을 통해, 즉 적절한 프레임 조건들을 변화 대상으로 고려함으로써 유발될 수 있을 것이다. 이를 위해 가장 필요한 것은 지식 기반 인프라구조, 즉 스포츠 행위자들이 외부 자문가의 열성적이지만 [행위자들의 그것과는] 불일치하는 관점을 통해 깊은 인상을 받고 자신에 대한 새로운 관점의

시도를 자극받을 수 있는 구조이다.[27]

　이런 것은 모든 과학 집단들에게 필요하다. 맥락조종의 프레임 내에서 과학의 계몽 기능과 경고 기능은 단지 교육학자와 사회학자들에게만 해당되는 것은 아니다. 심리학자나 의학자, 트레이닝 과학자 역시 그들의 기술적인 개입 외에도 위기의 징후를 해석할 수 있고, 잘못된 결정에 대해 경고할 수 있다. 그들은 스포츠 전문가들에게 훈련 및 경기 실천의 자명성을 의심하게 하고 현재 존재하는 스포츠 규칙을 통한 건강 훼손을 주제화하는 지식을 활용하도록 할 수 있다.

　스포츠와 과학 간의 소통이 체계적으로 그리고 지금까지 도달한 차원을 넘어서서 발생하도록 해주는 구조적인 조건을 만드는 것도 "맥락조종"에 속하는 일이다. 행위 부담이 없는 과학의 성찰과, 스포츠 실천가의 실천 관련 성찰이 있는 포럼을 생각할 수 있을 것이다. 쌍방 학습을 위한 촉매 기능은 이 조건에서도 구축될 수 있다. 만일 오른 손이 하는 일을 왼 손이 알지 못한다면 한 쪽이 다른 쪽의 전문화로부터 이득을 얻을 가능성은 매우 클 것이기 때문이다. 맥락조종은 하나의 느슨한 연동, 즉 국립체육과학연구원과 같은 조직이 제 3의 기관으로서 두 가지 상이한 자율적 사회 영역, 즉 스포츠와 체육학을 유익한 협력 관계로 옮겨 놓는 연동으로서 조직될 수 있을 것이다.[28]

---

27) 현재 독일체육과학연구원의 다수 연구프로젝트들에서 부각되고 있는 경험적 세부연구 이외에 "건축학적 지식"[헨더슨(Henderson 1992)과 비교할 것]의 획득은 중요한 연구 중점이 될 수 있을 것이다. 여기서 중요한 것은 전체를 보는 시각을 유지하는 관찰자만이 얻을 수 있는 연관들과 관계들에 관한 지식이다. 스포츠전문가들의 요소적 지식을 보충해주는 개괄적 지식을 조직화된 스포츠에게 제공해주는 일은 오직 이렇게만 가능하다. 비유를 하나 들어보겠다. 건설노동자는 건축물에 대해 심오한 지식을 갖추고 있을지 모르지만 건축물을 짓는데 참여하는 모든 전문가들의 특수 지식을 동시에 진행시키는 일은 오직 건축가만이 할 수 있다. "건축학적 지식"을 도핑현상의 경우를 위해 간결하게 표현한 시도로서 베테와 쉬망크(Bette & Schimank 1995)를 볼 것.

28) 느슨한 연동 또는 견고한 연동의 구상에 대해서는 웨익(Weick 1976), 오턴과 웨익(Orton & Weick 1990)을 볼 것.

두 영역의 전문화의 장점이 서로 유용하게 이용되어야 하고, 지침에 따라 동일한 주파수로 동조되어서는 안 된다. 경직된 접속은 상이한 반향 기준들과 지식 유형들이 스포츠와 과학에서 무력화되는 위험을 야기할 것이다. 따라서 국립체육과학연구원은 과학공동체의 전문적 통제 하에 있어야 한다. 과학의 자문을 통해 생산될 위험 부담은 스포츠 관계자가 아니라 과학을 통해 통제되어야만 한다. 스포츠 관계자들은 지금까지 가차없는 강요들에 시달려 왔고, 해롭지만 유용한 테크놀로지에 맞서고자 할 때에는 도덕의 대가가 되어야만 했다.[29] 그밖에도 응용 관련 연구 결과의 공공성, 즉 결과의 출간과 논의가 스포츠의 관심에만 제한되어서는 안 된다. 정치 또한 관심을 가져야 할 것은, 과학이 공동 책임을 져야 할 스포츠 스캔들로 인해 분규들과 패거리들의 소용돌이에 휘말려 들어가지 않도록 하는 것이다.[30]

맥락조종의 범위에서 국립체육과학연구원은 스포츠가 정상적으로 작동하기 위해 요구되는 정보와 지식을 과학으로부터 공급받을 수 있는 기관이 될 수 있다. 또한 스포츠가 적절하고 공정한 문제 진단을 통해 과학에 의한 교란을 받을 수 있게 해주는 장소가 될 수 있다. 여기서 교란은 더 나은 지식이나 학술적 교만과 마주침을 뜻하지 않는다. 오히려 다른 방식으로는 아무리 보려고 노력해도 보지 못하는 자신의 맹점을 볼 수 있게 됨을 뜻한다. 사회체계들이 특히 위기, 스캔들, 기대들에 대한 실망을 통해 변화될 수 있다는 것이 옳다면 과학의 자문을 통한 스포츠의 계몽은 스캔들과 위기 경험에 대한 기

---

[29] 도핑의 "유용한 불법성"에 대해서는 베테와 쉬망크(Bette & Schimank 1995: 360-376)를 볼 것.

[30] 독일체육과학연구원은 그 [미흡한] 설비로 인하여 고유한 연구를 수행할 수 없으며 오히려 연구를 가능하게 해주고, 협력할 수 있게 해주는 능력을 갖추고 있기 때문에, 그것은 체육학뿐 아니라 조직화된 스포츠와의 협력에 의존하고 있다. 다수 기성 체육학들의 연구기피경향에 직면하여 (지금까지 실행된 지원에 대한 연방회계감사원의 상반되는 비난을 고려할 때), 만일 독일체육과학연구원이 계속해서 체육학 박사과정생들의 고용계약과 자기 혹사를 이용해도 된다면 호기를 맞이할 수도 있다.

능적 등가물이 될 수 있다. 이러한 계몽은 전혀 무해하며 많은 사람들 앞에서 스캔들화되는 것과는 달리 진행된다는 큰 장점을 지닌다. 스포츠는 이런 방식으로 지금까지 미해결된 오래된 문제들을 해결하기 위해, 과학에서 개발된 새로운 관점들을 습득할 수 있고, 스스로는 도달할 수 없는 주제들과 해석들을 공급받을 수 있다. 의미 위기와 정당화 문제, 잘못된 발달에 관해 공공연하게 논의되는 시대에 이런 성찰의 장소는 반드시 필요하다. 자문가로부터 듣고 싶지 않은 것을 듣고, 자신의 관점으로 볼 수 없는 것을 보기 위해서는 물론 배우려는 자세, 능력, 비판 능력이 전제되어야만 한다.

참고문헌

Bette, Karl-Heinrich, 1990: "Zwischen Selbstbeobachtung und Systemberatung. Das Verhältnis von Sport und Wissenschaft im Lichte neuerer Theoriebildung". In: Georg Anders, Klaus Cachay und Wolfgang Fritsch (Hg.), *Beratungsleistungen der Sportsoziologie. Grundlagen, Möglichkeiten und Grenzen.* Konstanz: Universitätsverlag, 21-46.

─────, 1991: "Wissenschaftliche Sportberatung. Probleme der Anwendung und Anwendung als Problem". In: Martin Bührle und Michael Schurr (Red.), *Leistungssport: Herausforderung für die Sportwissenschaft.* Schorndorf: Hofmann, 67-82.

─────, 1992a: "Reflexive Sportwissenschaft". In: Ders., *Theorie als Herausforderung. Beiträge zur systemtheoretischen Reflexion der Sportwissenschaft.* Aachen: Meyer & Meyer, 176-211.

─────, 1992b: "Beobachtung der Beobachter. Auf dem Weg zu einer neuen Epistemologie der Sportwissenschaft". In: Roland Bässler (Hg.), *Gesellschaftliche Veränderungen und ihre Auswirkungen auf den Sport.* Wien: Universitätsverlag, 43-67 (이 책의 8장을 볼 것).

───── und Uwe Schimank, 1995: *Doping im Hochleistungssport. Anpassung durch Abweichung.* Frankfurt am Main: Suhrkamp.

───── und Uwe Schimank, 1996: "Coping mit Doping: Die Sportverbände im Organisationsstreß". In: *Sportwissenschaft,* H. 4, 357-382.

Böhme, Gernot, Wolfgang van den Daele und Wolfgang Krohn, 1973: "Die Finalisierung der Wissenschaft. In: *Zeitschrift für Soziologie, 2,* 128-144.

Bonß, Wolfgang, 1990: "Beratung durch Wissenschaft? Zur Praxisdebatte in den Sportwissenschaften". In: Georg Anders, Klaus Cachay und Wolfgang Fritsch (Hg.), *Beratungsleistungen der Sportsoziologie. Grundlagen, Möglichkeiten und Grenzen.* Konstanz: Universitätsverlag, 7-19.

Elias, Norbert und John L. Scotson, 1965: *The Established and the Outsiders. A Sociological Enquiry into Community Problems.* London: Frank Cass & Co. Ltd. (deutsche Ausgabe: *Etablierte und Außenseiter.* Frankfurt am Main: Suhrkamp, 1990).

Exner, Alexander, Roswita Königswieserund Stefan Titscher, 1987: "Unternehmensberatung-systemisch. Theoretische Annahmen und Interventionen im

Vergleich zu anderen Ansätzen". In: *Die Betriebswirtschaft, 47*, 265-284.

Grupe, Ommo, 1994: "Uneingelöste Ansprüche. Die vergessene Interdisziplinarität". In: *dvs-Informationen 3*, 26-31.

Habermas, Jürgen, 1973: "Wahrheitstheorien". In: H. Fahrenbach (Hg.), *Wirklichkeit und Reflexion. Walter Schulz zum 60. Geburtstag*. Pfullingen, 211-266(wieder abgedruckt in: Ders., *Vorstudien und Ergänzungen zur Theorie des kommunikativen Handelns*. Frankfurt am Main: Suhrkamp, 1984, 127-183).

Henderson, Rebecca M., 1992: "Technological Change and the Management of Architectural Knowledge". In: Thomas Kochan und Michael Useem (Hg.), *Transforming Organizations*. New York/Oxford, 118- 131.

Hirsch, Fred, 1980: *Die sozialen Grenzen des Wachstums. Eine ökonomische Analyse der Wachstumskrise*. Reinbek bei Hamburg: Rowohlt(Originalausgabe 1976).

Jones, Edward E. und Richard E. Nisbett, 1971: "The Actor and the Observer: Divergent Perceptions of the Causes of Behavior". In: Edward E. Jones, Richard E. Nisbett u. a. (Hg.), *Attribution: Perceiving the Causes of Behaviour*. Morristown, 79-94.

Jones, Edward E. und Richard E. Nisbett, 1971: "The Actor and the Observer: Divergent Perceptions of the Causes of Behavior". In: Edward E. Jones, Richard E. Nisbett u. a. (Hg.), *Attribution: Perceiving the Causes of Behaviour*. Morristown, 79-94.

Luhmann, Niklas, 1970a: *Soziologische Aufklärung. Bd. I*. Opladen: Westdeutscher Verlag, 66-91.

─────, 1970b: "Praxis der Theorie". In: Ders.,1970a: *Soziologische Aufklärung. Bd. I*. Opladen: Westdeutscher Verlag, 253-267.

─────, "Die Unwahrscheinlichkeit der Kommunikation". In: Ders., *Soziologische Aufklärung Bd. 3*. Opladen: Westdeutscher Verlag, 25-34.

─────, 1981b: "Unverständliche Wissenschaft. Probleme einer theorieeigenen Sprache". In: Ders., *Soziologische Aufklärung Bd. 3*. Opladen: Westdeutscher Verlag, 170-177.

─────, 1981c: "Gesellschaftsstrukturelle Bedingungen und Folgeprobleme des naturwissenschaftlich-technischen Fortschritts". In: Reinhard Löw, Peter Koslowski und Philipp Kreuzer (Hg.), *Fortschritt ohne Maß? Eine Ortsbestimmung der wissenschaftlich-technischen Zivilisation*. München: Piper, 113-131.

─────, 1984: *Soziale Systeme. Grundriß einer allgemeinen Theorie*. Frankfurt am Main: Suhrkamp.

───── und Peter Fuchs, 1989: *Reden und Schweigen*. Frankfurt am Main: Suhrkamp.

Merton, Robert K., 1942: "The Normative Structure of Science". In: Ders., *The So-

ciology of Science. Chicago/London: The University of Chicago Press, 1973, 267-278.

Markowitz, Jürgen, 1987: "'Selbst' und 'Welt' im Unterricht - Über Begriff und Funktion des existentiellen Schematismus". In: Jürgen Oelkers und Heinz-Elmar Tenorth (Hg.), *Pädagogik, Erziehungswissenschaft und Systemtheorie*. Weinheim/Basel: Beltz Verlag, 146-172.

Mingers, Susanne, 1995: *Systemische Organisationsberatung: Theorie, Methodik und Praxis - auf dem rekursiven Weg über das Fremde zum Selbst*. Dissertation Universität Bielefeld.

Orton, J. D. und K. E. Weick, 1990: "Loosely Coupled Systems: A Reconceptualization". In: *Academy of Management Review 15*, 203-223

Popitz, Heinrich, 1968: *Über die präventivwirkung des Nichtwissens. Dunkelziffer, Norm und Strafe*. Tübingen: Mohr.

Schaible, Hans, 1990: "Erwartungen der Sportverbände an die Sportwissenschaft". In: Georg Anders, Klaus Cachay und Wolfgang Fritsch (Hg.), *Beratungsleistungen der Sportsoziologie. Grundlagen, Möglichkeiten und Grenzen*. Konstanz: Universitätsverlag, 79-88.

Schimank, Uwe, 1995: "Teilsystemevolutionen und Akteurstrategien: Die zwei Seiten struktureller Dynamiken moderner Gesellschaften". In: *Soziale Systeme. Zeitschrift für soziologische Theorie, 1*, 73-100.

Stichweh, Rudolf, 1991: "Universitätsmitglieder als Fremde in spätmittelalterlichen und frühmodernen europäischen Gesellschaften". In: Marie Theres Fögen (Hg.), *Fremde der Gesellschaft. Historische und sozialwissenschaftliche Untersuchungen zur Differenzierung von Normalität und Fremdheit*. Frankfurt am Main: Vittorio Klostermann, 169- 191.

Teubner, Gunther und Helmut Willke, 1982: *Integration by Dissent. Towards a Socio-legal Contingency Model of Voluntary Associations. The Impact of Sociology of Law on Government Action,* hg. von Alessandro Baratta. Frankfurt am Main/Bern, 348-363.

Teubner, Gunther und Helmut Willke, 1984: "Kontext und Autonomie: Gesellschaftliche Selbststeuerung durch reflexives Recht". In: *Zeitschrift für Rechtssoziologie, 5*. Jg., H. I, 4-35.

Watzlawick, Paul, 1988: "Verschreiben statt Verstehen als Technik von Problemlösungen". In: Hans Ulrich Gumbrecht und K. Ludwig Pfeiffer (Hg.), *Materialität der Kommunikation*. Frankfurt am Main: Suhrkamp, 878-883.

Weick, K. E., 1976: "Educational Organizations as loosely coupled systems." In: *Administrative Science Quarterly 21*, 1-19.

Wimmer, Rudolf, 1991: "Organisationsberatung. Eine Wachstumsbranche ohne professionelles Selbstverständnis". In: Michael Hofmann (Hg.), *Theorie und Praxis der Unternehmensberatung. Bestandsaufnahme und Entwicklungsperspektiven*. Heidelberg: Physica-Verlag, 45-136.

출처

1장 새로운 사회학적 체계이론. In: Karl-Heinrich Bette, Gerd Hoffmann, Carsten Kruse, Eckhard Meinberg und Jörg Thiele (Hg.), *Zwischen Verstehen und Beschreiben. Forschungsmethodologische Ansätze in der Sportwissenschaft.* Köln: Sport und Buch 1993 (überarbeitet und ergänzt).

2장 체계이론적 추상화의 기능과 결과들(미간행 글).

3장 경험과 이론: 체계이론적 고찰(미간행 글). 몇몇 아이디어는 다음 문헌에서 발췌하였다."Über Fliegenbeine und blinde Flecken. Zur Auseinandersetzung zwischen qualitativen und quantitativen Forschungsansätzen." in: Hans Eberspächer: *Sportpsychologie. Grundlagen, Methoden, Analysen*. Reinbek bei Hamburg: Rowohlt 1993, 320-323.

4장 숭배대상 신체. In: Roman Horak und Otto Penz (Hg.), *Sport: Kult & Kommerz*. Wien: Verlag für Gesellschaftskritik, 1992, 113-137 (überarbeitet und ergänzt).

5장 스포츠와 개인화. In: *Spectrum der Sportwissenschaften, 5. Jg., H. I*, 1993, 34-55 (überarbeitete und ergänzte Fassung des Eröffnungsvortrages der Sektion Sportsoziologie, gehalten am 14. Juli 1992 anläßlich des Olympischen Wissenschaftskongresses in Malaga zum Thema "Sport and Individualization").

6장 아스팔트문화: 도시공간의 스포츠화와 축제화에 대하여. In: Hans-Jürgen Hohm(Hg.), *Straße und Straßenkultur. Interdisziplinäre Beobachtungen eines öffentlichen Sozialraumes in der fortgeschrittenen Moderne*. Konstanz: Universitätsverlag 1997, 305-330

7장 고도 성과 스포츠에서 도핑: 일탈의 사회학적 연구. "Antrittsvorlesung, gehalten am 19. 1. 1994 an der Universität Heidelberg. Erschienen in verkürzter Version auf enlisch in: Karl-Heinrich Bette and Alfred Rütten(ed.), *International Sociology of Sport. Contemporary Issues. Festschrift in honor of Günther Lüschen*. Stuttgart: Naglschmid 1995, 241-25 I.

8장 관찰자의 관찰: 체육학의 새로운 인식론의 노정에서. In: Roland Bässler (Hg.), *Gesellschaftliche Veränderungen und ihre Auswirkungen auf den Sport*. Wien: Universitätsverlag 1992, 43-67.

9장 과학의 스포츠 자문: 가능성, 한계, 그리고 전제. In: *Sportwissenschaft, 26. Jg., H. I*, 1996, 9-28(überarbeitete und ergänzte Fassung des Festvortrags, gehalten am 9. Oktober 1995 anläßlich des 25jährigen Jubiläums des Bundesinstituts für Sportwissenschaft in Köln).